21世纪经济管理新形态教材

创业学：原理与实践
（第3版）

林　嵩　葛建新　◎　主编

清华大学出版社
北京

内 容 简 介

在内容编排方面，本书充分注重体系的完备性和独特性，既针对创业活动的复杂性，构建完备的体系框架，又积极探索创业的独特性问题，而不是简单套用一般管理理论和法则。在创业案例的选取方面，本书充分注重本土案例的介入。这不仅可以充分揭示国内的创业活动启动和成长过程的特点，还能保证教学内容充分集合了课程思政元素。在内容撰写方面，本书注重一定的学术思想渗透。有兴趣在创业研究领域开拓的读者完全可以从本书出发，进一步搜集研究资料，进行定性或定量研究。

本书适用于管理类专业高年级本科生或者 MBA 学生。

本书封面贴有清华大学出版社防伪标签，无标签者不得销售。
版权所有，侵权必究。举报：010-62782989，beiqinquan@tup.tsinghua.edu.cn

图书在版编目（CIP）数据

创业学：原理与实践 / 林嵩，葛建新主编. --3 版. -- 北京 ：清华大学出版社，2025.6.
(21 世纪经济管理新形态教材). -- ISBN 978-7-302-69371-0
Ⅰ．F241.4
中国国家版本馆 CIP 数据核字第 2025AG3962 号

责任编辑：付潭蛟
封面设计：汉风唐韵
责任校对：王荣静
责任印制：刘　菲
出版发行：清华大学出版社
　　　　网　　址：https://www.tup.com.cn，https://www.wqxuetang.com
　　　　地　　址：北京清华大学学研大厦 A 座　　邮　　编：100084
　　　　社 总 机：010-83470000　　邮　　购：010-62786544
　　　　投稿与读者服务：010-62776969，c-service@tup.tsinghua.edu.cn
　　　　质 量 反 馈：010-62772015，zhiliang@tup.tsinghua.edu.cn
　　　　课 件 下 载：https://www.tup.com.cn，010-83470332
印 装 者：天津安泰印刷有限公司
经　　销：全国新华书店
开　　本：185mm×260mm　　印　张：17.75　　字　数：418 千字
版　　次：2008 年 10 月第 1 版　　2025 年 6 月第 3 版　　印　次：2025 年 6 月第 1 次印刷
定　　价：59.00 元

产品编号：103091-01

前 言

创业活动具有丰富的实践基础。20 世纪 90 年代以来，随着互联网的兴起，中国逐渐成为世界范围内的创业活跃地。中国的创业活动具有很鲜明的情境特点。特别是近年来，随着数字经济的发展而不断涌现的新兴技术和业态，激发了越来越多元化的创业活动。传统意义上的个体创业活动仍然是学界所探讨的重点领域。与此同时，互联网创业、大学生创业、平台创业、农民工返乡创业等形形色色的新型创业活动也在不断成为社会各界关注的焦点。这些现象反映了以下几个方面的问题。

一是在新的发展环境下，如何对"创业"进行界定，不同类型的创业活动是否仍然可以用传统的理论进行分析。这些问题在学术领域尚未有明确的定论，但在教学中，学生常常会面临这样的问题。同时，从学生的职业发展来看，对这些问题的探讨也有助于帮助他们了解现实，树立职业理想。

二是如何在课程中有效引入不同类型的创业活动案例，将其作为当前创业课程的有效组成部分，引导学生去观察和思考这些创业现象。创业教育与实践的贴近程度非常高。创业课程通常会关注创业领域的国内外经典案例，但当前国内创业活动的最新实践也应当成为创业课程的重点。这对创业课程的讲授提出了新的挑战。

三是如何在新的发展环境中认识创业在经济社会发展和转型中的角色。在过去的研究中，学界关于创业对经济增长和产业转型的重要作用已经达成共识。在新的形势下，新型的创业活动如何影响我国当前的产业结构调整以及普遍意义上的人民群众福祉？相关问题不仅值得学界在学理上予以解释，更融入了丰富的课程思政元素，值得引导学生思考。

从创业实践到创业教育，这是一个产教不断融合的过程。创业学本身是一门综合性极强的学科，创业过程涉及战略、营销、财务、运营、融资等方方面面的知识。如何在创业课程内容纳这么多的讲授内容，对教育者来讲是个挑战。在新的形势下，创业教育如何与时俱进，为新型创业活动提供积极的智力支持，也成为当下创业教育的难点。

在过去的 20 多年间，国内的创业教育已经获得了飞速发展，在师资队伍培育、创业课程开发、创业教育论坛建设等方面取得了显著的进步。相对于其他院校，中央财经大学商学院的创业教育具有一定的历史。早在 2004 年，商学院就推出了面向全校学生开放的创业先锋班，并先后获得国家教学成果二等奖及教育部/财政部创新实验区、北京市优秀教学团队、北京市高等学校示范性校内创新实践基地、教育部虚拟教研室等荣誉。

创业学课程一直面向中央财经大学学生开设。该课程 2007 年获评校级精品课程，2021 年被评为校级本科课程思政示范课程，2022 年被评为全国财经院校创新创业联盟优秀创新创业教育课程，2023 年被评为北京市高校优质本科课程。本教材自 2008 年首次出版以来，目前已经是第 3 版。相对于之前的版本，本次再版的主要变动是：增加了部分当前创业话题热点内容，如网络直播、众筹、创业失败等。同时，我们也对各个章节涉及的案例进行了更新，试图让学生了解当前正在发生的创业事件；通过案例，让学生深刻理解中国的创业情况，进而理解中国之所以实现经济腾飞的关键所在，有助于学生建立"道路自信"，增强社会责任感。

商科课程本身应用性就很强，创业课程又是商科课程应用性集大成者。本教材在编写中注重融入多样化的知识应用场景，让学生探索如何将知识应用于解决实际问题。同时，因为创业课程一般以商业计划书为考核，所以教材中特别注重提供可参考的商业计划书范例，让学生学以致用，将知识应用到实务中。

总之，我们期待通过对本教材的适当更新升级，探索解决上文所提到的一系列问题。近年来，随着创业研究和创业教育的蓬勃发展，创业学教材也较之前有了较大的发展。由于作者才疏学浅，疏漏之处难免，恳请创业教育和创业研究领域的专家学者给予积极意见。

编　者

2025 年 3 月

初 版 序

进入 21 世纪以来，在经济发展以及科技创新的推动下，世界范围内的创业活动浪潮正在涌动。从上一拨互联网泡沫中苏醒的网络商业模式再次成为投资者竞相追逐的热点。在一些新的技术领域，更多的创业者正在迅速成长。在这一大的背景之下，国内的创业活动也在飞速发展，并且成为社会各界人士共同关注的领域。

成功的创业活动会对社会发展产生巨大的推动作用。创业活动能够充分推动技术领域的创新，实现高新技术的产业化，使经济增长建立在科技创新的基础之上；创业活动能够调整旧有的产业和经济结构，提高生产技术水平，减少资源依赖，从而在结构调整中实现经济较快发展；创业活动能够缓解社会就业压力，综观世界各国产业结构和劳动力就业规律，创业型企业在吸纳就业人口方面的作用是显著的，在创业活动的带动下，其能够有效缓解现阶段我国的就业压力；创业活动还能够造就社会公平，对创业活动的鼓励和支持，能够在全社会范围内营造积极向上的竞争氛围，使创业者在参与竞争、利用资源、教育培训、获得信息等方面都享有平等机会，形成更深层次的社会公平。

伴随着创业活动的蓬勃发展，国内的创业教育也在不断进行积极的探索和发展。由于市场条件、经济结构、社会文化等因素的不同，国内创业活动的发展特点与国外存在一定的差异。在我国的创业教育发展中，不仅要积极吸收国外的研究成果，更需要紧密结合国内创业活动的特点，开发适用于国内实践的创业教育体系和教学方式。这正是国内创业教育的一个难点。

目前，国内关于创业方面的教材繁多，同这些书籍相比，本教材的特色主要体现在以下几个方面。

第一，在内容编排方面，本教材注重完备性和独特性的结合。作为一项独特的管理活动，创业活动所囊括的内容较一般的企业管理更为复杂。机会识别、团队组建、战略规划、市场营销、文化建设等方面的问题，都是创业者在实施创业活动中会遇到的。因此，创业学教材的编撰，需要针对创业活动的复杂性，构建完备的体系框架，这样，为创业者提供的参考才更为全面。本教材在介绍这些内容的时候，基本上是从创业的独特性方面入手，分析适用于创业活动的管理框架，而不是简单套用一般管理理论和法则，有利于读者更好地掌握创业的独特内涵。

第二，在创业案例的选取方面，本教材充分注重本土性和实践性的结合。针对国内相关教材普遍存在的理论性强、本土案例较少等问题，本教材在各章内容论述过程中尽可能地采用国内的实际创业案例来支持和补充本教材中的观点。在各章的篇末综合案例上，则全部采用了本土创业案例，供学生进行创业实践演习。采用本土创业案例的优点是可以充分揭示国内的创业者在选择创业机会、进行创业成长规划时的考虑因素和经营特点，因此对读者更具参考价值。

第三，在内容撰写方面，本教材注重学术性和通俗性的结合。作为一本创业方面的基础教材，本教材在内容的讲述方面进行了一定探索，做到了深入浅出。在深入方面，本教材提供了大量的研究线索和参考资料，有兴趣在创业研究领域开拓的读者完全可以从本教材出发，进一步搜集研究资料，进行定性或定量研究；在浅出方面，本教材尽可能做到内容通俗易懂，并且注重可操作化的介绍，因此，本教材对于那些有志成为创业者的读者也具有很强的借鉴意义。

创业教育的推动和发展需要更多学者和创业实践者的参与和开拓。在国内众多有识之士的共同努力之下，相信未来国内的创业研究和创业教育一定能取得更多的成果。

姜彦福　清华大学中国创业研究中心主任、教授、博士生导师
2007年8月于清华园

目 录

第1篇 创业学纵览

第1章 创业活动与创业教育 3
1.1 创业活动的发展——从硅谷的发展谈起 4
1.2 国内的创业活动 11
1.3 创业教育 16
1.4 本书结构 19
1.5 本章总结 20

第2章 创业过程 22
2.1 创业的概念内涵 22
2.2 创业过程分析 29
2.3 精益创业 39
2.4 本章总结 43

第2篇 新企业创立

第3章 创业机会识别 51
3.1 创业机会的概念内涵 52
3.2 创业机会评价指标 59
3.3 创业机会识别过程 66
3.4 本章总结 70

第4章 创业团队组建 74
4.1 创业者 75
4.2 创业团队 82
4.3 创业团队的组建和发展 86
4.4 本章总结 93

第5章 商业模式开发 97
5.1 商业模式的概念内涵 98

5.2 商业模式的构建 ··············· 101
5.3 商业模式与其他管理要素 ··············· 108
5.4 本章总结 ··············· 115

第6章 商业计划书撰写 ··············· 120
6.1 商业计划书的基本概念 ··············· 121
6.2 商业计划书的注意事项 ··············· 124
6.3 商业计划书的撰写 ··············· 127
6.4 本章总结 ··············· 139

第3篇 创业成长管理

第7章 新创企业融资 ··············· 151
7.1 新创企业融资难的原因 ··············· 151
7.2 新创企业融资途径分析 ··············· 154
7.3 风险投资 ··············· 164
7.4 本章总结 ··············· 171

第8章 新创企业战略规划 ··············· 176
8.1 新创企业战略规划的概念分析 ··············· 177
8.2 新创企业战略模式 ··············· 181
8.3 战略控制和调整 ··············· 191
8.4 本章总结 ··············· 193

第9章 新创企业市场营销规划 ··············· 197
9.1 创业营销相关概念分析 ··············· 198
9.2 营销定位 ··············· 202
9.3 渠道构建 ··············· 206
9.4 促销策略 ··············· 211
9.5 营销定价 ··············· 215
9.6 本章总结 ··············· 218

第10章 新创企业人力资源管理 ··············· 222
10.1 新创企业人力资源管理的独特内涵 ··············· 223
10.2 高层管理团队管理 ··············· 228
10.3 一般员工管理 ··············· 231
10.4 本章总结 ··············· 241

第4篇 公司创业

第 11 章 公司创业 ························· 247
  11.1 公司创业概述 ······················ 248
  11.2 公司创业过程 ······················ 255
  11.3 公司创业战略 ······················ 260
  11.4 本章总结 ···························· 267

参考文献 ··························· 271

第1篇

创业学纵览

第1章 创业活动与创业教育
第2章 创业过程

第 1 章

创业活动与创业教育

"对符合条件的北京地区高校毕业生，给予每人1000元一次性求职创业补贴。""遴选一批省级大学生创业园和江苏省大学生优秀创业项目，分别给予60万元和最高10万元的一次性补助"……近期，北京、江苏、山东等多地发布相关政策，为大学生提供多层次创业服务及支持。

大学生是最具创新活力、创业潜力的群体之一。作为创新创业的生力军，近年来，越来越多的大学生投身创新创业实践。教育部曾公布两组数据：2020年，通过对市场监管总局登记注册的创业数据与全国高校学生学籍学历数据比对，2015—2020届毕业生中共有创业大学生54.1万人，其中毕业生44.4万人，在校生9.7万人。另一组数据：截至2021年10月，全国高校创新创业专职教师有3.5万余人，兼职的创新创业导师接近14万人。除此之外，还组建了全国万名优秀创新创业导师人才库，首批已经有4492位导师入库。

在创业实践层面上，教育部实施了大学生创新创业"国创计划"。据教育部2021年10月公布的数据，2007年以来，有1000所以上大学、139万名大学生参与了"国创计划"，累计有34万个国家级项目获得总计58亿元的资助。

资料来源：冯琪，刘洋. 政策扶持、高校助力，多数大学生有过创业意愿[N]. 新京报，2022-07-19.

【本章学习目的】

1. 了解硅谷创业活动的发展过程及特征。
2. 了解国内创业活动的发展以及现状。
3. 了解国内外创业教育现状以及未来发展方向。

如果从更广泛的视角来看创业活动，人类的创业活动应当是伴随着企业这种经济组织的出现而诞生的。最初的创业活动是一种原生态的人类行为，它虽未包含时下一些诸如商业模式、创业机会等创业方面耳熟能详的词，却实实在在反映了人们对财富的追求。伴随着企业这种经济组织的不断演进，创业活动也在逐渐演化，成为影响力深远的一种社会现象。特别是20世纪中叶以来，发源于美国硅谷地区的新经济所引发的创业浪潮，很快就席卷全球，带动了世界范围内新一轮创新和创业活动的兴起。

1.1 创业活动的发展——从硅谷的发展谈起

硅谷位于美国加利福尼亚州的旧金山南部地区，涵盖北起圣马特奥（San Mateo）南至圣克拉拉（Santa Clara）的近50公里的一条狭长地带，是美国重要的电子工业基地，也是世界范围内最为知名的电子工业集中地之一。硅谷的发展是随着第二次世界大战之后微电子技术的高速发展而逐步形成的。在其发展过程中，周边的一些具有雄厚科研力量的大学如斯坦福、加州伯克利和加州理工等及企业服务机构、投资者与创业者形成了良好的互动。伴随着互联网浪潮的兴起，硅谷更是成为新闻媒体关注的焦点，众多的研究人员纷纷从各个不同的角度探讨硅谷成功的原因，取得了丰富的研究成果。

1.1.1 硅谷的发展历程

硅谷的发展事实上应当追溯到19世纪中叶的淘金浪潮。尽管在很多资料中，这一点常常被忽略。在1846年以前，加州周边大部分土地还是一片荒漠，到处都是流动沙丘。由于一次偶然的机会，当地的工人在河道中挖掘时发现了金砂，继而导致这一地区的面貌在很短时间内发生了翻天覆地的变化。成千上万的淘金者从美国的各个地区，甚至世界各个角落涌入加州。这里的人口由1847年的500人左右激增至1851年的3万人，这种人口增长速度一直持续到19世纪末。人口的剧增使曾经的一个小村落迅速发展成为一个速成都市——也就是现在的旧金山。

淘金浪潮一直持续到20世纪50年代，一共采得了2430万盎司的黄金。淘金浪潮揭开了美国西部开发的序幕，使采矿业成为西部的主要产业，并且进一步带动了铸造、机械和木材等相关产业的发展，促进了满足矿工生活需要的农牧业、交通运输业的发展。这一切加快了美国西部城市化的进程，加州的面貌从此彻底改变。财富成为人们竞相追逐的奋斗目标，各种类型的创业活动飞速发展。创业活动的发展预示着一个重要时代——硅谷时代的到来。

在"加州淘金热"中涌现出了很多有价值的创业点子。Levi Strauss 于1847年从德国移民至纽约，那年他17岁。"加州淘金热"同样让年轻的 Strauss 萌发淘金冲动，他带了数卷营帐及篷车用的帆布搭船航行到旧金山，准备卖给数量迅速增加的淘金人。但他发现帆布有更好的用途，因为有一名年长的淘金人表示他应该卖的是能在淘金的恶劣环境中使用的长裤。于是他把卖不完的帆布送到裁缝店，定制了第一件 LEVI'S 牛仔裤。淘金的人们马上就喜欢上了这种结实耐磨的牛仔裤。Strauss 的牛仔裤生意马上红火了起来。之后，他放弃帆布，改用斜纹粗棉布，并进一步对牛仔裤进行改良。后来，牛仔裤风行美国，并且走向世界。直到今天，牛仔裤仍是包括中国在内的各个国家商场里热销的衣服。

在硅谷的最初发展阶段，不能不提的是被称为"硅谷之父"的弗雷德里克·特曼（Frederick Terman）。特曼历任斯坦福大学的工学院院长、教务长和校长，他被人所津津乐道的并不是其专业领域的成就，而是他对学生创业活动的鼓励和支持，以及他对硅谷地区高科技产业发展的重要奠基作用。特曼不仅在言语上鼓励学生创业，同时还用自己的钱来投资学生的公司，在他所投资的企业中，惠普是最知名的企业之一。惠普成立于20世纪30年代，通常被认为是硅谷地区出现的第一个较为知名的高科技创业企业，在硅谷的发展史上意义重大。斯坦福大学的两个毕业生Dave Packard和Bill Hewlett在创办公司时通过掷硬币的方式决定了公司的名称（Hewlett & Packard）。在其成立后的第一个年度结算时，公司的获利率达到了29%。1957年11月6日，公司股票首次上市。时至今日，惠普已经成为世界上最有影响力的公司之一。

第二次世界大战之后，特别是20世纪50年代之后，新兴技术公司的成长和发展使硅谷地区发生了很大的变化，此时特曼已经成为斯坦福大学的教务长，他四处奔走，跟政府签下了许多研究计划和武器发展条约，这正是新型工厂大规模发展的开端。1951年，斯坦福大学成立斯坦福工业园区来加强学术界和企业界的合作。斯坦福大学占地8180亩，学校拿出其中650亩用于发展高科技无烟囱工业，并积极鼓励校内研究走向社会，实现商业化。

根据Doug Henton的观点[①]，1950—2000年，至少有四次主要的技术浪潮影响美国硅谷的发展，每一次浪潮都建立了人才、供应商、金融服务提供者的创新网络，这种网络有助于产生下一次技术浪潮，这一发展过程如图1-1所示。

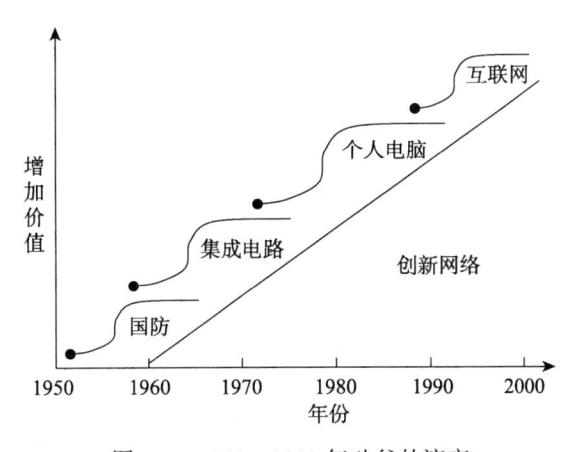

图1-1　1950—2000年硅谷的演变

1. 第一次技术浪潮

第一次技术浪潮从20世纪50年代开始。第二次世界大战后，尤其是朝鲜战争所引发的美国国防工业对电子产品的大量需求，为惠普等电子类企业发展带来了巨大的推动力。冷战时期，为了在军备竞赛以及太空技术上保持领先，美国国防部门投入了大量的资金用于开发先进技术。为了能够获得稳定的技术来源，国防部门同时资助不同的公司开发技术，这无疑直接推动了硅谷的技术基础设施和相关行业的建设，促进了技术的传播。

---

① 李鐘文，威廉·米勒，玛格丽特·韩柯克，亨利·罗文. 硅谷优势——创新与创业精神的栖息地[M]. 北京：人民出版社，2002.

2. 第二次技术浪潮

1959年集成电路的发明，推动了20世纪六七十年代半导体工业的迅猛发展。1959—1976年诞生在硅谷的半导体公司有45家，而同一时期，在美国其他地方总共才产生5家半导体公司[①]。先后成立于硅谷的肖克利（Shockley）半导体实验室、仙童半导体（Fairchild Semiconductor）公司、英特尔（Intel）公司及众多的后起之秀成为这个时期硅谷的代表性企业。这些企业的发展充分带动了一种创新的文化，并使其成为公司内部上下的价值观。同时，公司的创立和消亡、人员在各个公司间频繁的流动也成为一种常态。1971年，Don Hoefler为《电子新闻》（*Electronic News*）撰写了一系列文章，总题为"美国的硅谷"，从此"硅谷"这一名称一直沿用至今。

3. 第三次技术浪潮

20世纪70年代以来，Intel推出了一系列的处理器，推动了第一代个人电脑的诞生。1976年，Wozniak设计出Apple I型个人电脑。第二年，他推出的Apple II型个人电脑引起了人们的广泛关注。Apple II在电脑界被广泛誉为缔造家庭电脑市场的产品，到20世纪80年代已售出数百万部。随着Apple II的日渐风行，许多程序设计师开始编写应用软件，1978—1979年，大概出现了百余种为其设计的软件，在很大程度上带动了个人电脑产业的发展。随着这一产业的发展，一些电脑行业巨头如IBM纷纷加入这一产业。而软件行业的发展则加速了微软、甲骨文等企业的崛起。这些企业的规模在整个20世纪80年代都处于硅谷的前列。

4. 第四次技术浪潮

从20世纪80年代后期开始，随着计算机网络技术的发展，个人电脑的应用重心从单机工作转移到以网络互联为主的分散化的、跨平台的工作站模式上。1993年，互联网的商业发展和万维网的创立，为硅谷开辟了新的发展前景。在短短的数年内，计算机网络的基础设备呈现出惊人的增长趋势。局域网和Internet的发展使越来越多的用户可以在互联网上共享各种信息资源，也使跨国企业在全球范围内实现24小时工作模式成为可能。在互联网行业，先后出现的弄潮儿包括网景、雅虎、亚马逊等。特别是网景和微软的竞争，客观上又促进了网络的流行和互联网企业的兴起。20世纪90年代以来，在硅谷得到迅猛发展的技术领域还包括生物技术。生物科技产业成为新的高科技产业热点，硅谷又以其特有的敏感性和优势吸纳了大量生物科技企业在此落户。

2000年之后，互联网泡沫的破灭对硅谷的发展产生了严重的负面影响。大量互联网领域的初创企业接连倒闭。不过，泡沫的破灭也孕育着新的发展机会。就在市场暴跌、风险投资纷纷暂停投资行动时，谷歌仍然在高速发展。在这个时期谷歌进一步明确了企业的商业模式，到2004年谷歌的营业收入已经远远超过了雅虎和亚马逊。除谷歌外，脸书、维基百科、X（原推特）、YouTube也是互联网泡沫破灭之后迅速崛起的新型企业。与此同时，

[①] 郝莹莹，杜德斌. 从"硅谷"到"网谷"：硅谷创新产业集群的演进及其启示的研究[J]. 世界经济与政治论坛，2005，3：22-26.

智能手机的普及以及互联网基础设施的改善,推动世界进入移动互联网时代,而硅谷在这一波潮流中依然发挥着引领作用。随着乔布斯在 1997 年回归苹果公司,苹果公司又获得了活力,其 iPod、iPhone、iPad 等产品引发了智能手机的消费热潮。

随着新兴技术的不断发展,众多的科技人员、创业者、投资者开始思考:下一个"互联网"是什么?下一个技术创新产品是什么?可以看到,在硅谷,人工智能、生物技术等新兴公司在不断涌现。以人工智能为例,人工智能已经成为一个发展高度成熟的工具,并且已经应用到工业自动化、医疗、通信等多个领域。在技术发展和不断商业化的过程中,硅谷始终在发挥巨大的区位优势。作为新兴技术的交会点,全球的科技创新人才在硅谷进行商业、资本、

扩展阅读 1.1　2023 年十大战略技术趋势

技术及市场的对接,其多元化的商业模式也不断被其他国家、地区所模仿,并且进一步促进了全球性商业网络的形成。这些都预示着下一轮不同寻常的创业活动热潮即将到来。

1.1.2　硅谷的经济成就

硅谷的发展使硅谷成为美国经济发展的一个重要的发动机。20 世纪 90 年代,硅谷的研发人员占劳动力总数的 10%,是美国全国平均水平的 2.5 倍。1999 年,硅谷雇员的人均创造价值达到 11.5 万美元,远远超过同年美国的平均水平 7.8 万美元。1999 年,硅谷地区的 GDP 总值超过 3000 亿美元,占美国全国 GDP 的 3%左右,超过中国 GDP 总值的 1/4。硅谷上市的企业已经达到 72 家,有 130 亿美元的风险投资涌向这一地区,占全美投资总额的 1/3。

硅谷持续不断的创新浪潮带动了以行业集群方式发展的创业活动的蓬勃发展。这种创业活动能够积极促进企业之间的相互竞争、相互补充、相互依赖。地理上的相邻对于行业集群的发展也非常重要,企业和创业者所需要的一切资源都来自同一个地理区域,能够十分便利和快速地分享专业化劳动力、原材料供应及信息资源,同时也降低了交易成本。这样,硅谷的企业表现出很高的生产率,这可以用每一个员工所创造的增加值来衡量。

蓬勃发展的创业活动不仅促进了硅谷地区生产率的提高,也为创业的参与者带来了超额的回报。根据统计,硅谷的平均工资高出美国平均工资的 50%,而且,从发展的趋势来看,硅谷的工资平均增长率也比美国的平均增长率高。这一现状充分反映了创业活动所带来的巨大效益。由于集群经济的高生产率和低交易成本,硅谷的企业在支付高额工资的同时仍能够盈利。同时,由于工资高,硅谷又吸引了大量的高素质人才来到硅谷追逐新的发展机会,这就形成了一个人才和资源流动的良性循环。

就业状况的改善也是创业活动所带来的巨大外部效益之一。通过持续不断的创业活动,硅谷的企业带动了区域内部就业机会的迅速增长,而这一增长又是与行业集群的发展密不可分的。尤其是个人电脑诞生之后,计算机硬件及软件行业吸纳了大量的就业人口,而且,伴随着互联网时代的到来,软件行业成为就业方面新的增长点。尤其值得关注的是,在硅谷地区,就业人群的一个主要构成就是来自不同国家的移民。硅谷指数的数据显示,硅谷已经保持多年本地居民净流出、国外移民净流入的人口结构。这种多元化的人口结构

也促进了当地创业活动的开展。

2000年之后，随着新技术的不断涌现，硅谷的经济高速发展。即使在疫情期间经济限制和就业波动的情况下，硅谷的创新经济也始终保持高速增长和繁荣。2022年硅谷指数显示，硅谷地区的科技行业持续高速发展，技术岗位增幅和本地就业比例继续领跑全美，硅谷和旧金山的上市公司的市值在2021年12月总计超过14万亿美元。硅谷和旧金山的公司风险投资在2021年创下950亿美元的历史新高，包括创纪录的257笔大型交易。2021年，硅谷地区新资助的初创公司也出现了增长，超过2000名天使投资者积极资助该地区的种子期公司，交易总额接近12亿美元。硅谷居民的总可投资资产估计为7350亿美元，另外还有4320亿美元的住宅房地产——该地区的个人财富加起来（近1.17万亿美元）超过了荷兰的GDP。

1.1.3 硅谷发展的原因分析

很多国家或地区都试图借鉴硅谷的经验，在自己国家或者区域内部建立自己的"硅谷"。然而，很多探索不尽如人意。硅谷到底有什么成功的经验，其内在运作模式是怎样的，成为很多学者的关注点。

硅谷成功的众多因素中，首要一点是人的因素：创业活动的实施主体是人，创业活动的成功首先应当考虑到人的因素。在硅谷，才华和能力是个人成功的主要因素，没有人会去追究创业者的种族、年龄、性别、经历、背景等因素，这就为硅谷带来了很多具备高度才华和能力的潜在创业者。在硅谷的成功创业者中，有很多都来自不同的国家或地区。例如，来自匈牙利的安德鲁·格罗夫（Andrew Grove）是英特尔的创始人之一，来自中国台湾的杨致远是雅虎的创始人之一。这些创业者不仅为硅谷创造了巨大价值，还借助个人与硅谷之外的区域、机构的联系为硅谷带来了新的资源和信息，促进了彼此之间的沟通交流。

人的因素同时还包括硅谷内部高质量的劳动力，这些人员的存在是创业活动不可或缺的构成元素。20世纪90年代以来，硅谷吸引了大批的高素质人才。在硅谷，目前共有40多个诺贝尔奖获得者，上千个科学院和工程院院士、7000多名博士。在硅谷的雇员中，40%的人拥有学士以上的学位。这些数据表明，硅谷是世界最先进人才的聚集地，具有高质量的人才库，堪称全世界的人才高地[1]。不仅如此，硅谷的雇员流动性也非常大，这就使硅谷形成了一个能够满足高科技企业对人才高速持续周转需要的市场。企业能够迅速找到合适的员工，专业人员也能够找到实现他们最大价值的位置。

技术是硅谷成功的另一个重要因素。作为高科技创业的集聚地，技术在硅谷发展中起到了重要的推动作用。一部分技术是硅谷的高素质创业者及其雇员所研发出来的，这些创新性技术不仅成为企业的独特竞争优势，而且大大推动了硅谷的产业发展。另一些技术来自硅谷地区的众多大学、研究机构与产业界的互动。硅谷地区本身就是以斯坦福大学为中心建立起来的高技术密集区。在这一地区周边又拥有加州伯克利、加州理工等著名大学或研究机构，它们拥有丰富的科研成果以及大量训练有素的科研人员。通过企业与这些大学、

---

[1] 穆桂斌，黄敏. 美国硅谷人才集聚规律及对雄安新区的启示[J]. 河北大学学报：哲学社会科学版，2018（7）：36-69.

研究机构的互动，知识、创意、技术能够在企业、大学、研究机构间进行双向流动，这在很大程度上推动了技术的发展。

硅谷的创业活动发展还得益于众多创业服务机构的共同参与。在硅谷，对创业的支持服务一应俱全，风险投资、银行家、会计人员、律师、咨询顾问、猎头等一系列与创业活动密不可分的专业人士都经常出入硅谷。这些专业人士的存在，可以充分满足创业者从融资到招募雇员、从管理咨询到法律顾问、从创立到上市等一系列创业活动的要求。同时，伴随着创业活动所带来的集群效应，使得这些不同层次的服务机构和人员形成了一张有效的创业支持网络，可以最大限度地支持创业活动。

除了这些看得到的创业活动的参与因素，硅谷的成功还包括一些看不见的因素。这些因素可以统称为环境因素。硅谷的环境因素中首要的一点是良好的制度环境。硅谷的发展在很大程度上得益于美国的经济法律制度，有关证券、税收、会计、破产等一系列法律法规形成了一套完整而且规范的体系，这种良好的制度环境是创业活动能够推进的必要保证。

鼓励冒险、容忍失败的氛围是硅谷的环境因素中针对人这一要素的促进因素。创业活动具备较大的不确定性，很多创业活动在1~2年内就要失败。如果周围的人群都崇尚成功、鄙薄失败，那么很多人往往不敢去创业。在硅谷文化中，鼓励冒险、容忍失败这一特别的文化因素能够充分鼓励创业者勇于创业，即使失败也能够调整心态，迅速筹划东山再起。

开放的商业环境则是硅谷环境因素中针对技术以及其他管理活动的促进因素。在硅谷，不同的高科技企业、科研机构都愿意分享知识。在开放的知识平台上，开发者可以进一步开发许多新的应用，同时也为原有的平台提供了更广泛的需求。在这种开放环境中，个人之间、企业之间也更愿意积极地推进合作，沟通和交流变得更为频繁，这些都在很大程度上推动了创业活动的开展。

"硅沼"（Silicon Fens）之名，得自剑桥大学周边信息技术企业所在的那片沼泽地，与美国加州斯坦福大学周边的"硅谷"（Silicon Valley）并称。

20世纪60年代后期，受到美国硅谷地区发展的影响，剑桥大学的实验室和研究机构的负责人认识到科学与高技术产业的密切关系。1970年，剑桥大学圣三一学院在离市中心3英里（1英里=1.61千米）的城市西北角规划出了24英亩（1英亩=0.405公顷）土地，建立剑桥科学公园，在剑桥第一次形成了以技术为基础的创业浪潮。20世纪70年代，剑桥大学成立产业联络办公室，协调和服务各院系、研究人员建立同产业界的合作，推动了相当数量的高科技企业的诞生。1984年，圣三一中心成立，帮助新创建的企业发展高技术、开拓市场，提供多种多样的咨询服务，促进学校与企业的专业合作。从大学学院衍生出公司的成功经验鼓励了更多科技公司进入科技园区，到1987年，这片130英亩的土地上集中了近500家高新技术企业，年产值以数亿英镑计。20世纪90年代，受知识经济与全球化浪潮影响，剑桥科技园得到了进一步的发展，以高科技为核心的公司增长到1200家，这些企业专注于各自擅长的领域，大规模地制造受市场欢迎的产品。进入21世纪后，在政府的引导下，一项将剑桥大学与东南部其他地区联盟的计划正在酝酿着，以剑桥大学为核心的整个东部地区将创造出区域化的核心经济势力。

剑桥大学利用学校实验室，积极支持园区及周边计算机、科学仪器、电子技术及生物技术等行业公司的技术孵化。剑桥大学的人才和技术在剑桥地区的发展中扮演着重要角色，在过去10年中，剑桥大学孵化出了310家高新技术企业。科技园的服务不局限在园区内，而是辐射整个剑桥城。仅从公司数量看，科技园约占高技术产业的10%左右，且剑桥科技园定位于为新创企业提供服务，而自身并未在园区直接创办企业。剑桥科技园与外围高技术公司、大学、研究机构形成网络关联，充分挖掘属地研究机构孵化能力。剑桥地区约有过半数的公司保持着和本地研究机构的联系，其中90%存在于它们和大学各院系间，联系最频繁的是工程系、物理系和计算机实验室。而且，有近20%的公司通过和本地研究机构合作项目、许可证交易和咨询等联系渠道，开辟获取新技术的来源。

纵观剑桥高技术产业的发展历程，硅沼的成功要素中包括以下几个方面。

极具吸引力的地方环境。剑桥郡离伦敦市中心60英里远，驱车大约只需要一个小时，剑桥科技园区内灵活的租赁合同、停车场、与其他企业交流或结网的机会、良好形象和相互信任、咨询服务、设施分享及与大学的联系等优势，促进了园区企业的发展，对员工和经营管理人员极具吸引力。

完善的市场经济体系。剑桥科技园为企业提供了包括风险投资、中介机构、物流等各方面比较完善的服务，并通过传统金融机构的业务拓展和金融创新以及高效完善的证券市场，为高技术产业的发展提供充足的、符合其发展特点的资金。

高质量和稳定的人才保证。剑桥大学作为世界一流的大学，为园区输送了一流的人才，每年都有大量的毕业生就职于园区内的企业。剑桥科技园区人力资源丰富，拥有大量最优秀的科学家和熟练的技术人员，为园区内科技企业的成功提供了至关重要的管理人才和创业科学家。剑桥园区内的雇员多半较少跳槽，极具凝聚力的企业文化给予员工强烈的归属感，人才的稳定和充足使本地区公司得以长期拥有一支强大的人才队伍，并因为这种连续性而获益。

政府的优惠政策。剑桥科技园对中小企业给予政策倾斜，真正起到了孵化作用，政府或园区管理部门给进入园区的高科技公司提供资金、税收、法律等方面的优惠政策。在英国，外资公司与英资公司享受同等投资优惠，即外资公司在英国可以基本享受国民待遇，可以获得同样的项目资金援助。另外，英国的公司税率在欧盟国家中是最低的，这增强了该地区企业的竞争力。

剑桥精神。剑桥作为一个成功的高科技企业聚集地区的优势在于，它有一种使创业精神转换成为科技创新的环境条件。发展高科技，资金固然重要，但更重要的是充分发挥人的创造精神，并且积极推动科技创新。倡导特殊的创业精神和独特的人文氛围，使科技园区不断发展壮大，这就是剑桥精神。

资料来源：马兰，郭胜伟. 英国硅沼——剑桥科技园的发展与启示[J]. 科技进步与对策，2004，4：46-48.

1.2 国内的创业活动

1.2.1 国内创业活动的发展过程

谈到国内的创业活动，很多人的直接反应就是20世纪末的互联网创业浪潮。事实上，国内创业活动的发展应该追溯到更早时期。从20世纪80年代开始，我国就出现了一些个体创业现象，这是改革开放之后的制度变革所带来的。从20世纪80年代一直到今天，国内的创业活动可以分为五个发展阶段。

1. 发展阶段一

这一阶段的创业活动开始于1980年前后。改革开放之前，受计划经济体制所限以及"左"的思潮影响，国内基本没有创业活动的生存空间。改革开放之后，原来的计划经济打破了，开始出现新的商机——农村出现自由市场，一些人开始做小买卖，开小商店。当然，从现在的观点来看，这些创业活动都比较简单，与我们现在所讨论的高科技创业、商机和商业模式等概念相去甚远，但是考虑到当时的政治经济环境，从事商业活动要冒很大风险，甚至有可能要背一定的罪名。因此，用今天的眼光看待这些毫不起眼的创业活动，它们所体现出来的社会意义远远超过其实质内容。

2. 发展阶段二

这一阶段的创业活动兴起于20世纪80年代中后期，主要以乡镇企业的兴起为代表。随着1980年以来农村改革的成功推进，农民收入增加以后，产生了很多新的需求，很多敢于创业的农民抓住这个机会兴办了乡镇企业。由于农村的劳动力成本、土地成本都比较低，乡镇企业很快得到了迅速发展。20世纪80年代中后期，乡镇企业成为农村经济中的一个亮点。但是由于产权方面的相关政策限制，很多乡镇企业与政府部门、乡镇集体经济之间的关系始终没有厘清。这导致多年以后，乡镇企业改革时面临的一大难题就是如何把这些企业的产权关系厘清。

3. 发展阶段三

这一阶段的创业活动兴起于20世纪90年代初。1992年邓小平南方谈话改变了中国的政策环境，使很多人看到了商业活动的前景，一部分人开始下海经商。相对于20世纪80年代的创业活动，20世纪90年代以来创业活动的实施主体平均受教育水平和个人素质都比较高，他们的创业活动也不再局限于农村的生产经营活动，其视野更为广阔，涉及不同的地区、行业，影响也更为深远。例如，20世纪90年代初中国南方的一些地方出现房地产泡沫，就与这批下海人员密切相关。同时，20世纪90年代以来的创业活动使商业活动更贴近普通百姓，市场经济的观念开始深入人心，企业家或资本家也不再是一个贬义的概念。

4. 发展阶段四

这一阶段的创业活动兴起于20世纪90年代中后期。随着互联网的发展，特别是以美国为代表的新经济的带动，国内出现了一批新型的创业者。这些创业者也成为知识经济在中国的坚定不移的布道者。20世纪90年代中后期的创业者中，很多都曾经在国外接受过教育，熟悉新技术的发展，懂得国际资本运作，具备国际视野。很多创业者甚至直接把国外的商业模式照搬到国内。在这一波的创业浪潮中涌现出很多知名的新型企业，如新浪、网易、搜狐、易趣、亿唐等，这些创业者凭借令人热血沸腾的创业故事成为很多年轻人追捧的偶像，在很大程度上影响了当代的年轻人，创业也成为热门的流行词汇之一。

5. 发展阶段五

最新一拨创业活动的出现伴随着进入21世纪以来企业实践活动的发展。前几个阶段的创业活动的发展已经对国内的创业活动起到了很大的示范和教育作用，在新的经营背景之下，特别是第一波互联网泡沫破灭的背景之下，出现了许多新型创业者。在互联网领域，创业者更专注于特定市场的网络应用，而不是一味地把企业做大。一些新兴的网络公司成为纳斯达克的新宠儿。除了网络领域外，创业活动也在向更广泛的领域发展，社会各界对于创业的关注达到了前所未有的新高度，一些新的创业话题如"00后创业""特许加盟""国际化"等话题也成为社会各界讨论的焦点。

从国内创业活动发展的几次浪潮来看，其背后的推动力是中国经济的增长，以及国内市场经济的高速发展。这些都为人们的创业活动提供了更多的机会。随着中国经济全球化进程的不断加快，创业者也将得到更广阔的国际视野。这一切都体现了创业活动和社会经济之间交互发展的综合作用机制。

1.2.2 国内创业活动的现状

近年来，随着经济全球化的不断演进，以及国内创新创业理念的不断发展，各个层面、各个部门对于创业活动的支持政策不断丰富，我国的创业活动呈现蓬勃发展的态势。根据全球创业观察（Global Entrepreneurship Monitor）的数据，2019年在全球创业观察所提供的国家创业环境指数中，中国排在了第四名，超过了大多数的发达国家。

如果透视全球创业观察所提供的具体的创业环境分析维度，可以看到，我国的创业环境还有较大的改善空间。全球创业观察把创业环境分为12个子维度，分别是：文化社会规范、创业金融支持、政府支持性政策、政府税收和官僚程序、政府创业项目、学校创业教育、社会创业教育、技术转移、商业和法律的基础设施、内部市场的动态性、内部市场的规制、物理基础设施。从调查结果来看，中国的环境维度中相对较好的包括物理基础设施、内部市场的动态性、文化社会规范；相对较差的则包括学校创业教育、内部市场的规制、商业和法律的基础设施。这与历年的中国创业环境特征也非常接近（见图1-2）。

图 1-2 中国创业环境各子维度的排名

整体来看，我国创业环境的现状说明我国创业活动的发展还有较大的提升空间。创业者在进入国内的市场方面还有一定的障碍，对创业活动具有重要支持作用的商业基础设施还相对比较薄弱。尤其值得注意的是，近年来我国创业教育发展迅猛，参与创业教育的高校和教师数量不断增加，但是相对于飞速发展的创业活动来说还略有不足。如果在未来的发展中未能对上述问题进行行之有效的解决，我国的创业活动无疑会受到较大的制约。

就国内的情况来看，根据本书作者所领导的创业研究团队所发布的《中国创业生态报告》，国内的创业活动有着广阔的发展前景。即使是在新冠疫情背景下，在很多区域，创业活动仍呈现逐年上涨趋势（见图 1-3）。

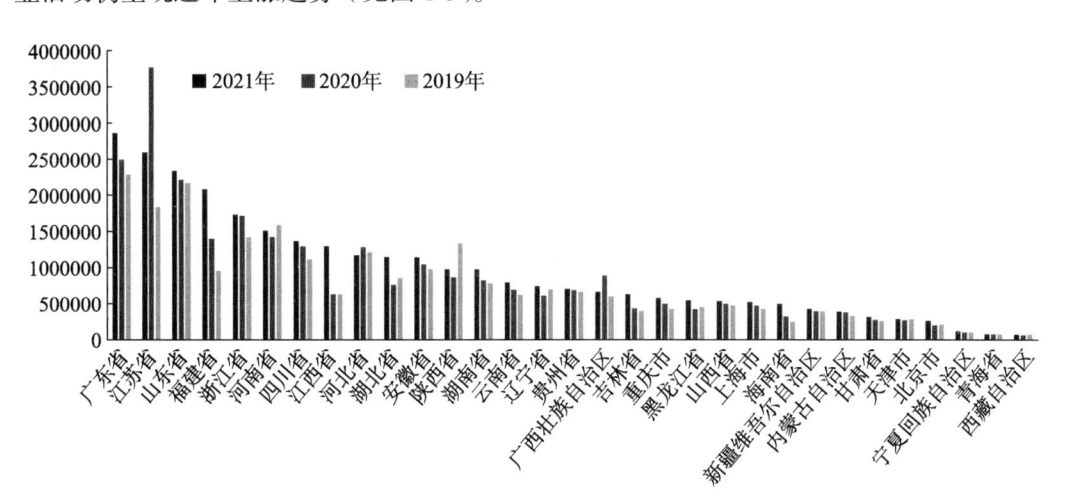

图 1-3 2019—2021 年省级新注册企业数量对比

创业活动的活跃地区主要在东部和东南部沿海地区。从绝对数量上来看，江苏、广东、山东、福建和浙江仍然是国内创业活动最活跃的地区，特别是江苏、广东和山东三个省份，2019—2021 年均保持新增创业企业数量前三的位置。从分行业的情况来看，2019—2021 年第一产业新增创业企业数的排名产生了较大的变化，湖北和云南增长迅猛并跻身前列；山东作为过去的榜首，2021 年新注册企业数下降明显，退至第三位；河南、安徽等省份依旧稳定增长。从第二产业的新注册企业绝对数量来看，2019—2021年变化不大，广东、江苏、山东、浙江、河北依旧位居全国前五的位次。在第三产业新注册企业绝对数量排行中，江苏、广东、山东、浙江、福建保持了全国前五的位置，福建省新注册企业数量增幅明显，并升至第三位。

如果针对不同的子行业进行进一步的深入研究，可以看到，批发业与零售业一直是创业活动最热门的行业，且在新冠疫情防控期间保持了新注册企业数量的稳定增长。居民服务、修理和其他服务业同样在新冠疫情期间保持了持续增长，且同比增长水平远超其他行业。住宿与餐饮业受到防疫政策对人员流动和公众场合活动限制的影响，新增创业企业数量下降明显。制造业则是受到出口订单数减少、人员流动受限等因素的影响，自新冠疫情以来创业活跃度逐年下降。同样受到新冠疫情负面影响的还有租赁和商务服务业，同比下降程度超过了制造业与住宿和餐饮业。新兴产业作为国家近年来推动产业转型升级的重点扶持行业，新注册企业数量三年间稳定增长，并实现了较高的同比增长率。

扩展阅读1.2　2021年中国创业生态报告

区域层面的创业活动发展势态和区域差异，为我们进一步研究国内创业活动的发展规律，以及探讨如何有效支持不同领域的创业行为，提供了积极的证据。

1.2.3　创业活动的社会影响

成功的创业活动对于创业个体的影响显而易见，通过创业活动，创业者可以实现个人价值、创造一定财富。相对于个体层面的价值，创业活动的意义更多地体现在其巨大的外部效益上。今天，从国内的情况看，各界有识之士都在积极关注创业现象、鼓励创业活动，其原因也在于此。创业活动的社会影响主要体现在以下五个方面。

1. 创业活动对于技术发展的促进作用

创业活动是技术创新并实现产业化的主要形式之一。对于高科技创业活动来说，创业过程往往围绕一个核心的新产品，这一产品能否得到市场的认可，取决于产品是否能够真正为消费者创造价值。因此，为了实现成功创业，创业者需要不断开发、调整产品，直到产品能够真正具备市场价值。这一过程中，那些有价值的产品能够被创业者所坚持下来，而一些看起来很有价值但是不被消费者认可的产品或技术就会被淘汰。因此，从整个社会范围来看，创业活动的发展有利于技术和产品不断更新，并且朝着人们真实需求的方向演进。

2. 创业活动对于就业岗位的增加作用

从世界范围来看，各国的就业结构大致上呈现同样的趋势，为一个国家解决就业问题的主力并不是大型企业，也不是政府办的企业，世界各国超过一半的劳动力都在中小企业就业。根据国外的经验，在就业创造过程中，就业人数在500人以上的大中型企业贡献较小，就业人数在1~19人之间的小企业对于就业创造的贡献最大[1]。从国内的情况来看，

---

[1] 祝慧. 着力清理收费减负，能鼓励创业和扩大就业吗？[N]. 中国经济时报，2005-06-27.

2001年全国平均每天有4000名国有企业下岗职工进入个体私营企业实现再就业。创业活动对就业的这一正面影响作用引起了很多社会人士的关注。针对我国当前就业人口与岗位需求之间的高度不均衡状况，很多学者和分析人士都认为，对创业活动的鼓励与支持势在必行。

3. 创业活动对于产业结构调整的促进作用

成功的创业活动具有强烈的示范效应，当创业者发现一个新的创业机会，并且在这一行业中创造巨大价值之后，很快就会有追随者进入这个行业。众多的创业者在同一个行业内部共同开垦的结果是使这个行业内部的细分市场越来越多，消费者的需求被深度开发，而且围绕核心的行业延伸出来很多附带的价值和需求，更多的资金也被吸引到这个行业中来。因此，创业活动对于行业的发展具有重要的推动作用。这一作用最终促进了整个国家或者区域范围内的产业调整——众多有能力的个体和大量的资金不断流入新的产业，旧的产业结构被重新调整。从硅谷的发展过程可以清楚地看到这一点。

4. 创业活动与经济发展之间的关系

创业活动对于经济发展的贡献得到很多区域发展实践的证明，并且已被西方社会各界广泛认同。创业活动的活跃程度也始终是经济发展的"寒暑表"——发达国家用于衡量经济是否处于成长期的重要指标之一就是新创办企业的数量，衡量经济是否处于萧条期的重要指标则是倒闭企业的数量。显然，创业活动与经济增长之间存在一定的相关关系。一方面通过创业活动，企业可以为社会积极创造新产品、新价值，这充分推动了社会经济的发展；另一方面，在经济发展的条件下，投资活动、消费活动也更为活跃，这也在一定程度上推动了创业活动的发展。因此，创业活动与社会经济发展之间是相辅相成、互相促进的。

5. 创业活动对于社会文化的塑造和改变作用

成功的创业活动能够在全社会范围内鼓励创业文化和创业精神。创业活动本质上是发现商机、整合资源、开发商机的过程，在这一过程中，创业者的积极创新、勇于冒险、自我实现的创业精神起到了重要的作用。通过成功创业活动的示范，创业精神能够在全社会得到弘扬，形成一种全新的社会文化潮流，这对于整个国家的发展是非常有利的。当人人都梦想用自己的勇气和信念去创造价值、开拓未来的时候，这个社会才是朝气蓬勃、蒸蒸日上的。因此，创业精神是社会前进的必要催化剂，这也正是创业活动最大的贡献。

创业型经济，是相对于管理型经济而言的，是指以大量新创企业和成长企业为支撑的经济形态，其典型特征包括：创新和创业成为经济增长的主要驱动力；创业投资是推动创新创业的重要金融工具；孵化器是创业型经济的载体；新兴产业是创业型经济的产业基础；包容失败的创新创业文化是重要保障（见图1-4）。在中国高质量经济发展新背景下，以供给侧结构性改革为攻坚任务配合创业型经济发展，正从根本上重塑着中国经济的供需两端，逐步孕育着经济中长期发展的根本动力，也让创业型社会的经济基础越发坚实。

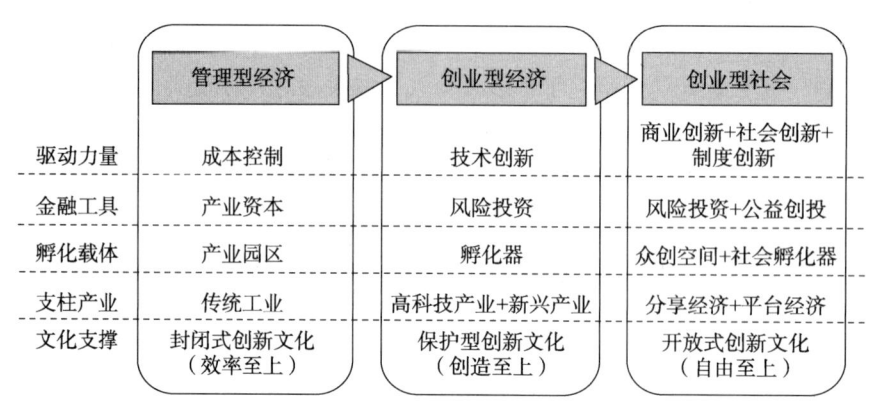

图 1-4　创业型经济的特征

资料来源：刘志阳. 创业型经济：中国创业七讲[M]. 上海：上海财经大学出版社，2021.

1.3　创　业　教　育

正如创业活动和其他管理活动存在巨大差异一样，创业教育也不同于其他管理领域的培训或教育。创业教育所包括的范围较其他管理教育更全面，所传授的内容实践性更强，这也引发了很多学者对于创业教育的争论。尽管如此，创业教育的重要性还是得到了众多社会人士的认同。

1.3.1　美国创业教育的发展

作为新经济的发源地，美国的创业活动一直是世界各国积极借鉴的对象。与此相对应，美国的创业教育一直在迅速发展。根据现有的资料分析，美国的创业教育发展过程可以分为三个阶段。

萌芽阶段（1947—1970 年）。1947 年，哈佛商学院的迈赖斯·迈斯（Myles Mace）为 MBA 学生开设了一门新课程——"新创企业管理"，这被后来众多的创业学研究者认为是美国大学创业教育中的第一门课程，也是创业教育在大学首次出现。1949 年，第一本关注创业者的研究性期刊《创业历史探索》由哈佛大学出版，1958 年由于种种原因停办。总体说来，由于"第二次世界大战"结束之后美国处于工业经济蓬勃发展的阶段，创业型经济尚缺乏必要的成长土壤，这一时期，创业教育并没有得到较大的发展。

起步阶段（1970—1990 年）。这一时期是美国的创业型经济开始迅速发展的阶段，创业活动成为美国经济发展的一个重要的发动机。硅谷的创业故事成为人们津津乐道的传奇故事，创业教育也日益受到重视。在 20 世纪 70 年代初，仅有 16 所大学开设了创业教育课程，到 1979 年就有 127 所大学在本科生中开设了创业教育课程，1982 年增加到 315 所，1986 年有 590 所，到 1989 年数量达到 1060 所[1]。与此同时，这一时期一些重要的

---

[1] Solomon G T, Fernald L W. Trends in Small Business and Entrepreneurship Education in the United States[J]. Entrep-reneurship: Theory & Practice, 1991, 15(3): 25-40.

创业学术期刊也相继出现，包括《小企业管理期刊》(The Journal of Small Business Management)、《创业理论与实践》(Entrepreneurship Theory and Practice)、《创业学杂志》(Journal of Business Venturing)等。

成熟阶段（1990年至今）：自20世纪90年代以来的30余年中，以硅谷为发源地的新经济成为美国经济的重要支撑，创业活动以其巨大魅力成为社会各界人士的关注对象，创业领域的学术研究也日益丰富，越来越多的学者倾向于把创业领域作为一个独立的管理领域加以研究和考察。在这一背景之下，创业教育也迎来了发展的成熟阶段。在2005年初，全美已经有1600多所高等院校开设了创业相关的课程，形成了一整套系统的创业教育体系。社会对创业教育的关注程度也与日俱增。一些著名的杂志，如《成功》及《创业者》每年都要进行全美创业教育项目的排名，其排名已经开始影响各校的招生情况与经济收入。排名越靠前的项目接到的咨询、申请就越多，入学率也越高。这一点引起了各大学商学院的高度重视，这种排名也成为衡量各校创业教育工作进展的一个标准。

从美国的创业教育实践来看，经过数十年的发展，总体上呈现出如下几个特点。

首先，从创业教育的内容和体系来看，美国的创业教育正在逐步完善。美国的创业教育已经纳入国民教育体系，内容涵盖从初中、高中、大学一直到研究生的系统化教育，课程设置也较有针对性，每一层次的创业教育课程基本完整到位。这一切形成了一个完善的创业教育体系。

其次，从创业教育的实施和推动来看，美国创业教育注重充分吸纳社会创业资源参与到学校的创业教育中。学校不仅积极鼓励学生参加创业计划大赛，接受社会上的创业者和投资者的评估，还积极引进社会各界人士参与创业教育，使创业教育与实践的结合更为紧密。

最后，从创业教育的传授和指导来看，美国创业教育对教师的实践水平非常重视，积极鼓励教师参与各类培训活动和学术研究，甚至还鼓励教师适当参与创业实践活动，这在很大程度上加深了教师对于创业实践的理解。同时，学校还注重引进一些既拥有创业实践又有志于创业教育的人士参与课堂教学，这些都在很大程度上增强了创业教育的传授和指导效果。

以美国百森（Babson）商学院的创业教育发展为例。早在1967年，百森商学院就推出了创业管理的研究生课程；1978年，百森商学院成立了美国第一个创业研究中心，致力于创业教育研究和课程开发；1979年，百森商学院率先开设了创业专业的本科生课程；1980年，百森商学院第一个设立创业学讲席教授席位。到今天，百森商学院已经有本科、MBA和高层经理研修三个主要的培养计划，通过系统的课程体系、辅助课程计划和学术研究来全面推进创业教育。百森商学院围绕创业过程安排课程，包括创新、机会评估、如何实现机会，以及如何创造成长型企业这四个模块，以此来培养学生对企业的整体观念和认识。除此之外，百森商学院还通过学生社团、孵化器和支持组织，为学生提供接触和实际操作课堂所学知识的机会。

其他一些创业教育发展得较为成功的院校还有哈佛大学和斯坦福大学等。哈佛大学的创业教育一直走在美国高校的前列，据统计，截至2001年底，哈佛大学共开设了15门创业管理课程,最具代表性的有"创业财务""创业管理""创业营销""专业服务公司""小企业的经营与成长""风险投资与个人股权""开创新企业"等。斯坦福商学院共开设 17 门创业管理课程,该学院非常重视创业战略以及创业环境的研究,尤其是关注创业过程中各阶段、各层面的策略与操作议题,以及产学合作、产业网络等环境方面的议题。斯坦福大学所开设的主要创业课程有"投资管理与创业财务""环境创业精神""创业精神与风险投资""营销与生产一体化设计""成长企业的管理""创业机会评估""创业战略""创业与社会发展""信息处理产业的战略制定与实施""技术创新的战略管理"等。

1.3.2 国内创业教育发展状况

从国内的情况来看,无论是创业教育还是创业研究,发展的历史都并不长。1998 年,清华大学经济管理学院率先为 MBA 开设了创新与创业管理方向,这一方向中的一些选修课程包括"技术创新管理""新产品开发""创业管理""项目投融资决策""创业投资管理""项目管理""技术创新经济学"等。在积极探索的基础上,清华大学还率先为本科生开设了高技术创业管理课程的选修课程。此后,国内一些高校也陆续开设了创业方面的课程。

2002 年,教育部在北京航空航天大学召开了创业教育试点工作座谈会,确定清华大学、北京航空航天大学、中国人民大学、黑龙江大学、上海交通大学、西安交通大学、西北工业大学、复旦大学为我国创业教育试点院校。这些院校都在不同程度地开展创业教育实践。例如,北京航空航天大学成立了创业管理培训学院,不仅在本科生中开设科技创业选修课,还开设了创业新讲堂,通过不断邀请有关创业企业家及北航创业校友来与学生进行创业经验的交流,以增强学生的创业感受。除了这些试点院校,一些学校的创业教育实践也非常有特色,例如,中央财经大学商学院推行的以创业先锋班为模式的系统性创业教育。这是一种面向全校学生招收创业教育学员的方式,学员在为期三年的学习中将系统学习到创业与管理相关的知识,同时,传授方式更为灵活,贴近管理实践。

除了创业知识的教授,近年来,国内的学者也开始关注创业教育这一领域,自 2003 年开始,南开大学、清华大学、吉林大学等高等院校陆续举办了创业教育研讨会。如何开展创业教育、如何处理创业教育与传统管理之间的关系等议题都得到了与会人士的充分讨论,并且取得了一定的共识。

2014 年 9 月夏季达沃斯论坛上,李克强总理在讲话中提出要在 960 万平方公里土地上掀起"大众创业""草根创业"的新浪潮,形成"万众创新""人人创新"的新态势。国家也先后推出了系列鼓励发展创业教育的政策。在这一背景下,高等院校开始积极推进实施创业教育。很多高校组建了创业学院,建立了由教务处、团委、学工部门、教学等单位联合共建的创新创业教育工作机制。随着越来越多的教师参与到创业教育队伍中,创业教育的课程体系也不断完善,国内开始形成创业管理方面的本科、硕士、博士专业,建立了分层次、分类别的培养机制。与此同时,各部门各地区创业大赛也风起云涌,在国内吸引了大量的大学生参与。这些都在很大程度上激发了大学生创新创业的热情。

发展创业教育是提升学生（包括普通大学生、MBA，以及一些短期培训班学员）创业能力、培育创业精神、加强学校与社会之间良性互动的重要手段。相信在未来，随着更多的学者对这一领域的热心参与，国内的创业教育会获得更为长足的发展。

供需因素在创业教育发展的不同阶段发挥着不同的作用。2000—2008年（萌芽期）创业教育的发展主要受供给侧因素的影响，尤其是该学科学术研究的发展，促进了南开大学创业研究中心（2003年9月成立）、吉林大学创业研究中心（2003年12月成立）等国内创业研究基地的建设。在供给侧，教育部还于2002年启动了创业教育试点，促进了创业教育的发展。

2009年以来，创业教育发生了较大的变化，影响着创业教育发展的供需因素。在供给侧方面，中央政府陆续出台了支持创业的政策，商学院在该领域的学术研究进步很快。在需求方面，全球金融危机后，中国面临越来越大的经济转型压力。高等教育规模扩大和外向型经济低迷等因素导致大学生就业率低，催生了对创业教育的巨大需求。

与此相对应，美国创业教育的发展日趋成熟，市场需求是主要影响因素，尤其是区域经济和就业因素的影响更为显著（Harrington and Maysami，2015；Lyons et al.，2015），即其发展受需求驱动。与此不同，在中国这样的发展中国家，创业教育的发展初期主要靠供给驱动。随着创业教育的进一步发展，它将逐渐由供需驱动。在创业教育的成熟阶段，创业教育将主要由需求驱动（见图1-5）。

扩展阅读1.3 创业教育的影响因素

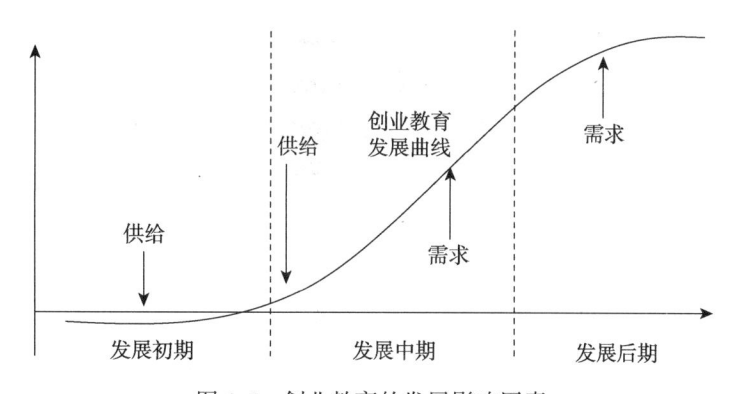

图1-5 创业教育的发展影响因素

资料来源：Song Lin, Zhengda Xu. The factors that influence the development of entrepreneurship education: Based on the case of China[J]. Management Decision, 2017(7): 1351-1370.

1.4 本书结构

本书结构共分4篇。本篇（第1篇）为创业学纵览，从创业活动和创业教育在全球范围内的兴起入手，介绍创业活动的基本过程及其学科特点，从不同层面阐述创业的定义和内涵，进而介绍创业学的最新研究进展。第 2 篇和第 3 篇以新企业的创立为分界点，分别阐述企业创立之前的机会识别、团队组建、商业模式开发、商业计划书撰写等问题，以及企业创立之后的融资、战略规划、市场营销规划、人力资源管理等问题。本书并非直接套用一般企业管理理论和分析框架，在阐述内容方面所采用的分析视角和分析逻辑充分考虑到了创业的独特性。本书的第 4 篇则主要探讨创业领域另一个重要话题——公司创业，这是一类与个体创业存在较大区别和联系的创业活动，在终章中将集中探讨公司创业的概念内涵以及支持公司创业活动实施和推进的重要因素。

全书结构如图 1-6 所示。

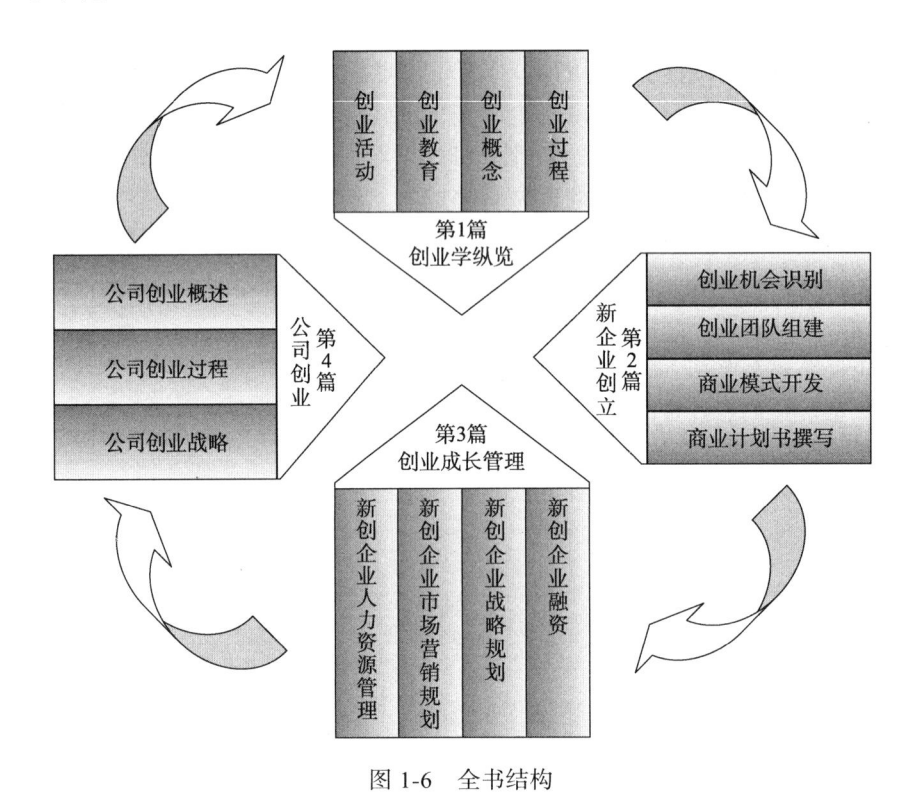

图 1-6　全书结构

1.5　本章总结

本章的重点是对创业活动的介绍，希望能够给予读者关于创业活动的直观认识。在国外创业活动中，本章主要以硅谷的发展为例，展现了技术、经济、社会、文化等因素一步一步推动创业活动发展的过程。本章也回顾了国内自改革开发以来的历次创业活动发展阶段，在此基础上介绍了国内创业活动的发展现状。本章的最后对国内外的创业教育发展进行了评述。整体上看，国内的创业教育尚处于初始阶段，因此，在这一领域，还需要更多的专家和学者付出努力、积极探索。

复习题

1. 讨论在创业环境方面硅谷地区与中关村地区之间的异同点。
2. 寻找一位你身边的创业者,通过访谈了解他的创业动机和创业过程。

即测即练

自学自测　扫描此码

第 2 章

创 业 过 程

1983 年,乔布斯想邀请百事可乐总裁约翰·斯卡利加入苹果公司。但是面对乔布斯的盛情邀请,斯卡利却犹豫了很久,难以放弃自己已经功成名就的事业,于是便婉言拒绝了乔布斯。这时,乔布斯说出了一句至今仍然被视为"美国有史以来最好的销售广告词"的话:

"Do you want to sell sugar water for the rest of your life, or do you want to come with me and change the world?" "你是想一辈子卖糖水,还是跟着我们改变世界?"

斯卡利被打动了,很快就离开了百事可乐,入职苹果公司,成为首席执行官。他和乔布斯一起创造了当时全球最棒的电子产品——第一部"Mac"和最棒的广告"1984"。邀请斯卡利的加入是乔布斯与苹果走向成功的重要一环。

【本章学习目的】

1. 掌握创业的概念内涵及其特征。
2. 掌握创业过程中的关键要素及其作用。
3. 掌握创业过程的阶段性发展特征。

20 世纪 90 年代以来,创业研究逐渐成为管理研究的一个全新领域,20 世纪 90 年代中后期,随着新经济的蓬勃发展和世界范围内新一波创业浪潮的兴起,创业研究得到了前所未有的飞速发展,很多学者将视线投向这一领域。然而,无论是国内还是国外,对创业领域的系统性研究还远远不足。本章在介绍创业领域基本概念的基础上,主要分析创业过程,从纵向上厘清创业的发展阶段和引领线索,为后文的叙述进行铺垫。

2.1 创业的概念内涵

2.1.1 创业的概念辨析

尽管创业现象已经得到众多研究人员的关注,但真正能对创业下一个清晰完整定义的却不多。在现有的论述中,部分学者着眼于阐释创业活动的内容和特征,如 Garnter(1990)认为,创业内涵体现在创业者的个人特性和创业的行为结果两个方面。这些创业活动实际上包括创业中的种种具体管理行为,如开创新业务、创建新组织、实现各种资源的重新整合、开发机会等。张健等(2003)认为,创业的内涵包括开创新业务、创建新组织、利用创新这一工具实现各种资源的新组合、通过对潜在机会的发掘而创造价值。另一部分学者则对创业的定义和概念内涵避而不谈，直接研究创业过程中诸如创业机会、创业资源等要素对于创业的推动作用（Bygrave & Hofer，1991；Shane & Venkataraman，2000；Eckhardt & Shane，2003）。这些不同的视角显示了创业活动的复杂性及难以概括性。

我们从创业领域的一些专业术语入手，解读创业的概念内涵。作为管理研究的一个相对独立领域，创业领域拥有一些独立的术语，简单起见，这里对创业研究中最为常见的部分术语进行了罗列。创业领域的部分术语见表 2-1。在后文，我们将会经常看到这些术语。

表 2-1　创业领域的部分术语

创业者	entrepreneur
创业	entrepreneurship or venture
创业活动	venturing or entrepreneurship
创业精神（企业家精神）	entrepreneurship
新创企业	new venture or start up
创业（机会、战略、营销等）	entrepreneurial + opportunity, strategy, marketing
风险投资	venture capital

其中，表示创业者的 entrepreneur 一词来自法语 entreprendre，其意为"承担"，它的原意是指率领军队去远征的冒险者。在 16、17 世纪时，该词是指借他人钱财经营某项事业的人（如工程的承包商）。18 世纪时，随着工商业的发展，特别是企业这一组织形态的蓬勃发展，企业家一词被广泛使用。而伴随着创业研究的逐渐兴起，entrepreneur 一词的中文释义也逐渐固定为创立新企业的实施主体——创业者，而非一般意义上的企业家。

扩展阅读 2.1　企业家概念及其相关问题辨析

表示创业概念的英文单词有两个：entrepreneurship 通常表示一种泛指的创业概念，是一种整体意义上对于创业的指代；venture 一词的最初意义是"冒险或者投机"，在创业领域则指代的是实际的创业行动，并且由于其冒险的内涵，往往使其所指代的创业概念内涵带有冒险创建企业的含义。除此之外，venture 还有一些其他的用法，例如，"joint-venture"作为"共同冒险创建企业"的结果，通常被翻译为"合资企业"。

相应地，表示创业活动的英文单词也有两个：通常用 entrepreneurship 来表示泛指的创业活动，而 venturing 表示实实在在的正在进行中的创业活动，还可以在其前面加上 business 一词来表示创业活动。国际著名的《创业学杂志》的英文名字就是 Journal of Business Venturing。

除了表示创业和创业活动以外，在过去的企业研究中，往往还将 entrepreneurship 翻译为"企业家精神"。但随着创业研究的发展及其社会影响的扩大，传统意义上的企业家精神一词现在往往被创业精神所代替。

新创企业一词通常可以翻译成 new venture 或者 venture，这里是取 venture 的名词含义。在一些文献或著作中，也可以看到采用 start up 用来指代新创企业。start up 本意是指突然站起、突然出现，或者突然发动，是一个动词组合，在创业领域，专门指代处于启动阶段的企业，也就是刚刚成立不久、尚未步入稳定发展阶段的企业。

在创业领域还可以常常看到一些以创业为前缀的专业词汇，如创业机会、创业过程、创业战略等，这些词汇的通常表达方式是直接在相应的英文单词前面加上表示"创业的"定语 entrepreneurial。在后文的讨论中，我们也可以常常见到这些词汇。

与创业高度相关的一个词是风险投资。在过去，venture capital 一词经常被翻译成创业投资，表明这是一种专门面向创业活动的投资方式。近年来，该词往往被翻译成风险投资，表示其风险较大的特征。

"venture"一词所表达的"冒险创建企业"这一动态的创业概念不是人们凭空想象出来的，而是随着人类创业实践的发展而逐步形成的。尽管早在 14—15 世纪，人们就已经开始创建手工业工厂这种原始形态的企业组织，但它通常是工厂主通过自有资本缓慢积累而逐渐形成的。15 世纪末以后，英国等西欧岛国为了从事远洋贸易而纷纷开展创建远洋贸易企业的活动，为了满足远洋贸易的需要，必须以合伙方式迅速集聚数十个甚至上百个工商业者的资金，才可能尽快创建起一支支庞大的远洋贸易船队。由于创建远洋贸易船队这种具有合伙性质的企业组织需要冒很大的风险，故借用"venture"（其日常意义为"冒险"）来指称"创建远洋贸易企业"这种特殊意义上的创业活动，因此赋予了"venture"有别于一般冒险行为的特定内涵。

当然，创建远洋贸易企业这种"创业活动"还只是一种原始形态的创业活动，其显著特点是创业行为的自发性和偶然性。直到 20 世纪 40 年代末，随着世界经济格局的变化，在两次世界大战中崛起的美国迫切需要通过迅速发展新兴企业来实现经济结构从军用工业向民用工业的转移，创建新企业才终于成为一种自觉的行为。尤其是 20 世纪 70 年代以后，随着现代科技革命的日新月异和企业新旧更替的加快，以创建新企业为特征的"创业活动"终于成为一种社会经济生活中的持续现象。此后，"venture"一词才越来越多地被用于各种有关创业活动的表述。

资料来源：刘健钧. 创新、创业与创业经济[J]. 中国创业投资与高科技，2003（6）：35-37.

从创业领域相关术语的应用和发展过程可以得出几点有意义的启示。

1. 创业带有创新的属性

从熊彼特等人的论述中可以看到，创新是创业者/企业家的重要属性之一。创新也是创业发展的内在推动力。作为创业内在推动力的创新可以是多方位的——首先是技术方面的创新活动，我们可以从硅谷历史上几次技术发展所带来的创业浪潮中看到技术创新的重要作用。同时，生产工艺、原材料、分销渠道、商业模式等方面的创新同样对创业活动产生重要影响。例如，互联网时代电子商务对传统商业经营模式的冲击，导致很多人创业时并不需要实际租用店面厂房、开发销售渠道，而是直接在 B2C 网站上开家店面即可。

创新是一种有效的市场竞争手段。如何实现与市场需求的对接对于创业者至关重要。在现有的市场上，现有的企业已经拥有了大部分的市场份额。为了实现企业的成长，一个有效的方法不是与现有的企业直接进行短兵相接的竞争，而是通过创新产生新的市场需求，或者占领旧有的市场空白。

创新也能够降低企业的生产成本，提升盈利空间。在传统的观念中，降低成本往往与规模经济联系在一起，大型企业或者成熟企业在降低成本方面往往更具优势，而初创的企业由于规模有限往往难以有效地降低成本。然而，通过创新活动，创业者能够借助技术创新或者生产流程改良来降低成本，而且这种成本降低方式往往是竞争对手难以模仿的。

创新还能够带来新的资源整合方向，支持企业的战略发展。创新是企业内部重要的资源，企业竞争优势与战略方向受到创新的重要影响。很多企业，特别是高科技创业企业，都把创新活动作为企业的一个重要经营方面。它们本身拥有一定技术优势，产品技术含量高，当这种优势与准确的市场定位相匹配时，能够发挥出最佳效果。在发展过程中，持续的创新战略为创业者寻找准确的定位提供了有力的支持。

2. 创业带有风险的属性

创业天然带有风险的属性，这一点从"venture"一词在创业领域的频繁出现就可以看出。创业者选择创业机会本身就带有巨大的发展不确定性，因此，选择创业机会并且予以开发的行动具备较高的风险。在新创企业的发展中，由于企业资源的匮乏以及市场环境的变动，创业者也将面临较大的经营风险和市场风险。

创业的这一属性导致创业失败率非常高。在世界发达国家和地区，适应高科技产业高风险要求的科技型企业的特点是高"出生率"与高"死亡率"并存，科技园区的一般高科技企业10年生存率仅5%～10%[1]。国内的创业活动"死亡率"也非常之高，特别是在日益充分、完善的市场经济条件下，民营创业企业的"出生率"和"再生率"会越来越高，而伴随着竞争加剧，"死亡率"也会越来越高（据全国工商联统计，民营企业每年有10%的淘汰率）。

当然，风险属性并不意味着在创业中无谓地承担风险。冒险是为了获取财富或者控制力。换言之，创业者愿意去冒险开创自己的事业，其中存在内外两种推动力：一是创业活动所能换取的收益，这是冒险活动的外在激励；二是创业者自身对于风险性活动的追求，这是冒险活动的内在动力。

3. 创业带有价值创造的属性

价值创造是创业活动的目的。创业过程中所体现出来的相关特征（无论是创业者的特征还是创业过程中其他要素的特征）都是由新价值创造这一过程所派生出来的，例如，待创造的新价值越大，其中的不确定性往往会越强，创业者可能需要承担更多的风险，付出更多的努力，创新的幅度也更大，因此需要创业者有较大的决心和坚强的意志。

除了对创业者本人的要求外，价值创造更需要清晰的规划以及有效的实施过程。因此，为了实现价值创造，创业者必须在创业之初就制定规划，引导自己和团队一起实现预期价值。这一规划也是对创业成长的规划，是创业活动能够稳健推进的必要保证。在很多情况

---

[1] 杨忠泰. 科技型小企业的创办模式及发展条件[J]. 科技进步与对策，2003（4）：57-59.

下，创业者如果只惦记着创业机会的价值，却没有有效制定并实施实现这一价值的路径和方案，那么再美好的价值也只不过是镜花水月。

这里所讨论的价值也是多方位的：通过创业活动带来的新产品、新技术，甚至引发新的产业，满足了消费者的需求，为消费者带来了价值；通过创业活动，创业者个人获得了巨大的创业收益，个人的自我价值和社会价值得到实现。同时，创业活动也为创业过程中所涉及的各个利益相关者带来了价值，例如，风险投资者通过创业活动获得了投资收益，政府部门获得了税收，社区也解决了就业问题。因此，创业活动能产生巨大的外部效应，其价值内涵具备较强的外溢性。

企业利益相关者概念的发展经历了三个阶段。

20世纪60年代，斯坦福大学研究小组将利益相关者定义为企业的利益群体，如果没有他们的支持，企业就无法生存。因此，企业存在的目的并非仅为股东服务。

进入20世纪80年代，美国经济学家弗里曼在进行了详细的研究后给利益相关者下的定义是：能够影响一个组织目标的实现或者能够被组织实现目标过程影响的个体或群体。这个定义正式将社区、政府、环境保护主义者等实体纳入利益相关者管理的研究范畴，大大扩展了利益相关者的内涵。

到20世纪90年代中期，美国经济学家布莱尔对利益相关者的定义进一步变化为：所有那些向企业贡献了专用性资产，以及作为既成结果已经处于风险投资状况的人或集团。专用性资产的多少以及资产所承担风险的大小是利益相关者团体参与企业控制的依据，可以说资产越多，承担的风险越大，他们所得到的企业剩余索取权和剩余控制权就应该越大，那么他们拥有的企业所有权也就应该越大。这也为利益相关者参与企业所有权分配提供了可参考的衡量方法。

企业利益相关者示意如图2-1所示。

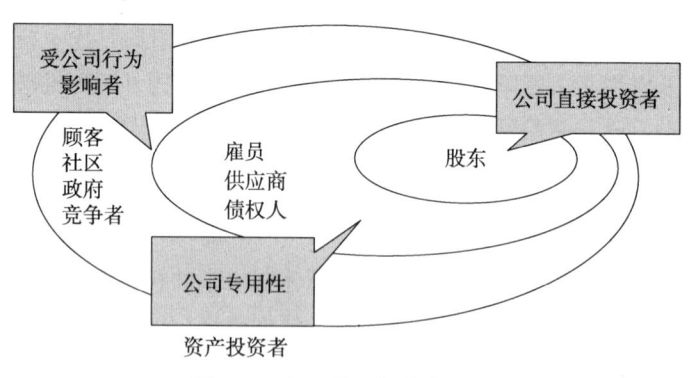

图2-1 企业利益相关者示意

资料来源：李维安，武立东. 公司治理教程[M]. 上海：上海人民出版社，2002.

根据这一分类，股东作为企业的直接投资者，在企业的利益相关者中处于中心位置；债权人、雇员和供应商作为企业专用性资产的投资者，与股东一样，和企业之间同属于契约关系，是企业的直接利益相关者；顾客、社区及政府对企业的经营有着重要的影响，同时它们也受到企业行为的影响，所以是企业的间接利益相关者。企业的经营者不仅要维护股东的利益，同时也要维护其他利益相关者的利益。

总而言之，创业主要分为风险、创新和价值创造三个主要维度，正是这三个维度，使创业活动不同于一般的企业管理活动。创业三维模型如图 2-2 所示，不同创业主体的创业活动可以应用这一模型予以界定。在图 2-2 中，三个不同维度上不同位置之间的连线构成一个三维的创业项目界面。显然，离左上角的基点越远，意味着创业项目风险越大、创新度越大、所创造的价值也越大，事实上这说明该创业项目具备发展潜力和发展价值。

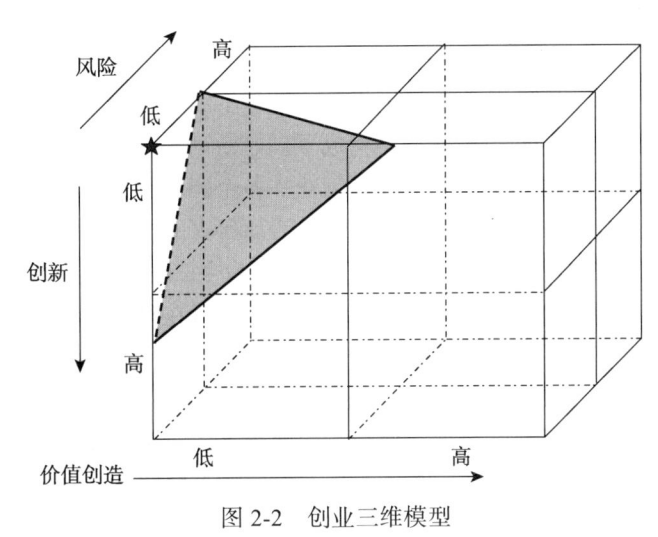

图 2-2　创业三维模型

2.1.2　创业的分类

在现有的各类论著中，创业的分类方式非常多，各个研究人员都从不同的视角对创业进行了分类。显然，过于复杂的分类反而无助于对创业概念的理解。这里我们主要从价值创造的角度对创业进行分类。

1. 个体创业与公司创业

按照价值创造的主体来分类的话，创业可以分为个体创业与公司创业。个体创业就是通常意义上的个体独自创业，也是本书所讨论的重点。这一类型的创业活动的起点常常是一个具备潜在价值的创意或者点子，以及一群具备创业理想的团队成员，其在物质基础和资金资源方面往往较为匮乏。因此，个体创业往往需要创业者积极发挥创新精神，搜寻市场机会，承担创业的高风险，最终创造出可观的价值——创业的创新、风险和价值创造三个维度特征在个体创业上体现得非常明显。

相对于个体创业，公司创业则主要指各种类型和规模的现有公司所实施的创业活动。这一类型的创业活动体现了一个现有的成熟企业整合已有资源进而开拓新的机会的实施过程。与个体创业相一致，公司创业同样具备创新、风险及价值创造三个维度的特征。例如，公司创业往往并非对现有业务和产品进行简单重复和扩张，而是需要公司的领导者积极探索现有业务以外的发展机会，这就需要创新管理方法和经营策略；公司创业活动往往也和高风险联系在一起，很多公司创业行为失败比例非常高，因此，公司创业的实施者同样需要拥有坚韧不拔的冒险精神；价值创造这一重要特征也与公司创业密不可分——对于成熟企业来说，公司创业活动是为了提高企业的经营效率，创造更大的价值。我们将在第11章专门对公司创业问题予以论述。

2. 机会型创业与生存型创业

从价值创造的动机来看，创业可以分为机会型创业和生存型创业。在机会型创业中，创业者把创业作为其职业生涯中的一种选择，创业者实施创业活动是由于发现了某一个具备潜在价值的创业机会，创业活动是机会导向的。在生存型创业中，创业者则是把创业作为其不得不做出的选择，因为其他选择不是没有就是不满意，创业者必须依靠创业为自己的生存和发展谋求出路。这两类创业类型构成了创业活动的基本轮廓。

从世界范围来看，机会型创业和生存型创业在各个国家都是存在的，但是由于创业环境、创业文化等因素的影响，这两个类型的创业活动所占的比例存在较大差异。值得注意的是，在过去几年间，中国的创业活动以生存型创业为主，机会型创业相对而言比例较小。不过随着中国创业环境的持续改善，生存型创业比重一直在降低，而机会型创业比重则在上升。

生存型创业和机会型创业产生的社会经济效益是不同的。机会型创业比生存型创业创造更多的就业、出口和市场。在金融、保险、房地产等商业服务业，创业的主导形式是机会型创业，而在零售、汽车、租赁、个人服务、保健、教育服务、社会服务和娱乐业，生存型创业则相对多些。

3. 复制型创业与风险型创业

根据价值创造的结果，创业可以分为复制型创业和风险型创业。复制型创业指的是一类简单的创业活动，创业者只是简单地复制现有的其他企业的经营模式，并未进行任何生产技术、工艺流程、商业模式方面的创新，因此，其创业结果与已经存在的一些企业没有差别。显然，大部分的生存型创业属于这一类型。

风险型创业则是指创业者尝试了巨大的创新和突破，试图开辟一个全新领域的创业活动，因此，无论是风险程度还是创新程度，都有巨大的提升。同时，从价值创造结果来看，风险型创业虽然失败率较高，但是其成果往往具有巨大的外部效应，不仅创业者自身能够享受到价值创造成果，整个行业、技术的发展都会得到推动和发展。相应地，机会型创业，特别是高科技创业与这一类型的创业活动存在较大的交叉。当然，复制型创业和风险型创业是两个极端情况，现实中的创业活动往往兼具复制型创业和风险型创业，创业者在模仿现有企业经营模式的同时也在实施不同程度的创新活动，承担一定的风险。

近年来，创业研究的核心已经由创业者转移到创业过程本身，关注创业者与创业活动之间的互动关系。Bruyat 和 Julien（2000）对这种互动关系做了较为详细的说明：创业是一个充满变化、充满创造力、新生者随时出现的过程：不仅创造新的价值（new value creation），同时改变和创造了创业个体（individual）。这一关系可以用下面这个式子来表示：

$$individual（I）\Leftrightarrow new\ value\ creation（NVC）$$

这里的双箭头表明创业个体与价值创造之间的一种互动关系：在创业过程中，新的价值得到了实现，创业个体的知识技能、社会关系也得到了改变，而且这两者之间是一种匹配的关系。基于这一观点，Bruyat和Julien认为，创业中的两个主要因素是创业个体及其创造的新价值，创业研究的主要内容就是研究个体变化和价值创造之间的联系，如图2-3所示。

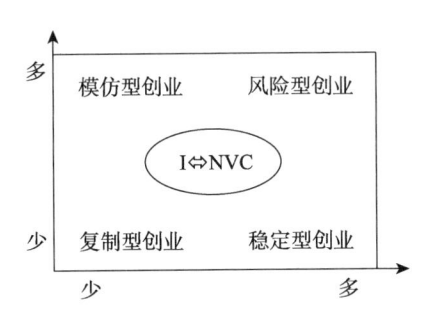

图2-3　Bruyat和Julien（2000）的创业研究内容

其中，复制型创业指的是一类没有创造很大的新价值、创业个体也没有发生很多变化的创业活动，例如，某个餐厅经理独自创业，创业活动不过是他以往经营活动的翻版。模仿型创业虽然没有重要的新价值创造，创业者自身却必须积极地学习，使企业能够生存下来，例如，某个大企业的经理放弃原有的职位创办一个传统的餐馆。稳定型创业尽管创业个体自身改变不多，却能够创造出很大的新价值，例如，工程师基于自己研发出的一个创新项目，独立创业，所经营的项目已经为他自己所熟知，很容易吸引消费者。风险型创业一旦成功，将引导市场环境的根本性变革，创业主体也获得很大的改变，而它的结果往往难以预测，因为它依赖于个人的学习能力，以及创新活动的发展状况，甚至是进入市场的时机。

2.2　创业过程分析

2.2.1　创业过程的概念

很显然，创业过程和一般的战略管理、营销管理等企业职能管理有较大的区别——前者涵盖的时间更为漫长，涉及的因素也更为复杂，因而更具挑战性和诱惑性。拥有雄心壮志的创业者在真正投身创业之前，必须对创业过程有清醒的认识，才能更加积极地面对创业过程中可能出现的困难和挑战，知难而行，直至创业成功。对于有志于投资高新技术产业并预期获得良好回报的投资者来说，同样需要对创业过程的长期性和艰巨性有清醒的认识，才能更加审慎地评估投资对象，选择投资战略，直至最后的投资收获。无论是对于实业人员还是投资者，创业过程的学习都具有重要的意义。

在早期的创业研究中，创业过程通常与组织这一要素紧密相连。例如，Gartner（1985）认为创业过程实际上就是新的组织的创建过程。Katz 和 Gartner（1988）对组织的创建过程做了细致的分析，提出了四个组织创建的必要条件：为了创建组织而收集的信息，进入壁垒，必要的财务资源，与外部的供应商、消费者的联系。Carter 等（1996）认为，创业过程包括一项商业计划成为一个现实中的企业组织这一过程中的所有事件。在近期的研究中，研究者实际上已经意识到，创业过程不应当局限于单纯的组织创建，他们从不同的角度对创业过程加以理解和阐述。Bhave（1994）认为，创业过程是一个理性的、非线性的、反复修正的实践过程，包括最初的机会识别、产品生产线的建设、组织的创建、市场上的交易及顾客的反馈等活动。Shane 和 Venkataraman（2000）则认为，机会才是创业研究的中心问题，创业过程是围绕着机会的识别、开发、利用的一系列过程。

本书认为，创业过程指的是创业者发现并评估商机，进而将商机转化为企业，以及创业者对新创企业进行成长管理的过程。在这一过程中，新创企业组织的创建和发展是核心内容，创业者的所有创业活动都是围绕着企业组织能够良好运行而进行的。这是理解创业者活动的一个基本出发点。当然，不同的新创企业在不同的创业时期，其创业活动的侧重点则有所不同，这取决于创业者对外部市场以及自身情况的综合把握。

和一般的管理活动相比，创业过程拥有一些独有的特征，正是这些特征决定了创业管理不同于一般的企业管理。

1. 创业过程的高失败风险

创业活动的风险和不确定性很高，创业失败非常常见。美国人口统计局的一项调查显示：34%的企业在创立前两年就死亡，50%的企业存活时间不超过 4 年，60%的企业存活时间不超过 6 年（Hayward et al.，2006）。导致创业活动失败的因素很多，简单地看，导致创业失败的因素可归结为三个层面：创业者自身层面、企业层面和外部环境层面。

创业者自身层面主要是指与创业者个体有关的因素，包括管理能力、创业者过度乐观或者过度自信的特质等。管理能力主要是指创业者制定详细长期的战略规划，合理分配资源，以及带领公司适应变化的情境的能力。创业者尤其是初次创业者往往缺乏管理经验，管理能力也相对较差，这使其很难有效应对不断变化的环境与竞争，导致创业失败。此外，相较于其他个体，创业者往往过度乐观或者过度自信，认为自己比别人更不易遇到消极的事件，而比别人更可能遇到积极的事件。这可能会使创业者在资本不足的情况下创立企业，并且在创业中过快地消耗企业资源，从而增加了企业关闭的概率。

扩展阅读 2.2 那些创业失败的人后来怎么样了

企业层面的因素主要包括企业融资、产品和创业团队等。企业融资一般包括股权融资和债权融资，这是创业企业获得生存发展的重要基础，融资不足将导致企业因缺乏成长资源而失败。产品是企业使命的载体。对于创业企业，产品品质有问题、产品进入市场的时机不对等都将导致其失败。创业团队是创业企业最为重要的人力资源，若其学习能力差、合作效率低或不合作，将导致企业失败。

外部环境层面主要包括地理位置、政治经济环境、社会/文化等因素。地理位置一般代表了可利用资源的多寡，市场狭小、经济发展水平较低的农村或小城市可能使选择在此创业的企业经营更为艰难，失败率更高。政治经济环境如法律法规、经济政策等如果不支持创业，企业的生存和发展将很艰难，失败的可能性增大。文化一般被定义为既定社区内的成员共同遵循的价值观。如果社区对创业的态度是消极的，将影响企业的社会资本可获取性，进而导致创业失败。

2. 创业过程的动态性

创业过程是一个动态发展的过程，众多要素共同作用，使创业过程呈现出种种特征。创业过程的动态性来自以下三个方面。

（1）企业创业环境的动态性。特别是高科技创业活动，由于产品创新性较强，属于新的市场需求，在市场上没有现成的经营模式可以借鉴。同时，企业的技术通常刚刚在实验室中研发出来，其未来发展充满很多不确定因素，因此其创业环境带有较大的动态性。

（2）企业创业活动的动态性。由于企业刚刚起步，这一类型的企业在应对市场竞争压力方面往往较为吃力，众多的管理事务往往由创业者本人或者几个创业团队成员承担，个人精力的有限使他们疲于奔命，对于创业过程中的各类活动事务难以应付，甚至感到眼花缭乱。

（3）企业创业决策的动态性。无论是创业环境的动态性还是创业活动的动态性，最终都要落实到创业者的决策上。由于各类影响创业者决策的因素复杂繁多，导致创业者的决策也呈现出动态性的特征——在决策中，创业者常常会困惑：需要进一步投资吗？现有的研发能力足够吗？下一步怎么办呢？这些问题对创业者在动态条件下的决策能力提出了更高的要求。

3. 创业过程的伦理属性

创业过程具有很强的伦理属性。这一观点随着当前世界对于商业伦理和社会责任的不断重视而日趋重要。尽管创业活动的根本目标是实现商业价值，但是商业价值的实现过程也存在一定的伦理底线。

伦理是在处理人与人、人与社会相互关系时应遵循的道理和准则，也是全社会经过较长时间的实践所达成的一种社会共识。商业伦理就是在商业活动中人与人的关系所应当遵循的道理和准则。商业伦理本身也是伦理的一种，商业伦理也要服从整个社会的共同价值观念和道德规范。同时，由于商业实践的特殊性，商业伦理有其自身的特点。它特别关注在商业的各个经营环节中不同层面的个体的行为特点。这是商业良性成长的前提。

创业活动也是商业活动的一种。创业过程包含了创业者从机会识别到企业成长的过程。这一过程具有较高的复杂性，而且由于创业活动本身的巨大经营风险，创业者特别容易受到商业伦理方面的挑战。

创业过程的伦理属性一方面体现在创业机会的选择上。创业者选择什么样的创业机会是创业的出发点。盈利性是选择创业机会的一个根本性的依据。如果不能实现预期的盈利，创业者的创业行动就失去了存在的理由。但是盈利性并非创业机会选择的全部。很多创业项目在盈利性方面具有很好的前景，但是推敲其商业逻辑，却存在着伦理上的硬伤，比如，创业项目有可能对环境造成污染，有可能误导老人等无良好行为判断力人群的消费行为。

这样的创业机会不应该成为创业者的选择。

创业过程的伦理属性的另一方面则主要体现在创业过程中创业者的行为上。在创业机会的开发过程中，很多时候，创业者会面临这么一种诱惑：既然市场拓展这么困难，我们能不能采取一种变通的方式？因为创业者在创业前设想的行动方案，无论是商业模式还是企业战略，在现实中通常都面临巨大的困难。此时，为了让企业活下去，创业者有可能会采取一些能够立竿见影的短期行为，这些行为往往在伦理道德上存在问题。从企业的长期发展来看，创业者应当抵制这种诱惑。

斗鱼平台主播"超级小桀"在其直播间组织了一场拼多多砍价活动，直播间共6万多人参与拼多多砍价免费领手机活动。

人数不少，效果不好。

近3个小时，价值2099元的vivo手机价格也没"砍"下来。其间，砍价链接还失效了。这场砍价公开后，全网热议，拼多多也做出了说明，却未能完全平息非议。

"超级小桀"一共参与了两次砍价活动。

第一次是免费领手机，由于直播间人数众多，链接分享的二维码，很快就失效了，被提示是一个恶意网站，用户无法助力。

"超级小桀"致电客服后，无果，这个任务就卡住了。他的总结是："人少进度条不动，人多任务就卡住。"

第二次，"超级小桀"选择参与100元的现金提现活动。

这次，他有了经验，为避免网络再次崩掉，没有把二维码链接发到直播间，而是在很小范围的QQ群一个个发，一个群平均几十个人。

"果然没有崩，一切顺利，但最后关头，每分享一个人，就给一次抽奖机会，试了40多次，全部都是'祝你好运'，进度条不再走动。"

第二次活动，又宣告失败。想要薅拼多多的羊毛，似乎太难了。

从砍东西到砍现金，"砍一刀"很常见。

"身边亲友经常发这样的链接，拼多多让你永远都觉得你快要达成目标了，永远让你从99%到99.9%到99.99%到99.999%……你就会发现，拉再多人头，只不过在小数点后面增加了一个9而已。"一位拼多多用户告诉记者。

拼多多，为什么如此爱用"砍一刀"？

透镜研究创始人况玉清告诉《21CBR》记者，这是拼多多拉人头、做流量的方式，其营销手法从拼团逻辑延伸而来，非常贴合拼多多的目标客群。

"毕竟，拼多多在低线下沉市场用户较多，这些消费者对价格敏感，又有的是时间。"况玉清解释说。

拼多多"砍一刀"的逻辑，走的是"社交拼团"逻辑，尽可能高效低价地获取流量。

比如，100元免费领的"砍一刀"活动，如果真能拉20个新人，就是送出100元真金白银，怎么算，都是合算的买卖。

可是，算法复杂、无确信结果、规则公示不透明等现象，又容易丧失公信力。

"就看怎么去定义'成本'了，如果只是钱，当然是最低的；如果牺牲的是长期信任和体验，那成本可就高了。"况玉清表示，这次关注度高了起来，但不利于品牌形象。

2021年，上海市出台《网络交易平台网络营销活动算法应用指引（试行）》，要求平台经营者应用算法向消费者进行有奖销售时，不得通过利用算法操纵中奖概率、中奖结果、中奖人员等欺骗方式，进行有奖销售。

资料来源：韩璐. 拼多多"砍一刀"，永远差一刀？[J]. 21世纪商业评论，2022-03-21.

2.2.2 创业过程的关键要素

创业过程拥有一些关键要素，它们是创业过程的推进力量，抓住了这些要素，就把握住了创业过程的关键点，有利于从更高层次厘清创业过程的发展特征、推动创业进程。因此，创业者需要掌握这些关键要素的基本特点及其与创业过程的关系。

1. 创业机会

创业开始于对某一个富有价值的创业机会的发现。面对众多看似有价值的创意，如何从中发现真正具有商业价值和市场潜力的机会，进而寻找与机会相匹配的发展模式，需要审慎而独到的眼光，这是创业成功的基本保证。

实际中的创意纷乱繁杂，呈现出各种各样的表现方式，它们都带有较大的不确定性，市场的前景未知，距离可转化为新创企业的创业机会较远，有的甚至从诞生之日开始就注定只能永远停留在构思阶段。创业机会和创意在很多方面非常接近——来源广泛、创新性强、带有不确定性，但是，创业机会拥有大多数创意所不具备的一个重要特征：能满足顾客的某种需求，因而具有市场价值。这一特征使一项真正有价值的商业机会得以从众多创意中脱颖而出，成为创业者关注的焦点。

从丰富的市场创意中寻找值得关注的机会，是创业者选择创业生涯、实施创业战略的第一步。当然，并非所有的创业机会都能成为实实在在的企业，即使这种商业机会确实能满足某种市场需求，如果它不能为投资者带来可接受的回报，就没有投资的价值。因此，如何甄别具有投资价值的商业机会相当重要，需要独特的机会识别和评价的技能，这也成为实践中创业者和投资者的必备素质之一。

创业机会是贯穿于创业过程的核心线索。即使是生存型创业，创业者同样需要评估所要从事的创业项目是否具备营利性，这一评价过程同样是审慎而必要的。因此，对于创业机会的把握不仅适用于机会型创业，对于生存型创业同样具有重要意义。

2. 创业资源

资源是创业的重要基础。在创业过程之中，如果没有足够的创业资源，即使出现了大好的创业机会，创业者也难以迅速抓住这个机会，而有价值的机会往往是转瞬即逝的。优秀的创业者需要了解创业资源的重要作用，不断开发和积累创业资源。同时，创业者还要善于借助企业内外部的力量对各种创业资源进行组织和整合，这样才能实现机会的有效开发以及战略的有效执行。

创业资源的含义在现有的研究中讨论非常热烈，这里我们将创业资源定义为创业过程中新创企业所需要的各种生产要素和支持条件。根据林强（2007）的研究，可以按照资源对企业成长的作用将其分为两大类，将那些直接参与企业日常生产、经营活动的资源，称为要素资源，而将那些虽然未直接参与企业生产，但是其存在极大地提高了企业运营有效性的资源，称为环境资源（见表 2-2）。

表 2-2 创业资源的分类及内容

资源分类		资源内容
要素资源	场地资源	场地内部的基础设施建设、便捷的计算机通信系统、良好的物业管理和商务中心，以及周边方便的交通和生活配套设施等
	资金资源	及时的银行贷款和风险投资、各种政策性的低息或无偿扶持基金，以及写字楼或者孵化器所提供的便宜的租金等
	人才资源	高级科技人才和管理人才的引进、高水平专家顾问队伍的建设、合格的员工的雇佣等
	管理资源	企业诊断、市场营销策划、制度化和正规化企业管理的咨询等
	科技资源	对口的研究所和高校科研力量的帮助、与企业产品相关的科技成果，以及进行产品开发时所需要用到的专业化的科技试验平台等
环境资源	政策资源	允许个人从事科技创业活动、允许技术入股、支持海外与国内的高科技合作、为留学生回国创业解决户口和子女入学等后顾之忧，以及简化的政府办事手续等
	信息资源	及时的展览会宣传和推介信息、丰富的中介合作信息、良好的采购和销售渠道信息等
	文化资源	高科技企业之间相互学习和交流的文化氛围、相互合作和支持的文化氛围、相互追赶和超越的文化氛围等
	品牌资源	借助大学或优秀企业的品牌，借助科技园或孵化器的品牌，以及借助社会上有影响力人士对企业的认可等

创业者获取创业资源的最终目的是组织这些资源来开发创业机会。无论是要素资源还是环境资源，无论它们是否直接参与企业的生产，它们的存在都会对创业绩效产生积极的影响。因此，创业者应当积极吸引各类创业资源，同时借助资源整合工具，将其转化为企业的竞争优势。

3. 创业团队

良好的创业团队是创建新企业的基本前提。创业活动的复杂性，决定了所有的事务不可能由一个创业者完全包揽，必须通过组建分工明确的创业团队来完成。创业团队的优劣基本上决定了创业是否成功。这就不可避免地涉及两个层面的问题：创业团队的每个成员自身是否有一个适当的角色定位，是否有与之相匹配的基本素质和专业技能；整个创业团队是否能够团结合作、优势互补，团队成员之间是否有一个统一的核心价值观，是否做到了责任和利益的合理分配。

在创业过程中，创业团队的成员结构也会不断调整。随着创业活动的推进，初始设想的战略可能不能适应瞬息万变的市场环境，客观上需要补充新的管理人员参与到企业高层团队中来。同时，随着企业的发展，由于价值观、发展理念的不同，原来的团队成员可能会发生矛盾和争执，甚至导致团队的分崩离析。

因此，从创业的整体发展过程来看，创业团队成员结构往往处于不断调整的状态之中。

团队成员的调整是否成功，一方面要看这种调整的方向是否有利于企业的竞争优势重构，是否有利于下一步战略的执行；另一方面也要看这一调整的过程是否顺利，如果调整方向是正确的，但是团队成员在调整过程中发生了倾轧，甚至引起了企业的分裂，就会造成企业的极大损失。

4. 商业模式

当创业者瞄准某一个机会之后，需要进一步构建与之相适应的商业模式。机会不能脱离于必要的商业模式的支撑而独立存在，成功的商业模式是一座桥梁，富有市场潜在价值的商业机会将通过这一桥梁走向真正意义上的企业。缺乏良好的商业模式，机会就不能实现真正意义上的市场价值。

通过商业模式的构想，创业者能够全面思考组织创建中的诸多问题，对整个创业活动进行理性分析和定位。很多创业者在创立企业的时候，并没有对商业模式进行详细完备的设定，创业者的动力往往来自创业热情以及对于目标市场的模糊设想。这样的创业活动有很大的不确定性，创业者所追逐的创业机会可能确有持续的成长力，创业者会获得成功，但是很多情况下，市场环境的变化以及创业活动的实际推进过程与创业者的事先假设存在很大的落差，盲目的创业活动会使创业者很容易陷入困境。因此，在创业活动的准备工作中，缺乏商业模式设定环节会加大创业失败的风险。

但是，即使创业者设计了商业模式，不清晰或是方向错误的商业模式对创业过程也具备较大的破坏性。一旦发现所设计的商业模式存在失误，创业者应当迅速从错误的商业模式中走出来，调整新的发展方向，尽快明确具备可行性的商业模式。

因此，从某种意义上来说，商业模式就是企业创立之前的战略规划书，当然，这一战略规划在企业创立之后仍然能够扮演重要角色。

5. 战略规划

战略规划是企业的经营规划，也是公司经营的一种内在模式。这种特定的模式为企业的经营提供了一种存在的规则，有明确经营模式的企业可以依据这种规则有效应对市场环境的变化，及时制订行之有效的应对措施，战略行动具有时效性。

战略对于新创企业的成长非常重要。在企业创立之前，创业者就必须对企业未来的战略规划进行一个清晰的设想，而不能等到企业成立之后再根据市场环境变化作调整。事实上，这种被动的模式往往会失去市场的先机。因此，创业之前的战略规划是非常必要的。甚至在商业计划书中，创业者就应当对战略规划有详细的设想。新创企业的战略本质上关系到企业的发展方向，是选择持续技术开发占据技术前沿，还是选择市场开发争取市场份额，这种选择本质上决定着企业发展的成败。在制订战略方案时，创业者的重点应当放在战略位置的确立与战略资源的获取上。新创企业要想在市场竞争中取胜，应该重点抓住自己和市场上已有企业的差异性来做文章，形成自己独特的竞争优势，增强核心竞争力。

当然，随着企业的不断成长，新创企业的战略也必须不断调整。在企业成长阶段，相对于创立之初纸面上的战略设想，这一阶段的战略是实实在在的市场竞争模式。因此，在企业成长阶段，创业者需要在战略的执行和控制层面投入更多精力。合理的战略过程还有助于企业增强危机意识，降低失败风险。新创企业的发展面临更多的不确定性，有更多的人为及非人为因素需要处理，出现危机的可能性也大大高于一般的企业。采用适当的战略措施，不仅可以未雨绸缪，防止危机的出现，而且在企业发生危机之后，也可以将危机转化为发展机遇。

6. 组织制度

当企业创立之后，组织制度也随之建立起来。在以往的讨论中，组织制度建设通常被忽略，这是由于新创企业通常规模不大，除了创业团队成员以外，雇员也不多，组织内部的管理事务并不复杂。但是随着企业渡过最为艰难的时期，初步获得成长之后，组织制度的重要性就凸显出来了。

组织制度的意义一方面体现在人力资源管理方面。随着企业的成长，新员工不断补充进来，客观上需要建立健全的制度来使员工各司其职，促进企业健康发展。如果缺乏规范的组织制度，那么员工在企业内部完成什么工作任务、担负怎样的责任、企业用怎样的薪酬制度来激励员工，这些问题都没有明确的答案。这样势必导致组织难以吸引到有能力的员工，对于已加入组织的员工也难以实现有效的激励，从而降低企业经营效率。

组织制度的意义另一方面体现在组织文化方面。随着企业的发展，旧有的模式很快发生变化，需要新的价值观和发展理念来统一企业上下的认识，保证企业朝着有利的方向发展。良好的组织制度建设有利于形成良好的组织文化，引导企业内部员工的价值观念，使企业上下形成一股合力，共同构建企业的竞争优势。

组织制度建设也是新创企业朝着稳定发展的成熟企业蜕变的必要条件，唯有规范的制度为基础保障，才能真正促进企业的发展。

2.2.3 创业过程的阶段划分

我们主要从创业成长的特点出发，同时借鉴企业生命周期理论，对创业过程进行阶段划分，包括创意期、种子期、启动期、成长期、扩张期和成熟期。创业过程阶段划分如图 2-4 所示，其中，横轴是时间，纵轴是诸如企业规模、销售额、利润之类的企业成长指标。

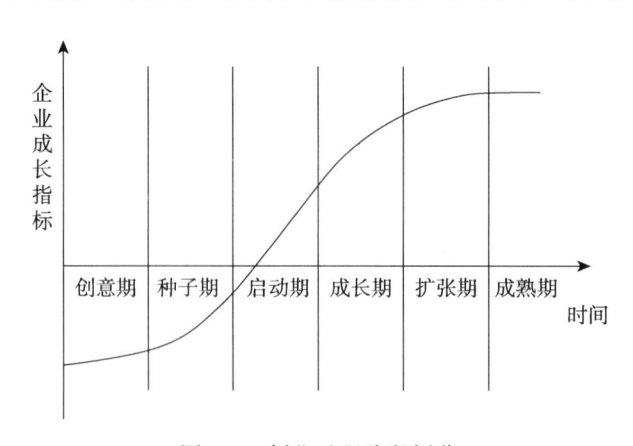

图 2-4 创业过程阶段划分

1. 创意期：创业机会的萌芽阶段

创意期的企业离实体企业尚有较大的距离，无论是创业机会还是商业模式或者团队构成都还停留在创意的萌芽状态，还是创业者大脑中模糊的概念。创业者可能埋头于纷杂的市场信息和个人网络资源中搜索有意义的创意。未来什么时候企业能够创立起来？这时候创业者还不能回答这个问题。创业者跨越过创意阶段的标志是创业方向和目标市场的大致确定。

2. 种子期：创业机会的设计阶段

这一时期创业者已经初步选定了适合自身的创业机会。为了使创业机会能够转化为真正的组织，创业者需要开始寻找合适的合作伙伴，整合必要的有形及无形资源，构建可能的商业模式。此时，企业尚未创建，更不涉及组织结构问题，只是几个志同道合的创业伙伴走到一起组成创业团队，进行相关技术的研究开发和前期的准备活动。

3. 启动期：创业机会的初步开发阶段

启动期属于企业的正式创立阶段。企业的创业机会基本明确，已经有了处于初级阶段的产品，可以初步投入市场。企业也组建成功，拥有一个分工较明确的管理队伍，组织结构初步形成。在企业搭建之后，创业者就要制定必要的竞争策略来应对市场压力，同时，创业者之前所设想的商业模式也初步接受市场的检验。这一阶段企业的资源仍然相对匮乏，由于缺乏良好的运营纪录以及充裕的资金支持，大量的新创小企业在这一阶段都不能赢得足够的顾客，无法获得企业生存必要的现金流。当企业的资金枯竭时，创业者只能选择出售企业，或者直接破产。

4. 成长期：创业机会的成长阶段

挨过启动期之后，企业初步解决了生存问题，开始考虑盈利问题。创业机会的潜在价值得到进一步开发，企业的资源也较之前充裕多了。由于企业的发展，团队成员也对企业的未来充满信心。随着企业的发展，创业者将面临迅速增多的管理事务，需要考虑如何将组织制度规范化。这一阶段创业者的主要挑战是企业的下一步发展规划，创业者需要有意识地从公司战略层面思考企业的发展目标，同时，旧的商业模式也需要进一步调整，如果管理团队的能力无法满足战略需要，则需要吸收新的团队成员。

5. 扩张期：创业机会的高速拓展阶段

在这一阶段，企业初步确定了发展目标和公司战略。基于新的战略，企业需要发展新的商业模式，创业者可能希望组建自己的销售队伍，扩大生产规模，进一步开拓市场。这一阶段，企业逐步形成经济规模，产品开始达到一定的市场占有率。在扩张期，创业者不仅立足于原有的创业机会，也试图开发相关产品和相关项目。这一阶段的企业所拥有的资源较为丰富，运营风险程度比之前的发展阶段大大降低，管理制度基本到位，并且可能成为风险投资热衷的投资对象。

6. 成熟期：创业机会的成熟阶段

随着企业逐步发展壮大，企业开始步入成熟期，企业的核心产品已在市场上占有较大份额，盈利额剧增。成熟期的企业组织结构非常完善，但可能出现阻止创新的惰性和障碍。原来的创业机会也步入了成熟阶段，为了保持企业的竞争力和创业的活力，创业者需要积极拓展新的发展渠道。尽管企业正如日中天般蓬勃发展，但经营中存在的潜在风险和管理者可能的失当举措仍可使企业呈现衰退的端倪。对于企业来讲，在这一阶段筹集资金的最佳方法之一是发行股票上市。成功上市得到的资金一方面为企业发展增添了后劲，拓宽了运作范围和规模；另一方面也为风险投资的退出创造了条件。

创业过程的阶段划分及主要元素的特征如表 2-3 所示。

表 2-3 创业过程的阶段划分及主要元素的特征

	创意期	种子期	启动期	成长期	扩张期	成熟期
创业机会	→					
创业团队	→					
			吸收和调整			
创业资源						
			不断丰富			
商业模式				创建、检验和调整		
创业战略				由竞争战略向公司战略发展		
组织制度						

企业生命周期理论关注的是企业从出生到死亡的生命历程。这一过程之中，企业规模和组织机构慢慢扩张，同时，与外界不断地进行资源、能量和信息的交换，应对市场机遇和挑战，在发展高峰期后，企业则慢慢走向衰退和死亡。19 世纪以来，许多经济学家及管理学者对企业产生、成长及衰亡规律进行了研究。1989 年，美国学者伊查克·爱迪思从企业文化角度对企业生命周期进行了系统研究。他在著作《企业生命周期》中明确了生命周期的概念，描述了企业生命周期各阶段的行为特征，并提出了预测、分析及诊断企业文化的工具，以及改变企业文化的爱迪思诊疗法。爱迪思的企业生命周期模型如图 2-5 所示。

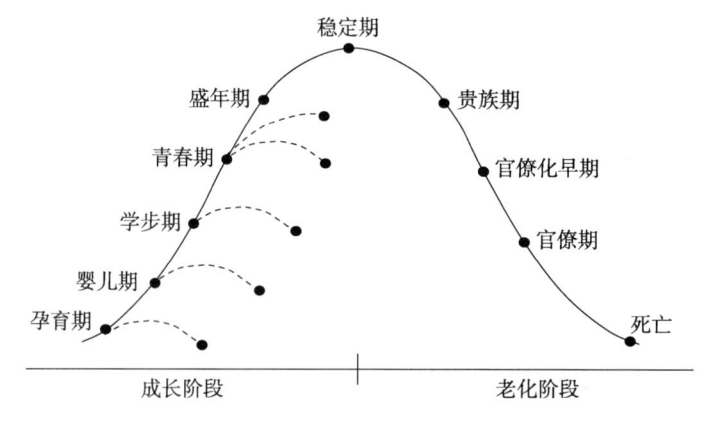

图 2-5 爱迪思的企业生命周期模型

虽然爱迪思将企业生命周期进行了较为复杂的划分，但从整体上看，爱迪思划分的企业生命周期可以分为两个主要阶段：企业的成长阶段和企业的老化阶段，而那些更细的阶段划分则分属于这两个主要阶段。在企业的成长阶段，每个不同阶段所生出的虚线意味着企业可能由于经营不善而提前退出市场。根据爱迪思的描述，企业在成长阶段和老化阶段的差异主要体现在：在企业的成长阶段，管理者更愿意承担风险、更愿意探索外界成长机会、对企业的驾驭能力更强；相应地，在企业的老化阶段，管理者变得谨慎以规避风险，不再积极探索可能的成长机会，管理者越来越受企业惯性的束缚。

企业生命周期理论为我们提供如下启示：首先，企业有生有灭，有发展和衰退，这是一个不可避免的客观规律；其次，不同类型的企业具有不同的生命周期，其生命周期曲线的形态也存在较大差异；再次，虽然企业总是会衰退，但是，通过一定的管理方案和措施，可以在一定程度上延缓企业的衰退，让企业的盛年期驻留；最后，针对不同生命周期阶段的企业，应当采取不同的有针对性的管理措施，促进企业发展。

2.3 精 益 创 业[①]

2.3.1 精益创业——相左于传统创业方法的新观点

从某种意义上说，传统的创业理论和分析框架依托于计划这一管理流程，由此衍生出一种以"商业计划书"为核心的创业方法论。创业者首先在大脑中产生一个新奇的点子，然后依据已有的认知以及调研产生的数据，对创业活动的各领域、各环节进行详尽计划，从而形成一份商业计划书。在这份计划书获得创业导师或投资人的肯定之后，创业者就开始投入人力和资本，并依照计划书的指导潜心开发产品和服务，期待在正式推出这项产品或服务之后"一炮而红"。

然而，尽管商业计划书比赛在创业教育中如火如荼、广受欢迎，但创业者极少是依照商业计划书工作而获得成功的。对创业者来说，商业计划书只是说服投资人的一种工具，除此之外少有用途。实际上，这种以计划为核心的经典管理理论，是为成熟企业和相对静止的外部环境而设计的，并不适合于初创企业。因为，初创企业面临高度未知和快速变化的内外环境，而这是静态的战略计划无法解决的问题。

第一，初创企业具有严重的信息劣势。计划是建立在预测之上的，预测意味着要对未知的世界作出有依据的假设。所谓未知的世界，既包括关于未来的信息，也包括关于过去和现在的未知的信息；既包括企业外部的环境，如宏观环境（政治、经济、社会、技术、环境和法律等）和产业环境（行业特征和发展前景、产业政策、竞争状况等），也包括企业的内部资源。也就是说，初创企业面临着现在、未来、外部、内部的诸多未知。然而，这些信息正是企业作出战略规划的基础。我们不能指望初创企业拥有业内一流大企业所积累的庞大的数据库，也不能指望创业者拥有业内咨询公司出色的预测能力，因此也就不能

---

① 本节内容读者可以根据需要自行选读。本节内容的主要撰写者是中央财经大学商学院工商管理专业崔翔同学。

指望初创企业有能力设计完美的战略计划。

第二,初创企业所面临的环境动荡多变。"颠覆性创新之父"克莱顿·克里斯坦森指出,大企业在延续性创新中占据绝对优势,但面临颠覆性创新时却常常遭遇失败,而小企业却长于颠覆性创新。初创企业必须创新,但如果和大企业比拼延续性创新,无异于学徒跟师傅比拼技艺,罕有成功。初创企业如果要获得巨大成功,就必须另辟出路,进行颠覆性创新。而这一类型的创新活动往往具备复杂多变、难以预测的特征,这就为企业制订计划制造了巨大的障碍。

第三,即使商业计划书的逻辑完全符合商业理论,也有可能在相关假设和边际条件上犯下严重的错误。理论并不复杂,但每个理论成立的条件都有大量的假设和边际条件,而这些假设和边际条件是关于现实的,并不能从MBA教科书中学到。而且,执行完整商业计划所需要的过程太长、投入太大,以致一旦出现失误,就会给初创企业带来严重的损失。商业计划书无论用于参赛还是用于融资,都必须展现一幅前景美好的宏伟蓝图,一定是一项长期计划。而在投入数十万元、闭门开发产品数月之后,初创企业初次推出产品、接触顾客时,一旦顾客不买账,就会给企业带来巨大的损失,不少创业团队因此而散伙。

总的来说,因为"未知"二字,以"商业计划书"为表现形式的传统战略方法从根本上和初创企业不相匹配。而如果初创企业使用该方法,就可能面临多重困境。

那么,有没有一种管理理论,能够适用于初创企业,给创业者提供简便的指导呢?在这样的背景下,以史蒂夫·布兰克[①]和埃里克·莱斯[②]为代表的美国硅谷创业者提出了一种新的创业方法论——精益创业(lean start-up)。他们说出了一个基本的事实:"初创企业绝不是大企业的微缩版!"初创企业需要用全新的理论来指导管理。精益创业表现为一种反传统的创业模式,注重以实验代替详尽的商业计划,以快速循环取代长时间的闭门开发,以真实的顾客反馈取代市场调研。精益创业理论认为,创业是可以实现管理的。

精益创业自诞生之日起,就在美国硅谷风靡起来,并迅速走向世界。美国已有数十所高校开设了精益创业课程。其发展趋势表明,精益创业将成为未来的创业理论和创业方法的主流。表2-4列示了精益创业方法与传统创业方法的区别。

表2-4 精益创业方法与传统创业方法的区别

特征	精益创业方法	传统创业方法
目标	实验探索出一个可持续的商业模式	开发出最好的产品和服务
计划	不做战略计划,做实验和学习计划	一份长远的商业计划书
成果度量	经证实的认知	产品开发的进度
开发周期	开发周期短、循环快	开发周期长、循环慢或无循环
方法	快速试错,进行大量的、低成本的实验	力求一次性开发出完美的产品和服务
反馈	多次的、真实的市场反馈	开发过程中无市场反馈
学习成本	学习成本低、浪费小	学习成本高、浪费大
态度	谨慎和探索,承认无知	盲目和自信,纸上谈兵

[①] 史蒂夫·布兰克(Steve Blank),美国硅谷的"连续创业者",参与过8家高科技企业的创立,现在加州大学伯克利分校和斯坦福大学教授创业学。他提出的客户开发理论成为精益创业理论的基石。
[②] 埃里克·莱斯(Eric Ries),精益创业理论的创始人和"精益创业运动"的发起人,IMUV联合创始人及CTO,哈佛商学院驻校企业家。布兰克是莱斯的投资人及创业导师。

2.3.2 精益创业的核心——学习

精益创业的过程,是一个学习的过程,而非一个开发和制造产品的过程。学习的目的,是要找到一项可行的、可持续的商业模式。而这样的认知是不可能通过想象和计划得来的,必须经过实践检验才能够获得。只有客户才能回答一项计划是否成功,投资人回答不了这个问题。写一份精彩的商业计划书,也许能够博得教授的赞赏、获得投资人的青睐,但并不一定就能获得消费者的认可。而只有消费者的认可,才是唯一有意义的成绩。

所谓"学习",就是通过实践来获得"经证实的认知"。创业的核心过程是学习,核心生产力是经过实证检验可行的创业机会。而创业机会就是要回答三个问题:我们的愿景应该是什么,我们的战略应该是什么,我们要开发什么样的产品。精益创业,就是要通过实践的方法,有系统、有步骤地搞清楚以上三个问题。其关键就是要建立一种可学习、可重复的方法来降低这个过程的成本,加快这个过程的进度。

学习的方法,是先通过经验来建立一个可检验的假设或概念,依据这个概念来开发产品,将这个"测试版"的产品推向市场,并与消费者充分接触以了解消费者对该产品的真实想法,由此获得有效的数据。通过这些数据获得"经证实的认知"。这样的认知就是企业真正的财富,据此可以进一步调整产品或战略,并迅速进入下一轮的"开发—测量—认知"过程。创业者每一轮的假设和概念都可能是错误的,但如此循环往复,创业者终能探索出一项可行的创业方案、一个可持续的商业模式(见图2-6)。

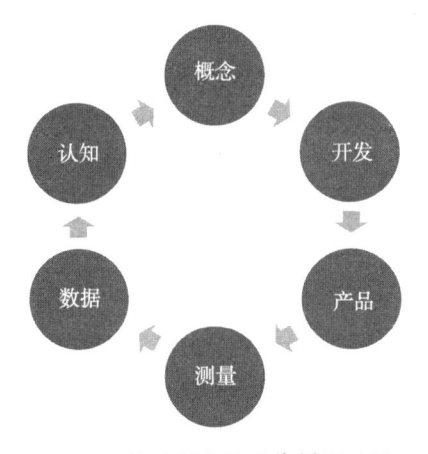

图 2-6 精益创业的迭代循环过程

精益创业解决的不是执行层面的问题,而是战略层面的问题。它要解决的不是"这个产品能否开发出来"或"如何开发这个产品",而是"是否需要开发这个产品"以及"围绕该产品和服务,是否能建立起一项可持续的商业模式和业务"。这样的方式中隐含的真理是,创业者只有通过"吃一堑长一智",才能有效逼近正确的道路。因此,精益创业的核心思想不仅是通过实践来获得"经证实的认知",也在于要使用一套系统的方法来加速"开发—测量—认知"的循环,尽可能降低认知的成本。事实上,这也是精益创业名字的由来。这个概念脱胎于日本丰田的"精益生产",即针对生产过程,分析并预见浪费所在,并系统地排除这些浪费。埃里克·莱斯发现,"系统排除初创企业在学习过程中的浪费"与精益生产有异曲同工之妙,故取名为"精益创业"。

很显然,精益创业很容易成为初创企业快速成长的指导方针。初创企业必须依靠颠覆式创新才能够击败成熟企业,在激烈的商业竞争中占领高地。尽管颠覆式创新的相关研究和案例层出不穷,但精益创业的出现首次让初创企业能够学会系统地进行颠覆式创新。21世纪的经济增长、科技变革、充分就业将主要依赖于创新型、民资民营的初创企业。精益创业将通过进一步提高创业的成功率、激活创业的热情,为创新型经济注入源源不断的动力。

精益创业虽然是为初创企业设计,但大企业同样也可以从中获益。为了适应风云变幻的商业环境,阻击小企业的"颠覆",大企业也必须主动进行"颠覆式创新"。而在颠覆式创新领域中,精益创业方法完全适用于大企业。如果实施恰当,大企业运用精益创业甚至比初创企业更有效率。初创企业由于资源有限,在进行大量实验时主要通过时间上的快速迭代,而大企业则可以利用丰富的资源,在同一时间内进行大量的、自下而上的、独立的市场试验,从而在速度上胜过初创企业。

2.3.3 精益创业的实施过程

1. 确立企业的愿景

确立愿景是精益创业的第一步。尽管使用精益创业的方法意味着创业者要把商业计划书扔在一边,持续学习、不断变化,但这并不意味着创业者不需要制定愿景。初创企业的一切活动都是围绕着愿景开展的。首先,无论做何种实验,都必须先确立相关假设,而提出的假设就必须以愿景为轴心,散乱而漫无目的的实验绝不能让企业取得成功;其次,在创业活动的三个层次中(见图2-7),产品需要以最快的速度进行迭代优化,战略也需要不断地灵活调整,而愿景则较少变化;最后,以不变的愿景作为评价创业成果的最终依据,能够对创业者产生更大的激励作用,也更容易获得消费者的认同。

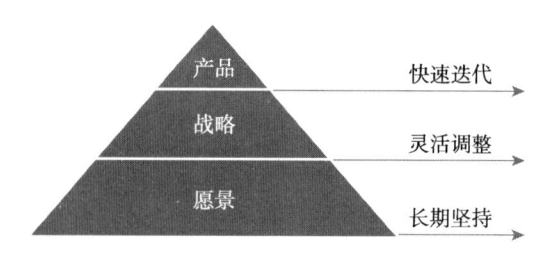

图2-7 创业活动的三个层次

2. 明确关键的假设

创业者首先需要明确一个创业点子有哪些前提假设。初创企业有众多假设需要验证,其中有两个最为重要,即"价值假设"和"增长假设"。价值假设衡量的是顾客使用产品或服务时是否实现了价值;增长假设是衡量新顾客如何发现并使用该产品和服务。如果这两个假设都出现了错误,其他的假设也就没有任何意义了,因此应当优先验证这两个假设。

困难在于，创业者很难分辨出哪些是可信的认知，哪些是有待验证的假设。创业者很容易把看似符合推理逻辑或符合成功经验的话语误当成事实。因此，在这个过程中，应当采取谨慎保守而非乐观自信的态度。

3. 开发"最简化可实行产品"并实施测试

在明确了关键假设之后，就需要开发产品来验证假设。这种被专门用于验证商业假设的产品被称为"最简化可实行产品"（minimum viable product）——它是用最快的方式、以最少的精力来完成"开发—测量—认知"循环。该产品不必花费大量时间来完善，甚至可以漏洞百出。任何超出试用客户需要的额外的功能或修饰，都是一种浪费。因此，该产品只需要包含最基本的用于验证的元素，应当尽可能删繁就简，节约时间和资源。"最简化可实行产品"可以有多种形式，可以是一个未加雕琢的原型机，可以是一段展示产品使用体验的视频，也可以是为某个顾客提供的个性化的"贵宾式"服务。总之，开发"最简化可实行产品"时需要遵循一条原则：放弃对你需要的认知没有直接用处的一切功能、流程或努力。

4. 利用"创新核算"方法来测量实验是否成功

必须有一套系统的方法来衡量创业者在实验中是否取得了进展及有没有获得经证实的认知。这套方法被称为"创新核算"。初创企业使用"最简化可实行产品"后会获得一系列当前阶段的真实反馈数据。每一次测试的数据就是"基准线"——下一步的调整只有比上一次更好才行。通过不断优化，"基准线"不断提高，直到达到公司预期的理想状态。用于衡量的指标选取非常重要，至少应当符合三个标准：第一是可执行，即指标与企业行为间应当存在直接因果关系，否则创业者很难从自己的行为中学习；第二是可使用，即指标和相应的报告应当尽量简单、直观并易于理解；第三是可审查，即指标数据的真伪性要能够被检验。

5. 决定转型还是坚持

在获得"经证实的认知"之后，创业者需要作出一个判断：即目前取得的成果是否足以令人相信最初的战略假设是正确的。如果可以接受原假设，则意味着坚持原有的战略；否则就需要做出重大调整，进行新的假设。企业应当加速每次转型，要设法在更短的时间内、以更低的成本完成更多次的"经证实的认知"。寻找可持续的商业模式是具有相当的随机性的，能够快速实现战略转型的企业就能获得更大的成功概率。

扩展阅读 2.3 周播剧的制播之道

客观而论，精益创业确实存在局限之处：第一，总的来说，初创企业身处一个充满未知和风险的领域，精益创业目前所提出的工具主要针对"客户需求和增长"这一项未知问题，它并不足以解决初创企业面临的所有未知问题。第二，精益创业无法确保企业获得成功，而只能降低企业失败的概率。第三，精益创业并不是初创企业所需的唯一理论。事实上，精益创业所针对的仅仅是初创企业的战略管理。

2.4 本章总结

创业的一般过程是对创业管理活动的概括。本章先对创业的基本概念内涵进行了介绍，进而对创业过程的阶段构成以及各阶段的不同特点进行了归纳，这有利于创业者或者投资者对于创业过程的复杂性和艰巨性有初步的了解。最后，本章对国际创业实践的最新热点——精益创业的概念内涵和实施过程进行了分析。

复习题

1. 讨论大学生创业活动的特点。
2. 寻找几个创业案例，划分其创业过程的不同阶段，讨论每一阶段的特点。

即测即练

自学自测　扫描此码

本章案例

腾讯的发展过程

腾讯的创立和发展

1993年，毕业于深圳大学计算机系的马化腾选择了自己的专业本行，到深圳润讯做寻呼软件开发工作。工作之余，马化腾最大的爱好就是上网。一个偶然的机会，马化腾看到了基于Windows系统的ICQ演示，他开始思考是否可以在中国推出一种类似ICQ的集寻呼、聊天、电子邮件于一身的软件。1998年11月，马化腾利用炒股所得的资金与大学同学张志东注册了自己的公司，这就是腾讯之始。

公司创建3个月后，马化腾和他的同事终于开发出第一个"中国风味"的ICQ——OICQ，这就是QQ的前身。当然，那时国内也有好几款同类的软件，用户也不多，没有人看好马化腾的OICQ。一开始，马化腾抱着试试看的心态把QQ放到互联网上让用户免费使用，可是就连马化腾本人也没有料到，这个不被人看好的软件不到一年就发展了500万个用户。大量的下载和暴增的用户量使马化腾兴奋的同时，也让腾讯难以招架，因为人数增加就要不断扩充服务器，而那时一两千元的服务器托管费让小作坊式的腾讯公司不堪重负。没有资金更新设备，工作人员也快发不出工资，于是只能到处去蹭人家的服务器用。

眼前的困难迫使马化腾考虑把自己的公司转给他人，马化腾曾计划以100万元人民币将QQ转让，却被认为"开价过高"而没有找到合适的买家。1999年下半年，全世界互联网经济开始"发烧"，马化腾拿着改了6个版本、20多页的商业计划书开始寻找国外风险投资，最后碰到了IDG和盈科数码，给腾讯注入了220万美元的巨额投资，并持有腾讯公司20%的股份。有了这笔雄厚的资金，公司大手笔地一举购置了20万兆的IBM服务器，并将更多精力集中在改进QQ功能和开发新版本上。

在核心产品的技术上，腾讯是个追随者。但是ICQ并没有任何商业模式可供腾讯参考。

因为卖给了 AOL 的 ICQ 财大气粗,并不需要拿 ICQ 来赚钱。ICQ 只是 AOL 为用户提供的一项免费服务。但是腾讯不同,这就需要在产品的经营上下更多的功夫。一方面,在产品设计上,腾讯更加侧重细节。例如,腾讯为用户设计了性格各异的彩色头像,用户在线的时候是彩色的、会动,而用户不在线的时候就变成灰色;腾讯把用户的好友资料存放在服务器上,无论用户换了什么电脑,都可以轻松找到自己的朋友,而不是换了地方就发现自己辛苦筑建的王国变得空无一人。

在盈利方面,腾讯也做了种种尝试,在 OICQ 上做广告赚钱是腾讯想出来的第一个办法。腾讯是世界上第一个在 ICQ 上做广告的企业。AOL 的 ICQ 是在腾讯推出广告的几个月之后才效仿的。打运营商的主意,是腾讯的第二个办法。腾讯是第一家提出要和电信运营商共同运营的网络企业。先是寻呼台,而后是中国移动。到现在,中国移动梦网业务收入的几乎半壁江山被移动 QQ 独占。出让品牌衍生物的代理权,是腾讯的第三个办法。腾讯曾经以罕见的高价把自己那只胖乎乎的企鹅卖给了广州一家民营服装公司。代理权一年一签,除了代理权转让费以外,腾讯还要从销售额的超额部分里提成。

竞争的压力

随着免费即时通信技术的不断开发,即时通信工具如微软的 MSN、网易的泡泡、UC、ICQ、Yahoo Messenger、Microsoft .NET Messenger、AOL 的 Instant Messenger 等层出不穷,它们纷纷向 QQ 的垄断地位发起进攻。但是不论是 UC、泡泡、搜 q,还是 tom-skype、263 的 E 话通等都已经证明,撼动腾讯 QQ 几乎是不可完成的任务。专业经营 ICQ 的只剩下腾讯一家,新浪、网易、搜狐、雅虎等很多公司瓜分着腾讯吃剩下的 5%的市场。事实上,拥有庞大用户群的平台并不少,像许多游戏、邮箱、门户都拥有大量的用户,但为什么成功复制其他业务的却几乎没有?

其实答案很简单,因为腾讯有一个先入和广泛的优势。由于腾讯的用户范围非常广,客户在使用 QQ 时已经非常熟悉,这样一来如果在功能上没有本质上的区别,也就是说后来者如果不是在功能或者性能上有独到的地方,就不能让用户放弃 QQ 而使用新的产品。

就目前来看,唯一能够对腾讯产生威胁的只有微软的 MSN。MSN 的优势很简单,操作系统的融合性绑定,使它可以让所有 Windows 用户都会安装。现在 MSN 已经实现了 20%以上的市场占有率,并且在逐渐上升。QQ 与 MSN Messenger 这类即时通信程序从本质上来说都是一个客户端/服务器应用程序,客户端利用 QQ 或 MSN Messenger 登录到消息服务器,然后发送聊天会话请求。消息服务器会暂存并处理发送两个客户端之间的通信。

有观察家指出,MSN 的问题在于它的重点在欧美市场,中国这边一直是无心栽柳,无论是娱乐频道的建设、游戏频道的建设还是相关各种吸引网民的娱乐性应用,都远远落后于腾讯,而且短期内,按照微软的思维习惯,它还不会去与腾讯拼这个应用,毕竟它在全球层面上的主要对手目前还不是 QQ。

新浪放弃自己大力研发的"了了吧",用重金收购了朗玛 UC,朗玛 UC 很侥幸地利用了 QQ 停止注册这一策略失误的一段时间,率先推出了诸如在线游戏、用户社群等应用,直接与 QQ 形成冲突,逼迫腾讯不得不将实行了两年的收费注册 QQ 改成了免费注册。由于朗玛 UC 与 QQ 形成了用户群的重合,腾讯很快将其作为首要竞争者,新的免费 QQ 几乎没有给朗玛 UC 留任何空间，它所具备的功能和应用全被免费 QQ 仿用了。在用户群体数量这个基础远低于 QQ 的前提下，朗玛 UC 很快就被打得溃不成军。

值得一提的是，"eMule 电驴""POCO"这样的 P2P 应用，目前有相当的固定人群和使用者，但是它们和 QQ 的应用模式并没有直接冲突。而且有专业人士指出，QQ 之所以不去冲击它们的市场，是不敢冒法律上的风险，这种争议很大的模式一旦遭遇一些政策和法规限制，就有被封杀的可能性，QQ 不敢冒这个险。

有研究人员总结的一个结论是：任何依靠功能差异性或某种不具备突破性的"技术领先性"来与腾讯竞争，除非从法律边缘找空档，期望腾讯知难而退，否则基本上没有任何机会。实际上，正如腾讯的员工所说，从商业竞争层面看，腾讯真正的敌人只有它自己，只要它自己不犯错误，其他的竞争者只是促进腾讯改良升级的催化剂，根本不构成阻击实力。

事实上，由于腾讯目前的巨大用户群体同时具有强大的黏性，任何一个想超越它的对手，最好的出发点就是，在自己的实力没有强大到与 QQ 相当的时候，一定要回避与腾讯的正面冲突，否则会输得很惨。

扩展及挑战

随着企业的不断发展，腾讯在不断圈地，陆续推出门户网站及 QQ 邮箱、QQ 游戏、大型网络游戏，几乎互联网的主要应用腾讯都有所涉及，难怪有评论惊呼："腾讯将成为所有网络公司的对手！"马化腾认为，这种说法显然是不确切的，腾讯所有的业务都是基于腾讯公司本身的优势而做出的市场动作。

现在看腾讯的新版 QQ，已经不是一个所谓的"即时通信"客户端了，实际上是一个全面的用户上网终端应用的集成体，囊括聊天、搜索、邮件、交友、资源导航、商业信息、文件共享、在线社群 BBS、娱乐门户，以及各种第三方服务商提供的增值服务（如招聘、办公用品导购）等。

2010 年，移动互联网呼啸而来，腾讯在所有互联网巨头中第一个转身。从 2011 年 1 月推出微信起到年底，微信在 1 年的时间里更新了 11 个版本，平均每个月迭代一个。1.0 版本仅有聊天功能，到 4.0 版本推出相册和朋友圈功能，微信的社交平台功能日趋完善，并且一步步向移动智能助手的角色发展。5.0 版本添加了表情商店和游戏中心，"扫一扫"功能全新升级，可以扫街景、扫条码、扫二维码、扫单词翻译、扫封面，微信支付体系打通，一个移动商业帝国的框架已经基本搭建完毕。

全面圈地

在腾讯的商业版图中，作为移动互联市场最重要的流量洼地，手机浏览器是变现的重要渠道。腾讯目前拥有了占据市场份额较大的手机 QQ 浏览器。就移动互联网布局而言，支付工具有微信支付；地图平台有腾讯地图；在社交平台，腾讯的微信一枝独秀；在视频领域，腾讯一直有自己的腾讯视频。此外，2014 年腾讯的关键词从"收购"变成了"入股"，无论是大众点评、京东，还是韩国游戏巨头 CJE&M，腾讯都没有追求控制权，甚至还出现将自己的相关资产逆向注入入股企业中的状况，比如，腾讯电商业务与京东整合。

尤其值得一提的是腾讯的游戏板块。早在 2003 年，腾讯就开始成立经营游戏的业务模块，专门负责游戏经营。此后腾讯在门户游戏网站、竞技游戏、手游等领域也相继布局，始终领先市场上的对手一步，巩固了自己的优势地位。进入移动互联网时代后，腾讯积极进入手游市场，并且通过收购或者自主研发等方式开发在手机上就可以玩的游戏，增加用户的娱乐体验。目前来看，《王者荣耀》《和平精英》都比较成功。不过，来自竞争对手的游戏也在逐渐崛起，加剧了腾讯的竞争压力。

资料来源：徽剑. 腾讯 QQ 小企鹅能够长成巨人吗？http://column.chinabyte.com/402/2532402.shtml.

程苓峰. 全民公敌：马化腾[J]. 中国企业家，2006（12）：70-74.

君临. 腾讯帝国15年争霸之路[J]. 中国中小企业，2014（3）：32-35.

思考题：

1. 腾讯的创业机会来自何处？有什么特点？

2. 腾讯的市场开发战略主要有哪些特征？这些特征是如何与其创业机会以及市场环境相匹配的？

3. 腾讯的后期成长可能会遇到什么问题？你认为可行的解决方案有哪些？

第 2 篇

新企业创立

第 3 章 创业机会识别
第 4 章 创业团队组建
第 5 章 商业模式开发
第 6 章 商业计划书撰写

第 3 章

创业机会识别

2020年4月到6月,短短两个月,云鲸智能接连拿到B轮、C轮两轮融资,追过来的投资方包括红杉中国、源码资本、高瓴资本、明势资本等一线基金。半年前的2019年"双11",云鲸智能创始人张峻彬带领团队打了一场胜仗,公司刚上市不久的一款"可以自动洗拖布"扫拖一体机器人,在"双11"当天,销售额突破千万元,冲到市场前列。在这之前,外界几乎没有听说过张峻彬和云鲸智能。

张峻彬的创业源于一次家庭聚会。家人在聊天中吐槽扫地机器人非常不好用,手动清洗拖布又麻烦。当时张峻彬刚研究生毕业,恰好在寻求创业机会。从初中到大学再到研究生,张峻彬一直对机器人非常感兴趣,研究生期间,张峻彬就曾为一个流水线项目做过自动化改造。因此,在决定创业时,张峻彬直接就选定了自动化、机器人、人工智能方向。那次家庭聚会给了张峻彬启发。经过一番研究,张峻彬发现,当时市面上的家庭清洁机器人大多只能"扫",而没有解决"拖"的问题。于是,张峻彬决定做一款能够自动洗拖布的扫拖一体机器人。

2016—2019年,张峻彬的全部精力几乎都放在了研发上,经常吃住在公司。张峻彬的坚持没有被辜负。这是市场上首款自己会洗拖布的扫地机器人,云鲸智能的产品与其他扫地机器人形成明显的差异化优势,开售首日便突破1000万元的销售额。2021年9月,云鲸智能推出第二代产品J2,在上一代产品的基础上,做到了让用户连水都不用自己换了。该产品实现了自动回洗拖布、拖布烘干、自动上下水、自动添加清洁液、定时清洁等功能,真正实现了全自动的用户体验。2021年"双11"开售首日,云鲸智能1分钟销售额破亿元,7分钟销售额破2亿元。

资料来源:赵东山. 云鲸智能 拒做追随者[J]. 中国企业家,2022,7:21-24.

扩展阅读 3.1 云鲸智能的产品视频

【本章学习目的】

1. 掌握创业机会的概念及特征。
2. 掌握创业机会的评价指标。
3. 掌握创业机会的识别和评价过程。

创业机会识别一直是创业领域的关键问题之一。Shane 和 Venkataraman(2000)指出,解释如何发现和开发创业机会是创业研究领域应当关注的关键问题。对创业者来说，真正的创业过程开始于商业机会的发现。事实上，相对于大量以组织成长作为创业过程核心线索的研究，一些研究人员已经开始认识到，创业机会研究是创业研究的中心问题，创业过程是围绕机会而展开的识别、开发、利用的一系列过程。因此，创业机会研究是创业研究的重要内容之一。对创业者自身而言，能否把握正确的创业机会，并且通过充分的开发使之成为一个成功的企业，是创业者应当具备的最重要的能力之一。因此，创业者尤其需要在机会识别上投入较多的关注，为成功创业打下良好的基础。

3.1 创业机会的概念内涵

3.1.1 创业机会的概念分析

虽然创业机会的鉴别和后续开发在相当程度上需要依赖创业者的主观价值判断，但创业机会实际上是一个客观存在。正如研究人员所承认的，创业机会的甄别难以通过简单的非此即彼的逻辑判断进行，也不能采用片面的财务或是技术指标加以筛选，因此，给创业机会下一个简单明了的定义并不容易。

在现有的研究中，部分学者对于创业机会主要是从机会的产出角度出发给予定义。例如，Kirzner（1973）认为，创业机会代表着一种通过资源整合、满足市场需求以实现市场价值的可能性。Hulbert 等（1997）认为，创业机会实际上是一种亟待满足的市场需求，这种潜在的市场需求如此旺盛，对于创业者来说，实现该需求的商业活动相当有利可图。Ardichvili 等认为，从获取预期消费者的角度来看，创业机会事实上意味着创业者探寻到的潜在价值（value sought）。

另外一些学者对于创业机会的定义则是从机会的来源角度入手，把创业机会定义为一种情境，其中新产品/服务、原材料、市场组织方法能够以创新的方式来重新整合。还有学者对创业机会做了较为全面的总结，指出创业机会实际上是新产品、新服务、新材料，甚至是一种新的组织形式，能够被引入生产并且以高于成本的方式实现销售。他们指出，创业机会不同于一般的盈利机会，特别是那些仅仅提高现有产品及服务、原材料和组织方式运营效率的机会，因为前者需要技术或是组织结构的创新，而后者只是在现有的组织框架中进行调整。

综合学者的讨论以及创业实践的考察，我们认为，创业机会实际上是一种可能的未来盈利机会，这一机会需要有实体企业或者实际的商业行动作为支持，通过具体的经营措施来实施，以实现预期的盈利。不难看出，创业机会具备以下几个重要特征。

1. 创业机会具备潜在的盈利性

这一特征有两个层面的含义。

一方面，盈利性是创业机会存在的根本基础。我们所讨论的机会是隶属于创业领域的商业机会，创业者追逐创业机会的根本目的是基于创业机会组建企业，进而获得财富。创业机会一旦不具备可能的盈利性，就对创业者失去了吸引力，创业机会也就不能称为机会了。

另一方面，创业机会的盈利性是潜在的，并非一目了然就可以看到的。对于这种潜在盈利性的理解尤其需要创业者拥有一定的知识和技能，同时也需要相关领域的实际经验。因此，这也给创业机会的识别和评价造成了一定的难度。很多创业机会看起来似乎具备盈利的可能，但是经过仔细推敲之后却发现是虚假的信号。因此，在创业机会的识别和评价方面，需要创业者投入更多精力。

2. 创业机会需要依托实体企业或者具体的商业行为来实现

如果不付诸行动，即使拥有再大的潜在价值，创业机会也难以实现。事实上，很多富有价值的创业机会往往转瞬即逝，具有很强的时效性，如果没有及时地把握住，一旦时过境迁，由于条件所限，原有市场不复存在，或者已经有其他创业者抢先一步占据市场先机，原先具有巨大价值的创业机会也会沦为无价值的一条市场信息。

当然，能不能真正行动起来将创业机会商业化，不仅取决于创业者个人的决心和意志，还取决于许多客观条件，特别是创业者所面临的创业环境和所能够拥有的资源状况。即使创业者本人创业意识非常强烈，如果客观条件不足，也会限制其创业行动的实施。因此，在创业机会的识别和开发上，创业者应当做好准备，一旦发现有价值的创业机会，就及时行动。

3. 创业机会能够通过不断开发提升其潜在价值

在大量的研究中，创业机会往往是一个客观存在的事物，独立于创业者主观意识之外，创业者的角色功能是尽可能发现这一客观事物（Kaisch & Gilaad，1991；Busenitz，1996）。与此不同，在近年来的研究中，已经有部分学者认为创业机会并非一成不变，其潜在价值更依赖于创业者的开发活动，也就是说创业机会并非是被发现的，而是"创造"出来的（Eckhardt & Shane，2003）。在这一视角下，创业机会的最初形态很可能仅仅是一些散乱的信息组合，只有创业者以及创业过程的各类利益相关者积极地参与到机会识别中来，不断磨合各自的想法，创业机会的基本盈利模式才能够逐步可行，并且最终成为正式的企业。

因此，创业机会的潜在价值具备很强的不确定性，而且并非即刻就可实现，在实际创业中，其价值大小会随着创业者的具体经营措施和战略规划而发生变动。如果创业者的战略方案与创业机会的特征得到良好的匹配，创业机会的价值就能够得到很大的提升，创业活动也能够获得较好的效果。如果相关战略规划与创业机会特征不匹配，甚至具有严重的失误，那么即使创业机会的潜在价值很大，也无法得到最有效开发，甚至会引起创业失败。

曾经"一夜爆红"的元气森林，转眼步入发展的第六个年头。

"以往我们是从 0 分做到 70 分，果子很容易摘到，但接下来 30 分的进步，就要投入双倍的资源和精力。"元气森林相关负责人向第一财经商业数据中心（CBNData）表示。2021 年，元气森林创始人唐彬森曾公开声明，元气森林要变道走传统消费品的路线。从传统品牌的视角出发，产品拓展、供应链及渠道端建设变得尤为重要。

2018 年，元气森林率先喊出"0 糖 0 卡 0 脂"的口号，打响了无糖气泡水之战。无糖气泡水就此走红，并为元气森林带来了销售额超 300%的增长。醒目的成绩吸引了各类新玩家乃至头部玩家入局，2021 年，农夫山泉、可口可乐纷纷推出气泡水产品，该类目近三年迎来飞跃式增长。在气泡水的风口下，不是所有的"猪"都能起飞。新赛道的深入拓展任重道远，原有的传统碳酸饮料市场又面临无糖饮料的入侵和冲击。在这样的情况下，元气森林自然成为饮料巨头的重点关注对象。巨头对元气森林的"排挤"首先从上游的生产源头开始。从内部业务来看，作为线上起家的互联网品牌，供应链建设是元气森林等新消费品牌的短板之一，想要转型成为传统消费品牌，拥有完备的上游供应链已经迫在眉睫。

自2019年起，元气森林着手进行工厂自建。截至2022年6月，元气森林已经有5家工厂投产，分别对应华东、华南、华北、华中、西南地区五大城市集群。据负责人介绍，其五大工厂总占地面积超过1000亩，实际产值已达百亿元。对于自有工厂的建设，元气森林表示，"外部的竞争压力是我们加码进行自建工厂的原因之一，此外，我们对食品安全也能有更强的掌控力，在自有工厂中，我们可以放手做研发，甚至在生产一些比较复杂的产品时，也有更多调整和试错的空间。"

依靠气泡水这一单品爆红，是元气森林的幸运，但并不一定长久。一些头部饮品品牌强势入局，不少如喜茶、奈雪的茶等新式茶饮品牌也跻身该细分赛道。在竞争格局复杂的情况下，能否在原有王牌产品下拓展第二增长曲线，是元气森林也是所有新消费品牌摆脱"昙花一现"命运的关键。

2020年年底，唐彬森曾公开表示2021年会是元气森林的产品大年，并透露95%的新品还没有推出。2021年一年的时间里，元气森林先后上线乳酸菌品牌"对策"、矿泉水品牌"有矿"及植物茶饮品牌"纤茶"等。截至2022年6月，元气森林已拥有9个系列的产品线，涵盖无糖气泡水、乳茶、乳酸菌、电解质水、植物基饮品、矿泉水及酸奶等不同细分品类。据介绍，气泡水目前占元气森林过半的销售额，而子品牌"外星人""燃茶"和"纤茶"在2022年也占据了较大的增长份额。2022年第一季度，外星人电解质水单月销售额突破1亿元，是2021年同期的2.5倍。

第六个年头，元气森林开始完成从"轻资产"到"重资产"的转变。在气泡水赛道，它是幸运且独特的，但进入更大的食品饮料市场后，这条转型之路注定不会走得太过顺畅。"慢下来"，是元气森林对于后期发展给出的关键词，放眼整个新消费市场，这个关键词同样也适用于那些还在寻求下一个增长点的网红品牌。在跨过快速增长的顶峰后，能否顶住压力匀速前进，这是对每一个新消费品牌的终极考验。

资料来源：CBNData 报告. 走出舒适圈，新锐饮料品牌如何鏖战红海赛道？第一财经，2022-09-22.

3.1.2 创业机会的来源

可能有一些人认为，创业机会的发现是一种偶然，创业者因为机缘巧合发现了一个全新的商机，进而筹集资金实施创业活动。事实上，这种偶然出现的情况并非创业机会的常态。即使存在偶然出现的创业机会，也往往会因为创业者没有做好准备，无法制订有针对性的机会成长方案，导致创业活动匆匆上马，夭折的可能性非常大。因此，创业机会的识别和开发并非守株待兔、坐等天上掉下来的馅饼，而是需要创业者平日用心耕耘，为创业机会做好准备。所谓的机缘巧合或第六感的直觉，主要还是因为创业者在平日培养出侦测环境变化的敏锐观察力，因而能够先知先觉形成商机的构想。

在现有研究中，创业机会来源包括影响现有市场均衡的几个因素。一方面，市场供给的一方可能对市场变化造成影响，例如，一种具有潜在价值的新产品的研发、新的生产工艺的开发，可能影响市场供给的成本和收益，从而吸引创业者投入其中；另一方面，市场需求的变化同样带来巨大的商机，如新的客户需求的出现以及需求方式的改变等，有经验的创业者都可能从中找到富有价值的创业机会。Shane 和 Venkataramen（2000）指出，应当从不同市场类型的角度考察机会的不同来源。对于产品市场的商业机会，其机会来源主要有：新技术的发明所带来的新产品、信息不对称导致的市场低效率、政治因素和规章制度的变动带来的需求变动等。要素市场中的创业机会则是指影响要素投入的成本和收益的变动所带来的创业机会，如某一新材料的发现等。

从创业的概念内涵可以看出，创业活动重要突破点之一是产品销售行为的实现。因此，本节对于创业机会来源的分析主要是从改变消费者购买行为的影响因素入手。这些影响因素包括以下几个方面。

1. 不断变化的市场环境因素

创业的机会大多产生于不断变化的市场环境。环境变化的情况下，市场结构和市场需求必然发生变化，在这一过程中，必然会出现大量新的创业机会。市场环境因素的变化包括城市化加速、思想观念的变化、政策的变化、人口结构的变化、居民收入水平提高、全球化趋势、产业结构的变动、消费结构升级等方面。从市场环境方面搜寻创业机会是从宏观层面对可能出现的创业机会进行全局性的把握，为了挖掘出合适的创业机会，还应当将视角更聚焦一些。

2. 新的成长性产业的出现

新产业的出现往往源于创新所带来的新知识和新技术，创新使新的产业能够满足消费者的新需求。在一个新兴产业出现之际，必然能够提供许多创业机会，引发创业热潮。不过追随新潮流趋势的背后，也会存在相当大的风险。因为，这项新兴产业的规模究竟有多大，如何发掘潜在的顾客需求，都还不确定。个人计算机产业出现时，曾引发大量的上下游相关产品与服务的创业机会，但是并非所有的创业都能获得成功。在互联网浪潮兴起的时候，众多追随网络风潮的创业者也曾尝到网络泡沫的苦果。因此，考察新产业出现所带来的创业机会是否可行，仍需要将视角进一步细化，分析行业内部的结构以及创业机会的具体特征。

3. 新的商业模式的形成

不论是改进现有的商业模式，还是创造一个全新的商业模式，这一来源中的创业机会更加聚焦于企业的未来发展规划，创业者也有充分的准备应对竞争者的挑战。创新商业模式可以来自创业者的工作经历、行业经验、对竞争对手缺陷和不足的考察——这些不足之处包括未被满足的顾客需求、产品品质上的瑕疵、作业程序上的不经济等。当然，商业模式是否可行，还需要结合实际情况进一步考察。

4. 消费者的新价值

创业的根本目的是满足消费者的需求。创业机会的基本价值就在于能否为消费者带来新的价值。如果这一新价值是不切实际的，那么之前的市场环境变动分析、产业发展状况分析、商业模式分析都是无用之功。寻找创业机会的根本途径是善于去发现和体会他人在需求方面待解决的问题，从寻找消费者价值的角度发掘创业机会。因此，这一视角之下的创业机会更为直接，也更为可行。

按照市场环境、产业状况、商业模式、客户价值这一顺序来识别创业机会的来源（见图3-1），基本上遵循了一个从宏观到微观、从间接到直接、从宽泛到具体的过程，也符合一般人的认识过程。

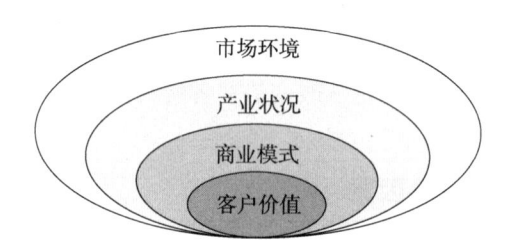

图3-1 创业机会的来源

管理大师德鲁克主张，可以通过系统的研究分析，来发掘可供创业的新点子。这正是知识经济时代社会创业活力的主要来源。经由系统研究分析，来发掘创业机会的做法，大致可归纳为以下七种方式。

（1）经由分析特殊事件，来发掘创业机会。例如，美国一家高炉炼钢厂因为资金不足，不得不购置一座"迷你型"钢炉，而后竟然出现后者的获利率要高于前者的意外结果。经过分析发现美国钢品市场结构已发生变化，因此这家钢厂就将之后的投资重点放在能快速反映市场需求的"迷你"炼钢技术上。

（2）经由分析矛盾现象，来发掘创业机会。例如，金融机构提供的服务与产品大多只针对专业投资大户，但占有市场七成资金的一般投资大众却未受到应有的重视。这样的矛盾显示，提供一般大众投资服务的产品市场必将极有潜力。

（3）经由分析作业程序，来发掘创业机会。例如，在全球生产与运筹体系流程中，可以发掘极多的信息服务与软件开发的创业机会。

（4）经由分析产业与市场结构变迁的趋势，来发掘创业机会。例如，在国营事业民营化与公共部门产业开放市场自由竞争的趋势中，我们可以在交通、电信、能源产业中发掘极多的创业机会。在政府刚推出的知识经济方案中，也可以寻得许多新的创业机会。

（5）经由分析人口统计资料的变化趋势，来发掘创业机会。例如，单亲家庭增加、老年化社会的现象、教育程度的变化、青少年国际观的扩展等，必然提供许多新的市场机会。

（6）经由价值观与认知的变化，来发掘创业机会。例如，人们对于饮食需求认知的改变，造就美食、健康食品等新兴行业。

（7）经由新知识的产生，来发掘创业机会。例如，当人类基因图像获得完全解决，可以预期必然在生物科技与医疗服务等领域带来极多的新创业机会。

虽然大量的创业机会可以经由系统的研究来发掘，不过，最好的点子还是来自创业者长期观察与生活体验。创业就好像十月怀胎，创业构想在创业者心中不断地酝酿，一直到创业者感觉时机到了，才带来创业机会。

3.1.3 创业机会的类型

为了分析创业机会的特点，对创业机会进行分类是必要的。创业机会的划分主要从市场和产品（或服务）两个角度进行。

1. 市场层面的分类结果

（1）面向现有市场的创业机会。现有市场上通常已经有企业在经营，这些企业往往是一些成熟的大企业，创业者唯有通过有效的创新手段，营造新的经营模式，才可能在市场上占据一席之地。在迈克尔·戴尔想要进军个人电脑行业的时代，个人电脑产业已经开始飞速发展，很多著名的个人电脑厂商在这一市场上激烈竞争。戴尔开创了一个全新的个人电脑经营模式，这条更好的路子就是向客户直销，绕过了分销商这个中间环节。戴尔从消费者那里直接拿到订单，然后购买配件组装电脑。戴尔电脑公司无须车间和设备生产配件，也无须在研发上投入资金。这样，戴尔通过为消费者消除中间环节获得了大量财富。在20世纪90年代，戴尔电脑公司的成功成为很多教科书上的经典案例。

（2）面向空白市场的创业机会。空白市场属于现有行业范围内尚未被开发的市场。这一市场可能是缝隙市场，尚未被现有的大型企业所关注，但是如果经营得当，也可能创造出可观的价值。例如，过去农村零售业一直被认为是一个空白市场，许多大型的连锁超市往往致力于开发城市市场，忽略农村的市场。而在农村，已有的商业体系只是一些日渐退化的供销社、农民在业余时间开的杂货铺、隔三岔五汇聚的集市等。现在，这一空白市场已被很多企业盯上。在各地，规范的农村连锁体系一出现便受到欢迎，显示出莫大的生命力。一些发展较为良好的农资连锁品牌有"农家福""惠多利"等，而北京物美、京客隆、上海华联等知名连锁集团，也已开始了全国性的农村市场布点。

（3）面对全新市场的创业机会。这一市场上的创业机会不属于任何已经存在的行业。因此，创业者将要进入的是一个全新的市场，市场上暂时没有任何竞争对手，也没有现成的经营模式可循。在这种情况下，需要警惕的是，这一全新的市场是否具备高度的成长可能性。如果该市场发展缓慢，即使创业者及时进入，也会由于市场的成长性不足而使企业发展大大受限。反过来，如果该市场成长性非常强，创业者则不需要花费多少时间和精力就能够建立起很强的竞争优势，此时创业者需要警惕尾随而来的追随者，如果先进入的创业者没有足够的准备和应对措施的话，先进入者的优势也会转化为劣势，紧跟而来的追随者甚至完全有可能后来居上。

2. 产品（或服务）层面的分类结果

（1）提供现有产品的创业机会。这一类型的创业机会在所提供的产品方面并没有什么创新或者改进，但只要市场上尚存在空间可以供创业者发展，那么该创业机会就具备一定的可行性。在创业活动中需要注意的是，应当尽可能避开与市场上提供该类型产品的成熟企业的直接竞争。因为创业者的资源和发展能力都较为有限，应当积极探索空白市场或者现有企业力所不能及的市场，在积累一定资源和能力之后再考虑下一步的发展。例如，很多生存型创业者会选择开个餐厅或者创办业务相对简单的服务型企业，这些企业实际上在提供的产品方面没有太多创新，但是只要选址得当，企业仍然有发展空间。

（2）提供改进产品的创业机会。这一类型的创业机会所提供的产品是对现有产品的改进，改进方面可能是原材料、生产工艺、核心技术、销售渠道等。通过对现有产品的改进，创业者有可能实现比同类产品供应商更为低廉的成本、更为独特的功能、更为有效的生产和经营方式，以及更有吸引力的利润。对现有产品进行改进，是一种省力而见效快的好办法，但是改进方式必须有章可循。通常认为，对一种产品改进的程度往往可以分为较小、中度、重大三个层次，例如，从打字机改进到电子打字机，可视为一个较小程度的产品改进，而从电子打字机改进到电脑文字处理系统，则是一个重大程度的改进。产品改进程度越大，可能性的收益就越大，对于创业者的经营能力要求也越高。

（3）提供全新产品的创业机会。这一类型的创业机会所提供的产品是现有市场上从未出现过的。全新产品的推出会引起整个市场翻天覆地的变化，原有产品市场会大大萎缩，让位于新的产品。同时，全新产品的经营风险也非常大，经营经验以及顾客认可的缺乏都会影响创业活动的推进。因此，全新产品的推出时机以及创业者的自身准备对于创业活动的成功至关重要。例如，中国第一家互联网服务公司——瀛海威早在1995年就已创办，这一企业却没有等到20世纪末的互联网浪潮。1998年，创始人张树新向董事会提交了辞呈，退出了自己一手缔造的瀛海威。瀛海威的失败主要是因为它生不逢时，在中国诞生得过早，国内尚未具备发展的资源条件。当然，应该说瀛海威为后来的互联网企业起到了一定的先行者示范作用，之后的搜狐、新浪、网易等一批网络服务公司不仅很好地存活下来，而且也让人看到了网络行业未来的希望。

创业机会的分类如图3-2所示。通过这两个层面的分类，可以将创业机会分为九个组合，实践中的创业者可以查看自己的创业机会属于哪一个方格，并且根据不同的机会组合选择不同的经营措施。

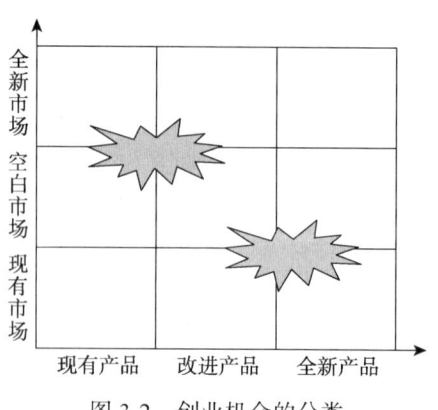

图3-2 创业机会的分类

3.2 创业机会评价指标

创业机会识别过程是一个不断调整、反复均衡的过程。现有的资料中，全面地给出创业机会识别指标的非常之少。创业机会概念本身存在一定的争议，而且创业机会识别过程与创业者的个性特征之间关系相当紧密，因此，创业者在选择适当的评价指标评估创业机会时存在较大的模糊性。

鉴于这一情况，本章试图建立一个系统的创业机会评价指标体系，以弥补现有研究之不足。一方面，我们承认创业机会需要从不同侧面予以综合评价；另一方面，这些不同侧面的机会特征存在主次之分，其重要程度存在较大差异。这就是说，在机会识别时需要把重点放在某些更为重要的指标上，对其评价后，再结合其他方面的特征做出整体判断。在我们的模型中，创业机会可以从两个层次进行分析和评价。

3.2.1 创业机会的核心特征

这一层次的特征是创业机会所包含的最为本质的特征，属于创业机会的自然属性，不依赖于创业者或者创业机会的其他特征而存在。相反，创业机会的其他特征却往往需要与其核心特征相匹配，才能创造出最大价值。因此，在机会识别中，创业者尤其需要关注创业机会的核心特征。这一部分也是本章的重点。创业机会的核心特征分析需要从市场层面和产品层面分别进行。

1. 市场层面特征

创业机会市场层面特征指的是外部市场的发展状况。创业者在选择创业机会时必须考虑当前市场的竞争势态是否有利于机会商业化，创立新企业之后更要根据企业的外部市场特征制订可行的机会开发方案。市场特征与机会开发的效果息息相关。为了完备地评价创业者面临的市场环境特征，通常需要从两个方面进行分析。

（1）宏观环境的分析。宏观环境又称一般环境，是指影响一切行业和企业的各种宏观力量。不同行业和企业根据自身特点和经营需要，对宏观环境因素所做分析的具体内容会有差异，但一般都涉及政治（political）、经济（economic）、社会（social）和技术（technological）这四大类因素。因此，在战略研究中，宏观环境分析通常被称为 PEST 分析（见图 3-3）。

政治法律环境主要是从国家的政治法律方面考察市场环境的特征。一个国家政治状况是否稳定、法律法规是否规范、是否对企业组织的活动有特别的限制和要求、是否对相关产业具有政策上的倾斜等，这些对于创业者是否决定创业都有重要的影响。

经济环境可以从宏观经济环境和微观经济环境两个方面进行分析。宏观经济环境的考察角度可以包括整个国家的人口数量及其增长趋势、宏观经济走向、国民收入状况及相关能反映国民经济发展水平和发展速度的指标。微观经济环境主要考察企业所在区域或所服务区域的经济状态以及消费者的收支状况等因素。经济环境因素与新创企业的发展密切相关。

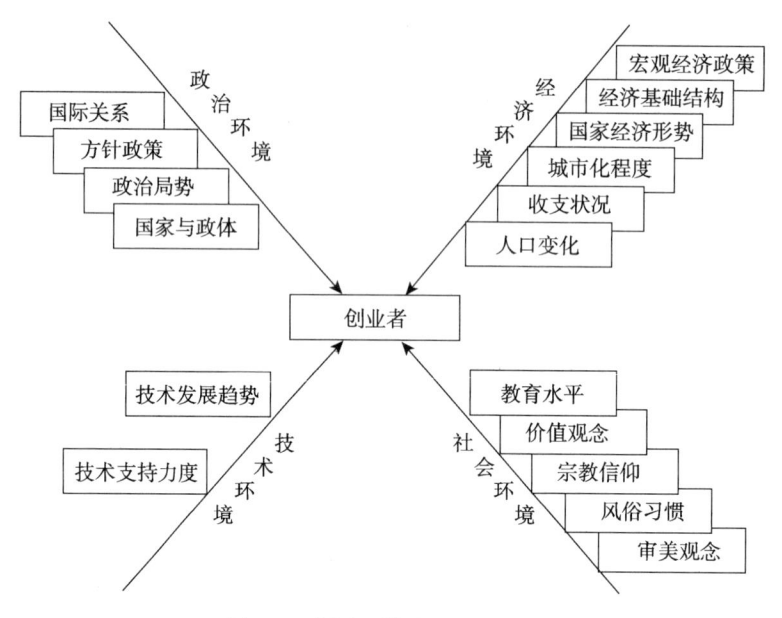

图 3-3　创业环境的 PEST 分析

技术环境一方面体现为企业所处产业的技术水平和未来发展趋势；另一方面也包括国家或区域范围内对于科技开发的投资和支持状况。显然，高科技创业活动受技术环境的约束或促进的影响更为显著，因此，对这一类型的创业活动来说，识别技术环境的特征尤其重要。

社会文化环境指的是国家或地区范围内居民的风俗习惯、文化水平、宗教信仰、价值取向等。社会文化环境对新创企业内的企业文化有直接的影响。同时，如果企业的产品文化含量较重，那么尤其需要注重目标市场的社会文化环境。

（2）产业环境的分析。相对于宏观环境的分析，产业环境分析针对性更强，对于创业活动的影响也更为直接。在产业环境分析方面，最常用的模型是波特所提出的五力竞争模型（见图 3-4）。这一模型确定了行业内部竞争的五种主要来源，即供方议价能力、买方议价能力、潜在入侵者的威胁、替代品的威胁，以及同业公司的竞争。波特认为，行业中的每一个企业或多或少都必须应对以上五种力量构成的威胁，企业在选择竞争战略时需要正确认识这五种竞争作用力。波特的五力竞争模型在实践中特别是在战略分析中得到了广泛的应用。

对于创业者来说，五力竞争模型是分析产业环境的重要工具。创业机会一旦组建成企业，立刻就会感受到行业内部的五种竞争力。因此，能否有效识别行业竞争状态，对创业者的战略规划有重要的影响。同时需要注意的是，在创业之前，创业者对于五种竞争力的认识往往是出于一种假设的情况。也就是说，在创业机会识别及评价的时候，这五力并非现实作用于创业者，而是需要创业者进行适当的假设。因此，创业者尤其需要注意假设的谨慎和完备。如果创业者是模仿现有产业中的某一企业进行创业，可以充分参考该企业的运营情况来分析行业竞争势态，作为创业机会评价时的重要依据。

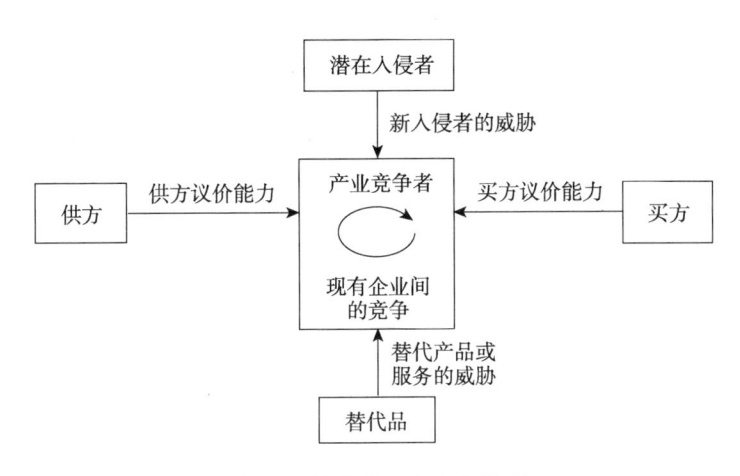

图 3-4　波特的五力竞争模型

事实上，波特的五力竞争模型通常考察的是现有行业市场上的竞争势态。该市场通常比较成熟，因此，创业者的压力主要来自各个不同的市场参与主体。在创业活动中，如果创业者进入的是一个全新的行业，那么显然，该行业中的五种作用力是不完全的，市场的各个构成成分与创业者之间的讨价还价实力也相当薄弱。在这种竞争相对简单的市场环境中，对于创业机会的竞争强度分析并无太大意义。

此时，创业者更需要考察的市场特征是创业机会的市场成长性。高成长性的市场是一种不断扩张的市场，能够不断为新进入者创造新的需求。对于创业机会市场成长性的考察非常有用。一些创业机会尽管面临的是全新的市场，但是其成长性相当之弱，在较长一段时间内市场容量可能都不会有太大变化，这可能为创业活动未来的发展带来障碍——市场成长后劲不足，难以创造出更显著的价值。与此同时，一旦有追随者进入市场，往往会加剧市场内部的竞争势态，不利于企业成长。

如果说楼市风口和互联网大潮等是特定时代赋予的红利，那么，碳中和无疑正是当今时代又一个新机遇。过去两年，碳中和的时代潮流奔涌而至。光伏板块在 A 股资本市场上炙手可热，特别是叠加原材料多晶硅供需形势的反转，资本快速集聚至价值洼地。

2020 年下半年以来，多晶硅供不应求，"拥硅为王"现象重现。如今，多晶硅价格上涨至超 28 万元/吨，达到近 10 年新高，且目前仍居高不下。受此影响，通威股份在 2021 年实现净利润 82.08 亿元，同比增长 127.5%；仅 2022 年第一季度，净利润便高达 51.94 亿元，同比增长 513.01%。利润迎来史上最高的同时，通威股份的股价在 2021 年 9 月也创历史新高，达 62.77 元/股，总市值 2786.46 亿元。

"多晶硅的价格取决于供需关系。"通威集团董事局主席刘汉元告诉记者，当前光伏装机需求持续景气，对产品价格支撑较强。另外，展望 2022 年全年，多晶硅环节仍然是产业链中产能最小的环节。不过，这样的好日子并不常有。例如，除 2009 年之外，2018 年光伏"5·31"政策出台后，多晶硅价格同样遭遇低谷。

40 年风雨沧桑，刘汉元深谙适应市场的重要性。"市场唯一不变的东西就是永远在变，团队必须坚决落实'效率决定效益、细节决定成败、速度决定生死'的经营理念，才能在市场周期波动中实现长期稳健经营。"刘汉元告诉记者。市场各个环节总是呈现出周期性波动，但万变不离其宗，每一个投资环节会自动均衡。价格太低，会伤及投资者信心，减少新的投资；价格太高，一定会涌入新的投资，增加供应。这一过程中，行业参与者需要认识市场、把握规律、顺势而为，有条件时逆周期操作。

资料来源：张英英. 通威40年变迁：如何穿越市场周期？中国经营报，2022-07-04 (D04).

2. 产品（服务）层面的特征

产品层面的特征主要集中于考察创业机会自身的内在属性。这里的产品包括企业所提供的服务。创业者选择一项创业机会，必然要对机会自身的特殊性有深刻的了解。例如，这种产品或者服务是否有一定的创新性，是否能满足一定的市场需求，与同行业的竞争者相比是否具有独特的价值等。这是创立新企业的基础，也是创业研究不同于一般企业管理研究的重要方面。因此，机会产品层面的特征重要性不亚于市场层面的特征，创业者在机会开发时对这两个层面都要同时考虑，不能偏倚哪一方。

创业机会的产品特征主要包括两个方面的内容。

一是创业机会的产品独特性。独特性是创业者的产品能够占据一定市场的基础。如果产品缺乏一定的独特性，并且和市场上已有的产品存在雷同之处，就很难吸引潜在的顾客。这里的独特性是多角度的，包括产品的性能、包装、标识、品牌、售后等方面，创业者应当在独特性方面充分挖掘，以便在实际创业时能够获得较好的市场推广效果。

二是创业机会的产品创新程度。产品创新程度主要是从技术角度评价创业机会。创新性是一种有效的进入壁垒，尤其是那种具备深厚技术背景的创新活动，它们可以有力地构建市场优势位置。如果产品不具备创新性，甚至还只是现有技术的简单应用，那么即使产品功能非常独特，对消费者具备很强的吸引力，这一独特性也很容易为追随者和竞争者所模仿，创业者的优势很快就会消耗殆尽。

"我们有积木，而你有想法。"这是1992年乐高产品目录中的一句话，正是这句话给出了乐高商业模式中最核心的精髓，更让乐高倡导的创新精神一览无余。的确，只要把两块毫无生气的积木拼接在一起，你就打开了一个充满无限可能的世界——仅需6块积木，就可以产生超过9.15亿种可能的组合。

然而，这并不是乐高获得更高关注度的根本，更重要的问题在于，从乐高的创立，到至今88年的历史中，乐高一直坚守不断创新的原则和精神，并为此打造出了一套有效的管理创新机制，帮助其面对来自技术、市场的各种变化和更迭，确保其总能乘风破浪，屹立于玩具界的潮头。

总结下来，在乐高的历史上，曾经遇到过几次大的转型：

首先就是企业从木质玩具向塑料积木的转变。诞生于1932年的乐高，其创始人是一位一辈子都和木头打交道的丹麦乡村木匠——奥勒，奥勒曾经在做"家具"还是"玩具"方面做出过艰难的选择，最后选择了他更感兴趣的木质玩具。而15年后，奥勒进行了又一次冒险，在1947年成为丹麦第一家拥有塑料注射成型机的制造商，而这种机器的价格相当于企业上一年利润的12倍多。对于这一做法，"乐高教授"戴维·罗伯逊将其形容为一种"对未经测试的技术的大胆投入"。经过多年的失败试验,乐高二代哥特弗雷德最终研究出凸起和孔的结合系统,即一块积木顶部的凸起可以嵌入另一块积木侧面或底部的孔中,并因为摩擦力而连接在一起。1958年1月28日,这一设计在哥本哈根申请了专利,被称为"结合的力量",也是乐高最重要的魔法。

乐高历史上的第二次重大转型同样出现在20世纪50年代,并一直延续至今,这就是企业从单一游戏产品到整个"游戏系统"的转变。根据罗伯逊的回顾,乐高最早提出"游戏系统"这一概念,是在1954年哥特弗雷德参加伦敦玩具展时想到的。当时一位玩具买家提出,"玩具制造商不应该只开发短暂占据市场的一次性产品,而应该开发一种不同玩具之间互相关联的综合体系,这样一个体系才能够形成重复销售"。这似乎形成了一个通向未来的路径,因为系统构成的重复性销售,直指大规模的生产,并把更多的想象力注入到了玩具的价值体系之中。

基于系统的思维带给了乐高更开阔的眼界,也让其在新兴的北美市场中敏锐地把握住了授权市场机会,从而完成了乐高从单纯依靠自身玩具制作大师到跨界合作的转型。这是乐高历史上具备典型意义的第三次转型。当时的北美玩具市场开始进入以授权为主导的时代。乐高集团位于康涅狄格州恩菲尔德的北美总部基地的管理层看到了机会,并提出与卢卡斯影业合作推出乐高星球大战授权系列的建议。自此,玩具行业历史上最成功也最持久的合作关系得以建立。乐高星球大战系列产品借着《星球大战前传1》带来的轰动效应一炮打响,上市头几年就成为畅销产品,其销量超过了公司总销量的1/6。而此后,这种授权合作不断推高乐高的市场份额,并赢得更普遍的关注。

如果说乐高此前的转型很大程度上都源自内在的驱动力,那么,到了20世纪末期,面对来自数码时代的挑战,乐高的转型则更多地带有了外部环境逼迫的味道。而这种由技术环境所裹挟的市场变化,是当前所有企业都需要面临的问题,这也恰恰是乐高创新的示范意义。

在这一阶段,乐高开始采取一系列果断的行动,邀请了素有丹麦"国宝"之称的业务转型专家布拉格曼接管乐高公司的日常管理。布拉格曼任职的时候,乐高正遭受有史以来第一次大规模裁员,但同时乐高的星球大战系列也赢得市场认可。问题与机会并存的背景之下,布拉格曼围绕商界最受欢迎的七条创新法则发起了其野心勃勃的行动计划。这七条法则是,"吸纳具有不同文化背景的创新人才、驶向蓝海市场、以客户为中心、实践破坏性创新、培养开放式创新、探索全方位创新、创建创新型的企业文化"。

资料来源:屈丽丽. 乐高:如何进行可持续创新? 中国经营网,2020-10-24.

根据创业机会的核心特征,可以建立一个坐标轴,纵向为市场层面特征,横向为产品层面特征。为了方便分析问题,将市场层面的优势和产品层面的优势分别分为强弱两种,如图3-5所示。这样,创业机会可以大致分为四类,对应图中的四个象限。

尽管这里直观地将创业机会分为四种类型,然而,在实践中,它们的应用程度各不相同。I型的创业机会市场优势和产品优势俱强,创业者可能面对的是一个全新的具备高度成长性的市场,产品也拥有非常先进的技术特性。一旦选择开发这一创业机会,创业者几乎不用在战略分析和市场开拓上下更多的功夫,企业很容易就能够获得较大的发展。然而,这样的机会常常转瞬即逝,大量的市场追随者使市场优势不再,或者是技术的飞速发展

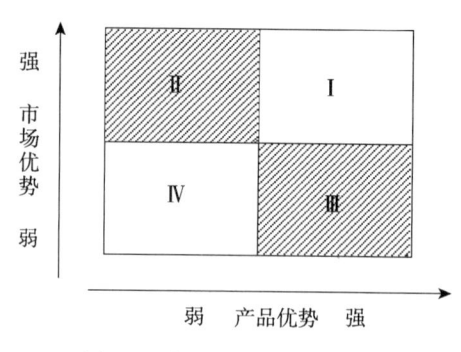

图 3-5　创业机会的四种类型

使原有的技术优势被他人赶上，这一机会也从Ⅰ型演变成Ⅱ、Ⅲ型甚至是Ⅳ型的创业机会。

Ⅳ型的机会在市场和产品两个维度上都不具备优势，如果创业者发现自己所找到的创业机会属于这一类型，最好暂缓创业，等待市场进化或者技术发展到一定程度之后再开发创业机会。

因此，实践中的创业机会常常是Ⅱ型或者Ⅲ型的，这些创业机会往往在某一方面具备非常强的优势，而在另一些方面则略有不足，这就需要创业者有针对性地制定机会开发方案，使创业机会能够最大可能地成长。

3.2.2　创业机会的外围特征

创业机会的外围特征是创业机会得以开发的必备条件。虽然创业机会的核心特征非常重要，但是不可脱离外围特征独立存在。缺乏必要的外围特征，核心特征即使再吸引人，也会因为缺乏必要的资源而无法实施创业活动。创业机会的外围特征可以分为两个方面。

1. 创业机会的支持要素

这是创业者或者创业团队能够有效开发创业机会的支持条件。只有具备这些支持要素，创业者才可能选择创业，在创业成长中，创业机会才得以开发。在创业活动中，特别是创业初期，影响创业机会有效开发的支持要素主要包括创业团队、创业资源和商业模式，在创业机会评估中，应当考察这些要素是否有利于创业成长。

（1）创业团队要素。创业团队是支持创业机会开发的人的因素。例如，尽管某一创业机会的产品/市场特征决定了企业当前应当主要致力于产品研发，但是创业团队中却缺乏相应的技术人员，这种开发策略就难以实施。因此，在分析创业团队要素时，创业者需要从以下几个方面思考：

➢ 为了能够开发创业机会，创业者能够组织起一支怎样的创业团队？
➢ 这一团队内部的分工将会是怎样的？
➢ 团队成员如何进行合作？
➢ 他们是否拥有统一的创业目标？
➢ 是否拥有合适的人选以保证创业机会的未来开发方案实施到位？

只有在人员能够充分配置到位，并且分工明确、权责分明的情况下，人的支持因素才基本符合创业机会的发展需要。

（2）创业资源要素。资源要素是支持创业机会开发的物的因素。企业的创立、创业初期的市场开拓活动，都极为需要各种资源，这些资源不仅包括资金，更主要的是市场的认可程度、必要的市场信息、与客户和供应商的联系等多元化的资源，缺乏这些资源，企业将会举步维艰。因此，在分析创业资源要素时，创业者需要从以下几个方面思考：

> 为了实施创业活动，资金的来源主要有哪些方面？
> 自己能够在多大程度上投入个人积蓄？
> 企业搭建以后，创业者又当通过什么渠道获取新的资源？
> 在企业内部，资源将如何使用以发挥最大效用？
> 如果资源迟迟不能配置到位，企业能够坚持多久？

创业者只有充分考虑了企业的资源获取方式以及获取可能，并且能够实施最优的资源配置方案，物的支持因素才基本符合创业机会的发展需要。

（3）商业模式要素。这一要素是支持创业机会开发的计划因素。商业模式可以让创业者对未来的经营规划有一个全面的定位。企业如何开展产品研发活动，如何在市场上与潜在的竞争者展开竞争，都需要商业模式予以指导。缺乏明确而且可行的商业模式，创业活动将会付出很多不必要的成本，成长缓慢，甚至容易夭折。因此，在分析商业模式要素时，创业者需要从以下几个方面思考：

> 创业机会的主要发展方向是怎样的？
> 影响创业机会发展的主要因素有哪些？
> 为了处理这些因素，创业者应当如何经营企业？
> 在操作的细节层面，创业者如何具体完成创业机会的开发和产品的销售？
> 当市场发生变化时，创业者将如何进行调整？

只有当创业者对于未来的经营规划有清晰、细致的设想之后，计划方面的支持因素才基本符合创业机会的发展需要。

2. 创业机会的成长预期

创业机会外围特征的第二个方面是创业机会的成长预期。成长预期是创业者对于创业机会潜在价值的最终判断。创业者应当积极设想企业创建之后所能够实现的发展目标。如果创业者决心吸收风险投资，就必须设想投资能否顺利收获，以及具体的收获方式。只有符合创业者心中的标准，创业机会才能真正付诸行动。另外，由于创业过程的伦理属性，在创业机会识别部分，尤其需要关注创业机会可能带来的伦理问题。因此，创业者可以从以下几个方面考虑：

> 创业机会的可能盈利情况如何？
> 创业机会的未来盈利空间是否具有可拓展性和成长性？
> 创业机会未来可以给投资者（如果存在的话）带来什么回报？
> 创业机会的开发是否存在伦理方面的不足？

只有对创业机会的核心特征以及外围特征进行综合考虑，才

扩展阅读 3.2 Timmons 创业机会识别指标框架

能做出对于创业机会的综合评价。这两个层次的评价指标也构成了一个综合的创业机会识别和评价指标框架，如图 3-6 所示。

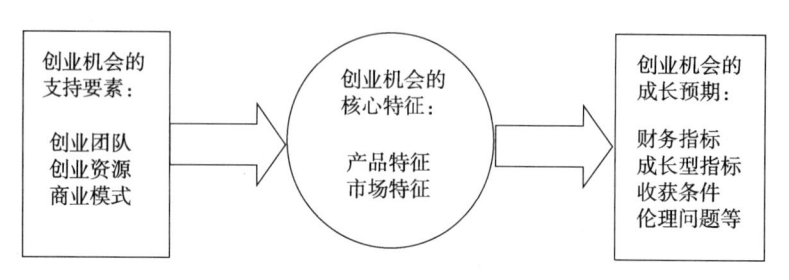

图 3-6　创业机会识别和评价指标框架

3.3　创业机会识别过程

创业过程的前期准备工作开始于创业者对创业机会的识别和把握。创业者从若干创意中选择了心目中的创业机会，随之不断持续开发这一机会，使之成为真正的企业，直至最终收获成功。这一过程中，机会的潜在预期价值以及创业者的自身能力得到反复的权衡，创业者对创业机会的战略定位也越来越明确，这是一个动态反复的过程。

3.3.1　创业机会的识别

在最初的识别阶段，创业者对整个经济系统中可能产生的创意展开搜索，通过对整体的市场环境及一般的行业分析来识别是否存在值得一试的创业机会。为了形成对机会的系统性识别，通常按机会搜索以及机会调查两个步骤进行。

1. 机会搜索

一些创业者可能更喜欢独自搜寻相关信息，寻找创意。事实上，通过多人共同参谋的方式协助机会搜索往往能取得更好的效果。因为不同背景和不同知识结构的人对于同一条信息会从各自的角度给予分析和评论，这些评论对于创业者来说是非常宝贵的。因此，创业者在搜寻创意时，应当寻找一些志同道合的朋友，或者找到一些相关领域的专家，共同讨论备选的创业机会。为了使这种发散性的讨论方式效果更佳，在机会搜索中可以部分借鉴头脑风暴法。

成功的头脑风暴法拥有一些通行的法则，例如：

庭外判决原则。对各种意见、方案的评判必须放到最后阶段，此前不能对别人的意见提出批评和评价。认真对待任何一种设想，而不管其是否适当和可行。

欢迎各抒己见，自由鸣放。创造一种自由的气氛，鼓励参加者提出各种荒诞的想法。

追求数量。意见越多，产生好意见的可能性越大。

探索取长补短和改进办法。除提出自己的意见外，也应鼓励参加者对他人已经提出的设想进行补充、改进和综合。

这些法则对于创业机会的讨论有很大的借鉴意义。在讨论时，创业者首先集中几个合适的讨论对象召开非正式的专题会议，并以明确的方式向所有参与者阐明问题，由讨论者自由地提出各自的想法，鼓励互相争论。在讨论主体尽可能地参与之下，某个模糊的创业机会会越来越清晰。

一旦讨论者形成了初步的共识，如对某一机会均表示一定程度的认可，就需要创业者引导大家共同对其进一步讨论，提出创业机会开发方案，并且鼓励讨论者共同讨论、补充，以形成一个完整细致的方案。

2. 机会调查

在这一步骤中，创业者需要进行必要的市场调查。虽然在机会搜索中，或通过创意分析，或通过朋友、专家的讨论，创业者对于创业机会已经有一定的认识，但是这些认识往往是感性的，缺乏理性的分析，特别是关于市场状况和顾客需求的真实资料。作为一项重大的个人发展决定，创业活动必须有真实客观的资料作为行动依据。如果只是凭着热情和冲动就决定创业，创业活动的风险就会大大上升。成功的创业活动必须做好充分的准备，才可付诸实施。

在机会调查中，创业者必须有计划、有目的地运用一定的手段和方法，对有关市场状况和客户需求进行资料收集整理和分析研究，进而做出描述、解释和提出对策。如果资源状况许可，创业者可以委托专业的调查公司或者咨询公司完成这一工作。但是在很多情况下，自己亲自完成市场调查更具意义——创业者可以获得对于目标市场更为直观的认识。在很多调查中，调查者通常需要与调查目标面对面完成访谈，这是非常宝贵的了解客户真实想法的机会。因此，在时间和精力允许的情况下，创业者应当尽可能亲自完成有针对性的市场调研。

不论采取何种调研形式，为了获知消费者对于创业机会的认可程度，一份有针对性的调查问卷是必要的。一份条理清晰的问卷甚至可以帮助创业者厘清思路，将创业设想进一步细化。即使在面谈式的调查中，问卷也可以给予创业者一份清晰周到的访谈提纲。在问卷中，创业者可以设置一些关于客户对于将要开发的产品的态度量表，也可以请客户填写一些开放式的问卷，请他们自由地写下对于产品的设想，这些资料都会对创业活动产生非常直接的影响。

通常的调查方法包括访谈法、问卷法、观察法三类。

访谈法是由访谈者根据调查研究所确定的要求与目的，按照访谈提纲或问卷，通过个别访问或集体交谈的方式，系统而有计划地收集资料的一种调查方法。访谈法包括面对面的口头交流、电话访问、网上交流等方式。创业者应当准备必要的访谈提纲（调查问卷），与受访谈对象进行交流，同时做好录音，以便事后记录和检查。相对而言，访谈的调查方法更为灵活，创业者可以根据对方的反应灵活地调整调查问题，以获得所欲知的答案，但是这样做的时间成本较高，如果需要调查较多的潜在客户，可能时间上无法保证。

问卷法是调查者运用统一设计的问卷向被选取的调查对象了解情况或征询意见的调查方法。问卷可以通过人员上门发放、报刊附送、电子邮件发送和邮政发送等方式送出。问卷法的优点是可以进行较大规模的市场调查。根据统计学的基本原理，要想分析结果有效,样本的规模需要达到一定标准。因此,问卷法所获取的较大规模调研结果,可以提供关于市场信息和客户需求的有效数据。问卷法在实践中应用得非常广泛。创业者应当积极采用这一方法,为创业活动搜集充分的资料。

观察法是调查者有目的、有计划地运用自己的感觉器官和辅助工具,了解受调查对象的自然状态的调查方法。对市场客观环境、消费者购买行为进行调查时,这一方法特别有效。观察法有助于创业者收集到真实可靠的资料,避免其他调查方法中可能受到的被调查者的主观态度的影响。观察法的良好实施,需要创业者尽可能不参与到调研对象的活动中,通过一定的方式真实地记录调研过程,这样才能保证调查结果的真实性和参考价值。实践中,观察法通常结合其他调查方法共同使用。

对于机会调查的结果,创业者应当积极运用统计分析原理对市场需求的数量特征及客户需求状况、影响因素等方面进行分析,检验自己之前对于市场需求的判断是否合理准确。这一分析是创业机会识别和评价的有效基础。

3.3.2 创业机会的评价

在创业机会评价阶段,创业者需要根据已有的资料进行分析,以得到综合评价结论。创业机会的评价并非简单地对第二部分中所提到的各个指标进行分析然后直接加总——这是一种静态的创业机会识别,创业者仅从一个静态的截面分析创业机会的特征,进而判断创业机会的价值。显然,这种静态的观点不足以反映真实的创业机会识别过程。

在创业机会评价中,创业者首先要对创业机会的核心特征作出评价,其依据是与创业伙伴、专业人士的讨论结果,以及市场调查分析的结论。通过详细的比较分析,应当对于创业机会在市场层面和产品层面的具体特征进行反复推敲直至确定。基于各个不同维度特征的分析,创业者首先需要判断创业机会属于图3-5中的哪一个象限,进而分析其市场层面的优势或者产品层面的优势具体体现在哪些方面。

在评价了核心特征之后,创业者需要根据核心特征的具体表现初步设计合适的成长规划。不同成长性的创业机会的市场开拓方案必然存在一定差异,同样,产品独特程度不同的创业机会也需要不同的产品战略与之匹配。因此,在这一步骤中,创业者需要积极借鉴战略分析、组织分析等工具,为创业机会制订成长规划。

此时,创业者应当开始考察可能的创业机会支持要素。结合创业团队、创业资源、商业模式等方面的因素,创业者需要分析创业机会的成长规划是否可行,即创业机会的成长规划和现有条件之间是否存在矛盾;基于现有的支持要素,成长规划是否需要调整,是否应当暂行等待,直至创业者进一步获取充分的支持要素之后,再考虑创业机会的开发。

基于上述分析,创业者最终应当得到创业机会的成长预期。如果能够实现较良好的成长预期,符合创业者的价值创造要求,那么可以选择该创业机会实施创业活动,否则就应当重新思考创业机会的定位和评价问题。这一步骤的最后阶段是将成长预期分析反馈于核心特征评价,特别是当成长预期不佳的时候,创业者需要回过头思考创业机会的核心特征评价是否到位,抑或放弃该机会,重新搜索其他创业机会。

创业机会识别过程如图3-7所示。

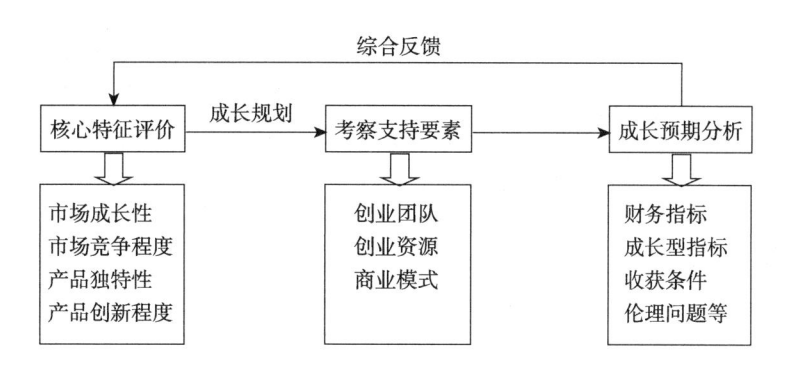

```
                          综合反馈
        ┌──────────────────────────────────────┐
        │          成长规划                      │
   核心特征评价  ────────→  考察支持要素  ────────→  成长预期分析
        │                    │                    │
        ↓                    ↓                    ↓
   ┌─────────┐          ┌─────────┐          ┌─────────┐
   │市场成长性 │          │创业团队  │          │财务指标  │
   │市场竞争程度│         │创业资源  │          │成长型指标│
   │产品独特性 │          │商业模式  │          │收获条件  │
   │产品创新程度│         │          │          │伦理问题等│
   └─────────┘          └─────────┘          └─────────┘
```

图 3-7　创业机会识别过程

需要注意的是，在机会搜索步骤中，我们强调了共同讨论、共同决策的优点。事实上，在创业机会识别的后续阶段，这一方式仍然是极为有效的。如果可能的话，创业者应当让创业伙伴，甚至潜在的投资者尽可能参与到机会调查、机会评价中来。通过集体讨论分析，不会造成太大的分析误差，所得出的结论也更为客观，用于指导创业实践则不会出太大的问题。

在其他一些研究中，创业机会识别和创业机会评价是共同存在的，创业者在对创业机会进行识别时也有意无意地进行评价活动。在它们的分析框架中，创业机会识别和创业机会评价并非完全割裂的两个概念，创业者在创业机会开发中的每一步都需要进行评估：在创业机会识别的初始阶段，创业者可以非正式地调查市场的需求、所需资源等因素，直到断定这个创业机会值得进一步开发；在创业机会开发的后期，这种评价变得较为规范，并且主要集中于考察已有资源的特定组合是否能够创造出足够的商业价值。

创业机会评价演习——智慧门禁创业项目

《2019 年中国智慧社区行业市场前景及投资研究报告》指出，中国当前有 7.9 亿城镇人口，16.44 万个社区，智慧社区市场规模将继续增长，2020 年后智慧社区市场规模将突破 5000 亿元。2019 年，根据住房和城乡建设部发布的数据，全国待改造的老旧小区数量达 17 万个。而老旧小区向智慧社区改造涉及的智慧安防蕴藏着巨大的商机，谁先窥得谁就先一步把握住了社区流量，把握住了财富密码。智慧社区建设、老旧小区改造为智慧社区，这是一个千亿级的蓝海市场。

而在这场智慧社区建设过程中，有一家企业就抢占了先机，这家名叫联掌门户网络科技有限公司（以下简称"联掌门户"）的新型物联网平台企业，专注研究智慧门禁，并在智慧社区建设中崭露头角。2014 年，联掌门户创始人张安东在日常生活观察中发现，现代化小区都配备门禁系统，它作为小区安全守卫的第一道关卡显得尤为重要。但安装门禁的小区同样面临一些困扰，外卖小哥、推销员、快递员等进出小区来往无阻，给小区住户埋下了安全隐患。张安东盘算，有没有其他更为安全的技术手段可以替代门禁系统？

经过一番考察，2014 年 9 月，张安东找到了答案，并和团队创立了厦门联掌网络有限公司。同年，"联掌门户"这款基于移动互联网的视频对讲产品应运而生。该产品利用楼宇可视对讲门口机的专属位置，将互联网视屏广告机与可对讲门口机合二为一，获取社区互联网应用关键资源。联掌门户通过为社区大门/单元门免费安装智慧门禁，通过一个个小小的电子屏，让住户出行更方便，让社区管理更智慧。一块屏幕"打"天下。联掌门户包含一块智慧门禁大屏和一块手机 App 小屏，通过为社区免费安装门禁智慧屏设备，让住户下载联掌门户 App，住户轻松实现可视对讲、远程开门等免费服务。在帮物业提高管理效率、提高社区档次的同时，轻松锁定社区稳定用户。

联掌门户的智慧门禁大屏与手机 App 小屏不仅会每日推送广告，手机 App 小屏还能一键实时购买，大小屏之间还能实现双屏联动、跨屏导流。这样，在住户进出社区每一次的开门过程中，联掌门户便轻松获得线下社区数据流量，实现"大屏广告收益+小屏(手机)广告收益+小屏点击广告购买分润"三重收益。"我们之前做过一个统计，一个门禁屏平均覆盖 40 户，按每户 3 人计算，相当于 120 个人，120 个人用手机 App 开门，平均一块门禁屏，就可免费获得 120 个用户手机屏，这 120 个用户手机屏就是 120 个流量。"联掌门户相关负责人介绍，通过千人千面的大数据计算，将广告推送到每个下载联掌门户 App 的用户手中，实现流量变现。

扩展阅读 3.3 千亿市场下的商机 —"屏"开启智慧社区新模式

随着市场政策红利的进一步释放、资金的大量投入，智慧城市产业迎来新的发展高潮。联掌门户也迅速发力，7 年时间里，在 40 余个城市的 2700 余个小区实现了 3 万台设备投放，覆盖 159 万个家庭。不仅帮 2700 余个小区实现了封闭式管理，大幅度提升业主的安全感和满意度，为智慧社区、智慧城市建设交出一份完美答卷，也带来了巨大的广告收益，2019 年全年广告营收 8018 万元，2020 年即便遭遇特殊时期，全年广告营收也达 5600 余万元。

资料来源：千亿市场下的商机——"屏"开启智慧社区新模式. 消费日报网，2021-07-13.

3.4 本章总结

本章主要考察创业机会。在近期的创业研究中，越来越多的学者认识到，创业机会是创业过程的核心要素。因此，创业者开始创业旅程的同时，应当首先关注如何识别、评价、分析创业机会，为创业活动打好基础。显然，创业机会这一概念带有很多似是而非的内涵。在实践中，很多创业机会一开始不被看好，却能够创造出巨大的价值。相反，很多一开始就带着光环的创业机会却往往被实践证明是不可行的。因此，在创业机会识别上，创业者尤其要理性分析，充分借助科学分析工具，综合做出判断——虽然，我们无法找到最优的答案，却可以在很大程度上避免无谓的错误。

复习题

1. 试分析生活中你熟悉的某个创业项目的特征。
2. 讨论高科技创业活动中为了开发创业机会所需要进行的准备工作。

3. 就某一项产品的市场需求状况在校园里展开调查，分析调查结果。

即测即练

自学自测 扫描此码

本章案例

凹凸租车死里逃生

作为国内最大的 P2P 租车平台，2017 年 8 月 31 日，凹凸租车宣布完成 C+轮融资，由上海国际集团旗下的国和投资注资，融资金额未透露。此轮融资将用于产品服务升级以及城市扩张。凹凸租车成立三年多，业务已覆盖北京、上海、广州、深圳、南京、杭州等 48 个城市，注册用户突破 500 万个，注册车辆超过 30 万辆，车型逾万款，市场份额已经超过 70%。事实上，凹凸租车曾经艰难度日，不仅模式被主流投资人否定，手里的资源也一度十分匮乏，为何它能够逆势崛起？

凹凸租车是陈韦予和张文剑的二次创业，两人都从 To B 转型，他们想做一个真正有价值的 To C 平台。2013 年年底，凹凸租车正式立项。此前，两人于 2013 年第一季度去了美国硅谷调研，看了很多项目，在 Airbnb 订房的体验令陈韦予感触颇深。陈韦予捕捉到，共享是未来的趋势，因为资源有限，需求却在不断增长。房屋是家庭第一大资产，车是第二大资产，汽车共享或许在未来有巨大机会。陈韦予开始研究相关数据。据公安部交管局数据，2013 年，中国私家车保有量超过 8500 万辆，驾照持有人数为 2.8 亿，私家车保有量远远不能满足驾照持有人的需求。2015 年，中国汽车工业协会预测，10 年之后中国驾照持有人将达到 10 亿人。而中国道路的最大车辆容量是 3 亿辆，未来政府会在牌照限制上越来越严格。私家车保有量和驾照持有人的缺口将从 2 亿上升到 7 亿。陈韦予开始思考，未来怎么解决这么多人驾车的需求？陈韦予的假设是，8500 多万辆私家车中，如果 1%的人愿意共享，就有将近 100 万辆，"这一定是未来解决出行供给和需求矛盾的唯一办法"。

愿景看起来很美好，但当陈韦予真正开始做这件事的时候，首先就遭到了来自朋友、家人的质疑。他们认为，在中国共享不能成立，"车和老婆不外借"的观念根深蒂固，"拥有才有安全感"的价值观也很难打破。

但一组数据让陈韦予看到了变革的可能性。车主每辆车日均闲置高达 22 个小时，是极大的浪费。陈韦予自己有两辆车，一辆别克 GL8 上下班开，还有一辆红色吉普牧马人周六日出去玩时开。如果拿出来共享，一方面，私家车主通过共享闲置车辆可获取每月 3000 元以上的额外收益；另一方面，租客能以低于传统租车 30%~50%的价格租到心仪车辆。

"VC 们都疯了吗？不赚钱的生意为什么投钱，这么疯狂烧钱补贴？"作为局中人，张文剑很清楚，共享租车上演的血腥大战是不可持续的，但他知道，自己已经上了"贼船"。

2014年年初，凹凸成立之初，公司只有十几个人，创始人不够年轻、没有互联网基因，不被投资人看好，融资并不顺利。2014年，凹凸经历了融资困难，差点连工资都发不出来。张文剑有一次拿了三个投资意向书，竟没有一个投资人确定投钱，反而投了竞争对手。他压力很大，白天忙碌没时间，经常半夜给投资人打电话倾诉。同时，市场涌现出的多家北京同行受到资本热捧。2014年下半年，其他几家共享租车公司拿了很多钱，效仿滴滴大肆烧钱补贴。凹凸原本想慢慢教育市场，但被疯狂的资本乱了节奏。因为资金紧张，凹凸租车很长时间都是一门心思想怎么活下来。2014年5月上线之后，凹凸一直坚持死守上海。

一个小插曲是，在竞争对手的高歌猛进中，凹凸也经受不住诱惑而将触角伸向周边几个城市，但很快就收手了，因为扛不住花钱如流水。梁维弘说，退回上海这一步棋对凹凸来说非常重要。关键的是，凹凸看清了这门生意的核心在于匹配效率，而不在于有多少车、多少用户。陈韦予透露，P2P租车平台非常重要的指标是匹配效能，凹凸现在能达到90%以上。在陈韦予看来，共享租车的供给端不锁定，流程冗长复杂，一定要建立标准化服务，精细化运营是一个非常高的门槛。

凹凸跟竞争对手最大的不同是，建立全职车管家团队，让流程标准化，解决了车主和租客时空错配的问题。车管家会上门取车，按照标准流程交接好，然后送到租客那里。现在凹凸旗下有300多名全职车管家。在车主端，为了降低拒单率，陈韦予也进行了很多创新。比如，订单不直接发送到车主，而是由平台来调配。一旦车主拒单，马上从库里再调车。如果车主接单率高，排名就靠前，不断评分，做等级化管理。通过精细化运营，才会有更多更好的车主，他们能够接到更多更好的单，形成良性循环。

2014年10月，凹凸获经纬中国领投、策源创投跟投的千万美元A轮融资。那时凹凸仍然坚守上海，竞争对手已经拓展了四十几个城市。凹凸还是当时唯一的南方团队。经纬中国创投合伙人王华东只见了凹凸创始团队两次，就决定投资了。第一次是远程视频，第二次是见面，每次都聊了一个多小时。和其他竞品相比，王华东很看重团队对于产品运营的思考。两个创始人都有创办企业的经历，管理运营经验丰富。赢得王华东认可的关键因素，是团队的"精细化运营"策略，比如，建立了车管家服务壁垒，很少投广告，把钱都花在运营体系上。经纬中国的投资可以说给了凹凸一剂强心针。经纬中国后来成为凹凸创始团队之外最大的股东，在B轮跟投时罕见地增持了股份。

拿到融资后，凹凸的城市开拓速度仍然远远低于竞争对手。2014年年底，凹凸才开拓了杭州、南京，一共3个城市。2015年4月去了北京、深圳和广州。当年8月，业务覆盖12个城市，完成了全国布局。2015年11月，凹凸在资本寒冬拿到B轮融资，获中国太平洋保险、中信建投、赫斯特资本、常春藤资本、经纬中国及策源创投3亿元投资。这轮融资对凹凸很关键，此前大部分投资人都认为流量更重要，觉得凹凸会被烧死。"当时宣布后，大家都傻眼了。"陈韦予说，这一轮融资使凹凸租车拥有了改变共享租车格局的机会。2016年3月，凹凸在整个共享租车市场份额超过PP租车，成为行业老大。

凹凸租车最新一轮融资是来自国和投资的C+轮融资。国和投资董事总经理李莉表示，团队的热情、清晰的思路很打动她。在消费升级的背景下，共享租车未来的方向值得期待。但租车是低频需求，如何找到低成本获客渠道？凹凸与太平洋保险的合作打开了破局点，凹凸帮助后者推出出险代步车服务，增强保险客户的黏性；而保险公司可以将车险用户导流到凹凸平台。凹凸已经跟太平洋保险签了出险代步车的战略合作协议，拿下 2000 万张订单，未来还会陆续和人保、平安等其他保险公司合作。此举令王华东惊喜，"凹凸团队比我想象的更强悍，思路很广。凹凸进入代步车市场，此前没有人想过，共享租车公司可以尝试这个业务"。

张文剑表示，在共享租车和出险代步车业务领域，凹凸已经做到第一名。凹凸的车管家现在一天最多可以做到 14 次交易，客单价 800～1000 元，单人 GMV 一天近万元。2016 年 7 月，凹凸开始收取交易服务费，探索盈利模式，已经在多个城市实现盈利。张文剑透露，凹凸进去的第三个领域是分时租赁市场，以汽油车为主，暂时不考虑电动车。该项目已经开始组建独立团队，大概 10 月上线，将释放各种私家车的共享可能性。李莉认为，凹凸团队非常有拼劲，车管家、重运营积累下来的经验，可以用到分时租赁市场。

然而，分时租赁必然会与现有的共享租车业务产生竞争，张文剑坦言，"分时租赁项目的目标就是和凹凸租车相互残杀"，就像 OPPO 和 vivo、微信和 QQ 之间的竞争那样。走到今天，凹凸站在聚光灯下，但其实一路上都是煎熬、焦虑相伴。陈韦予直言："我们其实并不是一直是第一，一直是第二，非常痛苦。痛苦在于你的竞争对手融资钱比你多，永远比你早，同时资源也不在你这儿。我们也会对我们的模式、战略产生困惑。""无数次想放弃，但放弃了真的没办法面对自己，我是跑吐血还是会继续跑下去的人。创业也是这样，明天可能公司里所有人都会觉得这件事情没戏了，你是最后一个认为有戏的人，才有希望。"陈韦予说。

资料来源：杨倩，马吉英. 凹凸租车死里逃生[J]. 中国企业家，2017（10）：79-83.

思考题：
1. 凹凸租车诞生于什么样的市场环境？
2. 凹凸租车的创始人是如何发现这一创业机会的？
3. 凹凸租车的发展过程中面临怎样的机遇与挑战？

第 4 章

创业团队组建

好的创业团队该有几个共同创始人才"正确"？这没有神奇数字可言，但似乎两到四人是"甜蜜点"。组建创业团队时的最大错误是：不去思考公司所需的技能，而光想着该找身边的谁来合伙。两个问题能测试出来这个人是否该进入创业团队："如果没有他，我们还能有这家公司吗？""我们能不能找到跟他类似的人？"如果两个问题的答案都是 No，那么你已经找到了共同创始人；如果任何一个答案是 Yes，你不如聘用他作为早期员工。

一个创业团队的关键企业性格包括热情、决心、抗压力、韧性、敏捷度，以及好奇心。如果团队成员过去曾有一同工作的历史会更有帮助，但最重要的是相互尊重。最具挑战性的是信任，你必须信任共同创始人能付出、能做到他们承诺的事情，并且支持你。多数创业公司在团队合作上的失败，大多是因为共同创始人"还没学会走路就跑步"，在筹备公司阶段一起工作的时间太少，甚至没有在孵化公司的时期一起工作过，就直接开了公司。

每个人都有一些创意，但是能把创意转化成商业的，是创始团队的勇气、热情和韧性。

资料来源：史蒂夫·布兰克. 怎样建立伟大的创业团队[J]. 创业家，2013（9）：112-113.

【本章学习目的】

1. 了解创业者的基本特征。
2. 了解创业团队的组成规则。
3. 了解创业团队的组建过程。

对于高科技创业企业，最重要的是什么？第一是人，第二是人，第三还是人。当创业者终于做出了创业的决定后，此时最重要的任务就是建立起一个共同创业的团队。在硅谷流传着这样一个"规则"，由哈佛 MBA 和 MIT 的博士组成的二人创业团队几乎就是获得风险投资人青睐的保证。当然这只是一个故事而已，但是从中我们可以看到一个优质的创业团队对于高科技创业企业的重要性——技术、市场、融资等各个方面都需要有一流的合作伙伴，这样才能够成功。对于创业团队的理解要从创业者本身开始。我们首先介绍创业者的基本特征，在此基础上探讨如何围绕创业者构建合理有效的创业团队。

4.1 创业者

4.1.1 创业者与创业活动

在现有的创业研究中,对于创业者的关注一直是一个热点问题。研究人员一直关注这些问题:谁将成为创业者;为什么他们将选择创业;与不成功的创业者相比,成功的创业者有什么特征;等等。创业者是创业活动的核心,从开始的创业机会识别到创建新企业,以及后期的成长管理,创业者以及创业者所代表的创业团队是这一系列活动的组织者和执行者。创业者的个体特征,是推进创业活动的催化剂(Bygrave & Hofer, 1991)。这种个体特征能够在一定的环境下对人们的行为产生影响,甚至引导人们选择不同的环境(Stewart et al., 1998)进行行动。因此,创业者的个性特征可能是创业行为的先决者,对创业有着重要的导向作用。另外,即使面临同一种市场环境,也并非所有的人都能够抓住创业机会,实施创业活动,这也说明理解创业者的独特性对于创业研究极其必要。

对于特定的创业者来说,与创业活动关系紧密的个体特征主要分为客观特征和主观特征两个方面。创业者的客观特征基本上属于创业者先天就具备而后天无法改变的。这些特征与创业活动的关系并非简单的线性相关——我们不能直截了当地下结论:某一年龄段的创业者就一定比其他年龄段的创业者更成功。但是显然,出于一种普遍存在的好奇心理,当我们面对特定的创业者的时候,这些客观意义上的特征却往往是我们会首先关注的。相对而言,创业者的主观特性则是指创业者的一些处事风格和行动模式等。这些特征往往是后天逐步形成的。一般来说,个体的主观特征在短期内难以改变,但是从长期来看,通过个体的主观能动性以及一定的手段,可以得到适当的调整。

从个体特征之间的关系来看,创业者的主观特性在很大程度上受到其客观特征的影响。例如,不同年龄的创业者在心态、处事风格方面会有很大的差异。同时,他们都会对创业活动的组织和运作产生影响,例如,在创业机会识别的过程中,不同教育背景的人所关注的机会类型必然存在差别,风险承担意识不同的人对创业机会的评价也会存在差异。而创业活动的组织和运作方面的差异则最终导致创业成长的发展状况不同。

总体上看,创业者的个体特征与创业活动的关系如图 4-1 所示。

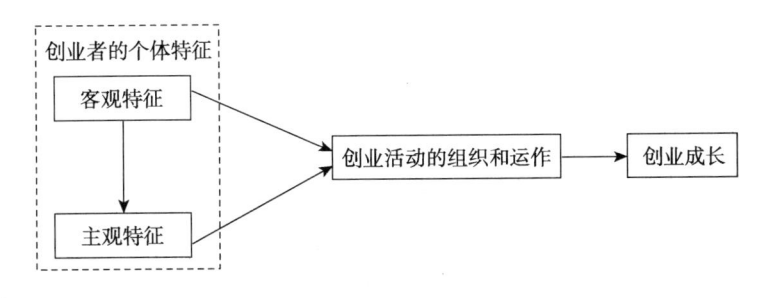

图 4-1 创业者的个体特征与创业活动的关系

扩展阅读 4.1 创业者必须具有的素质

在现有的研究中，关于创业者特征与创业成长关系的研究非常丰富，但是，其实证研究的结果令人困惑，存在很多不一致的地方。例如，一些研究可能发现拥有某些性格特征的创业者更容易成功，而另一些研究却没有发现这一结果，甚至有可能检验到相反的结论。尽管如此，这一领域还是受到了众多社会学、心理学、管理学研究人员的关注。当然，在现有的研究中，围绕创业者的讨论，基本上还是按照其客观特征和主观特征进行分类。

4.1.2 创业者的客观特征

我们主要从年龄、性别、教育背景、地理区域四个方面考察创业者的客观特征。

1. 年龄

创业者的年龄与创业能力可能存在一定的关系，创业者的年龄往往会影响创业者的社会经验和社会阅历。从这个意义来看，创业者年龄越大，在创业领域可能会越游刃有余。同时，年龄因素也会与创业的冲劲和激情相关，那么年轻人在这方面可能会略有优势。无论如何，在选择创业的时候，创业者应当适当考虑自己的年龄因素。一些研究表明，具有一定工作经验和社会阅历的中年人更倾向于投入机会型创业活动。年龄在 18~24 岁的创业者由于相当一部分生活来源仍然来自父母，不存在较大的生存压力，因此其中的机会型创业者数量也要高于生存型创业者。在更为年长的 45~54 岁的创业者中，为生存而创业的比例又明显高于为把握机会而创业的比例，反映出 45~54 岁的创业者作为家庭收入的主要来源，更多是因为生存压力而不得不创业。这些统计情况都反映出年龄因素可能在一定程度上影响创业的动机。

2. 性别

创业者的性别与创业活动之间的关系是创业领域的一个重要讨论话题，特别是关于男性创业者与女性创业者的对比分析。在最后一章中我们将专门讨论女性创业问题。从现有情况来看，近年来，女性创业活动的活跃程度较之前大为提升，但是整体来看女性创业的比例还是偏小。同时，在吸纳资源、开拓市场方面，女性创业也会遇到更多的困难。因此，相关部门对于女性创业问题也非常重视。一些地方政府针对有办企业能力和创业意向的下岗、失业女性，开办了创业者培训班，对资金有困难者帮助其申请再就业基金、贴息贷款，同时为女性创业者提供了政策咨询、市场营销、企业规划等一系列跟踪服务活动，这些都在一定程度上鼓励了女性创业。

3. 教育背景

关于教育背景的讨论可以分为两个方面，一方面是创业者的专业背景，不同专业背景的创业者对于不同行业领域的熟悉程度不一，这使创业者在选择特定的创业机会时更愿意考虑自己熟悉的领域；另一方面则是创业者的学历层次，不同学历层次的创业者在知识储备方面可能存在差异，不同的创业过程对学历层次也会提出一定的要求。例如，高科技创业活动可能更需要高学历的创业者，因为他们对企业技术研发活动的掌控能力更强。

4. 地理区域

关于地理区域的讨论可以从两个层面来看。第一个层面是城乡差别。认知城乡差别对于理解我国的创业活动有着特定的意义。由于传统意义上的城乡二元化发展，城市和农村之间存在很大的差异，来自农村的有志于创业的人所能掌控的资源更少，在开拓市场方面会遇到更大的困难，因此农村的创业活动活跃程度会比城市低很多。第二个层面主要体现在区域差别上，例如，通常都认为我国的东部地区创业活动活跃程度会大于中西部地区，这在很大程度上是由区域的社会经济和创业环境的差异所导致的。

近日，58同镇联合清华大学社会科学学院县域治理研究中心、社会与金融研究中心共同发布了《县域创业报告》，报告中刻画了县域返乡创业者、大学生创业者及企业特征。

在县域创业群体中，大学生创业者占比15.7%，近1/6。大学生创业者平均年龄34.4岁，其中60%以上年龄在35岁以下，男性创业者占比76.7%，已婚者占比76.7%，已育者占比68.2%。可见，成家有娃的男性大学生创业者因为有稳固的"大后方"，更容易放手一搏。此外，75.2%的大学生创业者家庭规模为3~6人，与非大学生群体无明显差异。

在大学生创业者中，返乡创业者的比例更低，流动次数也较低，平均流动2.7次，低于其他群体的3.3次。不过，58同镇数据显示，大学生群体在风险承担能力和对陌生人的信任水平上高于其他群体。这表明，在城市接受过高等教育的大学生群体对"陌生人"社会的接受度较高，对个人信用也有更高的共识，因此，大学生创业者更容易与"陌生人"做生意。

从大学生创业者偏爱的创业领域来看，报告显示，16.1%的大学生创业者选择了批发零售业，其次是教育业和信息传输、计算机服务和软件业，占比分别为13.9%、13.4%。

从创业时长和规模上看，大学生与非大学生创业群体并无显著差异。但在创业模式上，大学生创业群体展现出多元创业模式，其中，47.6%的大学生创业者选择家庭创业模式，占比明显低于非大学生创业者。此外，大学生合伙创业占比26.3%，有限责任公司、股份有限公司创业形式的占比分别为22.8%和3.2%，明显高于非大学生创业群体。

对于不同融资渠道，大学生创业者的信赖程度有所不同。其中，66.7%的大学生创业群体认为银行/信用社的融资渠道最可靠，而非大学生创业者更倾向于信任亲戚和生意伙伴。可见，大学生创业者更愿意从"陌生渠道"借款，而非大学生创业者更相信"熟人社会"的融资力量。

相比非大学生创业者，大学生创业者的绩效更高。报告显示，37.5%的大学生创业企业营业收入高于10万元，而只有26.7%的非大学生创业者达到这个营收水平。

通过发布《县域创业报告》，58同镇深入刻画了县域市场中返乡创业者和大学生创业者的特点，使县域创业者对自身有更清晰的认识，也有利于投资人加深对县域创业企业的了解。植根于下沉市场的58同镇，将依托大数据、站长网络等优势，为创业企业带来更多价值变现机会，也将全力以"服"地给下沉市场用户提供更简单美好的生活信息服务体验。

资料来源：58同镇与清华发布《县域创业报告》 返乡创业者抗风险力更强、大学生创业者偏爱银行融资. 资本论财经网，2020-06-22. http://www.cb.com.cn/index/show/gd/cv/cv1361015771497.

4.1.3 创业者的主观特征

相对于创业者的客观特征,创业者的主观特征是现有创业研究的热点问题,这也正是本章的讨论重点。对于创业者的个性特征的重新定义和整体认识可以深入创业成长的核心问题,对创业机会评价、创业团队构成、商业计划撰写、战略管理等大范围领域的研究都有重要的帮助(Stewart et al.,1998)。

为了对创业者的个性主观特征进行全面的总结,我们首先基于创业者与一般经理人的差异来分析创业者的基本特征,这是创业者特征中最为核心的部分;然后我们将从机会识别以及成长管理两个方面分析创业者的主观特征,这是创业者的主观特征在操作层面的应用。创业者主观特征分析框架如图4-2所示。

图 4-2 创业者主观特征分析框架

1. 创业者的基本特征

在现有研究中,创业者的基本特征是通过创业者和大企业中的经理人之间的对比得到的(Gartner,1985;Perry,1990;Greenberger & Sexton,1988)。这一比较也有助于充分揭示创业活动和一般企业经营管理活动的差异,从而深刻理解创业过程。我们认为,创业者与一般经理人的重大差异是由创业概念的三个维度特征所决定的。创业者的基本特征主要体现在成就感需要、风险承担倾向,以及创新偏好这三个方面。

(1)成就感需要。创业者和一般经理人有不同的需求偏好,而这种偏好正是影响其经营行为的基本要素。对成就感的高度需要使很多人选择创业来获得这种成就感。相较而言,经理人则倾向于获得权力而不是成就感。很多实证研究显示,创业者比经理人拥有更多的成就感动机(Begley & Boyd,1987;Carland & Carland,1991)。打工,是成就别人的成功,创业才完全属于自己,这个观念在一般经理人中较为普遍。贝恩管理顾问公司前中国总裁甄荣辉 2000 年放弃每年千万元的收入,与他人合伙创办无忧工作网。联想家用电脑 1+1 品牌的拓荒者许志平 1987 年加入联想,1998 年与他人合办世纪星空管理咨询公司。这样的例子数不胜数。正是出于成就感的需要,许多经理人甘于放弃舒适的生活,而选择创业。

(2)风险承担倾向。创业者和经理人都需要承担风险,但是创业者通常被认为需要承担更多的风险,因为创业者面临着更多的不确定性,并且最终承担决策的责任。大量的研究发现,创业者和一般经理人相比有高度的风险承担倾向,尤其是当面临业务开拓方面的风险时(Hull et al.,1980)。Colton 和 Udell(1976)认为,比起成就感动机,风险承担是识别创业者的更好指标。风险承担倾向意味着创业者能够知难而上,勇于担负创业的重任。

但是，风险承担并不代表无谓的冒风险，在创业过程中，创业者仍然要积极识别市场风险，规避不必要承担的风险。

（3）创新偏好。创造力和创新是创业中的天然属性，创新偏好是很容易识别的属于创业者的特征（Carland et al.，1984；Corman et al.，1988；Hornaday，1992）。很多实证研究关注创业者的创新行为，这些创新行为包括创业者在开发新产品、新工艺、新行业、新市场中的经营行为。在很多情况下，这些行为不是创业者应对市场竞争的被动行为，而是创业者发自内心愿意去实施的主动行为。比起大组织中的经理人，创业者更富有创新精神（Buttner & Gryskiewicz，1993），这一点已经成为共识。

从创业活动的发展来看，不同维度的基本特征意味着创业者在对应的创业维度上所能提供的推动力。因此，针对不同的创业项目，创业者可以发挥自身的特质，充分推动创业项目发展。回顾第 2 章我们所设置的创业三维模型，这一作用机制意味着，在创业者的经营和开发之下，创业项目的风险、创新及价值都得到不同程度的提升，创业项目的综合潜质也得以提升，其项目界面向右下方推进，如图 4-3 所示。

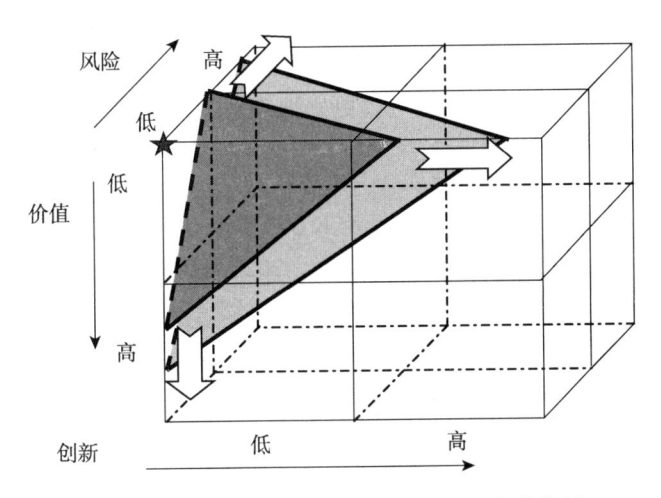

图 4-3　创业者的基本特征在创业过程中的作用

2. 创业者的个人特征与创业机会识别

在正式创立企业之前，创业者的主要工作是完成对创业机会的综合识别和评价。对于创业机会识别来说，最重要的影响因素来自创业者的主观因素。这是因为，从本质上说，创业机会识别是一种主观色彩相当浓厚的行为。事实上，即使某一创业机会已经表现出较好的预期价值，但是并非每个人都能投入机会开发中，并且坚持到最后的成功。因此，创业者的个人特征对于创业机会识别来说更为重要。我们认为，与创业机会识别相关的一些个人特征包括以下几个方面。

（1）警觉性。Krizner（1973）分析了警觉性对于创业机会识别的影响，Kaish 和 Gilal（1991）通过实证检验发现，创业者比一般的经理人更加渴望信息，更倾向于在信息的搜索上花更多的时间，搜索方式也有所不同。警觉性更强烈的创业者在搜寻创业机会方面拥有更强的优势，一些潜在盈利机会还未体现出吸引力就能够被创业者感知到，这就使创业者的可选机会更多,也更能够占据市场先机。缺乏警觉性的创业者往往要等到创业机会的各项特征都非常明确之后才会行动,而此时往往已经错过创业的最好时机。

(2)风险感知力。Keh等(2002)的实证研究发现,创业机会评价与创业者的风险感知力显著相关,而创业者的风险感知力又取决于创业者的自信、不依赖计划、渴求控制等因素。风险感知力有助于创业者恰如其分地分析创业机会的风险和收益,从而为创业机会评价提供必要的依据。在创业行动中,必要的风险感知力能够避免创业者采取高风险的行动,从而能够在一定程度上控制企业的经营风险。

(3)自信。Shaver 和 Scott(1991)指出,成功的创业者需要有执着的信念,能够坚持他们的事业直至最后成功。Krueger 和 Dickson(1994)的研究显示,创业者的自信能够增强他们对机会的感知。很多创业机会最初的盈利性并不显著,如果创业者缺乏信心的话,就会轻易地放弃这些机会。在很多情况下,创业者选择创业行动时,往往会遭到亲朋好友的劝阻,如果创业者缺乏足够的信心,也很容易在别人的劝阻下停步不前。因此,自信是创业者识别机会、创办企业的必要支持。

从创业实践来看,创业活动,特别是机会型创业活动,与创业人群的机会识别能力密切相关。因此,警觉性更强、更容易感知风险、更具备自信心的人群,可能更愿意主动去搜寻机会,进而实施创业活动。这也可以更好地理解为何我国部分区域内创业活动更为活跃。

据清科研究中心报告,虽然中企境内外上市节奏整体减缓,但境内 IPO 常态化趋势并未发生根本性改变,VC/PE 支持率持续攀升,2022 年第一季度,VC/PE 被投企业在境内上市的平均账面回报水平达到近 8 年来峰值。

随着政策不断通畅,企业上市的预期增强,价格也随之攀升,硬科技领域"天价"估值项目越来越多。资金能否进入?投资者如何应对硬科技项目投资周期长的难题?创业者该如何更好地获得资金?网易财经对话加尚资本创始人姚嘉对此进行了深度解读。

2022 年,姚嘉创立加尚资本,此前他曾任中科闻歌、秒针系统等多家公司首席财务官,主导公司融资工作,有着丰富的投融资经历,获得过 10 余次来自深创投、KPCB、红点投资、宽带资本、招银国际等知名投资机构的投资,融资总额超过 10 亿元人民币。

硬科技的投资是一项长期的投资。很多优秀的项目可能在一些特定的时间因为资金没有及时跟上而夭折,姚嘉认为,投资就要看创业团队是否具备综合能力。关于如何选择创业团队去投资,他谈到三点标准。

第一,起点非常重要,一个项目成功的基础是要站到巨人的肩膀之上,因为这种项目无论是人才团队的构成,还是所掌握的资源人脉,比起非常早期或者起点非常低的项目,都具有不可比拟的优势。

第二,要看它是否具备长期获得资金、人才、资源投入的能力。一个项目要成功需要持续不断的投入,一开始的热情如果没有持续的资本和人才加码,是很难长久的。

第三,要看综合能力,一个项目想要成功,如果只擅长做研发、营销、资本运作,可能不足以支撑它的成功,只有各方面能力齐头并进的公司,才最有可能在市场上有竞争力,才有机会得到各种最优资源的关注。

创业最重要的要素就是创业团队以及创业者。对于投资方来说，非常看重创业者是否具备企业家精神。姚嘉认为，这也是一种综合素质，创业者不一定需要具备非常强的专业知识，但一定要具备吸引人才、吸引资源、让更多社会资源向自己靠拢的能力，这才是一个企业能够成功的核心要素。

另外，创业者选择投资人，也是希望选择价值观跟自己契合的。一家投行在链接资本的同时，双方站到一条线上，并驾齐驱，方能共赢。

古犹太哲人莱维说："如果你想帮助一个人脱离淤泥，不要以为站在顶端、伸出援助之手就够了。你应该善始善终，亲身到淤泥里去，然后用一双有力的手抓住他，这样，你和他都将重新从淤泥中获得新生。"

姚嘉的理念是，"真正贴心的精品投行不仅是一个资源引入型的公司，更多的是做一个企业贴心的深度的财务顾问，帮创业者一揽子解决痛点，这样才能更好地为企业赋能"。

"精品投行虽然行业门槛不高，但需要有共同使命、愿景和价值观，"姚嘉说，"有梦想的企业才能长大，否则很有可能出现各种干扰导致你偏离初心，也没法凝聚更多的人。为了坚定的理想前进，才能成为一个有远大前景的企业。"

资料来源：加尚资本姚嘉："硬科技"创业需要的不仅是钱. 福建都市网，2022-05-10. http://www.cb.com.cn/index/show/gd/cv/cv1361607441494.

3. 创业者的个人特征与创业成长管理

创业者在创业成长中的作用主要体现在创业战略的制定上，这是由于战略的方向决定了创业成长的方向和绩效。在战略管理研究中，通常认为战略制定者制定并执行战略的主观方法对于战略的形成非常重要。在创业成长中，创业者通常较少采用正式的战略规划方案，他们的战略规划和执行过程更多地通过行动表现出来。这些非正式的战略决策过程反映了创业领导者的个性倾向，因此，理解创业者的主观偏好和行为倾向对于理解创业过程的发展方向非常重要。在新创企业成长过程中，与战略制定最为密切的特征包括以下几个方面。

（1）灵活性。心理学中，灵活性指的是个人的思想或者社会行为的调整能力。缺乏灵活性的创业者所领导的企业有时候会成为死板的官僚机构。这种组织的特征是高度集权化，组织运作依赖于正式的规章制度和程序，战略则极端不灵活，企业忽视环境的变化，痛恨承担风险。而灵活的创业者则恰恰相反，因为他们在不停地搜寻新的信息，所制定的战略会及时对环境作出反应，并且愿意承担可控的风险（Wissema et al.，1980）。在具体的战略选择上，Miller 等（1990）认为，灵活的组织领导者控制下的企业不大可能采用成本领先战略或者大范围的产品战略和广泛的多元化战略，因为这些战略需要复杂的过程控制以及规范的运作程序予以支持。

（2）成就感需要。高度需要成就感的人热衷于为自己选择挑战（McClelland，1965）。与缺乏成就感的人相比，他们偏好于解决问题而不是坐等结果，他们习惯于花时间考虑如何把事情做得更好。渴望成就的创业者将会追逐相对广泛的产品市场，以获得更多的发展机会，同时，对成就感越渴求，其战略越积极主动。对于成就感的高度需要意味着创业者更可能选择复杂化、极权化和正式化的企业结构。这种高度的正式化结构将会限制企业的

扩展阅读 4.2 一个人的"野蛮"战争

创新能力。一般认为，在一个相对稳定的环境，这一类型的创业者及其战略结构的成功率会比较高。

（3）控制欲望。所谓控制欲望是指一个人对于他所采用的行动是否能够改变现状的自我认知。高度持有控制欲望的创业者相信自己可以改变环境，他们在压力的环境中做得更好。在管理上，他们更多的是通过说服而不是强制力（Mitchell，Smyser & Weed，1975）。为了实现控制，他们更偏好共同参与的工作环境，更喜欢创新活动，更致力于为未来制订计划，以领先于他们的竞争者。在战略选择方面，拥有控制欲望的创业者更可能采用积极主动的战略，在产品导入方面，他们特别愿意采用复杂的产品创新战略，在产品创新方面花费更多的时间，并且推出更多的新产品。

创业者的主观特征总结如图 4-4 所示，供有志于创业的人进行参考。当然，这些性格特征与创业活动之间的关系并不是绝对的，在很多情况下，并不能说拥有某些主观特征的人实施创业就一定能成功。但是，在创业之前对自己的整体认识和正确评价却是必不可少的。

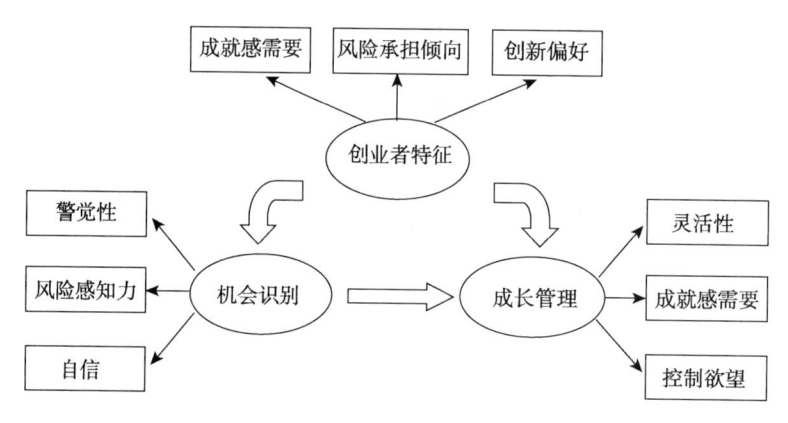

图 4-4 创业者的主观特征总结

4.2 创业团队

4.2.1 创业团队的概念

虽然有价值的创业机会和有进取心的创业者个体本身是创业活动的重要成功因素，但是不可否认的是，外部的支持对于高速成长的企业极其重要，因为创业者需要大量的资源，包括资金、设备、空间及信息等。为了有效吸收外部资源，以团队的形式来创业，凭借各个团队成员不同的背景、经验，以及社会关系，可以为创业活动带来多样化的资源，同时，团队成员也可以共同承担风险，降低企业失败的可能性。正是由于这些因素，现代创业活动已非一种纯粹追求个人英雄表现的行为，成功的创业个案大多与团队运作密切相关。许多调查显示，团队创业成功的概率要远远高于个人独自创业。因此，这里我们需要考察创业团队的特征以及与创业活动的关系。

不同的学者从不同的角度界定了创业团队（Team）的定义。Kamm 和 Nurick（1993）认为，一群人经过创意构想阶段后，决定共同创业并成立企业，这群人就是创业团队。Katezenbach 和 Smith（1993）认为，一个团队是由少数具有技能互补性的人所组成，他们认同于一个共同目标和一个能使他们彼此担负责任的程序。Lewis（1993）认为，团队是由一群认同并致力于去达成共同目标的人所组成的，这一群人相处愉快并乐于在一起工作，共同为达成高品质的结果而努力。Gaylen 等（1998）认为，创业团队指的是当企业成立时对企业有掌控力的人或是在营运前两年加入的管理成员，对企业没有所有权的雇员并不算在内。Mitsuko Hirata（2000）认为，创业团队的定义是那些全心投入企业创立过程，且共同分享创业的困难及乐趣的成员，他们的共同目标是全心全意让组织成长。

因此，根据不同学者的定义以及对于创业实践的考察，本书认为，创业团队就是围绕着核心创业者的一群创业伙伴，他们通过创业热情和一套权责分明的制度整合在一起，拥有共同的创业目标，同时，在创业中能够形成良好的优势互补，共同为实现创业的价值创造而努力。

从创业团队的定义可以看出，创业团队需具备五个重要的组成要素，由于其英文单词的首个字母都是 P，这五个要素也被称为 5P 模型（见图 4-5）。

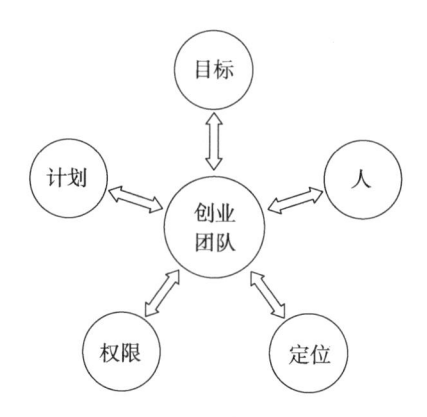

图 4-5　创业团队的 5P 模型

1. 目标（purpose）

创业团队的存在使创业活动中的各项事务依靠团队来运作而不是依靠个人英雄主义。创业团队应该有一个既定的创业目标，作为团队共同的奋斗理想。缺乏共同的目标会使团队没有凝聚力，即使团队能够为了解决生存问题暂时走到一起，一旦没有了生存的压力，团队成员就会发生分裂，这种分裂对于新创企业来说是致命的。因此，创业者在组建团队的时候，需要设定正确的目标，并且把这一目标积极地向其他成员传递。团队的共同目标也使团队成员相信他们处在一个命运共同体中，相信他们正在为企业的长远利益工作，正在成就一番事业，而不是把企业当作一个快速致富的工具。因此，团队成员追求的是最终的资本回报及带来的成就感，而不是当前的付出、收入和地位。

2. 人（people）

创业团队的构成是人。在新创企业中，人力资源是所有创业资源中最活跃、最重要的资源。创业的共同目标是通过人员来实现的，不同的人通过分工来共同完成创业团队的目标，所以人员的选择是创业团队建设中非常重要的一个部分，创业者应当充分考虑团队成员的能力、性格等方面的因素。当然，人本身也是感情动物，人与人之间可以信任，但也可能出现分歧。因此，在团队成员管理方面，不能像机械化管理一样僵硬，必须积极引导，用价值观和发展目标来凝聚团队成员。

3. 定位（place）

定位指的是创业团队中的具体成员在创业活动中扮演什么角色，也就是创业团队的分工定位问题。定位问题关系到每一个成员是否对自身的优劣势有清醒的认识。创业活动的成功推进，不仅需要企业寻找到合适的商机，同时也需要整个创业团队能够各司其职，并且形成一种良好的合力。因此，每个创业团队成员都应当对自身在团队中的位置有正确的定位，并且根据这种定位充分发挥能动性，推进创业成长。

4. 权限（power）

为了实现创业团队成员的良好合作，赋予每个成员一定的权力是必要的。我们在讨论创业者个体特征的时候，谈到了控制欲望，事实上，即使是团队成员，对于控制力的追求也是他们参与创业的一个重要原因。为了满足这一要求，需要分配权限给他们，以达到激励的效果。对于创业活动来说，其所面临的是更为动态多变的环境，管理事务也比较复杂，每个创业团队成员都需要承担较多的管理事务，客观上也需要创业团队成员有一定的权力，能够在特定的条件下进行决策。因此，权力的分配也有利于提高团队的运作效率。

5. 计划（plan）

计划是创业团队未来的发展规划，也是目标和定位的具体体现。在计划的帮助之下，创业团队能够有效制定短期目标和长期目标，能够提出目标的有效实施方案，以及实施过程的控制和调整措施。这里所讨论的计划可能尚未达到商业计划书那种复杂程度，但是，从团队的组建和发展过程来看，计划的指导作用自始至终都是存在的。

因此，为了充分推进创业过程，创业伙伴只有不断磨合，才能成为一个拥有共同目标、人员配置得当、定位清晰、权限分明、计划充分的团队。实际上，很多团队在组建的时候，经常用"试用期"来考察团队成员之间能否形成必要的默契，这就在很大程度上降低了团队组建的风险。

4.2.2 创业团队的分工

为了实现共同目标，创业团队需要具备各种各样的功能。创业团队成员不能是清一色的技术流成员，也不能全部是搞终端销售的，优秀的创业团队成员必须能够实现有效的分工，形成优势互补。

首先，创业团队成员必须有一个核心的创业者作为团队的领导者。这一领导者并不是单单由资金、技术、专利等因素决定的,他的领导地位往往来自创业伙伴在同窗或共事过程中发自内心的认可。在创业中,发现创业机会并且组织起团队成员的初始创业者,有可能成为核心领导者,但随着创业活动的进一步深入,如果他的素质无法跟上创业活动的发展,有可能出现新的取代者。

对于创业领导者,尤其需要具备本章第一节提出的基本特征:创新偏好、风险承担倾向、成就感需要。除此之外,创业领导者必须提高自身的组织协调能力。因为创业团队成员各有优势与个性,为了把他们整合在一起,这一领导者必须拥有较强的协调能力。同时,创业领导者还必须能够全面周到地分析公司面临的机遇与风险,考虑成本、投资、收益的构成及实现条件。

其次,创业团队中还需要能够有效进行内部整合的人,这个人能够把创业团队的战略规划往下推行。作为即将创立或者刚刚创立的企业,内部可能缺乏规范的组织制度和章程,员工的招募和管理、企业内部的生产和经营等方面内容,往往缺乏明确的规章制度予以指导,这种情况下,往往需要一个团队成员专门从事企业内部管理。很多夫妻创业团队往往是男方主外、女方主内。通常,男性较为有开拓意识,而女性较为细腻,这样能够形成较好的协调机制。

最后,在创业团队中,应当拥有一个专门从事市场销售、对外联系的成员。这些工作尤其需要独特的沟通联系能力,应当有专门的主管人员。为了有效推进市场开拓,该团队成员应当拥有相关领域的经验。因为市场开拓能力在很大程度上与过去的工作经历和社会阅历相关。新创企业能否快速打开市场,也与企业所拥有的社会关系密切相关,因此,创业团队应当积极吸收拥有良好工作经验和广泛社会关系的市场开发管理人员。

如果创业者所要建立的是一个技术类的创业公司,那么还应该有一个技术研发主管人员。对于高科技创业来说,创业者往往自身就是技术领域的佼佼者,他的创业活动往往是基于自己在实验室中开发出的项目。但是,在很多情况下,核心创业领导者不能兼任技术管理工作,因为核心领导者所关注的更多是企业战略层面的问题,而技术研发的问题更需要一位专业人士来专门管理。

当然,如果条件允许,这个创业团队还需要有人掌握必要的财务、法律、审计等方面的专业知识,开展这些方面的管理工作。虽然创业团队可以求助于外部的支持机构来完成财务、法律等方面的管理事务,但在很多情况下,创业团队需要自行处理这些问题,特别是在涉及企业内部机密的时候。因此,创业者也要有意识地吸收这方面的创业伙伴。

需要补充一点的是,在一个创业团队中,不能出现两个核心成员位置重复的情况。因为只要优势重复、职位重复,那么今后必然少不了有各种矛盾出现,甚至会导致整个创业团队散伙。

在创业团队里,首先应该确定的是团队领导者、产品(技术)经理、市场经理的角色。在角色安排的过程中,更多需要考虑的是根据团队人员的特长来安排,所以一个 IT 创业的团队需要有各种特点的人,因为在创业中需要考虑各方面的风险,而在面临这些问题的时候只有团队中成员各自的能力形成互补,才能够抵御基本的风险。

怎么更科学地对各个角色的工作性质进行一个合理的规划呢?Google 的 70—20—10

的原则,其实也是可以用在团队协作中的。

团队的领导者相比具体的执行者,通常是一种无为的工作,怎么说呢?团队的领导者70%的时间用在思考战略问题、组织各类资源、发现新的需求上面,这为团队充当了一个思想引擎的角色,必须腾出比团队其他人更多的时间和精力来思考和分析;20%的时间用在市场销售和研究上面,通过对自己企业模式的深入思考和认识,制订有效的市场方案;10%的时间安排在产品开发上,作为团队领导者,在产品开发方面应该做的是综合考虑商业模式、市场需求和用户使用感觉来对产品提出要求和问题、引导解决,而不是代替开发人员做产品分析和结论。

产品经理则应该把70%的时间放在利用技术来开发产品方面,在团队中肩负起技术开发的重担,这样可以避免团队领导者和市场人员在这块上面分流过多的心思;20%的时间用于思考了解、协调配合团队领导者对于整体战略的思维,合理安排开发的步骤和计划;10%的时间用于通过市场人员反馈的用户需求和使用感受来分析产品存在的问题,进一步改进产品的设计。

市场经理作为整体战略和产品推销的一线执行者,首先是要保证拥有不管什么都能卖的能力,70%的时间放在制订具体的产品推广战术、打通销售渠道和将产品转化为销售收入上面;20%的时间放在通过市场反应回馈给产品开发人员进行产品改造,使产品更符合用户需求和更加好卖方面;10%的时间用于给团队领导者做咨询、及时安排和调整整体的市场战略。

只有对各项工作进行合理的安排,使团队协作得到平衡,才能更好地提高整体的执行能力。

资料来源:陈知行. Web 2.0 创业 需要什么样的团队. http://blog.donews.com/yooye/archive/2006/03.aspx.

4.3 创业团队的组建和发展

4.3.1 创业团队组建过程

如何把创业团队组建起来?显然,这一问题没有任何现成的神奇公式。创业团队成员能够走到一起,取决于人与人之间的协调和投缘。尽管如此,为了打造一个有向心力的良好团队,创业者也可以适当遵循一些通行的步骤来组建创业团队。

1. 识别创业机会

创业机会的识别是整合创业团队的起点。创业者将要开发什么样的创业机会,直接关系创业者需要整合怎样的人才共同创业。如果创业机会的市场层面特征拥有充分的优势,创业活动的方向应当是积极推进市场开发,那么,创业者就更加需要整合这方面的人才共同创业。同样,如果创业机会的产品层面特征拥有更多的优势,创业者就需要寻找更多的技术人才共同推进产品开发。因此,为了组建创业团队,创业者需要首先关注创业机会的外围特征,也就是围绕着创业机会的核心特征,整合创业机会在人力资源方面的支持要素。

在此基础上，形成团队构建的目标。

2. 撰写商业计划书

在创业机会识别整合的基础上，创业者有必要撰写一份商业计划书（商业计划书的概念可以参见第 5 章）。撰写商业计划书的目的有两个方面，一方面，进一步使自己的思路清晰，同时对于自身的优劣势、已有的资源和下一步急需的资源或者急需开拓的方面有清晰的认识；另一方面，商业计划书也是一份吸引合作伙伴的正式合作意向说明书，依靠一份书面的计划书，想要加入创业团队的成员能够对创业机会、未来的发展目标有充分的了解，这样，在双方充分了解的基础上，合作相对容易进行。一份周到细致的商业计划书至少能够让合作伙伴感到创业者的热情以及对自己的尊重。

3. 寻找创业伙伴

通过创业机会的识别以及正式的商业计划书的撰写，创业者可以根据自己的情况，寻找那些能与自己形成优势互补的创业合作者。创业者可以通过媒体广告、亲戚朋友介绍、各种招商洽谈会、互联网等形式寻找自己的创业合作伙伴。

在选择创业伙伴时，创业者应当主要考察对方的人品和能力。当然，能力因素事实上难以直接观测到，因此，为了识别对方的能力，创业者将不得不从教育背景、工作经历等方面予以考察。也有一些学者认为，相对于能力而言，创业伙伴的人品更加重要，它是人们交往和合作的基础，也是决定一个人是否值得信任的前提。在创业团队中，一些需要关注的个人品德包括成员是否诚信、成员的行为和动机是否带有很强的私心、成员能否对集体忠诚、能否彼此坦诚相待等方面。

在实际中，很多创业团队的构成是亲戚朋友。这些人之间能够有较大的信任，在创业初期资源匮乏、企业事务繁多的情形下，他们能够迅速团结在一起。但是随着企业进一步壮大，依靠亲戚朋友构建起来的团队有可能会遇到一些权限不明、责任不清的问题，甚至由于发展目标和价值观念的不同，给企业带来致命的分裂风险。因此，在联合亲戚朋友构建创业团队时一定要谨慎处理，特别是在权、责、利等方面。

4. 落实合作方式

找到有创业意愿的创业者后，双方还需要就创业计划、股权分配等具体合作事宜进行深层次、多方位的全面沟通，落实创业团队成员的正式合作方式。在合作方式方面，首先要制定创业团队的管理规则，处理好团队成员之间的权力分配问题。团队创业管理规则的制定要有前瞻性和可操作性，不仅要考虑到在创业初期的管理细则，对于企业初步成长之后的情况也应当有所考虑。这样有利于维持团队的稳定，增强团队成员的凝聚力。

同时，创业者还要妥善处理创业团队内部的利益关系。虽然创业团队成员参与到创业活动的时候，大多了解企业资源匮乏的现实，在薪资方面也不会像加入大企业一样提出种种要求，但是创业者仍然要注重薪酬方面的激励，尤其是创业伙伴通过创业活动所能获得的成长机会以及与企业长期绩效相关的薪酬。从长远看，创业团队能否共同努力实现创业目标，本质上是基于物质方面的激励，依靠热情只能解决一时的问题，不会长久。

创业团队组建过程如图 4-6 所示。

```
识别创业机会 → 撰写商业计划书 → 寻找创业伙伴 → 落实合作方式
```

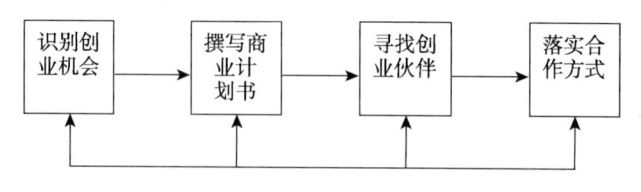

图 4-6　创业团队组建过程

"三只松鼠"创始人章燎原和他的团队的创业故事，正是改革开放大时代下奋斗者不懈创业创新创造的缩影和见证。"如果不是身在这个干事创业的好时代，'三只松鼠'的创业故事可能很难发生。"章燎原坦言。

章燎原只有中专学历，20世纪90年代出来"闯江湖"时不到20岁。他年轻时尝试过很多事情，后来就职于安徽一家农产品企业，从业务员一直做到董事总经理，把一个销售额不足400万元的小公司，打造成销售额近2亿元的当地知名品牌。2012年，在深耕坚果行业9年之后，他对这个传统的农产品行业有了更深的了解。"蓬勃发展的互联网唤醒了我的创业梦想——借助电子商务打造一个全国化的品牌。"

2012年"三只松鼠"股份有限公司刚成立的时候，5个年轻人租了一个民房创业，阵容看上去有些"寒酸"。谋于陋室，奠定了"三只松鼠"创新创业的底色。"在公司文化长廊上，悬挂着一张我们创业初期时的宿舍图片，它记录着创业起步时的艰辛，是全体'松鼠人'最宝贵的一笔财富。"郭广宇说。

创业公司的文化很大程度上是创始人的文化。章燎原及其团队的团结奋斗，为"三只松鼠"注入了干事创业的精气神，引领企业从小到大、从弱到强。2012年11月11日，"三只松鼠"的首个"双11"实现了766万元的销售额，创造了行业新纪录。火爆的销售却让三只松鼠遇到了发货危机。如果不能在约定时间发出包裹，天猫商铺将被强制关闭。

遭遇到创业以来最大的难关，怎么办？经过反复考虑，章燎原诚恳实在地发出公告，控制旗舰店销售量。同时，亲自加入发货队伍中，动员了全体员工，大家热情高涨地投入"发货之战"。"奋战了9天9夜，最终在11月19日发出了所有包裹。"回首当年事，章燎原历历在目。他告诉记者，7年来，三只松鼠筚路蓝缕、砥砺奋进，靠的正是这股能吃苦、肯奋斗的精神，逢山开路、遇水架桥，开拓出广阔市场。

目前，三只松鼠员工平均年龄只有25岁。在这样一个年轻的公司里，忠于信仰、勇于改变、做新时代的奋斗者等理念已深入每一位员工心底。"这正是社会主义核心价值观与企业文化碰撞出的火花，是新时代年轻人爱国、奋斗的必然选择。"章燎原表示。

通过基于品牌IP的新零售探索，"三只松鼠"从线上到线下，形成了"一主两翼三侧"的立体全渠道覆盖。"新零售是效率革命，三只松鼠的全渠道铺设，可以离消费者近一些、再近一些。"章燎原告诉记者，如今，三只松鼠产品的品类达到600多种，包括坚果、果干、肉脯、饼干等各类零食，相继推出文化衍生品、动画片、松鼠小镇，以跨界创新持续强化三只松鼠的品牌IP。"去年我们成立研发与创新中心，打造一个对接全国的研发、人才平台，进一步激发企业创新驱动力。"

在章燎原及其团队的带领下，三只松鼠正从电商品牌转型为数字化供应链平台企业，持续增强"造货+造体验"的核心能力，全面转型"线上造货、立体卖货"，逐步形成了"深耕产品+玩转全网+立足线上+赢在全国+沉淀能力"五位一体的新商业模式。去年"双 11",这家企业全渠道销售额达 6.82 亿元,同比增长 30.51%,再次刷新了由自己创造的行业纪录。

资料来源:鲍亮亮."三只松鼠"创始人章燎原和他的团队创新创业故事[N]. 安徽日报,2019-03-31.

4.3.2　创业团队相关问题

1. 创业团队规模

创业团队组建中所遇到的第一个问题就是创业团队规模应当有多大。实际上,很多创业团队的规模可能很小。例如,Roberts(1991)研究了大学实验室创立的新创企业之后发现,它们的团队平均拥有 2 个创业成员,极少有企业的团队成员达到 6 个以上。显然,如果为了满足功能齐全这一目标,创业团队的规模就应该更大一些。如果团队成员来自不同的背景,大规模的团队能够带来更多元化的信息、人脉、经验等方面的资源。然而,大规模的团队会面临程序效率问题,不同背景的个体从不同的角度看待问题,这可能会导致团队中的意见不一致问题难以调和(Pelled et al.,1999)。大规模的团队也带来了协调成本(West & Anderson,1996)和沟通的困难(Smith et al.,1994)。在需要快速制定决策的时候,团队成员之间往往难以取得一致的认识,这就会错过很多有利的市场机会。这些不同的观点都说明,创业团队的规模与创业活动的发展之间可能并非简单的线性相关关系(见图 4-7)。

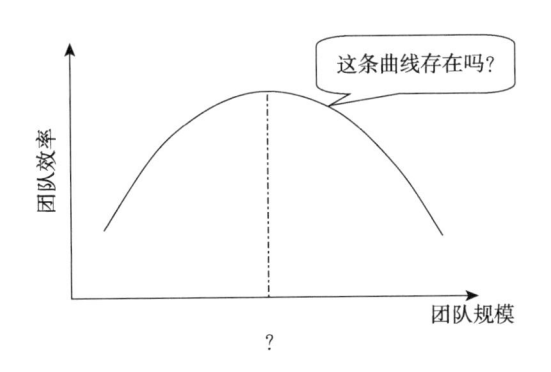

图 4-7　团队规模曲线

大型团队是不是往往因为具有"社会惰性"且缺乏协作而土崩瓦解?又或者是否根本就不存在一个神奇的数量,也就是承认团队的最佳人数是由任务和每个队员扮演的角色来决定?

沃顿商学院的管理学教授珍妮佛·S. 缪勒(Jennifer S. Mueller)的重点研究领域之一是团队规模,她和沃顿商学院的其他管理学家都认为,在组建一支有效团队时,它的规模并不一定是首先要考虑的事。

缪勒说:"第一,问清楚团队即将承担何种任务是很重要的。对此问题的回复将揭示你想聘用什么样的员工以及你在寻求何种类型的技能，其中有一项就是所需的协调能力。如果是销售团队，那只有在最后才能实现真正的协调。因为它全是单个个体的行为，人与人之间不存在相互依赖。相互依赖很重要，它是你衡量人际关系是否融洽的标准之一。""第二，人们在行动中需要运用哪些技能？这包括从工作方式到个人风格再到知识基础等，要确保这一切与任务相适合。""第三，你需要考虑团队规模。"

沃顿商学院的管理学教授凯瑟琳·J.克莱因（Katherine J. Klein）在一次访谈中承认，对于团队而言，每个人都很重要。"如果你们是两个成员，那是一个团队还是二元对等体？若是三个人，你会突然有机会进行权力斗争，比如二对一的角力。有些观点认为3人团队与2人团队截然不同，还有人认为偶数团队和奇数团队也有差异。我的直觉告诉我，当你们的团队达到8人或9人以上时，你会发现它臃肿麻烦、派系丛生。喜乎？忧乎？这些都由组织的任务而定。当人们感觉到当团队扩大时，就会显露出社会惰性，有人开始得过且过，做一天和尚撞一天钟。"

缪勒说："在规模大于5个人后，人们在团队中的拉力发生收益递减。但是除非缺乏动力或承担非强制性任务，否则人们不会愿意显露社会惰性。如果这个任务乏善可陈，他们更有可能显示惰性。如果你问经理这个问题，他们会说：'我正在为偷懒和搭便车的现象烦恼。'偷懒（社会惰性）指的是在群体背景下个人努力的减少，而搭便车则是理性的利己主义行为。如果一个人得不到什么激励，他会说：'我要搭便车'，即不会积极参与。以上两个概念很难区分，但是它们殊途同归。"

最佳团队规模究竟存在与否？缪勒再次总结说，这取决于任务。"如果你要一组打扫体育场的看门人，那就没有限制；30个人打扫的速度总比5个人快。"但如果公司处理的是协调任务和激励事宜，那么缪勒认为，答案是6个人。她说："5人或5人以上的组织内，工作动力逐渐消退。在第5个人后，你开始寻找自己的小圈子。有多少人在同一时刻各抒己见呢？5人及以上的组织更难管理。"

资料来源：团队多少人效率最高. http://www.wljy.gov.cn/Article_View.asp?id=1210.

事实上，可能很难得到一个统一的回答：究竟创业团队保持怎样的规模是最优的。可能一个合适的建议是：创业者不应当一开始就把团队规模的设置目标定得较高，创业者不妨从所能搜寻到的一到两个创业伙伴开始组建团队，除非创业者发现复杂的管理事务或者新的发展方向需要增添新的团队成员，否则，不应当主动考虑团队规模的扩张。从这个意义上说，存在最优的团队规模这一命题可能是一个伪命题。

2. 创业团队的多样性和互补性

创业团队组建中常常遇到的第二个问题是团队成员的多样化问题。创业者寻找团队成员的目的是弥补当前资源能力上的不足。考虑到创业目标与当前能力的差距，所吸收的新团队成员与创业者、现有成员之间应当存在较大的差异，这就带来了团队的多样化问题。良好的创业团队中，成员间的能力通常能形成良好的互补，而这种能力互补也有助于强化团队成员间彼此的合作。

由于每一个个体的主观特征难以直接观测，实际上，在考察团队成员的多样化状况时，往往是考察成员客观特征上的多样化。在创业团队成员的客观特征方面,一类多样化指标是围绕一些与团队任务没有直接相关的因素,例如,性别、年龄、区域,甚至是种族(在西方,由于种族歧视的存在,这一问题更为突出)等方面。

另一类多样化指标则是围绕与团队目标任务紧密相关的因素,如团队成员的教育背景、工作经验、工作经历等。相对而言,这些因素的多样化能够迅速提升团队的知识和经验,增加决策的全面性,从而有助于团队处理一些更为复杂的问题。

在这些多样化指标中,教育背景的多样化被很多学者所关注。在第1节的分析中,教育背景分为专业背景以及学历层次两个方面。一方面,创业团队成员的专业背景充分反映了其所拥有的知识和观点。例如,受到商业训练的个人可能更集中考察消费者的反应,而工程背景的个人更关注技术的专业化,这两种技能都有利于创业机会的开发,都应当成为创业团队必备的能力。另一方面,学历层次通常也与团队的工作方式密切相关。一些学者认为,学历层次较高的个体更关注概念上的技巧,而学历层次低一点的个体更关注实践技能。当然,这些技能对于创业过程都很必要。

《西游记》中的唐僧团队,虽然是虚拟的,但是师徒历经九九八十一难求取真经的故事,不仅家喻户晓,而且是中国文化的典型代表。这个团队最大的好处就是互补性,领导有权威、有目标,但能力差点;员工有能力,但是自我约束力差,目标不够明确,有时还会开小差。但是总的来看,这个团队是个非常成功的团队,虽然历经九九八十一难,但最后修成了正果。

唐僧是一个目标坚定、品德高尚的人,他受唐王之命,去西天求取真经,以普度众生,广播善缘。为什么唐僧能够担任西天取经大任的团队领导?关键在于唐僧有三大领导素质:第一,目标明确、善定愿景。唐僧从一开始,就为这个团队设定了西天取经的目标,而且历经磨难,从不动摇。第二,手握紧箍咒,以权制人。如果唐僧没有紧箍咒,估计早被孙悟空一棒打死,或者使唤不动他。这也是一个领导的必备技能,一定要树立自己的权威,没有权威,也就无法成为领导。第三,以情感人,以德化人。在中国文化的大背景下,中国人往往是做生意先交朋友,先认可人,再认可事,对事情的判断主观性比较大。所以在塑造团队精神的时候,领导一定要学会进行情感投资,要多与下属交流、沟通,关心团队成员的衣食住行,塑造一种家庭的氛围。

孙悟空可称得上是老板最喜欢的职业经理人。孙悟空有个性、有想法、执行力很强,也很敬业、重感情,懂得知恩图报,是个非常优秀的人才。但孙悟空这样的员工只能是一个好员工,不能成为一个好领导。孙悟空最大的乐趣是降妖伏魔,常说"抓几个妖怪玩玩",这是一种工作狂的表现。他不近女色、不恋钱财、不惧劳苦,在降妖伏魔中找到了无限的乐趣。但是他天性顽皮、直言不讳,经常把玉皇大帝、各大神仙都不放在眼里,注定无法成为一个卓越的领导。但作为一个团队的成员,有了唐僧,就不需要孙悟空有领导能力,否则唐僧的地位肯定要受到动摇。孙悟空的另外一个缺点就是爱卖弄,有了业绩就在别人面前显摆,而且得理不让人,这显然也影响了他继续发展的可能。

猪八戒是个什么样的员工?他虽然总是开小差,吃得多、做得少,时时不忘香食美女,但是在大是大非上,立场还是比较坚定的,从不向妖精退让妥协,打起妖怪来也不心慈手软；生活上能够随遇而安，工资待遇要求少，有吃的就行，容易满足，最后被佛祖封了个净坛使者，是个受用贡品的闲职，但他非常高兴，说"还是佛祖向着我"。更为重要的是，他是西天取经枯燥旅途的"开心果"，孙悟空不开心了，就拿他耍耍，有些脏累苦的活，都交给他，他虽有怨言，但能完成。如果没有猪八戒，这个旅途还真无聊。另外，猪八戒的另外一个优点就是对唐僧非常尊敬，孙悟空有不对的地方，他都直言不讳，从某种程度上也增强了唐僧作为领导的协调和管理作用。

沙和尚是个很好的管家，任劳任怨，心细如发。他经常站在悟空的一面说服唐僧，但当悟空有了不敬的言语，他又马上站出来斥责悟空，护卫师傅，可谓是忠心耿耿，企业对于这样的人，一定要给予恰当的位置，如行政、人事、质量管理、客户服务等方面。沙和尚是唐僧最信任的人，是老板的心腹，但属于那种忠诚但能力欠缺的人才，老板喜欢用，但如果重用、大用，就会出问题。许多企业和团队之所以失败，往往坏在沙僧这类角色上，因为是老板的心腹，他们就会得到相当大的权力，但由于能力有限，又无法担当重任，所以往往会造成企业的重大战略决策失误。

总的来说，唐僧团队之所以能取得如此辉煌的成就，关键在于这个团队的成员能够优势互补、目标统一，每个人都能发挥自己的效用，所以形成了一个越来越坚强的团队。

资料来源：刘春艳.《西游记》的团队建设研究[J]. 中国科技教育（理论版），2011(11).

3. 创业团队的协调性

创业团队成员之间的协调性对于团队效率非常重要。多样化的创业团队拥有企业所需要的丰富经验，如顾客经验、产品经验和创业经验等。但是，如果创业团队成员之间无法协调一致，甚至存在矛盾，那么这些多样化和互补性所带来的优势就不能充分发挥出来，甚至会给企业带来损害。

创业团队协调性的根本基石在于创业愿景与共同信念，只有拥有共同创业愿景的团队才有可能拥有协调性。因此，在创业团队组建和发展中，创业者需要提出一套能够凝聚人心的发展愿景与经营理念，形成企业内部共同的目标、语言、文化，作为互信与利益分享的基础。除了创业愿景的制定，创业者还必须在企业内部形成一整套结合愿景、理念、目标、文化、共同价值观的团队工作机制，使团队成员真正成为一个利益共同体。

对于拥有良好协调性的团队来说，团队是一体的，成败属于整体而非个人，成员能够同甘共苦，经营成果能够公开且合理地分享。每一位成员都将团队利益置于个人利益之上，因此团队中没有个人英雄主义。每一位成员的价值，表现为其对团队整体价值的贡献，成员愿意牺牲短期利益来换取长期的成功果实，而不计较短期薪资、福利、津贴，将利益分享放在成功之后。

扩展阅读 4.3 俞敏洪的创业团队

在增强团队协调性中，创业者还需要建立和维护创业团队成员之间的信任。信任是一种非常脆弱的心理状态，一旦产生裂痕就很难缝合，要消除不信任及其带来的影响往往要付出巨大的代价，所以防止不信任比增强信任更加重要。创业者应当从防微杜渐做起，团队工作中出现一点小问题就应尽力解决，而不应该等到问题越积越多难以处理之后再来收拾烂摊子。

当然，创业团队的相互协调、形成"1+1＞2"合力的过程并非一蹴而就，往往是在新企业发展过程中才能逐渐孕育形成完美组合的创业团队。在这一过程中，创业成员也可能由于理念不合等原因不断调整和替换。尽管如此，创业者必须把团队的良好协调性作为重要的团队建设目标，以最大限度地发挥团队的作用。同时，这也是对创业者组织能力和协调能力的考验。

4.4 本章总结

本章首先介绍了创业者的客观特征和主观特征，以及这些因素与创业成长之间的关系。在分析创业者个体特征之后，介绍了创业团队的构成和组建过程，同时，在团队运作中，创业者应当注意创业团队的规模、多样性、协调性等几个方面的问题。创业成长和团队成长是一个相辅相成的过程，创业者应当在团队成长中逐步提升创业活动的效率，同时，通过企业的成长反过来带动团队目标的实现以及每个团队个体的成长和成熟。

复习题

1. 创业者的主要特征包括哪些方面？你觉得自己是否拥有成为创业者的潜质？
2. 为了组建团队，创业者需要进行哪些方面的准备？
3. 讨论：当团队成员出现分歧时，创业者应当如何解决这一分歧？

即测即练

自学自测　扫描此码

本章案例

瑞幸咖啡内斗

瑞幸咖啡成立于 2017 年 6 月，核心创业团队来自原神州优车团队，总部位于福建厦门。瑞幸咖啡在经营模式上采用了新颖的"新零售"营销理念，融合线上线下渠道，运用大数据、人工智能等技术吸引消费者，满足消费者多样化的需求。与星巴克的高端路线不同，瑞幸更加强调性价比，将品牌愿景设定为"做每个人都喝得起的、喝得到的好咖啡"，精准定位用户群体为职场白领和年轻一代消费者。同时，瑞幸选择了一条"烧钱"路线投入资源并扩张门店，以近乎"白送"的方式吸引潜在消费者的进入，包括新用户注册可免费获得一杯咖啡、用户邀请新用户注册可同时获得免费咖啡等方式，迅速实现扩张。在品质上，瑞幸优选上等阿拉比卡豆，由 WBC 冠军团队操刀拼配，新鲜烘焙、新鲜现磨，保证咖啡的优良品质。在价格上，星巴克一杯咖啡的售价在 32～42 元，而将促销考虑在内，一杯瑞幸咖啡的售价在 16 元左右，便宜了超过一半，因此，在性价比上瑞幸咖啡无疑成功获得了大学生等年轻群体的青睐。

从 2017 年 10 月起，瑞幸仅用 4 个月的时间就将门店数目扩张超过 800 家；截至 2019 年年底，瑞幸直营门店达到 4507 家，成为中国最大的咖啡连锁品牌，实现了"在门店总数上超过 4500 家，在门店和杯量上全面超越星巴克"的目标，成为在中国线下店铺最多的咖啡品牌。仅用了 17 个月的时间，瑞幸咖啡于 2019 年 5 月在美国纳斯达克上市，融资 6.95 亿美元，打破了趣头条创下的中企赴美上市最短时间纪录，刷新了全球最快 IPO 纪录。截至 2020 年年底，瑞幸咖啡快取店占全部门店的比例超过 90%，且大部分集中在企业内部、写字楼和人流量大的地方，更贴近客户，与其平价咖啡的战略定位相契合。但这样的商业模式、盈利模式最终也为浑水公司发觉其财务舞弊埋下祸根。

瑞幸咖啡高速发展，一时成为网红饮品。在资本与市场的助推下，瑞幸咖啡谋划上市。2019 年 5 月瑞幸上市时，郭谨一出现在董事会名单中。2020 年年初，做空机构浑水指出瑞幸咖啡财务造假，成为瑞幸咖啡发展的转折点。同年 5 月，瑞幸前 CEO 钱治亚因参与财务造假被撤职后，郭谨一成为"救火队长"，暂任代理 CEO。随着瑞幸咖啡财务造假事件调查的深入，瑞幸咖啡董事会也面临调整。2020 年 7 月，瑞幸咖啡向美国证券交易委员会（SEC）提交的文件显示，任命原代理 CEO 郭谨一为新任 CEO 和董事长；陆正耀、刘二海、黎辉、邵孝恒出局，不再担任董事会成员。

作为创业伊始就跟随陆正耀的元老级人物，郭谨一在为瑞幸善后的过程中逐渐与其产生分歧。这一事件的最终结果是 2020 年 6 月 26 日晚发布的由瑞幸董事长陆正耀签发的文件，瑞幸将在 7 月 5 日在北京召开临时股东大会，表决议案包括免除邵孝恒等 4 人的（独立）董事职务，并增补 2 名独立董事。同时发出的另一份公告声称：董事会建议投票反对罢免邵孝恒的提议，因为邵孝恒目前担任特别委员会主席，这可能会干扰正在对董事会成员进行的内部调查。上述提及的特别委员会，是指瑞幸在审计发现 2019 年财报问题后成立的专门委员会，负责调查内部问题。正是由于特别委员会的初步调查，瑞幸财务造假的事情才会浮出水面。根据瑞幸此前的公告，特别委员会由 3 名独立董事组成，他们分别是邵孝恒、濮天若和庄伟元。其中，濮天若在 6 月 19 日由于个人原因已提交辞职信。如果陆正耀提出的表决议案通过，那邵孝恒也将离开，特别委员会将只剩下庄伟元 1 人。

不过，陆正耀的表决议案显然不会那么容易通过，董事会正试图在 7 月 5 日之前推翻陆正耀的"统治"。同一天发布的公告显示，在 7 月 5 日的临时股东大会召开前，瑞幸首先会在 7 月 2 日举行董事会会议，商讨罢免陆正耀董事长一职。值得一提的是，在这一份公告中，瑞幸的董事会/特别委员会似乎在暗示陆正耀曾参与财务造假一事，并且不配合调查。瑞幸内部主要分为两派，一派以陆正耀为首，另一派是以特别委员会为中心，仍在推动调查瑞幸财务造假事件。

7 月 2 日，瑞幸的董事会率先举行董事会会议，商议罢免陆正耀一事。根据公告中的措辞，大多数董事都同意罢免陆正耀。而到 7 月 5 日，根据陆正耀签发的文件，瑞幸将召开临时股东大会，表决议案包括免去他自己、邵孝恒、黎辉和刘二海等 4 人的（独立）董事职务，并增补 2 名独立董事。有接近瑞幸咖啡的人士向媒体表示，"陆正耀是大股东，他提名两个新独董然后自己离任，实际上对于陆正耀自己没什么影响。而4月财务造假曝出后推动调查的刘二海、邵孝恒及外部董事黎辉都被洗掉。"

此前，黎辉、刘二海和陆正耀曾被外界称为"铁三角"。黎辉和刘二海先后通过控制的资本参与了陆正耀旗下神州系和瑞幸咖啡的投资上市过程。公开资料显示：刘二海在君联资本、黎辉在华平资本时，两人所在的资本就曾投资过陆正耀实控的神州优车；在瑞幸咖啡成立后，刘二海实控的愉悦资本、黎辉实控的大钲资本都参与了瑞幸咖啡的前期融资。有知情人士向媒体表示，黎辉、刘二海在接到安永提交的瑞幸财务造假报告后，支持将结果公之于众，并支持邵孝恒领导独立调查委员会详查财务造假原委，这些均与陆正耀意见相左。红星资本局注意到，陆正耀提议增补的独立董事分别为曾颖和杨洁。从公布的履历来看，两人此前与瑞幸咖啡均未有交集。"从法律上来看，这些职务的罢免与否应该按照公司的章程来进行，外人不好判断，也不了解他们具体的情况。如果是按照章程进行的，产生争议的话，这种民事纠纷可以向法院起诉。"郝俊波告诉红星资本局。目前来看，即便双方意见相左，但一方借力董事会会议、一方借力临时股东大会，瑞幸咖啡最终的命运，或将由7月的这两场会议来决定。

最终，7月3日，瑞幸发布公告称，由于"罢免陆正耀董事长及董事身份"的议案未能得到三分之二及以上董事的同意，因此陆正耀将继续担任公司董事及董事长。然而，7月5日的股东大会正式宣告了陆正耀董事长一职的结束。2020年7月9日，随着英属维尔京群岛法院判决陆正耀在瑞幸的所有股份，包括家族基金全部遭到清算，他正式失去了对瑞幸的所有控制权。这也意味着，在瑞幸的世界里，陆正耀以最无法抵抗的方式出局了。

但是在离开瑞幸的日子里，陆正耀并没有一蹶不振，而是准备再度创业，这一次创业的视角落在了共享空间项目上。这类项目的操作手法，为消费者提供一个面积5平方米左右的智能小房间，按照分钟收费，既可以当作客厅，必备的家具一应俱全，也可以改造成如自习室、会议室、贵宾洽谈区、茶室等场所。房间里有空调、Wi-Fi、电视、桌游等，通过扫码进门的方式，消费者就可以拥有一个自己的独立空间。

但创业需要有人力、物力的支持。就像当初把神州系人马带到瑞幸一样，陆正耀想再度启用旧部。据知情人士透露，2020年12月30日，瑞幸咖啡厦门总部的300多位员工收到一个通知，他们需要进行工作的"换签"，将劳务关系转换到陆正耀的新公司中。从神州到瑞幸咖啡，还在一个控制人手中左右手转换，较为顺利。但从瑞幸咖啡再到陆正耀的创业项目，却并不简单。一方面，瑞幸咖啡在发展的过程中，吸收了很大一部分其他企业的优秀人才，陆正耀的号召力并不强；另一方面，从瑞幸去陆正耀的创业项目，相当于两个公司之间的跳槽，瑞幸已经不归属陆正耀，对此相当一部分人有顾虑。上述人士称，在瑞幸咖啡厦门总部员工收到通知的同时，在瑞幸爆发财务危机后临危受命的郭谨一也收到了这一消息，并在2020年12月31日飞到厦门稳定军心。跨年日的一场谈话，也打乱了陆正耀挖角的计划，挖角并未成功。或许此时，郭谨一"得罪"了陆正耀。

2021年1月6日晚间，一封瑞幸咖啡多位高管联名的举报信在网络传播。举报信显示，瑞幸咖啡7位副总裁以及一些分公司总经理和核心业务高管集体请求罢免瑞幸咖啡现任董事长兼CEO郭谨一。联名信称，由于现任董事长兼CEO郭谨一无德无能，公司已到了生死存亡的边缘。郭谨一贪污腐败、通过手套供应商舞弊，损害公司利益。为维护广大员工、消费者和投资人的利益，联名高管请求董事会和大股东立即罢免郭谨一的董事长和 CEO 职务，并尽快任命新的公司高级管理层。

但随后，郭谨一的一封全员内部信也流传开来。郭谨一称，举报信是 1 月 3 日由陆正耀、钱治亚等组织并主持起草，部分当事员工不明真相，被裹挟签字。"我个人已第一时间提请董事会成立调查组，就所述事件对我进行调查，以还原事实真相。"瑞幸咖啡的内部人士也向新京报记者确认，高管联名的举报信以及郭谨一的全员内部信都属实，目前已经在内部调查阶段。

举报事件源头与陆正耀退出董事会后仍试图干预公司经营有关，但郭谨一在工作中更多与瑞幸大股东大钲资本和董事会层面沟通，导致两人关系裂痕加大。最终，私人分歧激化为公开矛盾，引起了公开举报事件。举报事件后，瑞幸咖啡一直在正常运营，而且于 2021 年 2 月 6 日在美国申请了破产保护。

到此为止，可以说这场争斗没有任何赢家。

资料来源：王子扬. 瑞幸咖啡内斗迷局：两任董事长暗战，疑因挖角不成引争端. 新京报，2021-01-08.

李慧英. 瑞幸内斗公开化：陆正耀 VS 董事会成员 7 月谁能赢？. 成都商报，2020-06-28.

陈维城. 瑞幸咖啡控制权之争？陆正耀、郭谨一、黎辉"三个男人一台戏" 新京报，2021-01-07.

田甜. 瑞幸咖啡"换血" 陆正耀等四位董事被罢免. 央广网，2020-07-08.

思考题：

1. 瑞幸的创业团队有什么特点？
2. 面对出现的矛盾，如果你作为创业者一方，你是否有更好的解决办法？
3. 在未来的发展中，从团队层面来看，创业者应当建立怎样的机制以防止矛盾出现？

第 5 章

商业模式开发

随着短视频日渐取代文字成为人们消磨闲暇时光的主流方式，2016 年 6 月，字节跳动正式推出抖音，并很快以"黑马"的姿态突破重围，占据 App Store 下载总量排行榜首的位置。相较于其他短视频平台，抖音的个性化推荐算法，使用户将关注点聚焦于内容上，不易形成较为固定的粉丝关系，从而起到了弱化平台的粉丝属性的作用。

通过"抖音——记录美好生活"的定位，抖音向用户传达了致力于成为一款满足用户表达自我、记录美好生活的短视频分享平台的信号。与其他短视频软件不同，音乐可以说是抖音 App 的关键，通过将音乐与短视频有机结合，打造一个专注于新生代的社交平台。

在使用抖音的过程中，用户以平台作为媒介，采用去中心化的核心算法对流量进行分配，确保每个作品都可以被用户看到，任何优质的内容都存在成为爆款的可能，用户创作短视频的积极性得以提升。除此之外，"叠加推荐""热度加权"等系统与流量池相辅相成，为优质的作品提供更多曝光机会，吸引更多流量。

这种模式使抖音掌握了庞大的用户群、独特的推荐算法及源源不断的优质内容等多项关键资源能力。这意味着抖音在拥有庞大的 35 岁及以下用户群体的同时，可以通过独特的推荐算法向用户源源不断地推送优质内容。借助此商业模式，抖音保障了入驻品牌商在投放广告时可以确保其具体投放产品的目标用户画像与平台用户画像相一致，保证更好的产出效果；入驻的中小商户既可以通过直播销售商品，也可以通过直播了解更多新的商品信息，与消费者建立良好的沟通和联系。而抖音的商业模式同样迎合了当代年轻一代消费群体对手机的使用习惯和购物欲望，其盈利方式可以概括为：内容吸引流量，流量引入资本，资本反哺内容。在这种良性循环的促进下，抖音国内日活用户数不断创下新高，最终从各大短视频平台中脱颖而出。

资料来源：于培友，矫豪翔. 抖音商业模式探析[J]. 新媒体研究，2020，6（20）：3.

【本章学习目的】

1. 掌握商业模式的定义及构成。
2. 掌握商业模式的构建过程。
3. 掌握商业模式与其他管理概念的区别和联系。

商业模式一词在中国的叫响，源于 20 世纪末网络经济的蔚然成风，之后的很长一段时间，商业模式似乎成为网络经济的专有名词。直到今天，在网络上搜索"商业模式"，能找到的数十万条相关内容中，多数都还是关于 B2B 或 B2C 的谈资。事实上，不管愿意不愿意或者自觉不自觉，在关于创业的一系列话题中，这个词的确是我们听得最多的一个。然而，到底什么是商业模式，似乎很多学者都各执一词，而实际创业者也很少有人能够准确完整地阐释自己的商业模式，这也给商业模式研究和探讨带来了较大的模糊性。事实上，谁也不能否认，无论是偏僻山村的杂货店，还是繁华都市的巨型企业，无论是传统的手工企业，还是现代化的 IT 公司，从最原始、最简单的组织到最庞大、最复杂的机构，无一例外，都拥有自己的商业模式。本章主要探讨创业者在创业中如何构建有效的商业模式。

5.1　商业模式的概念内涵

5.1.1　商业模式的概念理解

许多学者对于商业模式有着不同的定义。这里我们简要地列出几个。Shafera 等（2005）将商业模式定义为：一个企业主要的核心逻辑和战略选择，用于在一个价值网络内创造和捕获价值。Morris 等（2005）认为，商业模式是把创业者的战略中相关的决策元素整合在一起，来创造持续竞争优势的内在逻辑。Osterwalder 等（2005）在翻阅了大量文献后给出的定义为：商业模式是一种包含了一系列要素及其关系的概念性工具，用以阐明某个特定实体的商业逻辑，它描述了公司所能为客户提供的价值以及提供这一价值的要素，如公司的内部结构、合作伙伴网络和关系资本（relationship capital）等。

除此之外，根据 Shafer 等（2005）的文献整理工作，在 1998—2002 年的管理类出版物上，可以看到 12 种典型的商业模式概念定义，但是，Shafer 等同时也指出，这些概念定义中尚没有一个能够被各界人士完全接受。Shafer 等进一步对这 12 种定义进行了分析，发现这些定义中一共包含了 42 种商业模式的构成元素，而且其中有一些元素反复出现。将出现两次以上的元素进行分类，分类结果显示了四种主要的类别：战略选择、价值创造、捕获价值、价值网络。商业模式的构成元素整理如图 5-1 所示。

根据现有的研究结果，本书认为，商业模式实际上是企业整合资源和能力，进行战略规划，以充分开发创业机会，并且实现利润目标的内在逻辑。商业模式并非简单的企业盈利方法或过程，对于商业模式概念的解读应当是多层次、多角度的（见图 5-2）。

首先，商业模式体现在创业机会核心特征层面，即市场特征和产品特征的特定组合。创业者将要进入的市场是否有充分的吸引力，将要提供的产品是否能够获取充分的市场分析，这一组合是新创企业独特竞争优势的根本源泉，也是企业商业模式的构成基础。

其次，商业模式体现在创业机会的外围特征如何有效支持创业机会的核心特征上，特别是创业团队和创业资源两个要素如何有效整合，来共同维系创业机会核心特征的有效开发。商业模式是否可行，取决于创业者所构思的商业逻辑能否有效推行，在这一推行过程中，必要的人力资源、资金资源、信息资源等资源要素是必不可少的支持因素。

最后，商业模式还体现在创业的未来成长战略上。新创企业能否成长为一个成熟的、有市场影响力的企业，其直接的影响因素是企业的成长战略，也就是创业者能否根据企业的现有市场特征、产品特征、创业团队、创业资源状况制定良好的长期成长规划以及市场直接竞争战略。因此,战略也是商业模式的重要构成成分。

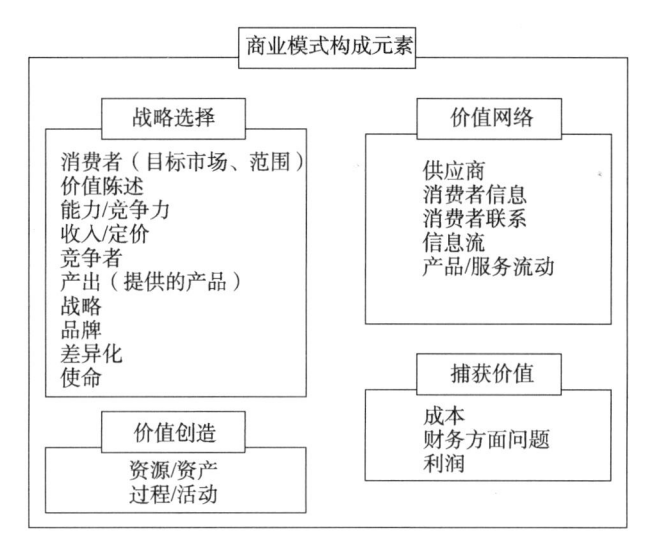

图 5-1　商业模式的构成元素整理

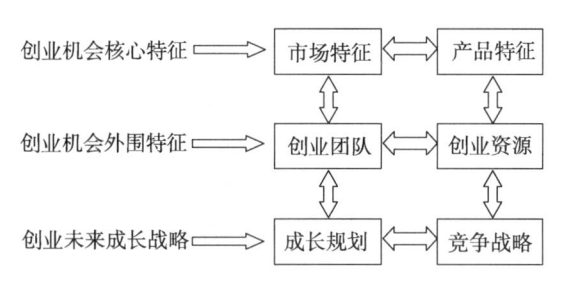

图 5-2　商业模式概念的解读框架

扩展阅读 5.1　新经济:重塑商业模式

5.1.2　商业模式的特征

由于不同行业的差异及宏观和微观经济环境的共同影响,没有任何一个单一的商业模式能够保证在各种条件下都能产生优异的财务回报。尽管如此,我们仍需要对商业模式的内在属性进行解构,提炼商业模式的属性框架,唯有如此,才能够便利于现实商业模式的分析以及创新商业模式的构建。

戴尔的成功案例被许多研究人士所熟悉,其直销模式常被作为商业模式的典型范例。而在中国互联网行业中,小米公司则借助其独特的"硬件+互联网+新零售"商业模式迅速崛起成为新的互联网巨头。或许在今日,中国电子商务的快速发展使这种模式早已显得司空见惯。但在小米崛起的初期,面对手机市场中主流的合约型手机,小米以低价格、高性价比策略吸引顾客的购买欲望,利用手机作为流量的入口,建立品牌忠诚度,将用户引入自己的粉丝群中，这在当时是实属少见的电商模式。

在小米现今的"硬件＋互联网＋新零售"商业模式中，智能手机收入始终是小米最重要的一块。而小米在赴港IPO的招股书中提出，小米硬件的净利率永远不超过百分之五。这表明小米的硬件的收入并不是其主要的收入来源，而是用让利的设备吸引消费者，将硬件作为小米生态圈的入口，将用户导向互联网服务板块。在此基础上加入相关生活硬件产品和生活耗材为主的零售业务，包括小米电视、小米音箱等，组成小米的智能生活生态圈并相互依存、相互促进。通过这种模式，小米获得发展和扩张的机会，也培养和积累广阔的潜在消费群体。

在小米公司商业模式中，互联网扮演了公司沟通媒介与销售渠道的双重角色。小米借助互联网作为沟通媒介，收集用户与发烧友对于产品的建议与意见，通过坚持保持公司与用户的有效互动充分发挥了连接红利。在此模式中，互联网同样扮演了小米销售渠道的角色。用户直接与小米公司对接，省去了传统的营销渠道，降低了整体销售成本。

这一系列系统的企业运营过程构成了小米公司独到的商业模式。

资料来源：刘玮. 小米商业模式分析[J]. 现代商贸工业，2018，39（28）：3.

从小米的商业模式中，我们可以看到，成功的商业模式应具备以下三个条件特征。

1. 全面性

商业模式是对企业整体经营模式的归纳总结。在企业经营的基础层面，创业者需要制定必要的方案来引导基层员工的操作。在企业层面，创业者必须关注企业的整体发展目标和发展方案。在各个不同的管理职能分类上，创业者也必须设想可行的经营方案。因此，商业模式的全面性反映了创业者是否对创业发展中所遇到的各类问题进行了全面的思考、准备了相应的应对之策。缺乏全面性的商业模式很可能在某一方面相当诱人，但是由于创业者忽略了支持其内在盈利性的某些要素，这种诱人的商业模式可能根本无法实现。

当然，全面性并不意味着商业模式需要涵盖所有经营管理中琐碎的事务。商业模式需要提炼归纳，提取更为重要的要素，这样对企业的整体发展才具备更强的指导意义。

2. 独特性

成功的商业模式要能提供独特价值。创业者通过确立自己的独特性，来保证市场占有率。这一独特价值表现为创业者能够向客户提供的额外价值，或者使客户能用更低的价格获得同等价值，或者是用同样的价格获得更多的价值。例如，如家酒店连锁公司通过全力开拓其独创的经济型连锁酒店，以低价、舒适、干净为特色，吸引了大批中小企业商务人群和休闲游客，常年入住率保持在90%以上。这一模式与传统意义上的酒店经营模式迥然不同。

商业模式独特价值的根本来源是创业者所拥有的独特资源以及基于资源独特性所构建的发展战略，这一战略包括未来可行的公司层面发展战略，同时也包括市场经营层面的竞争战略，如独特的营销方案及分销渠道。

3. 难以模仿性

成功的商业模式必须是难以模仿的。一个易于被他人模仿的商业模式，即使其再独特、再全面，也难以维系。迅速跟进的追随者很快就会使企业的盈利能力大大下降。因此，难以模仿的商业模式首先意味着企业的经营模式是可持续的。创业者至少可以通过有效的手段在一定时间内维持企业的成长速度，而不用太早陷入行业竞争的漩涡中。

难以模仿的要旨在于企业的商业模式要充分发挥先行者的优势，让后进入者的获利可能降至最低，这样追随者对模仿现有的商业模式的兴趣就不会很大。同时，为了实现难以模仿的商业模式，创业者也需要注重细节。只有执行到位，注重每一个细节，这一特定的商业模式才是竞争对手难以模仿的。当然，如果有可能，创业者也需要及时抓住知识产权保护的有力武器来防止他人的模仿。

全面性、独特性、难以模仿性构成了商业模式的基本属性特征（见图5-3）。对于成功的商业模式来说，这三个特征之间的关系类似于通常意义上的木桶原理，任何一个层面存在短板都会对商业模式造成重大伤害。因此，创业者在准备创业的时候，尤其需要警惕那些在其他层面特别突出，但是在某一个层面上存在缺憾的商业模式。

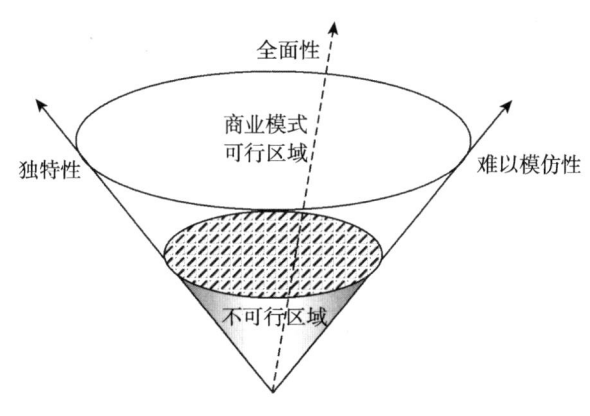

图5-3 商业模式的基本特征

5.2 商业模式的构建

5.2.1 商业模式的构建过程

商业模式的构建是创业者在决心创业前的必要准备。基于现有的研究以及我们之前的讨论，我们将商业模式的构建分为四个阶段，如图5-4所示。

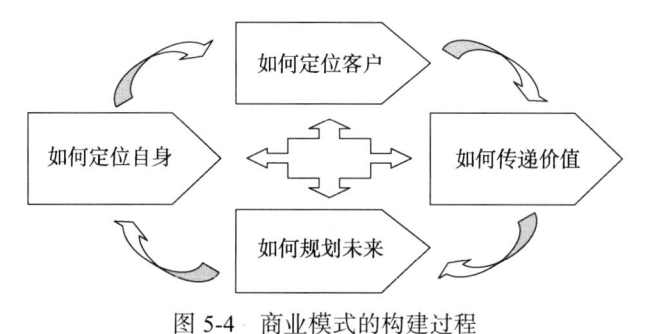

图5-4 商业模式的构建过程

1. 如何定位自身

对于自身的定位是商业模式构建中需要回答的第一个重要问题。创业者需要对自身的状况有切实的了解，才可能对企业的发展和价值创造进行更深入的构思。企业的现状是商业模式的出发点。"知己知彼，百战不殆。"自身的资源和能力是创业者战略规划的基础，如果所具备的能力不够，即使商业模式再诱人，也无法推行下去。如果企业尚未创立，创业者也可以对创业者本身以及创业团队的构成现状进行恰当的评价。除了可以从创业机会、创业团队及创业资源等几个方面定位自身外，创业者也可以从以下几个方面思考自身的定位。

- 企业现在的战略能力如何，能否有效应对市场环境变化并且及时做出反应？
- 企业现在的营销能力如何，能否根据客户的需求制订行之有效的营销计划？
- 企业现在的技术研发能力如何，能否应对企业未来的技术发展需要（如果并非高科技创业企业，这一点可以不用考虑）？
- 企业现在的生产能力如何，所生产的产品是否具备预先设定的功能和特征？
- 企业现在的财务能力如何，能否正确评估财务风险，制定适宜的财务规划？
- 企业现在的组织架构和人员配置如何，能否满足企业各方面需要？
- 企业是否拥有独特之处（如特定的专利技术或者特定的企业文化）？

2. 如何定位客户

对于客户的定位是商业模式构建中需要回答的第二个重要问题。创业者实施创业活动归根结底是为了赢得客户，如果无法赢得客户的认可，即使创业者自身定位再精确也没有实际意义。为了赢得客户，商业模式需要解答企业的目标客户群体问题。定位客户时需要切实注意的是，企业所定位的客户必须是真实的客户——也就是切切实实能够为企业的发展带来现金收益的消费群体。在很多情况下，创业者事先设想的客户往往是无效的，例如，创业者设想的客户群体可能太大，无法进一步提供更细致的诸如购买特征、消费心理等方面的特征，因此无法有针对性地进行营销规划。同时，创业者所设想的客户群体也可能太小，因而无法构成充分的消费基础。如果客户定位错误，会直接导致企业的战略规划失败。因此，准确、清晰的客户定位是商业模式构建中的重点。在定位客户时，不妨从以下几个方面考虑。

- 企业所提供的产品/服务适用于哪些群体？
- 哪些群体会愿意为企业的产品/服务付费？
- 这些群体对企业产品/服务最为关心的地方是什么，是价格、功能、技术、服务还是别的什么？
- 除了提供产品/服务，企业还能够为这些群体提供哪些方面的价值？

3. 如何传递价值

如何传递价值是商业模式构建中需要回答的第三个重要问题。创业者识别了自身的状况和客户的基本情况之后，需要在这两者之间搭建起价值传递的桥梁，把自身生产的产品卖给客户，同时从客户那里获取资金，从而实现真正意义上的价值循环。一些创业者可能对自身定位非常清晰，也清楚地知道自己的客户是哪一些消费群体，但是，由于渠道不完善或是营销不到位，客户对企业和产品没有足够的认同感，价值无法在企业和客户之间流转起来。这种情况下，企业很快就会陷入现金流枯竭的危机。因此，创业者必须清晰地设想价值传递过程。为了实现价值的传递，创业者可以从以下几个方面进行考虑。

> 为了接触企业的有效客户，企业将设计怎样的销售渠道，是自建渠道还是通过现有的分销商和代理商？
> 为了建立良好的客户关系，企业将在哪些方面采取具体的措施？
> 企业可能的收入模式是什么样子的，即企业可能的现金来源包括哪些形式？
> 为了实现价值传递，企业可能与哪些合作伙伴形成有效的联盟关系？

4. 如何规划未来

基于企业现状、客户状况及价值传递模式的分析，创业者还需要对未来的发展状况进行设想：未来的一年内希望能够实现怎样的短期目标？在未来的三到五年内企业的发展目标又是怎样的？同时，创业者也需要展望未来自身定位、客户定位、价值传递这三个方面内容是如何发展变化的。企业的未来展望体现了创业者以及创业团队的创业目的，也反映了创业者对于未来企业发展的长期规划。如果创业者选择进入的是一个高度动荡多变的市场，企业的发展规划尤其重要。这一发展规划将会成为团队意义上的行动指南。创业者对于未来的规划可以从以下四个方面进行。

> 企业拥有怎样的发展目标（财务目标、成长目标等）？
> 企业未来应当实现怎样的能力发展，企业的未来定位怎样？
> 企业未来的客户构成和消费倾向是否发生变动？
> 为了适应这些变动，企业未来的价值传递模式是怎样的？

上述四个方面形成了一个系统性的商业模式构建过程。在创业之初，创业者应当借助商业模式的概念，有效地整合相关的资源和观点，形成一个系统化的商业模式，这是创业活动能够良好迅速推进的必要准备。在融资的时候，这种经过充分论证分析的商业模式是一个非常有效的融资依据。

在分析评价一个现有的商业模式的时候，也可以积极借鉴这一框架，提炼商业模式中的各个模块。这样也有助于分析哪些商业模式具备发展前景，而哪些则不具备可行性。例如，在2006年开始的Web2.0浪潮中，无数的视频网站如雨后春笋般涌现，这些网站到底有没有明确的商业模式？它们的商业模式是否具备可持续发展的成长性？观察者应当避开那些虚幻的光环之下的表面现象，分析它们的商业模式是否拥有前面所分析的三个主要特征，是否能够回答我们所提出的四个方面的问题。

2016年5月，小米公司将新产品小米MAX放在二次元视频弹幕网站bilibili（以下简称"B站"）做直播，这场持续了19天，直到手机没电才结束的直播，不仅吸引了B站内知名UP主、主播轮番乱入，还有华少这样的明星加入。加上抽奖环节加持，整个过程引来4000万人围观，3亿条弹幕。

在这场令人惊诧的狂欢中，B站也秀出其最大的资产——数千万二次元用户。根据B站官方公布的数据，截至2015年底其已拥有约5000万用户，其中75%年龄在24岁以下。

B 站现在对自己的定位是：国内最大的年轻人潮流文化娱乐社区。

起源于动漫领域的 B 站很长一段时间里都隐藏在"二次元结界"（与外界隔离的一个特殊空间）中，不为主流商业世界所知。董事长陈睿 2010 年成为 B 站用户时，创始团队还在 3000 元月租的民房里办公，收入也仅来自百度和谷歌的广告。出于爱好，陈睿在 2014 年以联合创始人的身份将猎豹移动运作上市后，就加入了 B 站。

B 站之所以能聚集起二次元同好者，在于其拥有大量 ACGN 内容（动画、漫画、游戏、小说）、弹幕和无贴片广告的运营方式。陈睿也表示，B 站是内容衍生经济模式，"IP 也好，电影也好，都会有一些衍生的变现方式，如游戏、授权、线下活动等"。

目前，B 站在变现渠道上分为几类：一是"承包制"，类似其他视频网站的付费会员。不同之处在于，用户捐钱"帮助"B 站定向购买某部动漫版权。二是游戏，分为独家代理发行以及联运两部分，这是 B 站重要收入来源。

此外，还有二次元旅游、演唱会、动漫周边销售等。2015 年 11 月，B 站和 SMG 尚世影业合资设立哔哩哔哩影业，共同开发二次元影视 IP。2016 年 5 月，B 站又分拆旅游业务，并进行独立融资。

资本总是最早捕捉到"独角兽"的气息。虽然没有公开过融资消息，但 2015 年掌趣科技（300315）曾发布公告，称公司在上半年出资 1222.72 万元参股 B 站，占股 0.71%。由此看来，当时 B 站的估值已经超过 17 亿元。

陈睿曾表示，目前中国二次元产业的市场为 1000 亿元人民币，5 年后将迎来 1000 亿美元的市场规模。但二次元高度的排他性和个性化，使 B 站在向泛二次元、三次元演进的路上，既要小心维护核心用户，又要避免错失好的商业机会。

B 站过去在商业化道路上一直采取谨慎态度。日前，B 站在人气动画前加入 15 秒广告，引起很多用户不满，最后由陈睿出面公关才得到平息。可见商业化与内容之间的关系要拿捏得当，并不容易。

资料来源：段明珠.[哔哩哔哩]B 站生猛[J]. 中国企业家，2016（12）：66.

5.2.2　商业模式的演进和改造

商业模式是创业者对自己所创办的事业的整体设想。在创业之初，由于资源等条件的匮乏，这一设想通常较为模糊，商业模式的构成方面也不尽完善。随着创业活动的深入，创业者必须把商业模式加以清晰化和细节化，这样才能使商业模式真正用于指导创业实践。同时，如果希望能够获取风险投资的话，对商业模式的清晰构想也是必需的。

在商业模式构建中，一个常见的问题是，即使创业者所设计的商业模式非常清晰而且有诱惑力，在创业过程中，创业者也会发现初始设定的商业模式与现实存在较大的差距。尤其是随着市场环境的变化、竞争对手的加入，商业模式难以很快适应新的市场条件。事实上，设计得再好的商业模式也不可能永久生效。商业模式必须根据客户需求的变化、融资方式的变化及市场竞争形势的演变等多方面因素及时做出调整。对原有商业模式（企业原有或同行业原有的商业模式）的改变往往被称作商业模式的再造。

商业模式本身是对企业发展的整体性概括，从这个意义上讲，任何枝节意义上的调整都是不完备的。商业模式构建过程中，创业者需要从如何定位自身、如何定位客户、如何传递价值、如何规划未来这四个方面依次思考，在商业模式再造时，依然需要遵循这一顺序。

第一，不管出于什么目的，对于商业模式的调整都必须从定位自身开始：创业资源是否发生变化，创业团队成员是否有调整，创业机会的市场层面特征和产品层面特征是否发生变化。

第二，在重新认识自身之后，需要重新定位目标客户：目标市场的需求状况是否发生变动，目标客户对于产品的购买动力是否下降，客户群体的特征（年龄、心态、收入水平、消费水平）是否发生了变化。

第三，为了使价值仍能够在企业和客户之间有效流动，创业者需要考察价值传递过程是否发生了变动：企业的战略方向是否能够适应新的变化，是否需要调整战略模式，产品的销售渠道是否发生变动，是否需要开辟新的营销渠道。

基于上面三个方面的分析，创业者需要进一步对企业未来的发展制定规划：在未来数年内，上述设定是否变化，是否需要重新规划企业的战略目标和战略行动方案。

这一过程如图 5-5 所示。

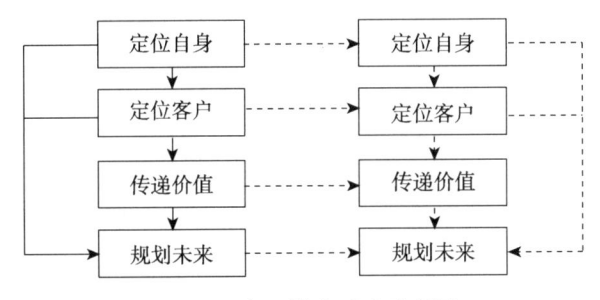

图 5-5 商业模式再造示意图

全球领先的管理咨询公司埃森哲对 70 家企业的商业模式做了研究分析后，总结了以下 6 种再造商业模式。

第一，通过量的增长扩展现有商业模式。美国专营 B2B 业务的 Grainger 公司向全球超过 100 万家工商企业、承包商和机构客户供货，其产品从设备、零部件到办公用具和日常劳保用品，一应俱全。该公司一直尝试通过多种途径，使客户订货非常容易。这些途径包括设在各地的分支机构、电话、传真、印刷目录等，现在再加上网上订货，就更强化了其以方便顾客为价值诉求的商业模式。在原有商业模式的基础上将业务引向新的地域、增加客户数量、调整价格、增加产品线和服务种类等。这些都属于通过量的改变，在原有商业模式基础上增加回报。

第二，更新已有商业模式的独特性。这种途径注重更新的是企业向客户提供的价值，借以抵抗价格战带来的竞争压力。以全球领先的半导体测试设备供应商美国 Teradyne 公司为例，它以创新产品赢得客户，但赢利却来自源源不断的产品升级和周到细致的服务。它向客户提供的价值自然就从尖端产品转移到了值得信赖的服务上。为了给它的商业模式注入活力，Teradyne 公司定期向市场推出突破性产品，以此提高企业竞争门槛。

第三，在新领域复制成功模式。有些情况下，企业用现成手法向新市场推出新产品，等于在新条件下复制自己的商业模式。美国的 Aurora Foods 和 Gap 即是这样的企业。从某种意义上说，Aurora Foods 是一个打造食品行业品牌的平台。该公司旗下有 9 个品牌，但没有一个打 Aurora 牌子的。公司管理层很乐于购买市场表现不尽如人意的品牌，如 Aunt Jemima 华夫饼和 Lender's 百吉饼等，然后利用公司强有力的品牌营销能力和降低成本的运营能力，给这些品牌注入新的生命力。Gap 也是用品牌营销优势和商品管理知识复制全新的"酷品牌"零售模式，如其旗下的 BabyGap、Banana Republic、Old Navy Clothing 等。

第四，通过兼并增加新模式。相当多的公司是通过购买或出售业务来重新为自己的商业模式定位的，Seagram 公司便是个很有趣的例子。它本来是家生产葡萄酒和烈酒的公司，通过兼并变成了提供娱乐服务的公司。在这以后，它又被法国 Vivendi Universal 公司收购。后者显然是想利用自己的移动电话、付费电视和门户网站业务向消费者提供前者的内容服务。到了 2001 年 12 月，大概是新东家不胜"酒力"，事情起了变化，Vivendi Universal 将 Seagram 的葡萄酒和烈酒业务分别卖给了另外两家公司。经过几番兼并收购，Seagram 公司当初的商业模式已不复存在。

第五，发掘现有能力，增加新的商业模式。有些公司围绕自身独特的技能、优势和能力建立新的商业模式，以实现增长。加拿大的庞巴迪公司是靠制造雪地车起家的，它通过分期付款方式向客户销售雪地车，开始涉足财务服务，进而又开展雪地车租赁业务。与此同时，制造雪地车的经验又使其能够向大规模制造业发展，包括飞机制造等。它再利用其租赁和航空业的经验，面向企业和富裕的个人出售部分飞机所有权。就像是踩着石头过河，庞巴迪利用它在一个商业模式中发展起来的能力、知识和关系，创造出一系列成功的商业模式。

第六，根本改变商业模式。这种情况在 IT 业尤其多见。大型跨国公司 IBM、HP（中国惠普）如此，国内公司如联想、神州数码也不例外。它们从卖 PC、造 PC，到系统集成、电子商务，不断改变着商业模式。此举意味着对整个企业进行改造——从组织、文化、价值和能力诸方面着手，用新的方式创造价值。一些公司的产品逐渐失去了往日的优势，变成了附加值不高的大宗商品，决策者因而企图向上游或下游延伸，或者从制造业转向提供服务或解决方案，此时它们所面对的挑战就是根本再造商业模式。

资料来源：王波，彭亚利. 再造商业模式[J]. IT 经理世界，2002（7）：91-92.

5.2.3 商业模式的误区

商业模式的误区主要源于商业模式和一些通行的管理法则之间的矛盾。后者在流行的管理教科书中被反复提到，每一个商学院的学生都对之耳熟能详，如波特的竞争战略理论、哈默尔的资源基础理论等。这些理论之所以流行、经典，主要是因为它们能够切实解决很多企业发展中所遇到的问题，具备较为广泛的适用性。

相对而言，商业模式则是一个较新的管理概念，虽然很多学者和创业者在使用这一概念，但是其认可程度以及灵活应用程度距离通行的管理法则尚有一定的距离。因此，如何把握商业模式和已有的管理法则之间的关系，需要权衡和取舍。很多情况下，创业者稍有不慎就容易陷入两类商业模式误区之中。

商业模式误区之一：背离通行法则的商业模式

在这一误区中，创业者对新颖漂亮的商业模式过于追求，却漠视了一些相对传统的管理原则。在构建商业模式的时候，为了使商业模式创新性更强、更吸引眼球，他们往往会在商业模式的独特性上下更多的功夫。很多创业者谈起他们的商业模式往往眉飞色舞，而这些商业模式也确实给人耳目一新的感觉，对于投资者也非常具备诱惑力。然而，创业者对企业是否具备充分资源作为后盾、所进入的产业是否具备很大的成长空间、价值获取方式能否长久等却语焉不详——这些问题却是通行的管理法则所更为关注的。因此，在这一误区中，商业模式的构建和发展背离了通行的管理法则。如果不能及时纠正，创业者会在错误的道路上越走越远，进而带来巨大的资源耗费和对企业成长能力的挫伤。

在谈到商业模式的误区的时候，很多研究人员和观察者都会援引的例子是20世纪90年代中后期以来以互联网为代表的新经济。在这一波创业浪潮中，涌现出了很多互联网行业的新星企业。搜狐、新浪、网易、易趣、亿唐等明星团队所打造的新型商业模式成为投资者追逐的对象，数以千亿计的资金流向网络行业。应该看到，这些互联网企业的商业模式确有吸引力，美轮美奂的发展前景也确实让人控制不住投资欲望。但是，网络公司如何获取利润、获取方式是否持续，却一直没有明确的答案。

在网络企业的发展中，免费政策成了企业的核心运营模式。这种模式确实在很大程度上迅速推广了互联网，但对一个长期生存发展的产业而言，免费又成了其致命的死穴。永远免费的结果是产业链的严重断裂，使整个产业难以实现盈利和良性循环，进入了不断烧钱的死胡同，网络泡沫最终破灭。

商业模式误区之二：通行法则对商业模式的冲击

在这一误区中，对于传统管理法则的强调反而使创业者忽视了自身的特殊性以及基于这一特殊性所构建的商业模式。很多创业者创立企业之后，随着企业的发展，往往会对自身的商业模式产生怀疑。特别是当商业模式具备较强的独特性，并且与一些通行的管理法则貌似矛盾的时候，创业者就会疑惑——这些管理法则非常深入人心，那么商业模式是否需要迎合它们？在很多情况下，创业者如果不能坚持自己独特的商业模式，而只是根据一些通行的管理法则进行修改的话，就会破坏自己的竞争优势。

商业模式是企业经营规划的内在逻辑，一个定位清晰的商业模式应当成为创业者在一定时期内的决策依据和行为模式，除非市场环境发生较大变化，否则创业者不应当随意改动自身的商业模式。因为，通行的管理法则所针对的是大多数的情况，而创业者自身的独特性则不一定适用这些法则，盲目地迎合现有的管理法则同样会带来企业经营的失误。

美国西南航空公司CEO赫伯·凯勒赫（西南航空公司工作时间最长的CEO）曾经成功地抵制过这一类型的商业模式误区。西南航空公司的成功故事已经成为很多管理学教科书的经典案例之一。西南航空公司成功的原因可能非常多，但是其中最重要的成功因素可能是它一直注意削减成本。每个航空公司都想削减成本,但西南航空公司这样做了几十年。为了成功,西南航空公司必须精益求精,时刻也不放松。

某日,市场部的人向凯勒赫建议在航班上提供鸡肉沙拉,根据调查,从休斯敦到拉斯维加斯的航班上的乘客喜欢清淡的小菜,而公司现在提供的只有花生。这一建议带有很大的迷惑性:从顾客需求出发、以顾客为中心,这不正是通行管理法则所讲述的吗?但是凯勒赫拒绝了这一建议:添加鸡肉沙拉会使公司成为休斯敦到拉斯维加斯航线上费用最低的航空公司吗?显然不会。因此公司不会提供任何鸡肉沙拉。

为了走出商业模式的误区,首先,创业者必须在商业模式构建方面倾注更多的精力,在创业之前就完成更多的准备工作。商业模式并非简单的商业概念,也不是几句煽动性的标语或者口号。成功的商业模式是脚踏实地的,需要平淡务实的日常管理和高远的战略眼光的融合。只要创业者打好基本功,那么无论商业模式和现行通行的管理法则之间存在怎样的落差,都不至于影响创业者的竞争优势。

其次,创业者同时也应当熟悉那些通行的管理法则。这些理论的发展被很多学者和管理实践人员验证可行,在企业经营过程中,对创业者有很强的借鉴性。因此,创业者应当通过学习,增进自己的知识储备,进而提升创业能力。同时,创业者应当积极评价自身的特有经营环境和独特资源禀赋,识别哪一些通行的管理法则对自己具备借鉴意义和指导性,而哪一些则没有较大的适用性。

最后,创业者还应当认识到,商业模式本身与通行的管理法则之间没有本质上的矛盾,二者都是为了更好地帮助创业成长,实现企业的盈利目标。所谓矛盾,或者认识上的误区,源于创业者对商业模式的表面化理解。因此,在商业模式构建中,应当始终以企业的盈利目标为核心,在面对可能存在的商业模式与通行法则之间的矛盾时,也应当关注它们与企业盈利方面的联系,实施盈利导向的商业模式调整,而不是简单地厚此薄彼。

在互联网泡沫破灭之后,业界对网络经济的发展模式展开了深刻的反思。人们认为,互联网泡沫破灭其实并不是互联网本身的失败,而是互联网经营模式的失败。在泡沫破灭后,一些新的互联网企业在崛起,它们在很大程度上摆脱了旧有的商业模式,发掘了新的网络经济模式。

5.3 商业模式与其他管理要素

在谈到商业模式的时候,很多人往往会把商业模式与其他一些常见的管理要素混淆。商业模式作为一个创业领域的独特概念,拥有独特的构成和属性,需要加以系统的辨析。通常,容易与商业模式发生混淆的管理要素包括盈利模式、价值链、战略等。

5.3.1 商业模式与盈利模式

顾名思义,盈利模式就是直接回答企业如何获取利润这一问题。在商业模式的概念构成中,同样包含对于企业盈利模式的回答。但是,商业模式所包含的概念内涵较盈利模式更为宽泛,尤其是商业模式所包含的机会识别和评价、战略规划与执行等问题,在盈利模式中是回答不了的。因此，如果创业者把商业模式构建完毕，企业的盈利模式也会随之清晰，相反，如果创业者仅仅知道企业的盈利模式，商业模式却依然还有可能存在较大的含糊和不确定性，特别是在如何制定长远的战略规划方面，企业仍可能毫无头绪。

事实上，盈利模式是企业商业模式的一种表现形式，企业的商业模式到底有没有可行性，最终必须落实到企业的盈利能力方面。对投资者来说，当创业者对他讲述自己的商业模式的时候，投资者也会更为关注企业的最后盈利性。但是，正是作为一种表现形式，盈利模式本身缺乏内在的支撑力量，一旦深究这种盈利模式背后的作用机制，如果创业者未做好充分的准备的话，就无法抓住必要的要点来深入探讨这一问题。

在关注企业的盈利模式的时候，创业者最需要讨论的是企业的成本、费用、营业收入、财务利润等方面的内容。通过对这些项目的解答，创业者的利润构成和实现方式也就随之清晰，但是盈利模式的讨论范围也就到此而已，进一步的探讨已经超出了盈利模式的范畴，更深层次的问题需要创业者从商业模式、企业战略、资源整合等方面进行思考。

因此，在谈到商业模式的时候，首先需要澄清的一点就是不要将商业模式看作盈利模式。成功的商业模式一定能够带来成功的盈利模式，而反之则不然。反过来，也不要将盈利模式看作商业模式。盈利模式本身回答的是赚不赚钱的问题，商业模式回答的则是怎么赚钱的问题，这二者不可混为一谈。我们在关注一些创业案例的时候，也需要更为注意这一点。

近年来，随着"房住不炒"政策的逐渐深化，对于住房租赁市场的政策倾斜也越发明确。公租房、保障性租赁住房和一批以盈利为导向的市场化长租公寓如雨后春笋般萌发。如今，长租公寓已经经历过较为深度的洗牌和市场沉淀，盈利模式也日益成型。

仲量联行数据显示，开业 6 个月以上门店的平均入住率可达 89%～95%；其中，龙湖旗下冠寓出租率为 93%、中骏旗下方隅为 89%、朗诗寓为 95%、万科旗下泊寓为 95%。即便在疫情之下，长租公寓的市场需求也呈现出较强的韧性。

仲量联行大中华区酒店及旅游地产事业部副总裁梁涛表示，从经营的角度看，长租公寓和传统酒店、服务式公寓产品具有相似性，都是现金流导向的产品。而不同点在于，长租公寓去掉了其他两类业态的多数配套功能，只保留运营利润率最高的客房部门，降低了整体运营成本，提高了回报率。

此前曾有长租公寓重资产运营方对《中国经营报》记者表示，长租行业成本回收周期较长，因此单个项目的坪效便成为运营方的"必争之地"，大城市较核心区位的项目尤甚。梁涛也表示，位于核心区位的长租公寓产品，在合理定位范围内，会尽量优化单房面积，增加客房数量，提高经营坪效。

仲量联行方面表示，从投资运营角度来看，长租公寓品牌中大致可分为四类：中介系、房企系、酒店系和基金系。其中，以自如寓为代表的中介系拥有获客渠道优势。某华南地区长租公寓运营者对记者表示，这种天然的获客优势不仅体现在长租公寓头部品牌，一些从中介起家的中小型长租公寓品牌同样能够获得不错的收益。此外，具有中介背景的长租公寓在项目选址上的敏锐度也相对较高。

此外，仲量联行方面提及，房企系长租公寓在物业开发经验和建造成本方面具备优势，但面临拿地指标和土地性质的要求；酒店系长租公寓则善于依托长期运营管理经验、经营成本管控、专属销售渠道等优势，调整打造适合长租公寓的运管模式。

而基金系长租公寓则对回报率要求较高，倾向于通过对核心区位的物业翻新改造获得价值增值，控制投资规模，布局产品完整的生命周期，最终实现退出获益。此类项目位置优越，产品多具有设计感，租金议价能力强。梁涛表示，类似造价水平的中高端酒店运营毛利率在30%~40%，而长租公寓的这一数值则可能达到70%~80%。

仲量联行发布的长租公寓报告显示，投资人现阶段关注的长租公寓投资市场依然聚焦在上海、北京、深圳及杭州等一线和新一线城市，重资产扩张模式正渐渐成为主流。

报告提及，2016—2019年，许多运营商选择通过包租模式在短时间内快速扩张，但由于该发展模式的租金成本高，造成长租公寓运营商无法把控运营风险，导致数家长租公寓运营商陆续"爆雷"。在经历了市场大规模洗牌后，投资人更为谨慎，包租模式发展较前几年呈现出放缓趋势。

而在重资产扩张模式中，目前大部分的投资人（90%）都在考虑采用存量资产改造模式。据记者此前了解，重资产投入的长租公寓目前退出通道较为完善，市场的火热境况下，广州、深圳等一线城市长租公寓市场收并购行为也相当活跃。

仲量联行中国区投资及资本市场业务负责人庞树东表示："随着国内长租公寓市场逐渐成熟，其空置风险将更低，资产表现也将更趋于稳定，预计资本化率会继续向办公楼等传统商业资产靠拢。"

资料来源：詹方歌，卢志坤.长租公寓市场迎多元资本 盈利模式日益成型[N].中国经营报，2022-01-11.

5.3.2 商业模式与价值链

价值链分析法是由美国哈佛商学院教授迈克尔·波特提出来的，是一种寻求确定企业竞争优势的工具。他认为，按照经济和技术的相对独立性，企业的生产和销售过程可以分为既相互独立又相互联系的多个价值活动，这些价值活动形成一个独特的价值链。价值链反映了对于消费者而言的产品整体价值。不同企业的价值活动划分与构成不同，价值链也不同。价值链中的价值活动可以分成两大类，即基本活动和支持性活动。其中，基本活动可分为：内部后勤，指与接收、存储和分配相关联的各种活动；生产经营，指与将各种投入转化为最终产品相关联的各种活动；外部后勤，指与集中、仓储和将产品发送给买方相关联的各种活动；市场营销，指与提供一种买方购买产品的方式和引导买方进行购买相关联的各种活动；服务，指因购买产品而向顾客提供的、能使产品保值增值的各种服务，如安装、维修、零部件供应等。

支持性活动包括四种：采购，指购买用于企业价值链各种投入的活动；技术开发，可以发生在企业中的许多部门，与产品有关的技术开发对整个价值链起到辅助作用，而其他的技术开发则与特定的基本和辅助活动有关；人力资源管理，指与各种人员的招聘、培训、职员评价及工资、福利相关联的各种活动，它不仅对单个基本支持性活动起作用，而且支撑着整个价值链；企业基础设施，这一元素由大量活动组成，包括总体管理、计划、财务、会计、法律、质量管理等，这是企业能够存在和运转的基本支持因素。

价值链分析模型如图5-6所示。

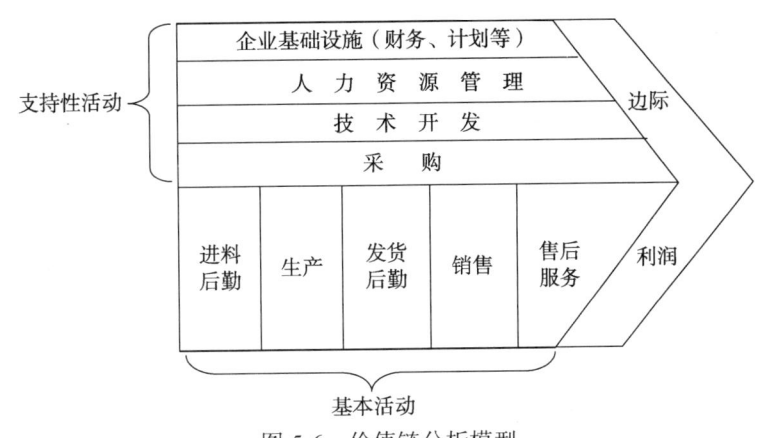

图 5-6 价值链分析模型

从价值链的观点来看，企业各项活动之间都有密切的联系，如原材料供应的计划性、及时性和协调性与企业的生产制造有密切的联系。每项活动都能给企业带来有形或无形的价值，如售后服务这项活动，如果企业密切注意顾客所需或做好售后服务，就可以提高企业的信誉，从而带来无形价值。同时，每项价值活动对企业创造价值的贡献大小不同，对企业降低成本的贡献也不同。因此，企业需要区分那些更为重要的价值活动，有意识地为之倾注更多资源。

商业模式和价值链的联系和差别主要体现在以下几个方面。

首先，商业模式和价值链分析有一定的交叉。企业的价值创造过程是商业模式的一个重要构成部分，创业者在设计商业模式时需要对企业如何创造、传递价值进行清晰的定位。企业的价值链体现在更广泛的价值系统中。供应商拥有创造和交付企业价值链所使用的外购输入的价值链，许多产品通过渠道价值链到达客户手中，企业产品最终为客户带来了价值，这些价值链都在影响企业的价值创造活动。因此，价值链的识别和分析有助于创业者构建适宜的商业模式。在实际创业中，也可以看到很多创业者借助对价值链的重整来开发创业机会，构建商业模式。

其次，价值链的分析对象和目的主要是针对企业内部情况的审视。特别是在战略分析中，价值链更是主要用于企业内部环境的分析。例如，通过对每项价值活动进行分析，可以充分了解企业现有的优势和劣势。价值链的另一个重要功能是用于进行成本管理，管理者可以通过分析价值链中各项活动的内部联系来分析企业的成本状况，进而通过有针对性的改进措施降低企业的经营成本。与此不同的是，商业模式分析的目的主要是提供企业的整体发展规划，在这一整体规划之下，既包括企业内部经营效率的提高，也包括外部市场的开拓。因此，商业模式和价值链的出发点和分析视角都存在差异。

最后，价值链的分析对于成熟企业的适用性更强。在价值链分析中，价值活动划分得非常细致，这些活动在成熟企业中体现得更为明显，对于刚刚创立的企业甚至是还未成立的企业而言，很多价值活动尚未发生，特别是那些支持性的活动。新创企业可能尚未有系统完善的计划职能部门、人力资源部门等在成熟企业中非常常见的职能部门，因此，这些支持性活动在新创企业内部难以清晰地观察到。创业者可以充分借鉴价值链的分析视角分析企业的价值创造活动，但是直接套用价值链模型可能并不现实。

"中国市场智能车的渗透率已超七成,哪家车厂能做好数字化升级,哪家就能拥有属于未来的灵魂!"近日,在兴业证券联合36氪举办的"智慧交通投资价值峰会"上,仙豆智能首席产品官陈颖瑞的这段话引起行业热议。

与会的10余家上市公司、明星创业公司及行业资深专家和政策专家纷纷表示,智能汽车产业下一轮发展亟待更强大的数字引擎驱动,全行业数字化升级浪潮正重构汽车产业价值链。

作为提供从车端到主机端再到云端的全栈数字化解决方案的供应商,仙豆智能很早就识别到了行业内的新趋势。

"从2017年到2020年,即使撇除特殊时期影响,整个汽车行业的产量也好、销量也好,也都呈现出逐渐趋平稳的态势。"陈颖瑞表示,全行业都认识到"光靠卖车赚钱的商业逻辑"已显乏力,"与之相对的,整个汽车市场的网联化、数字化水平呈现陡峭的上升趋势"。

数据显示,中国市场智能车渗透率基本已达七成,汽车数字化能力的提升为全行业的业务转型提供了新的强大势能。如特斯拉这样的新势力车企已开始向着苹果等高科技公司的方向进化,在他们的毛利构成中,场景化服务特别是数字化体验带来的收入占比越来越大。

"汽车行业估值模型正在重新定义!"陈颖瑞以特斯拉FSD服务包举例,当这个订阅服务渗透率达30%时,考虑到硬件成本,商业模式还是亏的,但渗透率达40%时,单车利润就会快速上升,"各大车厂都希望开拓这样的数字化服务,当渗透率上升时能直接拉动单车利润上升,这是非常可观的一件事情"。如今汽车行业的商业模式正在快速变化,其中,整车软件和数字化服务会有重大的机遇。

"我们把自己定位为一站式的智能汽车数字化方案解决商。"陈颖瑞表示,如今很多车企都在思考如何做数字化升级,而仙豆智能的先发优势和全面的产品能力绝对能给他们支持。成立于2019年3月的仙豆智能,是一家面向万物互联时代、专注于出行场景的科技公司,"除了智能座舱产品也就是整个智能座舱的OS,还有智能分发平台、语音导航产品、数据智能运营等多方面业务。"

目前,仙豆智能的产品已搭载在长城汽车五大品牌车型中。2020年,接入仙豆智能平台车辆已破100万辆。而除智能座舱外,仙豆智能为车厂打造的各大App也正实现百万量级水平用户增长,预计2025年这部分用户量就能破千万。

"下一步我们将实现软件服务的SaaS化,以打造一个更加多元的生态布局,接入更多的生态合作伙伴,共同为用户提供场景化的丰富服务。"陈颖瑞表示,在过去的两年左右时间里,仙豆智能已搭建起了横跨硬件层、平台层、移动通信层及应用层的广大朋友圈,集纳了超40家业内一流供应商,共同为用户打造起了全周期的服务生态。

下一步,仙豆智能将进一步深入了解用户需求,全力扩展用户运营能力,实现自我的用户驱动。未来,更将通过深耕AI建设能力,实现AI引擎的产品化,最终实现公司成长的数据驱动,从而真正成为一家面向万物互联时代、专注于出行场景的科技公司。

资料来源:仙豆智能首席产品官陈颖瑞:数字化升级重构汽车产业价值链.中国经营网,2021-07-22. http://www.cb.com.cn/index/show/gd/cv/cv1361373871497.

5.3.3 商业模式与战略规划

在很多资料中，商业模式和战略规划被混淆在一起使用。战略研究是20世纪50年代以来逐渐发展成熟的一个独立的管理研究领域。通常认为，战略规划是指一家企业制定的，使企业的经营目标与它的经营能力及变化中的市场机会相适应的一系列计划。战略可以将规划中的方案转变成实际管理行动。它的目的是使企业在变幻莫测的环境中，能够及时抓住可能的发展机会，逐步拓展企业发展空间。

战略管理包括战略定位、战略选择、战略行动三个主要过程，在每一个过程之下又包括几个要素，如图5-7所示。

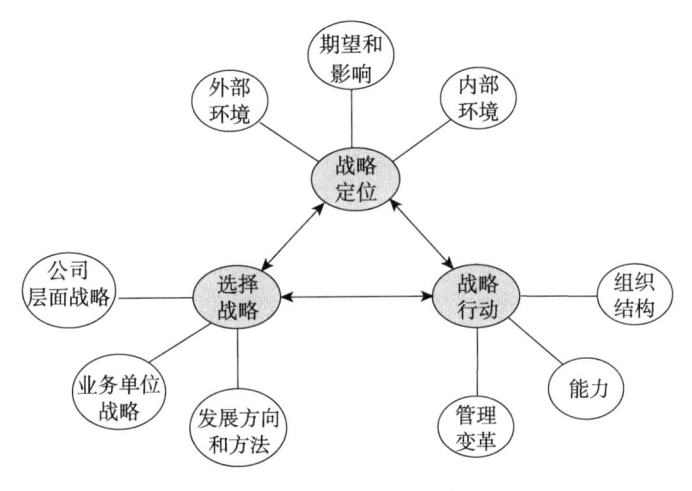

图 5-7 战略过程示意

（1）战略定位。这一过程需要考虑的问题是多方面的，包括外部环境、内部环境、核心能力及利益相关者的期望和影响。之所以要了解战略定位，是为了对影响组织现在和未来的主要因素进行分析，了解组织环境中存在的机遇和挑战，了解组织能力所在及其利益相关者的期望。

（2）战略选择。这一过程需要了解公司层面战略和业务单位战略的制定基础，并识别未来战略的发展方向和方法。这是在既有战略定位之下的选择，即具体战略方案以及方法需要与战略定位相对应，才能使战略方案的作用发挥到最大。

（3）战略行动。这一过程是确保战略转化为实践。战略不只是一个好主意、一份陈述或一个计划，战略的意义只有通过战略实施才能得以实现。这些实施方案和具体支持要素包括企业的组织结构、企业能力及企业所能实施的变革等方面。

商业模式与战略规划之间的联系和区别主要包括以下几个方面：

第一，商业模式和战略规划之间存在较大的交叉部分。二者都是针对企业的整体情况做出规划，对未来的发展做出预测。这导致实际中很多人对这两个在管理领域常常出现的概念产生混淆。实际上，我们在评价一个新创企业的成功发展过程时，常常感到难以区分的是，这个企业的成功是由于其正确的战略规划，还是由于其清晰的商业模式。例如，在腾讯的发展中，我们可以看到其坚持企业核心产品的开发，逐渐积累起大范围的用户基础，基于这一基础，再不断地向外扩张新的经营项目的发展过程。那么，严格区分商业模式还是战略规划促进了它的发展似乎极为困难。事实上，将商业模式和战略规划截然分离，对于创业成长的理解可能也是不利的。

第二，商业模式往往针对的是尚未成立的企业或者刚刚成立不久的企业。在创业活动中，商业模式一词被采用得最多。战略规划则相反，从该词诞生之日起，其针对对象就是成熟企业。在针对新创企业的研究中，战略规划也往往只限于竞争战略，即新创企业如何与市场上的大企业展开竞争，而公司层面战略则讨论较少。这是很容易理解的：公司层面战略需要更多的资源和能力来支持，所考虑的是企业的整体发展方向，而小企业能否生存都还是问题，更不用说有余力来考虑公司层面的发展问题。在后文的新创企业战略规划一章，我们讨论的重点也是竞争战略，而非公司层面的企业发展战略。

第三，商业模式所包括的内容更为细节化。战略规划往往只是针对企业的经营方向和经营方案，商业模式则需要包括整个创业活动的内容，不仅包括如何融资，也包括如何有效使用资金；不仅包括如何经营与客户的联系，也包括如何整合企业内部员工的力量；不仅包括企业经营方向的设计，也包括实际操作层面的设定，使设定的经营方案能够在实际中实现。事实上，这一特征是由创业活动的特征所决定的，由于创业活动的复杂性以及独特性，一些现成的成熟企业的管理思路和技术难以直接套用到创业活动上。因此，客观上就需要一个概念来从整体上概括和分析创业活动的关键特征，这就是所谓的商业模式。相对而言，战略规划毕竟只是企业各项管理职能中的一个组成部分，它不可能是对整体上企业管理活动的概括。

当然，对公司自身商业模式的透彻了解并不能取代公司的战略规划。战略规划凸显公司独特的和不能被模仿的能力，公司利用这些能力取得持续的成功。如果说商业模式指导日常运作，战略规划则告诉公司如何改变模式以利用市场变化和新的机会。不妨从家居易站的例子来分辨企业的商业模式与其战略规划。这一企业的商业模式依然没有脱离互联网电子商务的大范围，而它的战略规划则远远要比商业模式更具前瞻性和发展性。

用 21 年时间，去实现自己的音乐理想，是一种什么样的体验？2021 年 12 月 2 日早上，网易云音乐（9899）在香港联交所成功挂牌上市。网易 CEO 丁磊发布公开信《相信音乐的力量》。在信中，丁磊谈到了 21 年前的音乐梦想，总结了网易云音乐过去的三大创新，并首次公开了未来的三大探索方向。

2000 年网易上市当天，丁磊第一次对媒体公开说，自己的愿望是开一家唱片公司。从那时起，这个梦想就如影随形，与网易云音乐的成长轨迹环环相扣。移动互联网时代来临后，丁磊意识到，音乐和科技的结合将会非常有想象力。2013 年，网易云音乐正式推出，一路成长，现已成为中国领先的音乐社区。

在公开信中，丁磊回顾了网易云音乐的发展历程，总结了网易云音乐在产品创新、音乐社区、原创音乐等三个方面做出的创新尝试：

在产品创新方面，网易云音乐以高效探索、发现更多好音乐为目标，进行了歌单、AI 推荐、私人 FM 等一系列产品创新。丁磊认为，如果将人类的音乐作品比作一座庞大的图书馆,那么网易云音乐可以说是激活了这座图书馆的利用率,让音乐热爱者可以在更宽广、更多元、更跳跃的播放列表中,获取无穷无尽的惊喜。

在音乐社区方面,网易云音乐依托广大用户澎湃的创造力,成为一个凝聚几亿人情绪和情感的社区。在丁磊看来,现实世界瞬息万变,一个平台也许很快会被另一个平台取代;但一个靠情感连接起来的"村落",很难被复制或者取代。

在原创音乐方面,网易云音乐创造了一系列机制,让原创音乐人的作品可以更好地被听见。音乐人不仅能获得更好的发行、推广、结算等支持,还可以收获更多动人的交流和互动。在网易云音乐,再小众的创作,再"透明"的音乐人,都能遇到知音和赞许。

"在旧的路上走上千遍,你也难看到新的风景。反而是那些无章可循的路,才可能通向新的大陆。"丁磊说,过去,我们一直坚信,不循旧章才可以给用户带来一些新的招数和惊喜。未来,网易云音乐将步伐迈向更辽阔的疆域,将目光投向更深邃的人心,做更大胆的探索。

在公开信中,围绕产品创新、音乐社区及原创音乐,丁磊首次公开了网易云音乐的三大探索方向:

第一,网易云音乐要经营声音的生意。丁磊表示,未来的网易云音乐更像是一个声音的宇宙,为用户提供音乐、播客、直播、K歌、有声剧场、电台等丰富的内容和体验。

第二,网易云音乐要连通更多人心,要用更多新奇的内容、玩法、手段,让每个用户从过客变成参与者、创作者;用越来越多的创作力量完善云村的基础建设,让网易云音乐变成"一歌一村落"。

第三,网易云音乐要持续加大对音乐人的支持和投入,不只是让梦想赚到钱,更是把梦想推向一个更大的舞台;同时要放眼全球,帮助音乐人成为C-Pop的先锋,让中国的声音走向世界。

丁磊在信中直言,中国原创游戏的无人区,我们已经走过一次;中国原创音乐的无人区,无非是再走一次罢了。这是我们不容推卸的责任,也是我们必须探索的未来。网聚热爱的力量,网易云音乐将如初生时一样,继续穿越数字音乐的"无人区",持续引领中国在线音乐发展。

扩展阅读 5.2 网易云音乐上市 CEO 丁磊公开信

资料来源:丁磊发布公开信:网易云音乐不止做音乐,还要经营声音的生意. 财经网,http://www.cb.com.cn/index/show/gd/cv/cv1361506121492.

5.4 本章总结

本章介绍了商业模式的基本概念以及独特属性,在此基础上,讨论了商业模式的构建过程。对于准备创业的创业者来说,商业模式是创业之前所有设想和准备的总结,也是对企业创立起来之后发展模式的设想。因此,创业者必须清晰、细致地定位自身的商业模式,完成创业准备,并且应对企业的发展需要。

复习题

1. 对于创业者来说，商业模式是不是必要的？
2. 为了设计清晰可行的商业模式，创业者需要把握的最关键要素是什么？
3. 商业模式一旦发生调整，是否企业的战略也要随之变动？

即测即练

自学自测　扫描此码

本章案例

新式茶饮江湖大变局

2012年，喜茶创始人聂云宸只有21岁，带着开手机店所赚的20万元，决心再次创业。聂云宸说："开奶茶店门槛不高，它可大可小，往大做可以把中国年轻茶饮做起来，往小做可以从一个小档口做起。"于是，皇茶ROYALTEA诞生了，这就是喜茶的前身。由于无法注册商标，故注册品牌喜茶HEYTEA，总部位于深圳。

当时奶茶属于"粉末时代"，茶粉和奶精，再兑矿泉水，最快只需要十几秒，一杯奶茶就完成了。使用粉末，方便快捷，成本低得惊人。

"虽然这个粉末是合法的，但我不想用。奶茶行业很多商家喜欢用粉来加入奶精，奶盖有奶盖粉，水果用果粉，什么乱七八糟的粉都有。这东西是不好的，我自己作为消费者，不想把它吃进肚子里。"聂云宸直言。

"从零开始，没有任何基础，光是了解奶茶结构就花了很长时间。"聂云宸回忆。他把市面上的主流饮品店都了解了一番，包括港式奶茶、台湾珍珠奶茶等。后来他发现，杧果跟芝士是点单量最大的配料。因此，他创新性地将芝士和奶盖搭配。终于，喜茶推出了一个在当时属于颠覆性的产品——首创芝士奶盖茶。抛弃了传统的粉末，使用新鲜的芝士、鲜奶、茶叶现泡茶底。喝之前抿一口香醇的奶盖，直到如今，这也是无数消费者下意识的习惯。这一杯茶，一经推出就广受好评，彻底挽救了门店冷清的生意。

截至2021年2月，喜茶已有774家门店。喜茶的开店选址多在年轻人群和高消费人群集中、人流量大的地方。在深圳地区，三大主力商圈（罗湖区东门商圈、福田区华强北商圈、南山区南山商圈）均可见其身影。深圳宝安机场也有其新开设的店面。在安徽合肥，喜茶开在百盛商场、银泰商场、万达广场、万象城等地，这些都是人流量大、高消费人群居多的商场。

喜茶主打"灵感之茶"，靠着长期的社交媒体营销和各类跨界联名，将自己包装成为潮流IP。在合肥的一家店内，《中国经营报》记者也看到了"灵感之茶""灵感茗想"等宣传语。新颖的概念和仪式感不仅受到年轻人的追捧，也受到资本的青睐。喜茶迄今已获 5 轮融资，估值节节攀升。2020 年估值为 160 亿元，随着今年 7 月第 5 轮融资落地，估值高达 600 亿元。

关于喜茶上市的传闻也一直没有中断过。一方面，喜茶作为茶饮行业中的头部品牌，多项指标处于行业领先地位；另一方面，早前否认上市的奈雪的茶也已上市。市场常有猜测，喜茶是不是也要上市了？

今年 3 月，有消息称喜茶正式启动赴港上市的手续，中金瑞银已为其安排管理层路演。对此说法，聂云宸在朋友圈辟谣称，今年喜茶没有任何上市计划。

以喜茶为代表的新式茶饮，经营模式和以往有何不同？咖啡茶饮专家、国际注册高级饭店培训师李强认为，"以往茶饮是卖产品，如今是卖品牌。在街边店奶茶时代，真正有组织力、执行力，产品能够保持迭代的品牌是很少的。市场所谓的品牌大多数是在那些'快招品牌'带动下，个人创业产生的散兵游勇式的'档口'，看似规模大，但缺乏真正的品牌凝聚力。所幸的是，有少数品牌坚持到了最后，CoCo 奶茶、贡茶就是其中的代表，它们为后来出现的喜茶、奈雪的茶等品牌奠定了扎实的基础"。

由于行业进入门槛较低、产品配方容易模仿等因素，各家新式茶饮公司的产品同质化程度偏高，时常为外界所诟病。但对比几家头部企业的成长路径和发展情况，亦能看出各家的差异化定位情况与各自优劣势。

蜜雪冰城抢占了行业低端市场（单价 10 元以内）和中端市场（单价 10~20 元）。与其相似的玩家众多，竞争激烈，一点点、益和堂、CoCo 都可、古茗、书亦烧仙草等遍布各个城市。

喜茶、奈雪的茶同为行业高端品牌，主要在一二线城市发展，并坚持自营模式。华西证券的报告显示，截至 2020 年 12 月，喜茶高端市场占有率为 25.5%，高于奈雪的茶 17.7%。对比来看，喜茶是坚持自营的新茶饮品牌中，门店数量最多的、投资者阵容最豪华的品牌。奈雪的茶门店数量紧随其后，同时也是上市进程最快的。从财务数据来看，奈雪的茶招股书显示，公司目前仍处于整体亏损状态。而喜茶已经处于整体盈利状态。

蜜雪冰城则以加盟店模式发展，这让其在三四线城市占据大量的市场，也是几家头部品牌中门店数量最多的品牌，已经达到上万家。相对喜茶、奈雪的茶来说，蜜雪冰城的产品以性价比著称，价格定位更加平民化。其产品价格都在 10 元以内，是喜茶的三分之一。高性价比也反映出蜜雪冰城供应链等方面的综合实力。蜜雪冰城在融资速度上较慢。直到今年 1 月，蜜雪冰城才完成 20 亿元人民币的 A 轮融资，投资方为高瓴资本、美团龙珠，本轮融资后蜜雪冰城估值约 200 亿元。

高端路线赛道玩家奈雪的茶、喜茶两者同质化竞争严重，单价高、不盈利让它们陷入困境，烧钱也是必然。高端市场注定要吃资本饭，但资本青睐的始终是市场。与之不同的是，下沉市场拥有更大的市场空间，肉眼可见，蜜雪冰城凭借"低价"迅速围剿，蜜雪冰城加盟店随处可见，门店突破一万家，盈利能力加速增长，门店的数量以及用户的复购率证明了它的实力。

从某种程度上看，奈雪的茶和喜茶就如同餐饮界的西贝和海底捞，两家同样发源于广东的新茶饮品牌，却走出了截然不同的道路：奈雪的茶对标星巴克，将重心更多地放在"第三空间"（居所、工作场所之外的场所）的场景化上，喜茶则更加注重效率和茶饮日常化，将外卖作为重中之重。

打造"第三空间"，真的是中国新式茶饮的出路吗？钛媒体研究人员汀一认为并非如此。因为通过对标星巴克可以发现，相较于中国新式茶饮，咖啡更加具有功能性和商务性。新式茶饮更多的则是用于满足消费者的情感需求和娱乐需求。此外，"第三空间"更烧钱。奈雪的茶招股书显示，拥有 501 家门店的奈雪的茶的净利润仅为 0.2%，利润水平单薄的主要原因在于公司门店的高经营成本。其中，最主要的成本包含原材料成本、员工成本、租金及固定资产折旧成本等。

汀一认为，如果奈雪的茶继续秉持大店战略，持续进行门店数量扩张，在不能像星巴克通过咖啡豆和周边产品盈利的情况下，未来有可能被"第三空间"拖垮。

奈雪的茶曾表示，不会削减原材料成本，而是通过快速扩张门店来实现盈利。但是，2020 年奈雪的茶营收增速 22.2%，成本增速却高达 98.41%，快速的扩张并没有换来对等的营收增速。或许是迫于此，奈雪的茶在招股书中表示，在未来两年的门店拓展计划中，约 70% 的门店将被规划为规模较小、分布更为密集的奈雪"PRO 店"。全新店型一方面通过减少烘焙设备及门店人员来降低运营成本，另一方面设计了更为丰富的业务类别，售卖预包装零食、茶包、伴手礼、汽水、咖啡等，试图进一步靠近高端消费客群。

喜茶则选择了一条和奈雪的茶截然不同的道路。

自 2019 年喜茶建立了第一家"GO 店"开始，喜茶就选择了大店和小店组合的打法，通过 150 平方米左右的喜茶标准店来持续建立喜茶品牌价值观，进行品牌文化输出，继而通过小型的"GO 店"来加快门店渗透率。相对于面积大、员工人数多的标准店，"GO 店"的规模更小，因此投资回收期更短，盈利的可能性也更高。

目前，受制于新式茶饮的制作模式，新式茶饮品牌无一例外选择的都是"茶+水果+小料"的模式。这也导致了新式茶饮品牌中同质化现象严重，缺少差异性。例如，配料相似的一杯茶饮在喜茶可能是芝芝莓果，到了奈雪的茶就成为了霸气芝士草莓。

新式茶饮经营者不能局限于提高销量，把竞争对手挤压下去的思维当中，更需要思考的是，如何利用创新，通过形成品牌的吸引力，在同质化竞争中脱颖而出。消费者、资本青睐新式茶饮的背后，还隐藏着一个事实——新式茶饮并没有看起来那么赚钱。

奈雪的茶招股书显示，公司目前仍处于亏损状态。2020 年前三季度净亏损 1.3% 即 2751 万元，疫情前的 2019 年全年，也有 3968 万元亏损。即便经调整后，2019 年前三季度、2020 年前三季度净利润率也分别仅有 1%、0.2%。

新式茶饮品牌需要注意的是，如何避免陷入"烧钱扩张"的困局，把控制成本、缩短投资回收期作为经营的重中之重。

新的茶饮时代，品牌亦不能简单把公司作为连锁店，而应作为一家供应链企业。此外，茶饮品牌应利用自身规模优势，推动供应链向标准化和规模化发展，保证高品质原料供应，保证门店、仓库库存管理一体化，保证产品口味的稳定和统一。

如今的茶饮市场，其背后的商业模式、供应链都变了，从本质来看是一场产业重塑。只有紧跟时代潮流、顺势而变，不断更新产品技术，才不会被市场淘汰。

开店容易守店难,做火容易做活难。新式茶饮如何能沉淀品牌,积累持久稳定的顾客群,都是需要经营者不断思考的课题。

资料来源:郝嘉奇. 新式茶饮江湖大变局. 中国经营网,2021-08-28. http://www.cb.com.cn/index/show/gs5/cv/cv12534818178.

思考题:

1. 新式茶饮的商业模式是怎样的?有什么优点和缺点?
2. 新式茶饮未来可能如何发展?
3. 餐饮企业该如何处理连锁店与供应链之间的关系?

第 6 章

商业计划书撰写

"一切都是由直觉开始的,"新加坡的一家创业公司 Investopresto CEO Anand 说:"我说的不是某种与生俱来的神奇直觉。我所指的是只有通过努力工作成为专家的过程才能获得的直觉。""我认为,成为某一市场的专家也是如此,创业者需要亲临战壕,在创业之初,这意味着学习、辩论、探索、扩张、发现,当然,还要把这些都记下来。"

条理分明、深思熟虑、内容完整的商业计划书能向投资者证明,该创业者对企业有足够的重视,会下真功夫。它也能证明,"该创业者精通自己的业务。成功仰赖的是勤奋努力和独一无二且考虑周全的观点,而非纯属运气。如果我可以用连我母亲都看得懂的方式把它写下来,那么我就可以对自己证明,我很在行!"Anand 说。

你应该坐下来,在投资前把问题和困难彻底解决。遗憾的是,大多数创业者却因一些状况而失败了,这些状况其实是可以通过计划轻易避免的。假如我们单凭在喝咖啡时的臆想来向前发展,不与顾客交流,我们可能会进入完全错误的方向。

这里还有第二个原因,也许是我们必须经历商业计划之苦的更为重要的原因。一旦你做了这些研究,你将能够在现实生活中变得更灵活并富有想象力,因为你对自己的公司和市场工作了如指掌。这样,你在现实生活的环境中就更有能力运转自如。投资者知道你的经营模式处于进展中,并未固定。所有经营模式将改变,因为市场是活的,并且不断演变。

这也是为什么投资者希望创业者能不畏艰难、肯花时间做商业计划来建立对市场和自己公司的直觉。

资料来源:Eric Tachibana. 把商业计划书当作健身房的私人教练[N]. 第一财经日报,2013-03-15(C08).

【本章学习目的】

1. 掌握商业计划书的特点和构成。
2. 掌握商业计划书的撰写方案。
3. 掌握商业计划书的注意事项。

通常认为,商业计划书对于企业的发展和成功至关重要。一份有效的商业计划书可以帮助创业者清晰地定义自己的商业目标和愿景,指导创业者如何有效分配有限的时间、资金和其他资源。对于寻求外部资金的创业者来说,商业计划书是向投资者展示其商业理念和潜力的重要工具。不过,商业计划书确实有可能产生一些负面效果。比如,如果商业计划书过于详细和僵化,可能会限制企业的灵活性和适应性,导致错失机会。如果商业计划书过于关注现有的业务模式，可能会忽视创新和新的机会。要避免这些负面效果，重要的是要确保商业计划书是灵活的、现实的，并且能够适应变化。它应该是一个动态的文档，随着企业的成长和市场条件的变化而不断更新。同时，创业者应该保持开放的心态，愿意根据实际情况调整计划，并利用他们的直觉和经验来指导决策。本章主要介绍商业计划书的撰写方案，以期为实践中的创业者提供这方面的指导。

6.1 商业计划书的基本概念

6.1.1 商业计划书的概念理解

作为管理流程中的一项重要职能，计划是组织根据自身的能力和所处的环境，制定组织在一定的时期内的奋斗目标，并通过计划的编制、执行、检查、协调和合理安排组织中各方面的经营和管理活动，优化配置组织的各种资源，取得合理的经济效益和社会效益的管理职能。计划的主要功能包括为企业指引方向和目标、帮助企业发现机会与威胁、经济合理地进行管理、提供控制标准等。

从字面上看，商业计划书（business plan）本身也是计划的一种。因此，计划的特定功能和作用，商业计划书也都拥有，但是，由于商业计划书的特定作用对象和出现阶段，商业计划书有其独特的功能，在撰写方面也需要注意其独特之处。

商业计划书的应用对象通常是尚未创立而准备创立的企业，或者刚刚创立不久的企业。从创业过程的整体视角来看，商业计划书的编写是一个承上启下的环节，如图6-1所示。对一份典型的商业计划书来说，它是对新企业创业之前的所有准备工作的总结和整合，对于创业者来说，必须对创业机会、创业团队、创业资源、商业模式等方面有综合性的认识之后，才可能有一份非常良好的商业计划书。另外，有效的商业计划书也可以作为下一阶段企业经营规划的有效指导，新创企业的成长管理活动，包括融资、战略、营销、人力资源等各个方面的管理措施，都可以在商业计划书的指导下进行，因此，商业计划书的撰写对于创业过程意义重大。

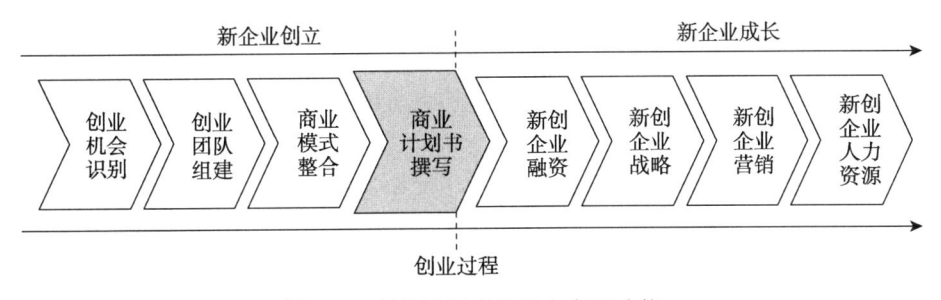

图 6-1 商业计划书的承上启下功能

除了适用对象的特殊性，商业计划书较一般的计划更为全面。商业计划书可以说是一份全方位的计划书。企业的成长经历、产品服务、市场、营销、管理团队、股权结构、组织人事、财务、运营及融资方案，都必须在商业计划书中反映出来。

因此，商业计划书的核心内容是创业机会的特征，同时，围绕着创业机会的识别和开发，这一系列活动的书面化体现也就是一份完整的商业计划书。因为创业机会同时也是商业模式的核心内容，因此商业计划书也可以看成商业模式在书面上的体现。

综合地看，创业者撰写商业计划书的目的通常包括三个方面。

1. 企业情况审视

商业计划书是从书面上对企业或者创业团队的整体状况进行审视。在很多情况下，这一举措是不可代替的。尤其是在正式创业前，创业者最好能够撰写一份正式的商业计划书，来系统地回顾企业所拥有的资源与优劣势。由于写到了纸上，并且需要注重内在的逻辑，创业者以及创业团队就会不断地思考曾经的创业设想是否合理、准备是否充分。在此情况下，创业者的商业模式会进一步细化，未来的战略规划也会更加清晰。此时，商业计划书的撰写是其他形式的讨论、交流、沟通、思考所不能代替的。

2. 未来战略规划

在创业行动尚未开始的时候，创业者就应当对企业的未来战略规划有所设想，尽管未来的市场环境变化可能随时发生，但是创业者至少应当指出新创企业的可能战略方向以及相应的配套支持。为了不至于在市场环境变动的时候惊慌失措，事先准备好战略规划是非常必要的。商业计划书为战略的整合和设想提供了一套有效的模板。企业为何形成战略？其相应的战略支持和影响因素是什么？通过系统化的撰写过程，创业者对于创业的设想将会更为明确。

3. 创业资源获取

这是撰写商业计划书的直接目的。出于正式规范的考虑，创业者必须向资源提供方提供一份翔实的商业计划书，以体现自身的诚意。资源提供方也愿意通过书面的材料结合面谈来了解创业者和创业团队。否则，在合作洽谈时，缺少书面材料而只是通过创业者口头交流，势必降低对方对自己的评价。

扩展阅读 6.1　乐刻运动加盟书

6.1.2　商业计划书的分类

编写商业计划书的直接目的是获取资源，因此，根据资源类型的不同，商业计划书也存在不同的分类（见图6-2）。

1. 针对资金资源的商业计划书

这一类商业计划书主要用于面向投资者，特别是风险投资者募集资金。面向投资者的商业计划书是最重要的一类商业计划书。投资者评估投资项目首要的评估资料就是商业计划书。如同求职自荐书一样，一份简练而有力的商业计划书能让投资者对投资项目的运作过程和效果心中有数。投资者只有从商业计划书中获得所需的项目经营资讯后，才会做出是否投资的决策。这一类型的商业计划书在撰写过程中要注意以投资者需求为出发点。一份能够吸引投资者注意的商业计划书，必须说明创业者的项目有足够大的市场容量和较强的持续盈利能力，有一个完善、务实和可操作的项目实施计划，有完全具备成功实施项目素质能力的管理团队并且具备项目运营的成功保证。许多创业者往往因为商业计划书在这些方面有所欠缺，甚至连约见投资者的机会都没有。由于这一类型的商业计划书的典型性，本章在后续内容介绍中，也是以这一类型的商业计划书为例予以说明。

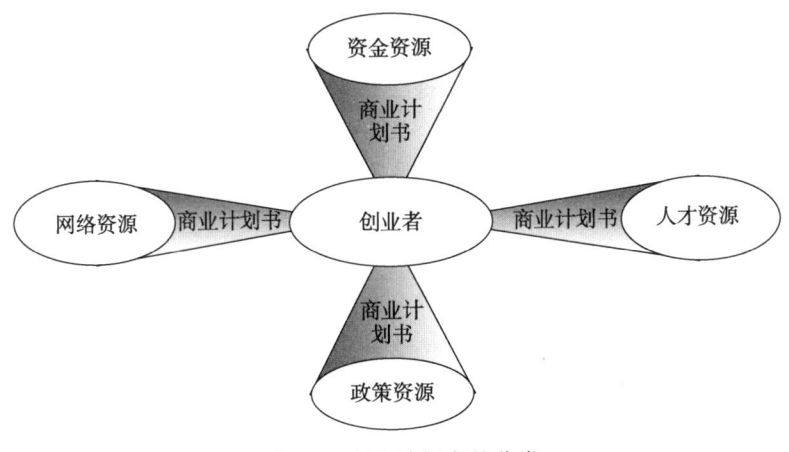

图 6-2　商业计划书的分类

2. 针对人才资源的商业计划书

这一类型的商业计划书是为了获取创业团队的新成员以及有特定意义的关键员工。在最初准备创业的时候，创业者往往是从身边的亲朋好友中寻找创业伙伴。这种方式可以在很大程度上降低交易成本，并且有利于创业初期资源的整合，但是一旦企业做大，或者创业者的商业模式逐渐成熟，创业者将会尝试从并不熟悉的人群中寻找新的合作伙伴。此时，一份结构清晰、前景良好的商业计划书对于吸引创业团队成员相当有用。这一类型的商业计划书不仅要清晰地阐明企业的商业模式和未来发展规划，更要对如何吸纳新的合作伙伴、如何针对这些合作伙伴分配利益和权限作出说明。

3. 针对政策资源的商业计划书

对于国内的创业活动来说，政府部门所制定的支持性政策具备重要意义。只有在政策允许和鼓励的条件下，高科技企业才能获得更多的国内外人才、贷款和投资、各种服务与优惠等。为了赢得这些资源，一份商业计划书也是必要的。这一类型的商业计划书类似于传统的项目可行性分析报告，在商业计划书中，应当强调企业的项目投资可行性，尤其要着重关注企业的社会收益和社会成本，只有项目的社会影响较为良好，才有可能成为政府部门关注的对象。

4. 针对网络资源的商业计划书

这一类型的商业计划书主要是针对企业大型客户群体、原材料供应商、行业协会等可能合作对象。在创业过程中，有效的合作关系对创业者的帮助是非常大的。为了有效获得这些合作关系，在必要的时候，创业者也往往需要向合作伙伴提交商业计划书，阐明自身的优劣势以及双方进一步发展合作关系的有利之处。基于这一要求，商业计划书就要有针对性地指出具体的合作方案，以及合作双方可能获取的利益。

无论是哪一类型的商业计划书，创业者都需要在计划书中清晰地阐明企业的现有资源和能力，以及企业未来的发展模式。如果未能做到这一点，那么无论在吸收哪个方面的资源时都会遭遇障碍。

1995年，杰夫·海曼足足花了七八个月时间才完成一份关于开发招聘网站Career Central的商业计划书。到他写完的时候，这份计划书足足有150页。当时和他同在硅谷的同事都对这份计划书的完整缜密赞不绝口，最后他也确实成功拿到了创业所需的50万美元启动资金。但是，每当回忆起这件事时，他总是忍不住要想，这么长的时间是否花得值得呢？

去年，海曼在芝加哥有了另一个创业灵感——以数据跟踪为特色的减肥中心Retrofit。这一次，他没有花很多时间来写商业计划书，而是用了四个月的时间来考察自己的想法，走访潜在消费者、分销商和肥胖问题专家，彻底了解相关市场。经过一百多次访谈后，他写出了一份仅有两页纸的商业计划书。最后，他就靠这两页纸拿到了创业所需的270万美元启动资金。

资料来源：Marcia Layton Turner. 只有一页的商业计划书[J]. 创业邦，2012（11）：102-104.

6.2 商业计划书的注意事项

6.2.1 商业计划书的构成要素

为了清晰地传递创业者的主张和企业的发展规划，无论是哪一类型的商业计划书，都必须阐明一些必要的关键要素，这些关键要素缺一不可，包括以下几个方面。

1. 产品

这一要素指的是企业所提供的核心产品或者服务，也即创业机会的产品特征。在商业计划书中，应提供所有与企业的产品或服务有关的细节。作为一个创业者，不仅必须对自己所能提供的产品有信心，同时还应该能够把这一信心传达给他人。只有投资者对产品也同样产生了兴趣，他们才愿意进行投资。为了传达这种信心，创业者应当尽量给出清晰的证据来论述产品的价值。对于创业者来说，产品及其属性特征非常明确，但其他人却不一定清楚它们的含义。制订商业计划书的目的不仅是要让投资者相信企业的产品会在市场上产生革命性的影响，也要使他们相信企业有实现它的能力。要通过商业计划书对产品的阐述，让投资者感到投资这个项目是值得的。

2. 市场

这一要素主要指的是创业者所要面临的行业市场特征，也即创业机会的市场特征。创业者的行动总是要在一定的市场上进行。产品需要在市场上卖出，创业者的营销行动和战略规划也需要依托于一定的市场。商业计划书要为投资者提供创业者对目标市场的深入分析和理解。要细致分析经济、地理、职业及心理等因素对消费者选择购买本企业产品这一行为的影响。只有市场前景明朗、成长性良好的项目，才有可能真正吸引投资者。当然，这些关于市场状况的分析和前瞻，同样需要充分到位的论证说明，而非创业者的主观臆断，这样才有可能真正获得投资者的关注。

3. 创业团队

创业团队是创业成功的首要保证。创业机会能够得到持续开发并且转化为一个成功的企业，其关键的因素就是要有一个强有力的创业团队。如果团队成员拥有较高的专业技术知识、管理才能和多年工作经验，对于投资者的吸引力也会更大。很多情况下，创业者是首次创业，团队成员也大多没有相应的管理经验，此时，创业者也需要据实说明这一情况，而不能做无谓的夸大，不实的说明只会带来适得其反的结果。当然，即使是创业团队成员本身没有太多闪光之处，创业者也应当说明他们对创业活动所进行的充分准备，以及创业的意志和决心，以表明团队成员的凝聚力和奋斗精神。

4. 企业经营状况

这一要素是针对已经创立的企业，如果创业者是在创业之前撰写商业计划书，那么这一要素可以不用着笔。创业者需要说明自企业创立以来，企业的经营状况是怎样的，以显示企业的良好经营历史和一定的发展潜力。如企业曾经获得某些独特的资源，或者和某些重大的合作伙伴有过合作关系，这些都足以构成商业计划书中的亮点。

5. 市场开拓方案

这是企业竞争战略中最为重要的一环。投资者一般都很关注创业者准备如何销售自己的产品。虽然在产品部分，创业者可能将自己的产品轮廓勾画得非常美好，但是产品能否被市场上的客户所接受，这些还是未知数。如果市场开拓方案不到位，甚至存在较大的失误，那么即使产品再好、再有吸引力，也难以实现预先的销售目标。这对于创业活动的推进将是致命的，投资者的投资也将付诸东流。因此，创业者应当阐明自己将如何推进产品销售活动，这些预期的方案和措施是否可行。

6. 企业成长预期

商业计划书是提供给投资者的指南性文件，而投资者更关心企业的未来发展状况是什么样的，他们所投入的资金能否及时回收。因此，创业者需要对企业的未来发展进行展望。在给出这些成长预期的同时，创业者需要给出预测依据，务必让投资者相信，所有关于企业的发展预测都是以事实作为依据的，而不是闭门造车式的臆测。

6.2.2　商业计划书的特征

从商业计划书的构成要素可以看出，商业计划书具有以下几个特征。

1. 客观性

客观性是商业计划书的重要特点。无论在论证哪一个关键要素时，创业者都必须依据充分的市场调研数据和客观的分析结果，而非创业者的主观判断。这些依据使商业计划书具有真实性，可信程度非常高，也使商业计划书的调整和改进（如果必要的话）立足于一个真实可信的基础之上。商业计划书的客观性来自实践，来自一线的大量信息和素材，这是商业计划书具有实战性和可操作性的基础，也是商业计划书能够吸引投资者的基本前提。

2. 实践性

商业计划书的实践性是指商业计划书具有可操作性。商业计划书不仅是对各方面创业准备的综合归纳整理，更是对未来创业成长的预期和规划。因此，商业计划书的分析结果必须是实实在在能够在实践中运用的。因为只有在实践运作中，商业计划书的企业成长预期价值才能实现，如果只是为了获取资源炮制了一份"看起来很美"的商业计划书，那这一商业计划书是毫无价值的。当然，在创业之初，对未来实践经营的细节进行设想也不现实，但是项目运作的整体思路和战略设想应该是清晰的。实战的过程中尽管可能作出若干调整，但项目的鲜明商业特点和可操作性是不能、不会变化的。

3. 条理性

商业计划书的条理性同样是一个非常重要的特征。商业计划书本质上是一份提交给投资者的投资指南，不同于一般的商业文件。为了展现企业的优势和发展机会，创业者需要把严密的逻辑思维融汇在客观事实中体现和表达出来。应当在商业计划书中展现创业者如何通过项目的市场调研、市场分析、市场开发、生产的安排、组织、运作等管理活动把所提出的战略规划付诸实施，把预想的企业成长变成切实的商业利润。论证过程应当条理得当，切忌华而不实，为了追求华丽的效果而失去内在的逻辑。

4. 创新性

商业计划书最鲜明的特点是它的创新性。这种创新性是通过其开拓性表现出来的。一份对现有经营模式亦步亦趋地简单模仿的商业计划书是难以吸引投资者的眼光的。对于创业者来说，商业计划书应当从创新项目、创新技术、创新材料、创新营销渠道等方面进行拓展，如果能够从整体上提出一个全新的商业模式就更具备吸引力。这种新项目、新内容、新的营销思路和运作思路的整合，才是商业计划书的最本质的特征，也是商业计划书不同于一般的项目建议书的根本之处。

6.2.3 商业计划书的撰写原则

为了更好地在商业计划书中阐明创业者的主张，在撰写商业计划书的时候需要遵循几个重要原则。

1. 目标清晰明确

这一原则跟商业计划书的阅读对象密不可分。不同的阅读对象有不同的关注重点，应当充分考虑这些关注重点如何在商业计划书中加以体现。切忌拿着一个依据通用模板写出的商业计划书来应对各种需求。

2. 关键要素齐全

商业计划书首先是对新创企业的全面总结，因此，全面性是商业计划书的一个重要的要求。企业的基本情况、市场分析、产品情况、创业团队等方面的内容都必须涉及，对任何一个关键要素的回避都将使商业计划书不完整，同时也会让投资者觉得创业者的准备不够充分或者可能在隐瞒什么情况，这些都会降低投资者的评价。

3. 语言清晰务实

商业计划书是一份商业报告，而不是文学作品。撰写者需要完成的是如何用直观朴实的语言把要传递的信息准确地传递出去。在这一过程中，切忌语言夸张或者含糊。语言夸张的弊端是显而易见的，撰写者在某个细节上过于夸大自身，一旦受到投资者的质疑，他就会对整个商业计划书的真实性产生怀疑。语言精确也是一个必要的要求，在计划书中尽可能不要采用"可能""好像"这类的词汇，每一个论据、每一项判断是怎样的状态，就应当据实说明。如果撰写者没有把握，也应当实实在在地写出来，这种态度反而会引起阅读者的赞赏。

4. 形式同样重要

虽然在很多情况下，我们都知道实质重于形式这一道理，但是显而易见，一份重点突出、编排得当、清晰整洁的商业计划书无疑对于阅读者来说在心理亲近程度上要更胜一筹。那些不愿意在完善商业计划书的细节上花费时间的人，也难以让投资者相信他会更加专注地投入到企业管理工作中。

扩展阅读 6.2 即使你的理想是改变世界 也别写在商业计划书上

6.3 商业计划书的撰写

商业计划书通常有许多现成的通用模板，这些模板的特点不一，但是，在具体的内部结构上，往往有一些共同的地方。通常，一份典型的商业计划书可以分为以下几个方面：封面及目录、摘要、企业简介、市场分析、产品分析、创业团队、营销计划、生产计划、研发计划、财务计划、风险管理、退出策略，如图 6-3 所示。

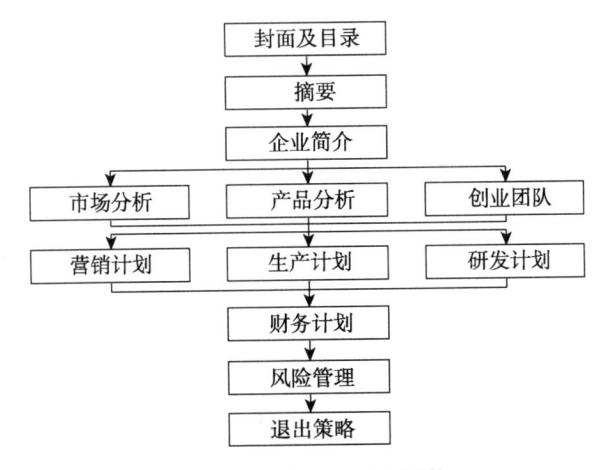

图 6-3 商业计划书的结构

6.3.1 摘要

商业计划书的摘要是风险投资者阅读商业计划书时首先要看到的内容。然而，摘要并不仅是商业计划书的前言部分，还是商业计划书的精华和核心内容所在。如果风险投资者在阅读摘要时没有看到闪光点，换言之，如果创业者没有在摘要部分立刻吸引住投资者的眼球，那么即使后续部分写得再动人，这份商业计划书通过的可能性也非常之小。因此，通过摘要，创业者应该能够使投资者，特别是风险投资者能马上理解企业的商业模式，快速掌握商业计划书的重点，然后做出是否愿意花时间继续读下去的决定。在摘要部分，应该重点向投资者传达下面几点信息。

- 创业项目的行业市场发展是蓬勃向上的。
- 创业项目的产品是具备独特价值的。
- 创业发展规划和商业模式有科学依据和充分准备。
- 目前的创业团队是坚强有力、协调良好的，完全可以为创业行动全力付出。
- 创业的成长规划和财务分析是客观实际的。
- 投资者的投资回报是客观而有吸引力的。

摘要是商业计划书的精华部分，在撰写商业计划书的摘要时，前面所提到的几个商业计划书的重要特征同样要在摘要部分得以体现。为了把摘要写得更出色，实际上很多创业者会首先完成整个商业计划书的主体工作，其次从中提炼出整个计划书的精华所在，最后才动笔写商业计划书的摘要部分。这样，在动笔之前，创业者对整个商业计划书已经有更清晰准确的理解，摘要的重点将更为突出，逻辑也更为清晰。同时，应该注意的是，撰写摘要时一定要文笔生动，风格要开门见山，引人注目，这样可以立即抓住重点。从篇幅上看，摘要一般只需一两页即可，切忌烦琐冗长、行文含蓄晦涩，让人难以捉摸。

6.3.2 企业简介

企业简介通常是商业计划书正文的第一个部分，在获取资源之前，创业者首先要进行自我介绍，让投资者认识自己。在很多情况下，即使创业者还没有建立起实际的企业，创业者也应当尽可能地对自己的创业设想和企业未来的发展规划作一番介绍。如果企业已经建立，那么在这一部分中，应当尽可能简明扼要而又全面地向投资者介绍企业的发展历史和经营现状，给予投资者尽可能多的关于新创企业及所在行业的基本特征信息。具体而言，可以从下面几个方面加以阐述。

- 企业概述，可以提供企业的地址、电话和联系人等信息。
- 企业所从事的主要业务介绍。
- 企业所属行业介绍。
- 企业发展历史与经营现状。
- 企业未来发展规划，指出关键的发展阶段以及主要的推动力。
- 企业组织结构设置。
- 企业的所有制性质，如果隶属于一个大型企业的子公司，则应该阐明它们之间的具体层级关系。

6.3.3 市场分析

市场分析是商业计划书主体部分的第一个重要成分，也是创业机会的核心特征之一。创业者应该懂得，风险投资者非常急于知道企业的市场状况和竞争势态。在对产品市场容量进行描述时，要避免将行业市场容量当成企业目标市场容量来描述。因为实际上，企业提供的产品只是在其中的某一个细分市场上销售。在市场分析部分，需要从下面三个层次分析。

1. 目标市场定位

目标市场是企业所关注的真正终端市场。创业者应当细分目标市场，并且分析到底能够实现多少销售总量、销售收入、市场份额和销售利润。在撰写商业计划书时，创业者需要重新认真审视创业机会。如果创业者在创业机会识别阶段并未认真定位市场的话，在商业计划书的撰写过程中，这一工作则是不可避免的。创业者可以采用以下几种标准来细分市场。

- 按地理区域、气候、人口分布、人口密度、城镇大小等地理环境细分。
- 按消费者年龄、性别、职业、文化程度、民族、家庭状况、经济收入、宗教信仰等人文特征细分。
- 按消费者的生活方式、购买频率、购买数量、商品知识、对营销方式的感应程度等购买心理特征细分。
- 按消费者寻求的产品的特定效用细分。

创业者可以同时选择几种标准来进行市场细分，选择其中的一个或几个作为目标市场，在这个过程中，要根据企业的目标、产品、优势与劣势、竞争者的战略等因素来分析目标市场的合理性。如果创业者已经掌握了一些订单或合作意向书，此时应当直接展示给商业计划书的阅读者，因为这些材料可以有力地证明，创业者的产品确实具有广阔的市场前景，并且已经切实找到了直接客户。需要注意的是，市场细分不是越细越好。企业的目标市场要足够大，以使企业能够赢利，否则投资者会对产品的市场前景产生疑虑，因为一般来说，企业价值的增长往往只有在市场潜力巨大时才有可能实现。

2. 行业市场分析

这是对企业将要进入的行业市场的分析，以便投资者能够估计企业的发展潜力。很明显，投资者不会因一个简单的估计数字就相信创业者的计划。因此，创业者需要对可能影响市场需求和购买行为的因素进行分析，使投资者能够判断企业市场成长性预期的合理性。创业者应当积极地利用现有的报纸、期刊、市场研究、行业分析报告，以及自己亲自调研的结果来说明市场发展状况。

相对于"创业机会识别"一章所强调的宏观层面和产业层面特征，在商业计划书的撰写中所需要强调的是产业层面的市场特征分析。创业者需要提供将要进入的行业市场全貌，讲述影响该行业发展的关键性因素，可以从以下几个方面分析。

- 该行业发展程度和未来趋势是怎样的，处于行业生命周期的早期还是成熟期？
- 该行业的总销售额以及利润率能达到怎样的规模，未来的发展趋势是怎样的？

> 是什么因素决定着它的发展——国家的整体经济走向、政策导向、社会文化变迁，或者是技术发展等其他要素？
> 企业在行业内部是否拥有良好的网络关系，包括与上下游企业、同行业经营者、客户群体、行业协会等？
> 在这个市场上活动的所有经济主体的概况，包括竞争者、供应商、销售渠道和顾客等。
> 进入该行业的障碍是什么，可能的跟随进入者多不多？

在进行市场层面分析的时候，一定要以充分的数据资料作为基础。很多创业者在撰写这一部分时，往往会附上实际调研调查问卷以及数据分析结果（通常附在商业计划书的最后面），以表明对行业市场的分析是基于实际数据的理性分析，而非臆断。

3. 竞争对手描述

竞争对手的分析是市场分析中的一个重要环节。投资者需要知道在未来的发展中，企业是否会遭遇强烈的竞争压力。因此，在很多商业计划书的模板中，往往把这一因素单独列出。这一部分主要对创业者可能面临的竞争产品及竞争企业做出描述与分析。这一分析不能仅仅停留在表面上，应当尽可能用相关的数据资料来说明，如这些竞争对手所占有的市场份额、年销售量及它们的财务能力等。同时，在竞争对手描述部分还需要对创业者与竞争企业相比所具有的优劣势进行对比分析。如果企业所进入的是一个全新的行业市场，那么在这里也需要说明不存在竞争对手的原因。原因必须充分，不能是创业者的主观想法。如果在未来会产生新的竞争对手，也必须指明存在哪些可能的竞争者，它们大致会在什么时候进入，又会带来怎样的影响。竞争对手分析可以从以下几个方面展开。

> 哪些企业是/可能成为提供类似产品的主要竞争者？
> 竞争者的基本情况和竞争战略是怎样的？
> 竞争者的财务状况和发展潜力如何？
> 与竞争者相比，自身的优势和不足之处体现在哪些方面？
> 创业者将以怎样的态度来应对竞争，能在多大程度上承受竞争者所带来的压力？

为了充分阐明潜在竞争者的优势和劣势，应当对最主要竞争者的相应销售水平、收入状况、市场份额、目标顾客群、分销渠道和其他相关特征等做出合理估计。与自身状况进行比较时，可以采用图表等形式来更直观地说明。要让投资者确信，企业的竞争战略是合理的，企业具有足够的竞争优势应对所面临的市场竞争。如果竞争者确实实力很强无法超越，也不应该避而不谈，有时候有兴趣的投资者往往能够帮助创业者解决一定的竞争压力。

6.3.4 产品（服务）说明

根据第 2 章的叙述，产品特征是创业机会的另一个核心特征。在分析完企业的行业市场特征之后，需要集中讨论创业者所能提供的产品具有怎样的特点。投资者在评估创业项目时，不仅需要知道企业生产和出售什么产品或服务，还要对产品本身能否适应市场的要求做出评估，这些结果可以对投资者的投资决策产生关键影响。

关于产品特征的描述，应该从两个方面重点考虑。一方面是产品的独特性，即与竞争对象进行比较，这一产品能够提供哪些额外的价值。正是由于独特性的存在，客户才会愿意购买创业者所提供的产品，资源提供者才可能对创业者及其团队感兴趣，如果创业者所提供的产品与其他企业并无两样，甚至是对现成企业的模仿，这将会大大降低创业项目的吸引力。另一方面则是产品的创新性，如果产品具备很强的技术创新性能，并且难以被竞争者所模仿，那么创业者的产品优势就是可持续的，这一产品就具备较强的吸引力。如果创业者或者核心技术研发人员拥有产品技术专利，也应当予以展示，这样可以充分证明创业者的产品能够有效防止他人的盗用和模仿。具体而言，对于产品特征的描述可以从以下几个方面进行。

- 产品的基本信息，包括名称、品牌、特征及性能用途等是否掌握？
- 市场上是否已经有或即将有同类产品？
- 与同类产品相比，产品独特性在哪些方面？
- 产品的价位如何，这一价位是否合理？
- 产品的市场前景和竞争力如何？
- 让顾客购买产品的关键性因素有哪些？
- 产品的技术含量如何？
- 产品是否拥有知识产权保护措施？

在产品说明部分，应当尽可能详细地说明产品的特征。如果产品本身还存在不完善之处，也应当给予必要的说明，并且指出下一步可能的改进方向，使投资者看到创业者在产品开发方面的努力，即使产品不尽完善，投资者也可能会和创业者一起寻找解决方案。如果企业有好几种产品或服务，那么最好分成几个独立的部分进行描述。对每一个产品进行必要的介绍，同时针对主要产品进行更为深入和详细的分析。

6.3.5 创业团队/管理团队

投资者在考察商业计划和新创企业时，"人"是非常重要的一个考察因素。从某种意义上讲，创业活动能否成功，最终要取决于该企业是否拥有一个强有力的核心领导者以及分工良好的管理团队。因此，投资者在阅读商业计划书时特别注重管理团队的考核评估。在一些商业计划书的模板中，管理团队的相关信息往往被直接放在摘要部分的后面，这样方便投资者能够很快看到管理团队的信息，增强投资的倾向。这一部分的内容主要包括两个方面。

1. 管理层展示

这部分主要是对本企业董事会成员及业务经营的关键人物进行介绍。对小企业而言，一般介绍 3 名左右核心人物即可，对稍大的企业来说，最多也不要超过 6 位，因为风险投资者寻找的是关键人物。在讨论管理层的时候，一定要突出那些对未来的事业发展具有特别意义的内容。经验和过去的成功比学位更有说服力，因此，如果有必要，也可以介绍团队成员的详细工作经历和个人背景。如果创业者拥有财务、公共关系、管理机构和其他方面的顾问，这些人物的展示也应当纳入这一部分介绍中，因为，拥有良好的外部顾问，也可以从一个侧面说明创业团队的成长能力和未来赢利可能。管理层展示的内容可以分为以下几个方面。
- 管理团队成员的基本信息（年龄、性别、籍贯等）。
- 管理团队成员的工作经历。
- 管理团队成员的行业经验。
- 管理团队成员的教育背景。
- 管理团队成员在产品设计与开发、财务管理、市场营销等方面的经历。
- 管理团队成员的职业道德、能力与素质。
- 关键雇员介绍。
- 咨询顾问、会计师、律师、金融专家及其他人士。

2. 团队分工和支持系统

在这一部分应该向投资者解释清楚：企业内部的职责是如何划分的，创业者如何把前面所介绍的团队成员配置到每一个适宜的岗位上，而且，随着未来企业的发展，是否需要发生调整和改进。创业者可以将企业的管理机构，包括股东情况、董事情况、各部门的构成情况等用一览表的形式或者其他明晰的形式展示出来。同时，创业者应该展示这些管理团队成员是如何激励的，可以在计划书中罗列出他们的薪酬构成，这样可以使投资者更相信管理团队能够以充分的热情来实现预定的创业目标。这部分内容可以从以下几个方面介绍。

- 企业的主要股东介绍，可以列出股东名称、直接或间接持股比例，以及相应的控制权限。
- 管理团队是怎样分工的，其依据是什么？
- 具体项目的负责人（如果存在一个特别重要的项目）是谁？
- 在一些特别经营区域内是否加强管理队伍？
- 团队成员薪酬制度（用数据说明）。
- 企业决策机制和冲突管理机制。

对管理团队成员的介绍既不能夸张，也不要过于谦虚，要实事求是地对其以往业绩做出描述，可以采用图表等方式对团队成员的情况进行对比分析。同时，在展示创业团队的时候，最关键之处是要强调其互补性，教育背景或者工作经历太单一都不利于吸引风险投资。

6.3.6 营销计划

营销计划回答的是创业者如何实现市场上的销售。任何一个投资者都十分关心企业在推出产品时的营销策略，因为市场营销极富挑战性，它设计的好坏可以充分展示创业者的创业能力。营销计划是系统性的经营计划，包括产品从生产现场到达终端用户手中的全过程。一个完善有效而又符合企业实际情况的营销计划可以大大增强投资者的投资决心。因此，创业者必须认真对待这一部分的撰写，必要时可以寻求市场营销专家和管理咨询顾问的帮助。在商业计划书中，应该说明以下几个方面的问题。

1. 营销规划

这部分阐述创业者对于营销活动的整体规划，以及创业者为了实施这一营销活动所做的准备工作和相应的支持配套工作。创业者需要结合前面部分所论述的行业市场分析和产品说明来阐述企业的营销规划，可以从以下几个方面展开论述。

- 企业的总体营销计划设置。
- 营销机构和营销人员配置。
- 市场渗透与开拓计划设置。
- 一般的销售程序介绍。
- 预期的销量和发生时间。
- 市场营销中意外情况的应急对策。

2. 分销渠道设置

分销渠道是使企业的产品到达消费者手中的有效渠道。从这一部分开始，创业者需要深入营销规划的细节，从各个不同层面对营销战略进行综合讨论。

无论创业者将要开发的是哪一类产品，都必须意识到销售渠道的重要性。为了有效进行市场推广工作，创业者无论是准备自建销售渠道，还是与现有的一些经销商或代理商合作，都必须在商业计划书中得以体现。在很多情况下，虽然创业者的产品非常有吸引力，但是由于销售渠道混乱，导致产品在推广、销售、售后等环节表现非常糟糕，这些都会在很大程度上造成企业不良的市场声誉，这对于初生的企业是致命的。因此，投资者在阅读商业计划书的时候，往往期望创业者能够提供明确的销售渠道建设说明。分销渠道介绍可以从以下几个方面论述。

- 预期的销售渠道构成以及实现方案。
- 销售队伍配置以及管理方法。
- 销售渠道建设中可能遇到的问题以及解决方案。
- 销售渠道发展方向和各阶段目标。

3. 产品展示和广告

在营销计划部分，还需向投资者展示创业者如何将产品投放市场，在一些情况下，这一部分工作可以由经销商或者代理商进行。但是，在很多情况下，作为刚刚创立的企业，在市场上毫无知名度，企业要想卖出产品，只能依靠自身的努力，进行适当的产品展示或者通过广告等促销手段来实现。一些对于创业活动较有效的促销手段包括赠送、提供折扣、礼品捆绑、有奖销售等方面，创业者需要论述可能采取的促销方案，以及这些促销方案能够生效的依据。这部分内容可以从以下几个方面论述。

- 企业将如何使企业的目标顾客群知道企业将要推出的产品？
- 企业将采用哪种类型的广告攻势？
- 企业是否参加行业会展，或独立开设产品展销会？
- 企业用于营业推广的费用支出是多少，这些费用是否给企业造成了巨大的资金压力？

- 企业在推广产品上将采用怎样的措施（应当具体而明确）？
- 企业预期的产品推广效果是怎样的，如果效果不佳是否有应对之策？

4. 产品定价策略

价格也是营销计划的重要组成部分。创业者需要说明产品的价位以及定价依据。通常的定价方法包括成本定价法、市场定价法、心理定价法等。这方面的内容可以参见本书的第9章。通常，作为新进入市场的创业者，需要综合考虑市场竞争的强度、创业者的竞争实力、产品的新颖程度，以及消费者的价格敏感程度等各方面的因素来制定价格。不论怎样，价格的高低与企业的盈利状况直接相关。创业者应当把主要的篇幅放在价格的制定依据方面，让投资者相信价格的制定是充分合理的，因而企业的盈利预期也是充分符合理性思维的。如果企业的产品种类较多，也必须分别予以说明，决不可贪图简单而省却必要的说明。定价部分可以从以下几个方面讨论。

- 产品的价格大致是多少？
- 制定价格的依据是什么？
- 与同类或者功能相似的产品相比，价格是偏高还是偏低，这种差距的依据是什么？
- 消费者是否对价格敏感，如果价格发生变动，将会在多大程度上影响销量？
- 产品价格未来的变动趋势是怎样的，为什么？

在营销计划部分，创业者需要说明创业团队将如何具体地实施上面提到的各个营销战略。为了形式上更为直观，也更容易吸引投资者的注意力，可以通过图表或数据的形式向投资者直接展示营销计划，让投资者确信创业者已经就销售目标的实现进行了周密细致的准备工作。

6.3.7 生产经营计划

生产经营计划也是商业计划书中的一个重要组成部分。在这一部分，创业者应尽可能把新产品的生产制造及经营过程展示给投资者。例如，生产产品的原材料如何采购、供应商的有关情况、雇员配置、生产资金的使用、相应的厂房、土地的规划安排等，这些生产流程的设置反映了创业者对于企业生产的规划程度。对尚未创立的企业来说，对于生产经营计划部分的设想充分反映了创业者的创业准备是否充足。生产经营计划的另一个重要作用是分析企业的生产经营成本，这些成本状况构成了企业未来财务计划的基础。通过生产经营计划部分，投资者能够了解到企业未来的生产投入成本规模，相对于企业的市场成长状况和产品受欢迎程度，这种投入是否过大、是否需要进行必要的压缩等问题。在生产经营计划部分，创业者可以从以下几个方面进行论述。

- 厂房和生产设施配置。
- 基础设施（水、电供应、通信、道路等）需求。
- 现有的生产设备以及将要购置的生产设备。
- 原材料需求和供应。
- 生产工艺流程介绍是否具备一定的成熟度？
- 生产过程中的关键环节介绍。

- 新产品的生产经营计划。
- 未来可能的生产能力调整(压缩或者扩张)。
- 生产经营的成本分析。
- 品质控制和质量改进能力。
- 生产过程需要什么样的人力资源(基层员工和管理人员)?

事实上,很多投资者希望从生产经营计划中了解企业是否需要某些进行大投入的固定资产或者其他生产设备。如果企业的生产需要这些大规模的固定资产投入,投资者在投资的时候就需要更为审慎一些。如果设备的专用性太强,那么以后万一需要出售的时候会比较困难,其抵押价值就比较低。同时,特殊的固定资产投资相伴随的往往是人力资源配置问题,如果企业需要一些特殊的设备,就可能需要招募一些具备特殊技能的人,对这些特殊雇员的招聘和管理较一般的雇员更为困难,这些对于创业者来说都是挑战。

6.3.8 研究与开发计划

对于高科技企业来说,这部分的介绍非常重要。研究与开发计划反映了企业在应对未来的技术发展趋势以及技术方面可能存在的竞争态势。即使创业者的产品一开始具备很强的技术领先优势,如果创业者不能持续地投入资金用于研发工作,在日益激烈的竞争环境中,其拥有的技术优势很容易被其他企业赶超。因此,在这一部分,创业者需要介绍企业研究开发投入的力度,同时必须指出这些研究开发投入要实现的目标,通过这些内容来表明企业在研发方面的主张。当然,在分析企业研发计划的同时,应当强调其市场应用的优势,也就是说,企业投入大笔资金研发的应当是一个面向市场需求、具备很强客户认可程度的产品和技术。如果没有强调这一点,研发计划部分的撰写很容易等同于一个科研机构的研发计划书。显然,对于投资者来说,后者对于他们没有更多的吸引力。在这一部分,创业者可以从以下几个方面论述。

- 未来的技术发展趋势。
- 公司的技术研发力量。
- 已用于研发的费用总额。
- 研发的计划发展方向和目标。
- 研发计划与企业的整体规划的结合程度。
- 研发的具体任务设置。
- 研发新产品的成本预算及时间进度。

创业者应该在仔细评估自己实力的基础上,对研发计划给出详细的说明,不可为了显示其研发的决心和态度,盲目拔高企业的研发实力,要知道,投资者,特别是风险投资者,往往对这一领域的技术非常熟悉,不切实际的展望只会带来更多的负面效果。

6.3.9 财务分析与融资需求

财务分析部分将是一个需要花费相当多时间和精力来编写的部分。投资者将会期望从财务分析部分来判断企业的未来经营的财务损益状况,进而从中判断自己的投资能否获得预期的理想回报。在财务分析部分,创业者需要根据商业计划书之前部分的分析,得出未来的财务状况分析,也就是说,每一部分的数据,都应当是根据之前的分析能够推导出来的。因此,财务分析也是商业计划书中所有分析和论述的最终着力点。这一部分的论述可以从以下三个方面进行。

1. 历史财务数据

这里主要针对的是已经成立的企业的历史经营状况。如果企业尚未成立,那么这一部分可以省略。企业过去的经营成果对投资者有重要的参考价值,如果企业过去经营良好,显然能够获得投资者更多的信任。如果企业过去的财务报表并不乐观,投资者对于企业的审查就会更谨慎。创业者应该提供过去的三年中企业的经营财务情况——也就是企业的近三年来的现金流量表、资产负债表和损益表及必要的财务指标。如果企业的历史财务数据确实不佳,创业者也应当找出其原因,力争让投资者相信,在未来随着企业的进一步发展,这些不利因素会得到改善。历史财务数据分析部分主要需要提供以下方面的内容。

- 三年以来的资产负债表。
- 三年以来的损益表。
- 三年以来的现金流量表。
- 常用的财务指标及相关分析。
- 财务状况分析,特别是针对不良的财务表现需要指出其原因和解决方法。

2. 未来的财务规划

这是财务分析部分的重点。创业者需要根据之前的营销计划、生产经营计划、研发计划,预测企业下一步的经营中的成本和收益。前面所分析的每一部分内容都应当在财务规划中得以体现,并且最终形成规范的财务报表供投资者参考。在财务预测中,需要注意的是,预测方法必须科学合理,如果创业者所面对的是国际投资者,这一方面尤其需要注意。因此,在财务规划方面要将预测依据、预测方法、预测结果一并展示,这样才能增加财务预测的可信度。当然,在财务预测中,为了得到分析结果,需要用到很多前提假设,创业者应当在这方面加强论述,确保投资者相信这些假设是合理的。财务规划部分可以从以下几个方面论述。

- 未来3~5年内企业运营所需费用。
- 预计吸收的投资数额。
- 未来3~5年的运营收入状况。
- 未来3~5年的财务状况预测(财务报表展示)。

在做财务规划时不要过分乐观或过分保守。清晰、精确、逻辑分明和论据充分的财务预测是赢得投资的最重要的因素。管理团队中应当有一位熟悉财务领域的专家,这样,在财务规划的同时,能够以更专业的眼光来完成财务规划过程。为了体现规划的细致性,在收入预测方面,如果有必要的话,应当对开始的一两年内每个月的收入和支出情况进行预测。基于预测结果,提供最初一到两年内每个季度的财务报表分析。当企业的发展逐步稳定下来之后,则只需提供年度的财务报表即可。

3. 融资相关问题

这一方面主要是对上一部分提到的融资需求的进一步补充。如果是第一次向投资者提交商业计划书，创业者需要提议几种可能的融资方式，从普通股、优先股和可转换债券等几种融资工具中向投资者提议一种。如果投资者已经对创业者具有较浓厚的兴趣，并且在融资方式上也已经有初步的意向，则创业者在此处只需要突出强调可能的融资方式。无论如何，创业者需要对融资方式的细节问题予以说明，特别是投资者可能的投入和收益，以免在一些投资者关注的地方有失精准。通常，创业者需要从以下几个方面论述。

- 融资方式选择。
- 融资抵押和担保情况。
- 融资条件（是否拥有特别的条款）。
- 资金注入方式，是否分期注入。
- 投资者对企业经营管理的介入，是否拥有一定的控制权和决策权。

通常，风险投资者在注入资金的同时，会要求一些相应的管理权限，以更好地监控企业内部经营。因此，在融资方式部分，尤其需要对这部分内容进行细化，以避免不必要的事后纠纷。

鉴于财务管理在一个公司经营管理中所占地位的重要性，以及财务管理与企业其他管理职能的密切相关性，财务分析规划的内容编制是否出色对于创业者能否获得投资具有十分重要的影响。因此，商业计划书的财务分析部分必须凸显专业性、科学性和合理性，同时，与其他各部分内容充分保持一致。必要时创业者可以请专业财务顾问帮助编写或给予指导。

6.3.10 风险分析

风险分析是商业计划书的必要构成部分。通过前面的论述，创业者可能已经为投资者勾画了一个非常完美的商业模式。但是如果缺乏必要的风险分析，这一商业模式将是不完整的。任何投资都会存在风险，投资者会尽可能地弄清企业可能面临的风险，以及风险的处理方案。因此，刻意地回避风险反而会让投资者失去信任。通常，对于创业活动来说，风险包括以下几个方面。

1. 市场经营方面的风险

这是企业在日常经营中所遇到的风险，由于初生的企业面临更大的市场动荡环境，因此市场经营方面的风险往往比大型企业大。在市场经营风险方面，创业者可以考虑从以下方面阐述。

- 市场不确定因素：在市场开拓中可能遇到的障碍。
- 生产不确定因素：在生产中可能遇到的问题。
- 技术发展不确定因素：在技术研发方面可能遇到的困难。

2. 管理团队方面的风险

作为新生的企业，其管理团队成员大部分属于新手，他们缺乏一定的社会历练和行业经验，因此，出现一些管理团队方面的风险是很自然的，不用刻意隐瞒，管理团队方面的风险包括以下几个方面。

- 管理经验不足：管理团队成员可能很年轻，或是这个行业的新手。
- 经营期限短：如果企业刚刚成立不久，经营历史短暂也会造成各方面资源的匮乏。
- 对企业核心人物的依赖：企业是否过分依赖核心领导者或者拥有关键技术的工程师。

3. 财务方面的风险

财务方面的风险主要指的是企业未来在财务上可能出现的问题，作为资源匮乏的初创企业，财务方面的风险相当大，主要包括以下几个方面。

- 可能的现金流危机：企业的现金周转是否存在较大不确定性。
- 企业是否有足够的清偿能力：如果企业遇上麻烦而不得不清算，那么投资能收回多少。
- 资源不足：如果企业的计划出现偏差并且影响企业的资源积累，企业可能会缺乏足够的能力来维持长久经营。

4. 其他方面的风险

除了上述三个方面以外的可能风险，如一些政策方面的不确定性，以及一些突发的事件，创业者都需要尽可能地予以阐述。

除了指出可能存在的风险，创业者更应当描述企业在应对风险方面的准备工作。风险并不可怕，面对风险手足无措才是对企业发展的致命伤害。因此，风险分析部分也是为了督促创业者在事先就想好风险的应对之策，这是创业活动的必要准备工作——如果创业者只看到了创业的收益，却忽视了创业的风险，那么一旦创业失利，由于没有及时的风险处理措施，所造成的后果就会成倍放大。

6.3.11 投资者的退出方式

商业计划书中如何保障投资者的退出是投资者所关注的重要问题。在阅读了前面探讨的一系列的市场分析和营销策略等方面的分析之后，投资者必然要关注他将获得多少投资回报以及其投资资金如何退出。因此，在这一部分中必须对企业未来上市公开发行股票、出售给第三者或者创业者回购投资者股份的可能性给予说明。为了让投资者能够放心地把资金注入新创企业，商业计划书所论述的退出方式应当详细具体，同时应当用客观数据来说明投资者可能获得的投资收益。这一部分可以尝试从以下几个方面论述。

- 投资者可能获得的投资回报。
- 公开上市可能，上市后投资者所持有的股份可以售出。
- 兼并收购可能，通过把企业出售给其他公司，投资者也能够收回投资。
- 偿付协议，如果企业未来难以上市，也不准备被收购，那么创业者将按照怎样的条款回购投资者手中的股份。

扩展阅读 6.3　好的商业计划书自己会说话

投资退出方式部分是商业计划书的最后一个部分，对这一部分不可掉以轻心。如果投资者不能够看到明确清楚的退出方式设想，即使前面的部分论述得再完美，创业项目对于投资者的吸引力也会大打折扣。在这一部分，创业者仍要坚持以客观充分的论据来阐述可行的退出方式，不要毫无根据地凭空想象。

6.4 本章总结

本章讨论了商业计划书的基本概念和属性特征，这是创业者在撰写商业计划书之前所必须认识到的，也是他们在撰写过程中时刻要记住的。随后系统地分析了商业计划书的撰写流程和注意事项。当然，没有任何一个模板是放之四海而皆准的，创业者不应该死抱住已有的模板不放，应当根据自身的实际情况，有重点、有层次地阐述自己所要表达的内容，以达到更好的创业项目展示效果。

复习题

1. 不同类型投资者的商业计划书在内容和论述过程方面有什么区别？
2. 以小组方式，寻找一个可行的创业项目，试着撰写它的商业计划书。

即测即练

自学自测　扫描此码

附录

一、项目概述[①]

2022 年 11 月，OpenAI 公司推出了人工智能对话聊天机器人 ChatGPT，这项革命性技术一经问世就迅速走红，成为史上增长最快的消费者应用。项目基于 AI 大模型，提出了"AI 大模型+工作流"的 AI 应用开发平台。用户可以在"小石小木"平台上根据需求搭建基于大模型的各类 Bot，并将 Bot 发布到各个社交平台、通信软件或部署到网站等其他渠道。

通过强化学习和群体智能的技术路线，"小石小木"项目提出"AI 是我们的影子"，将软件作为一种价值形态，并且重新定义了智能化时代的软件，研发针对不同用户需求场景的软件形态。小饭是小石小木推出的第一个多智能体应用开发平台，旨在帮助用户轻松创建定制化的 AI 工作流效率工具。该平台提供了一系列强大的工具和插件，使用户能够在

---

① 本计划书的作者为中央财经大学的学生赖若然、贾添喻、杨绿园、李稳诚、马林枝。该项目获得中国国际大学生创新大赛北京赛区一等奖、全国赛区铜奖。

无须编程知识的情况下设计和部署各种功能丰富的机器人和工作流。

目前市场上对智能办公、智能写作等领域的AI解决方案需求不断增加。小饭旨在填补这一需求，为各行业的知识工作者提供定制化的AI工作流解决方案。小石小木希望利用其在AI技术方面的优势，提供一个易于使用的平台，降低用户的学习成本和时间成本，帮助更多用户和企业实现智能化升级。整体来看，本平台风险可控，投资和开展是可行的。

二、项目团队

北京小石小木科技有限公司，是一家专业从事语言模型的人工智能企业。截至2024年6月1日，公司已经入驻中央财经大学沙河创业园，并且已经基本确定首笔天使轮融资。

公司目前拥有自主知识产权的算法模型，经过不断的努力和研发，成功研制出一款基于群体智能的语言智能体，这款产品在模拟人类思维方面具有独特的优势，可以实现更自然、更流畅的语言交流。此外，公司一直致力于人工智能技术的研究和创新，旨在为用户提供更智能、更高效的语言服务。

公司目前拥有十余名成员，他们来自北京大学、上海交通大学、中央财经大学等一流学府，专业覆盖经济学、计算机、大数据、投资学、人力资源、视觉传达等多个领域，拥有丰富的教育背景和知名科技及互联网公司实习经验。他们凭借自身专业知识和技能，为公司的发展做出了重要贡献。公司注重团队成员的个人成长和发展，提供良好的工作环境和培训机会，鼓励团队成员积极参与各类项目和研究，不断提升自身的专业能力。通过团队成员的共同努力，北京小石小木科技有限公司将继续致力于人工智能领域的研究和开发，为客户提供更优质的产品和服务，为社会的发展做出更大的贡献。

三、市场分析

1. 宏观环境

自"十三五"规划以来，我国便大力支持人工智能的发展。国务院在2017年印发了《新一代人工智能发展规划的通知》，将人工智能的发展上升到国家战略层面。从"十三五"规划到"十四五"规划，我国政府为科研、教育领域提供大量资金，加大对人工智能行业的财政支持，促进我国AI产业从重视技术发展向促进产业深度融合转变。2023年，中国发布了《全球人工智能治理倡议》，提出11项倡议，围绕人工智能发展、安全、治理三方面系统阐述了中国方案，确保AI安全、可靠、可控发展。这表明我国致力于构建全球人工智能治理体系，搭建国内外交流合作平台，这为我国人工智能事业的发展提供了良好的外部环境和坚强的政治保障。

在当前世界各地区AI市场格局中，美国所在的北美地区，由于人工智能产业的先发优势和其领先的经济发展水平，占据了世界市场近43.5%的份额，其市场规模在未来还不断呈现快速上涨的趋势。这反映了美国在世界AI产业发展中的领先地位。亚太地区则是世界第二大AI市场，而中国作为亚太地区的重要经济体，凭借其巨大的市场规模潜力和丰富的人力资源优势，抓住人工智能产业的这一发展机遇，将在世界市场上取得一席之地，为我国AI产业发展打下坚实的经济基础。

随着"中国制造"向"中国智造"的转型，我国在AI技术方面的需求不断增大。在制造业产业升级中，AI技术有利于提高生产效率和产品质量；在物流等劳动密集型产业中，

AI 技术被用于自动化流程，减少人力成本；在社会保障体系中，AI 技术被用于医疗、城市治理等领域，促进社会和谐发展。在消费者市场上，AI 技术帮助知识工作群体减轻工作压力，提升效率；在教育领域中，AI 制定个性化、系统性的学习路径设计，帮助学生高效学习；在养老服务中，AI 可以用于智能健康监测、陪伴机器人等方面，帮助人类应对老龄化社会的挑战。因此，AI 产业的发展是大势所趋，具有广泛的社会需求和消费潜力。

2015 年，中国政府发布《中国制造 2025》战略，强调智能制造的重要性，这为 AI 技术在制造业中的应用奠定了基础，也开启了中国 AI 产业发展的新篇章。2017 年，中国政府发布了《新一代人工智能发展规划》，将人工智能上升为国家战略，明确了 AI 产业化的目标和路径。

2018 年，北京市政府联合科技部成立北京智源人工智能研究院（BAAI），并启动北京智源行动计划，集合在京顶尖高校和科研企业，推动 AI 发展实现关键性突破。同时，北京市注重 AI 领域的原始创新和人才培养，通过共建联合实验室、推动算法开源和构建创新生态，同时集聚和培养高端人才。在政策支持和人才保障下，截至 2023 年，北京市拥有 2200 余家 AI 相关企业，占全国近 40%；拥有大模型创新团队 122 家，已发布超过 115 个大模型产品，居全国首位。此外，北京计划建设运营超过 1000P 的算力，并到 2027 年新增智能算力 3.6 万 P，为 AI 产业的发展提供算力保障。这都体现出北京具有良好的 AI 产业基础，为 AI 发展提供了全方位的技术保障。从国际角度分析，美国的 Transformer 大模型技术推动了中国 AI 基础研究的创新，也为中国提供了大模型技术的应用经验。

2. 产业环境

现有行业的竞争者：中国 AI 市场格局呈现出三大特点：企业数量多、市场集中度高、技术竞争激烈。根据中国信通院数据，截至 2020 年，中国共有 4000 多家 AI 相关企业，包括初创企业、专业型 AI 企业和大型科技公司。自 2022 年 ChatGPT 问世以来，越来越多的企业开始进入 AI 市场，这将导致市场迎来进一步的饱和。虽然市场竞争较为激烈，但是以百度、阿里巴巴、字节跳动等为代表的大型科技公司占据市场的主导地位，形成了较高的市场集中度。在 ChatGPT "出圈"以后，各大科技公司也开始研发深度学习、自然语言处理等方面的人工智能技术，并在该领域展开激烈的竞争。

潜在进入者的威胁：近几年，随着 ChatGPT 受到社会广泛关注，许多科技型企业都开始进军 AI 市场。但是，AI 行业具有较高的市场进入壁垒。在资金层面，AI 技术训练成本较高，这需要前期大量的资金投入。此外，AI 产业对于硬件的要求较高，尤其是在训练阶段，这也需要源源不断的资金支持。在技术层面，尽管 transformer 等开源大模型为企业进入市场提供了底层大模型支持，但是，AI 技术的研发离不开高水平的研发团队和前沿的技术创新，这也成为限制潜在进入者的技术壁垒。

替代品的威胁：虽然国内 AI 相关企业众多，竞争激烈，但是它们大多致力于开发大模型、自然语言处理和机器学习等方面。"小石小木"是以"AI 大模型 + 工作流"为核心竞争力的企业，在该领域深耕的企业较少，最具竞争力的是 Coze 平台，因此替代品威胁较低。

供应商讨价还价的能力："小石小木"平台的供应商主要是底层 AI 大模型。在国内，以豆包、kimi 为代表的大模型是按照 token 方式定价，但是由于国内大模型供应端竞争非常激烈，导致供应商会不断降价来换取市场份额，因此，供应商讨价还价的能力较弱。在国际上，transformer 大模型是开源的，因此也不具备讨价还价能力。

购买者讨价还价的能力："小石小木"平台是以"AI 大模型+工作流"为核心竞争力的企业，目前国内在该领域深耕的企业较少，最具代表性的是 Coze 平台。由于替代品较少，该领域呈现供不应求的状态，购买者没有过多的选择权，因此购买者讨价还价的能力较低。

3. 用户画像

团队针对消费群体进行相关问卷调查与深度访问，针对数据进行处理、整合，初步绘制了用户画像（图 6-4）。目前，"小石小木"平台主要面向两类用户群体。第一类是知识工作群体，以律师、金融工作者为主，这一群体是程序的主要使用者，他们对于辅助收集整合资料的 AI 工具有直接的需求，并且相比其他群体，消费能力更强，更加愿意使用新技术，是"小石小木"的重要潜在使用客户。本产品针对该类人群主要痛点需求，是在于他们工作繁忙，时间成本较高，因此愿意付费购买工作流，借助 AI 先进的自然语言处理和逻辑性，完成文字撰写类的工作，提高工作效率和工作质量，获得更高的收益。

第二类是存在 AI 需求的群体，主要以大学生人群为主。这一类群体相较前者，拥有更充裕的时间探索 AI 技术，数量也更加庞大，也是"小石小木"的重要客户。本产品针对该类人群的痛点需求，主要在于他们缺乏 AI 技术相关知识，对于接受和使用新技术有畏难情绪。但是他们也需要 AI 产品帮助他们完成学习任务，提高学习质量和效率。

1. 个人信息 (1) 知识工作人群体 (2) 大学生等有AI需求的用户群体	3. 目标动机 (1) 知识工作群体：提高工作效率，获得更高收益 (2) 大学生：完成学习任务，取得优异成绩		
^	4. 动机/能力		
^	推动作用： (1) 愿意投资于能带来长期效益的工具；有自我提升和持续学习的动力 (2) 有较多的灵活时间进行学习和探索	阻碍作用： (1) 需要较长时间适应新技术；对数据安全、隐私有顾虑 (2) 有畏难情绪，认为组装工作流、学习新技术困难；缺乏知识储备，难以学习新技术	可能触动用户的点： (1) 提高工作效率和产出质量；节省时间和优化工作流程 (2) 提供易于理解和使用的AI工具
2. 个性/特征 (1) 知识工作人群，工作忙，追求工作的高效率 (2) 大学生人群需要使用AI解决任务，但是不会使用AI技术	5. 具体应用 (1) 一个工作繁忙的律师通过组装好的工作流，撰写出案件的诉讼稿，帮助律师提高工作效率和质量 (2) 一个学生，通过工作流制定了课程学习规划，帮助学生提高学习效率和质量，也让学生在考试中取得优异的成绩		6. 传播路径 (1) 广告渠道：通过在社交媒体上投放广告、与企业合作等途径，提升平台的曝光度和知名度 (2) 口碑渠道：通过用户的推荐、传播，吸引更多的使用者

图 6-4　用户画像

四、产品与服务介绍

小饭是"小石小木"推出的第一个多智能体应用开发平台（图6-5），旨在帮助用户轻松创建定制化的 AI 工作流效率工具。该平台提供了一系列强大的工具和插件，使用户能够在无须编程知识的情况下设计和部署各种功能丰富的机器人和工作流。

目前市场上对智能办公、智能写作等领域的 AI 解决方案需求不断增加。小饭旨在填补这一需求，为各行业的知识工作者提供定制化的 AI 工作流解决方案。"小石小木"希望利用其在 AI 技术方面的优势，提供一个易于使用的平台，降低用户的学习成本和时间成本，帮助更多用户和企业实现智能化升级。

通过小饭，"小石小木"能够树立其在 AI 和大数据领域的影响力，初步构建产品生态系统，获取第一批种子用户。

图 6-5 平台登录界面

用户可以通过输入账号密码、验证手机号、选择第三方登录等流程进行登录。登录界面设计采用充满科技感的紫色主色调作为配色方案，营造清新和专业的氛围。每一个 AI 以真人形式呈现，可以吸引用户的注意力和兴趣。同时，使用简洁明了的布局，符合用户的操作习惯。

平台提供工作流设计模块用于管理员和高级用户设计、配置平台的工作流。用户登录后，点击主导航栏中的"工作流设计"进入工作流设计页面，工作流设计模块用于管理员和高级用户设计、配置平台的工作流，包括创建、编辑和删除工作流节点，定义节点间的连接和执行顺序。其主要功能在于提供一个可视化工作流设计工具，方便用户直观地设计和管理工作流。同时，平台支持多种类型的工作流节点，满足不同业务需求，确保工作流设计的灵活性和可操作性。

五、盈利模式

"小石小木"锁定所有拥有 AI 需求的用户群体，提出"AI 是我们的影子"，旨在通过

AI 的力量，放大人类潜能，优化工作流程，丰富生活体验。平台不仅能为用户群体解决工作上的难题，提高工作效率；也可以让用户探索工作流的全过程，帮助用户得到认知水平的提升。尽管"小石小木"主要面向工作人群，但是它绝不是冷冰冰的学习工作工具，而是陪伴人类学习、生活，帮助人类提升自我水平的伙伴。此外，我们也承诺，将 AI 控制在伦理道德和法律安全之内，确保 AI 技术为人类可持续发展服务，致力于构建一个更加智能的、具有人文关怀的和谐社会。

订阅模式是"小石小木"平台的一种主流盈利机制，它基于为用户提供连续服务的理念。在这种模式下，用户支付周期性费用（如月费或年费）以享受连续的 AI 生成服务。这种模式对于用户而言，意味着可以持续获得高质量的服务和定期更新，而对于服务提供商，则转化为稳定的循环收入。订阅模式通常包含不同等级的套餐，以满足从个人用户到企业用户的不同需求。基础订阅可能包括标准的 AI 生成服务，而高级订阅则可能提供更多高级功能、更快的服务响应时间以及更大的 API 调用限额。此外，企业级订阅可能包括定制化服务、专用账户管理及优先技术支持等。订阅模式的成功在很大程度上依赖于服务的持续价值创造和用户满意度。

分成模式为"小石小木"平台提供了一种与用户或其他企业共享收益的盈利途径。在这种模式下，AI 服务提供商与内容创造者或合作伙伴达成协议，根据双方对收益的贡献比例进行分成。例如，当 AI 服务帮助合作伙伴增加销售额或提供额外的服务价值时，服务提供商可以从中获得一定比例的收益分成。分成模式的优势在于，它鼓励服务提供商不断提升服务质量和效率，以帮助合作伙伴实现更大的商业成功。此外，分成模式还有助于建立长期的合作关系，因为它将服务提供商的利益与合作伙伴的成果紧密绑定。这种模式常见于 SaaS（软件即服务）平台、内容分发网络和技术服务提供商，其中 AI 技术被用作增强服务价值和市场竞争力的关键工具。

广告模式将 AI 工作流服务与商业广告相结合，通过展示相关的广告内容来为服务提供商创造收益。在这种模式下，AI 平台可以利用其生成的内容或用户数据来定向推送广告，从而提高广告的相关性和吸引力。例如，平台可以分析用户对生成内容的偏好，进而推送与之相关的产品或服务广告。广告模式的关键在于平衡用户体验和商业利益，确保广告内容既不突兀也不失吸引力。此外，广告模式还可以通过提供免费的基础服务来吸引用户，然后通过广告展示来覆盖成本并实现盈利。这种模式特别适用于拥有大量用户基础的平台，因为它可以通过规模效应来增加广告的总体收益。同时，平台提供商需要精心设计广告投放策略，避免过度广告化，以免影响用户体验和平台声誉。

六、营销策略

1. 产品策略

产品策略是营销组合的核心，它涉及产品的设计、特性、品牌、包装等，以满足目标市场的需求和偏好。"小石小木"平台定位为一款面向知识工作者的 AI 驱动型工作流管理工具。我们的目标是成为市场上最直观、最高效、最可靠的智能助手，帮助用户优化工作流程、提升工作效率，并最终实现业务流程的自动化和智能化。在产品特性开发方面，利用强化学习算法，使平台能够根据用户的工作模式和反馈，自动优化工作流程，提高效率和效果。通过分析用户数据和行为模式,强化学习模型将提供个性化的决策支持,帮助用户做出更加明智的工作选择。此外平台将学习用户处理任务的优先级和紧急性,智能地调整任务队列,确保用户能够首先关注最重要的工作。强化学习不仅将提升产品性能,还将优化用户体验,平台通过强化学习适应每个用户的特定需求和偏好,为每个用户提供定制化的学习体验。用户与平台的交互将被用作实时反馈,以持续改进和调整平台的响应和建议。

我们致力于提供卓越的用户体验,设计简洁、直观的用户界面,减少用户的学习成本。允许用户根据自己的工作习惯和需求定制界面与工作流程,建立快速响应的用户反馈机制,不断迭代产品以满足用户需求。

为了保持产品的市场竞争力,我们将不断研发新功能,以应对市场变化和技术进步。定期审查产品性能和市场反馈,以指导产品改进和升级。对于不再符合市场需求或技术趋势的产品特性或服务,制定明确的退出策略。

2. 定价策略

我们的定价策略为确保"小石小木"平台在市场上具有竞争力,同时为投资者和股东创造可观的回报。我们的目标是最大化客户接受度,同时确保盈利性,支持平台的持续创新和服务质量。

一是免费服务定价,通过免费服务吸引用户尝试平台的基本功能,体验 AI 技术带来的便利,并利用免费服务教育市场,展示平台的能力,培养用户对 AI 工具的认识和依赖。二是增值服务定价,这是公司收入的主要来源,为增值服务设定不同的价格,以反映额外功能和服务的价值。新用户可以享有限时间的免费试用期,体验增值服务,同时为长期订阅用户提供价格优惠或额外服务,以奖励其忠诚度,为大型企业、特定项目提供定制化的解决方案和相应的定价。关于定价结构,用分层订阅的按需付费的策略,提供基础、高级和企业三个层次的订阅计划,每个计划包含不同级别的服务和支持。用户可根据自己的具体需求选择额外的按需付费服务。

3. 渠道策略

销售渠道策略是企业将产品或服务推向市场并到达消费者的重要环节。我们的销售渠道策略是建立一个高效、广泛且灵活的销售网络,确保"小石小木"平台能够快速触达目标客户,并为他们提供无缝的购买和使用体验。提供直接销售、间接销售、在线市场和社交媒体与网络销售的销售渠道,直接销售中通过"小石小木"官方网站直接销售产品,提供在线订阅和支付服务,并为需要定制服务的企业客户提供直接沟通和销售渠道。间接销售中,与技术合作伙伴建立合作关系,通过他们的销售网络推广和销售"小石小木"。而在线市场则是在主流应用商店提供"小石小木"的下载和订阅服务,并在云服务平台和云市场上架,便于用户在云环境中集成和使用。此外,通过博客、视频和其他内容营销策略影响市场并引导潜在客户到销售渠道,利用社交媒体平台推广产品,通过社交网络的影响力吸引潜在客户是社交媒体与网络销售的主要方法。

关于渠道优化,我们将定期收集和分析各销售渠道的销售数据,包括成交量、客户获取成本和转化率,同时评估各渠道的 ROI,淘汰或改进表现不佳的渠道。建立渠道的信息共享机制，确保客户数据的一致性和实时更新，优化跨渠道的销售流程，消除冗余步骤，提高效率。

4. 促销策略

"小石小木"的促销策略旨在提高品牌知名度、吸引新用户、增加用户黏性，并最终推动销售增长和市场份额扩大。促销组合是市场常用的促销策略之一，通过搜索引擎营销、社交媒体广告等在线广告和行业杂志、会议赞助等离线广告结合提高品牌可见度，并通过新闻稿、媒体采访、案例研究和成功故事来塑造"小石小木"品牌形象和声誉。促销活动方面，一是为首次用户提供折扣或免费试用，鼓励他们体验"小石小木"平台，二是为重复购买或推荐新用户的现有客户提供奖励或优惠。通过这些促销策略，"小石小木"将能够有效地与目标受众沟通，提高产品知名度，吸引和保留客户，同时推动销售增长和市场份额扩大。我们的促销策略将支持我们建立一个强大、持久的品牌形象，并在竞争激烈的市场中保持领先。

七、财务分析

"小石小木"平台在创设初期将采用核心程序自主开发的形式。在进行初步的调试和美化后，平台的底层 AI 大模型等功能板块需要外包公司参与进行技术辅助。待平台完成初步创建后，"小石小木"的费用将主要集中于运营部分，主要包括基本费用、维护费用、推广费用、人员工资四部分。初步估计平台创设初年所需的固定费用为 40400 元，平台创建成功后每月基本运营的流动费用为 35000 元。

在平台创设初期，主要资金将集中投入到技术研发和平台运营上。在技术研发中，主要费用将用于支付技术团队的人力成本。此外，平台还需要购买大量的 AI 大模型，对其进行强化学习的训练，制造出能够自主认识世界、深入理解自然语言的 AI 模型。在平台运营上，"小石小木"致力于打造工作效率类平台。通过简洁的页面设计、及时的 SEO 优化、覆盖面齐全的功能，平台为知识工作者提供了提高工作效率和深度学习的机会。由于创设初期经验积累不足，可能存在完全性、便捷性不强等问题，需要较大的资金投入来对各个环节的各项功能进行优化。

在平台发展期，随技术服务的不断优化和用户数量的不断积累，平台拥有的资金量也较为雄厚，可以开展更为复杂的业务，如增加付费业务和定制服务，为用户提供更多样化的服务。因此在该阶段，在技术服务优化和功能丰富上需要投入较大的资金量。此外，为扩大用户范围，该部分的营销推广将以有 AI 需求的用户群体为主，提出"AI 是我们的影子"鼓励用户放下畏难情绪，逐渐接受 AI，在平台上探索 AI 带给世界的改变。该部分资金投入将主要采取线下广告的形式，与社会热议相契合进行产品特点突出、品牌形象塑造的推广。

在平台成熟期，平台的资金投入将主要体现于维持市场份额，优化运营效率和探索新的持续增长点。平台将根据技术变革和市场需求，持续投入研发创新，不断优化平台服务的功能，提高用户的满意度和忠诚度。此外，平台也将探索可持续发展的商业模式，创新运营和营销策略，增强平台的持续盈利能力和市场竞争力。该阶段的资金运营将契合平台整体战略，以创新为核心驱动力，激发存量用户的消费潜力，提高用户的终身价值。

随着业务的不断拓展和市场的日益成熟，2025 年预测营业收入 150 万元左右。在成立之初"小石小木"主要依靠全面的服务吸引用户实现盈利。随着业务的不断发展，"小石小木"团队将逐步拓展更多的盈利渠道，与合作伙伴共同开拓市场，实现共赢。预计 2026 年，"小石小木"的营收将达到 350 万元以上，为公司的发展注入更多的动力（表 6-1）。

表 6-1 财务预测

	2024E	2025E	2026E	2027E	2028E
营业收入（万元）	50.21	156.59	373.12	657.61	989.04
净利润（万元）	16.86	51.34	151.97	248.87	384.29
营收增长率		212%	138%	76%	50%
净利润增长率		205%	196%	64%	54%

团队计划在 2026 年初进行新一轮融资，目标筹集资金约 500 万元。这笔资金将主要用于完善大数据平台的技术功能，提升系统的数据分析能力，实现规模化高效分析，对接更多样、更大型的客户群体。引入投资后，经过一年发展，预计 2027 年营业收入为 650 万元以上。

在进一步的发展中，团队将扩大产能、拓展功能、拓展品类，逐渐扩大影响力。我们将结合国家政策的完善推进和智能设备的进一步落地，实现营业收入的高速增长。预计 2028 年，平台的营业收入将达到 900 万元以上。

八、资本退出方式

公开上市，即首次公开募股（IPO），是企业通过在证券交易所公开发行股票，从而将私人企业转变为公众公司的过程。综合考虑公司未来的经营状况与盈利空间，预计公司将在未来成功取得预期收入，原始股东可以选择出售其持有的股份以实现资本退出。

股权转让是投资者通过私下交易将其持有的公司股份出售给第三方的资本退出方式。这种转让可以是直接的买卖双方之间的交易，也可以通过股权交易平台进行。股权转让相比 IPO 具有更高的灵活性和较低的交易成本，同时避免了公开市场的不确定性和监管要求。

若公司在实际经营中有较多经营成果未达到上市标准，公司股东可通过将股权转售给其他公司而收回投资。同时，公司也可寻求新的投资伙伴建立长期战略投资关系，风险投资商可通过将股权转让给新投资商而获得较高收益。

九、风险分析与规避计划

"小石小木"平台依托现代化网络技术和专业化开发团队，选择了现行发展成熟的 JavaScript 作为核心技术。相较于传统网络开发，JavaScript 将数据提交和验证工作从服务器端转移到了用户端，极大地减少了网络传输上的资源浪费，扩充了用户端执行的任务种类；但同时，这种模式也加大了不安全的用户输入和恶意攻击等安全风险。如 XSS（cross site scripting，跨站点脚本编制），攻击者通过在合法的 Web 页面中插入恶意脚本代码进而提交给服务器，向服务器植入恶性代码，实行数据窃取、内容篡改等不法活动。

因此，为规避 Web 应用中的安全风险，平台将对整个软件开发团队进行持续的安全培训教育，要求技术人员定期对程序进行安全测试，并针对出现的问题开发和更新补丁程序。

此外，平台需要建立并逐渐健全技术开发的风险预警系统，及时发现和解决技术开发和生产过程中的风险及隐患，降低损失。

市场风险是"小石小木"等初创型企业面临的另一个核心风险，主要包括竞争风险、客户风险、价格风险、金融风险等。在竞争风险方面，由于 AI 平台类赛道进入门槛相对较高，因此存在较小的潜在竞争风险。同时，由于平台两大关键服务"免费服务"和"增值服务"均存在跨界竞争对手，因此平台在进行市场开拓的过程中应着重突出平台全能性、互动性的特点。在客户风险方面，"小石小木"致力于构建"供给端＋需求端"客户关系，通过"UGC"（用户原创内容）模式拉近用户和平台的距离，增大用户黏性。但平台在创设初期可能存在用户量较小、平台价值与用户预期不符等问题，进而导致客户风险，因此平台设计和内容需要根据用户需求进行不断的调整和更新，提升总顾客价值。在价格风险方面，不同于传统的实体产品，平台各方面服务的价值难以确定，因此需要在一定时间的用户积累后不断调整平台各服务的价值来降低价格风险。在金融风险方面，企业经营所处的整个宏观环境和微观环境对企业服务价格、贷款利率、持有金融资产价格等均有影响，因此企业需要时刻关注宏观环境和行业市场变化，通过买卖金融产品等方式分散非系统风险。

第 3 篇

创业成长管理

第 7 章　新创企业融资
第 8 章　新创企业战略规划
第 9 章　新创企业市场营销规划
第 10 章　新创企业人力资源管理

第 7 章

新创企业融资

2004年1月,京东多媒体网正式开通。2005年11月,京东多媒体网日订单处理量稳定突破500个。

京东的招股书显示,京东上市前,共经历了以下几轮融资:

2007年,投资方为今日资本,金额1000万美元;

2008年,投资方为今日资本、雄牛资本及梁伯韬私人公司,金额2100万美元;

2011年,投资方为DST,金额62.37亿元;

2012年,投资方为Classroom Investments和老虎全球基金,金额28.54亿元;

2013年,投资方为Kingdom 5-KR-225基金、Supreme Universal Holdings、Goldstone Capital、DST,金额18.55亿元。

此外,2014年3月10日,京东获得来自Huang River Investment Limited的投资,这家公司隶属于腾讯控股公司,向京东购买351,678,637股京东普通股。

【本章学习目的】

1. 了解资金资源对于创业活动的重要性。
2. 了解创业者的可能融资方式。
3. 掌握风险投资的基本特征以及运作过程。

国内的风险投资热潮开始于20世纪90年代末的互联网浪潮。近年来,随着移动互联网浪潮的兴起,风险投资重新爆发出对创业活动的热情。事实上,风险投资不过是新创企业可能的融资渠道中的一种。从国内的现状来看,相对于数量众多的中小企业和创业者,现有的融资渠道远远不够。融资难,成为创业过程中的一个重大障碍。

融资是创业过程中的一个重要活动。刚刚写好商业计划书的创业者需要一笔启动资金来搭建企业,成长期的企业也需要积极拓展融资渠道来支持企业的高速发展。因此,本章主要探讨新创企业的融资问题。

7.1 新创企业融资难的原因

7.1.1 新创企业资金资源的重要性

要分析新创企业融资难的原因,我们首先需要分析融资对于新创企业的重要性。融资问题主要针对的是资金资源。资金资源是新创企业成长中最重要的资源。新创企业对于资金的需求可以从两个方面来分析。

1. 在企业开办过程中，创业者需要较多的资金

根据现有的法律，一人有限公司最低注册资本为 10 万元，一人以上有限公司最低为 3 万元，个人独资则对注册资本没有要求。在企业成立过程中，公司注册显然不是最需要资金的。随着企业搭建起来，人工费用、房租水电费用，这些每月都要支出的费用才是创业者面对的资金"黑洞"。如果没有做好充分的准备，企业很快就会面临现金流枯竭的局面。很多创业者，特别是高科技创业者和海归创业人员，愿意在一些创业园区中创办企业，就是因为这些园区能够为创业者减免房租等费用，这在很大程度上降低了创业的资金压力。

2. 在创业机会开发方面，创业者需要较多的资金支持

创业机会的开发主要分为两个方面：市场开发和产品开发。其中，市场开发，特别是分销渠道的建设和营销方案的推行，需要耗费巨大的资金资源。刚刚成立的企业通常在声誉方面无法与成熟的企业相比，为了让产品能够被消费者认可，创业者需要进行大量的市场推广工作。如果创业者进入的是一个已经有很多企业在耕耘的行业市场，消费者已经对市场上的在位者有一定的产品忠诚度，那么，如何把这些现有产品的消费者吸引到自己的产品上来，需要创业者付出更多的努力。为了达到更好的宣传效果，如果创业者想在一些大型的广告媒体上进行营业推广，那么所耗费的资金就更多了。

在产品开发方面，也需要创业者投入较多的资金。产品开发对于企业发展至关重要，特别是高科技创业企业，通过对产品性能的改进以及技术创新，能够极为有效地提升企业竞争优势。但是，产品开发费用非常高。对于刚刚创立的企业来说，这种高额的费用往往难以负担。而且，由于技术发展的不确定性，前期投入的大笔资金并不一定会取得预期的效果。因此，产品开发不仅要耗费大笔资金，同时还伴随着较大的技术风险，对于新创企业来说，这些都是创业成长中的重大障碍。

7.1.2 新创企业融资难原因分析

新创企业融资难的原因是多层次的，并不是单一的某个因素导致了企业融资的困难。我们把融资难的因素分为三个层面。

1. 法律层面

国内支持中小企业融资的法律法规基本上涵盖了中小企业融资的各个方面，包括信贷支持、税收优惠、担保体系、资本市场融资等，形成了一个相对全面的支持体系。监管机构对金融机构开展小型微型企业金融服务制定差异化监管政策，如合理提高小型微型企业不良贷款容忍度，引导金融机构增加小型微型企业融资规模和比重。国内支持中小企业融资的法律法规虽然在一定程度上缓解了中小企业的融资难题，但仍存在一些不足之处。比如，我国资本市场中的主板市场融资门槛过高，中小企业难以通过证券发行进行直接融资。信用担保体系尚不健全，融资担保业务覆盖面和杠杆放大效率不高，对中小企业的融资支持力度有待提升。针对上述问题，需要进一步完善相关法律法规，优化金融服务体系，加强企业自身建设，创新融资模式与工具，构建良好的融资生态，以更好地支持中小企业的发展。

2. 社会层面

从社会层面来看，相关担保机构对于创业者的担保功能存在较大的局限性。中介担保机构本身市场化运作还不够，个人信用评估体系和企业资信评估体系不健全，担保的风险分散与损失分担、补偿制度尚未形成，使担保资金的放大作用和担保机构信用能力均受到较大制约。这使创业者在寻求担保时往往难以如愿。另外，专门为创业者提供专业融资服务的机构也非常少，我国现行的金融体系建立于改革开放初期，基本上是以大企业为主的国有经济相匹配。从金融机构的设置来看，缺乏专门为中小企业服务的商业银行，也没有设立为中小企业提供间接服务的综合服务机构，这使创业者融资的时候不得不与大型企业一起争夺某些融资渠道，这必然会增加融资的难度。

3. 企业层面

从企业层面来看，企业自身实力弱、经营风险较大也是创业者融资难的原因之一。显然，金融机构在选择投资对象的时候，更愿意选择实力雄厚、经营风险低的对象。因此，创业者在融资方面天然具备较大的限制。同时，很多创业型企业内部财务管理不规范，资信情况不透明，难以提供准确完整的财务资料，使金融机构无法掌握企业真实的生产经营和资金运用状况。信息不对称自然致使商业银行对其贷款采取十分谨慎的态度，加剧了融资难度。甚至还有一些创业者短期行为倾向严重，也影响了企业的整体信用环境。

经历坎坷上市路的广东丸美生物技术股份有限公司（以下简称"丸美股份"），还要面临许多难关。

丸美股份5年的IPO之路，终于有了成果。近日，中国证监会按法定程序核准了丸美股份、浙江大胜达包装股份有限公司、中信出版集团股份有限公司等三家公司的首发申请。上述企业及其承销商将分别与交易所协商确定发行日程，并陆续刊登招股文件。

据了解，丸美股份成立于2000年，由孙怀庆与王晓蒲夫妇创立。根据丸美股份披露的招股书，本次发行前持有公司股份的股东共有3名，分别为孙怀庆、王晓蒲和L Capital Guangzhou Beauty Ltd.，三方分别持有公司81%、9%和10%的股份。

2014年6月，丸美股份首次报送了招股书，但是在排队两年之后，因为经销模式具体披露不清，以及隐瞒曾被药监局处罚的情况而被驳回。

2017年7月，该公司再度申请上市，但依然没能如愿过会。根据证监会官网信息，证监会原定于在2018年7月31日召开的第十七届发审委2018年第113次发审委会议上，对丸美股份进行IPO审核，但因丸美股份尚有相关事项需要进一步核查，证监会决定取消其发行申报文件的审核。

在经历了两次波折之后，丸美股份最终于2019年4月底闯关成功。然而，过会后不久，丸美股份的审计机构正中珠江便被立案调查。

公开资料显示，2018年10月，财政部披露会计监督检查处理情况并点名27家企业，正中珠江"榜上有名"。在检查中，该公司在执业质量、质量控制、财务管理和会计核算等方面被财政部下达整改通知书。2019年5月9日，正中珠江因涉嫌违反证券相关法律法

扩展阅读 7.1 创业公司融资造假调查：80%创业者都在说谎

规，被证监会立案调查。

香颂资本执行董事沈萌表示，一般而言，如果专业机构被立案调查，会影响其服务的其他企业上会。但问题在于时间点，丸美股份很幸运，审计机构问题爆发在过会后。但是结合此前两次过会失败的经历，过会后其审计机构又被立案调查，这对丸美股份的财务健康性可能会产生阴影。

资料来源：鲁佳乐. 5年3次冲击IPO的丸美，上市难超车更难[J]. 企业观察家，2019（7）：66-67.

7.2 新创企业融资途径分析

7.2.1 债务性融资方式

债务性融资方式主要是企业通过借贷的方式筹措资金。在这一种融资方式下，企业需要定期归还利息以及按时返还本金。从现有的融资渠道来看，债务性融资主要包括银行贷款融资、民间借贷、发行债券融资这三种方式。

1. 银行贷款融资

从银行贷款是企业最常用的融资渠道。中国人民银行的统计表明，我国中小企业的融资供应有98.7%来自银行贷款。从贷款方式来看，银行贷款可以分为三类。

（1）信用贷款方式，指单凭借款人的信用，无须提供担保而发放贷款的贷款方式。这种贷款方式没有现实的经济保证，贷款的偿还保证建立在借款人的信用承诺基础上，因而，贷款风险较大。

（2）担保贷款方式，指借款人或保证人以一定财产作抵押（质押），或凭保证人的信用承诺而发放贷款的贷款方式。这种贷款方式具有现实的经济保证，贷款的偿还保证建立在抵押（质押）物及保证人的信用承诺基础上。

（3）贴现贷款方式，指借款人在急需资金时，以未到期的票据向银行融通资金的一种贷款方式。在这种贷款方式中，银行直接贷款给持票人，间接贷款给付款人，贷款的偿还保证建立在票据到期付款人能够足额付款的基础上。

总体上看，银行贷款方式对于创业者来说门槛较高。出于资金安全考虑，银行往往在贷款评估时非常严格。因为借款对企业获得的利润没有要求权，只是要求按期支付利息，到期归还本金，因此银行往往更追求资金的安全性。实力雄厚、收益或现金流稳定的企业是银行欢迎的贷款对象。对于创业者来说，由于经营风险较高，银行一般不愿冒太大的风险借款，即使未来企业可能拥有非常强劲的成长趋势。不仅如此，银行在向创业者提供贷款时往往要求创业者必须提供抵押或担保，贷款发放额度也要根据具体担保方式决定。这些抵押方式都提高了创业者融资的门槛。同时，出于对资金安全的考虑，银行往往会监督资金的使用，它不允许企业将资金投入到那些高风险的项目中去，因此，即使成功贷款的企业，在资金使用方面也常常感到掣肘。

对于新创企业来说，通过银行解决企业发展所需要的全部资金是比较困难的，尤其是对于准备创立或刚刚创立的企业。

2. 民间借贷

在债务性融资方式中，民间借贷是一种相当古老的借贷方式。近几年来，随着银行储蓄利率的下调和储蓄利息税的开征，民间借贷在很多地方又活跃起来。由于将资金存储在银行的收益不高，那么将资金转借给他人开办企业或者从事商业贸易活动，则更能够获得较高的资金收益。从发达的浙江到落后的甘肃，从沿海的福建到内陆的新疆，民间借贷按照最原始的市场原则形成自己的价格。

从法律意义上讲，民间借贷是指自然人之间、自然人与企业（包括其他组织）之间，一方将一定数量的金钱转移给另一方，另一方到期返还借款并按约定支付利息的民事行为。因此，民间借贷的资金往往来自个人自有的闲散资金，这一特定来源决定了民间借贷具有自由性和广泛性的特征，民间借贷的双方可以自由协议资金借贷和偿还方式。民间借贷的方式主要有口头协议、打借条的信用借贷和第三人担保或财产抵押的担保借贷等方式。随着人们的法律意识、风险意识逐步增强，民间借贷也正朝着成熟、规范的方向发展。

在民间借贷市场上，供求是借贷利率的决定要素。在经济发达的江浙，民间借贷因资金充裕而尤为活跃；而在经济落后的内陆省区，资金供给不足使借贷利率趋高。在资金面吃紧的时候，尤其是在央行接连提升法定存款准备金率后，民间借贷利率也随着公开市场利率上涨。当然，在民间借贷市场中，借贷人的亲疏远近、投资方向的风险大小也对利率的高低有影响。

民间借贷对于创业者短期困难的解决有很大帮助。民间借贷手续灵活、方便，利率通过协商决定，借贷双方都能接受，因此民间借贷对于资金供给方与需求方都有好处。但是民间借贷的风险非常大，这主要是因为它的不规范性所引起的。在借贷时，如果是找亲戚朋友借钱，往往缺少一份正式的、规范的借贷合同，这样，一旦借贷双方出现问题，很容易造成纠纷，难以保证双方的利益。

3. 发行债券融资

在债务性融资方面还有一种方式：发行债券融资。债券融资与股票融资一样，同属于直接融资。发行债券融资时，企业需要直接到市场上融资，其融资的效果与企业的资信程度密切相关。显然，在各类债券中，政府债券的资信度通常最高，也最容易融得资金，大型企业、大金融机构也具有较高的资信度，而刚刚创立的中小企业的资信度一般较差。

因此，从我国金融市场的发展现状来看，中小企业或者新创企业采用发行债券的方式进行融资的操作空间较小，往往是政府部门、大型企业、大金融机构具备得天独厚的优势。但同时也应当看到，随着政策的逐步放开和调整，企业债务市场也会逐渐成为中小企业融资的重要渠道。创业者也应当做好准备，积极面对未来可能的融资机遇。

7.2.2 股权性融资方式

股权性融资方式是创业活动中另一种非常重要的融资方式。在股权性融资方式中，配股和增发新股是我国上市公司在资本市场进行再融资的主要方式。由于新创企业往往是非上市公司，这些方式不适合新创企业。对于创业者来说，股权性融资方式意味着通过非公开市场的手段引入具有战略价值的股权投资人。

较之债务性融资，股权性融资的特点是其吸纳的是权益资本，因此，不需要采用债务性融资中常见的抵押、质押和担保等方式，降低了融资成本，也简化了融资程序。如果吸引了拥有特定资源的战略投资者，还可通过战略投资者的参与，为企业后续发展积累必要的资源，实现超常规发展。整体来看，新创企业的股权性融资方式可以分为私募融资和上市融资两大类。

1. 私募融资

在美国，私募融资（private placement）是指发行证券的公司（发行人）以豁免向美国证券交易委员会进行证券发行申报和证券注册登记的方式，向社会投资者发行一定量的证券，以募集一定量资金的融资方式。

私募融资的领域主要集中于高成长性中小企业。这类企业的融资受制于现有的商业银行贷款规则而不能实现，同时又达不到债券市场投资等级要求和上市条件，而私募融资正好适应了这类企业的需要，既可以为它们带来必要的资本，又为其成长规划带来管理和发展经验。

私募融资是一种资本金融资，所投资金不能收回，因此投资者所冒风险较大。投资者可以要求分享企业利润，要求的预期收益也比银行贷款高。私募融资中可供选择的形式包括向投资者发行普通股股票、债券、可转换债券（在公司公开发行上市后可以转换为公司股票）、优先股、可转换优先股（规定在一定条件下可以转换为普通股的优先股），或上述形式的结合。

在私募融资中，创业者一次筹集的资金金额较大，所筹资金无须还本。投资者对于资金的使用限制不像贷款那么大。如果企业获得了国际知名的投资者的注资，也有利于提高企业的知名度。同时，作为战略投资者，这些投资者往往会介入企业的管理，对企业运营过程进行改造，有利于帮助企业建立规范的组织制度。

风险投资也是私募融资的一种，由于其重要性，在下一节中我们将专门予以论述。

王卫，这位被神秘光环笼罩、一向低调的顺丰掌门人，在顺丰速运即将成立20周年之际做出了注定在其发展史上具备里程碑意义的决定。

2013年9月，顺丰接受苏州元禾控股旗下的元禾顺风股权投资企业（以下简称"元禾顺风"）、中信资本旗下的嘉强顺风（深圳）股权投资合伙企业（以下简称"嘉强顺风"）、招商局集团旗下的深圳市招广投资有限公司（以下简称"招广投资"）、古玉资本旗下的苏州古玉秋创股权投资合伙企业（以下简称"古玉秋创"）组成的投资团队入股。

一向以"不差钱"闻名、多次拒绝投资机构橄榄枝的顺丰，为何会在此时一举引入四家投资者，而且出让的股份将近25%？作为顺丰"战略大脑"的王卫，究竟是出于什么考虑才作出这一决策？

从顺丰此次引入的四家投资机构来看，它们有一个共同的特点，都与国资系统有着深厚的渊源。元禾顺风、嘉强顺风、招广投资自然不必详说，这三家企业都背靠实力强劲的国资集团，古玉秋创所依靠的古玉资本也来头不小。

从四家投资者的背景来看，王卫此次引资且让渡24.5%股权比例，颇有"混血"的意味，将顺丰这家纯粹的民营企业变为国资具有较大影响力的股权多元化企业。王卫此举也许是出于适应大环境变化而采取的顺势而为的策略。

从顺丰发展历史来看，王卫通过变更股权来适应环境变化早已有之。2010年9月6日，顺丰集团完成了一次股权变更。在此之前，顺丰集团的唯一股东是顺丰速运中国（由顺丰速运香港更名而来），顺丰集团因此成为一家外商投资企业。

在2010年9月，王卫和泰海投资分别受让了顺丰速运中国所持顺丰集团99%、1%股权，泰海投资是一家境内企业，王卫则在此之前放弃了香港居民身份，成为中国内地公民。因此，完成股权变更后的顺丰集团就由一家外商投资企业变成纯内资企业。

王卫为将顺丰集团的企业性质由外商投资企业变更为内资企业，不惜放弃香港居民身份，其原因在于2009年我国颁布实施了《中华人民共和国邮政法》，该法第51条第2款明确规定，外商不得投资经营信件的国内快递业务。

显然，如果顺丰集团保持外商投资企业性质不变，其业务量无疑将受到严重的阻碍。此后，一向低调、不接受媒体采访的王卫在2011年罕见地接受了三家党报的采访，其中包括了《人民日报》。在接受《人民日报》采访时，王卫多次提及"政府""政策"："中国民营快递能走多快、走多远，和政府的决心不无关系""我们并不是说非要政府给多少补贴，一些小问题企业自己会想办法解决。关键是国家大的政策环境要支持民营快递企业发展""我相信，只要国家大的政策环境不变，中国民营快递企业五年之内一定会有一些亮点！"

从顺丰集团的发展历史及王卫接受采访的只言片语中，大众可能会理解此次顺丰引资背后的真正原因。也许王卫关注的重点并不是价格，而是股比及投资方背景。

资料来源：顺丰如何从私募融资走向IPO的？凤凰财经，2017年3月.

2. 上市融资

扩展阅读7.2 《硅谷传奇》中的融资故事

上市融资通常针对的是已经初具发展规模、成长速度稳定的企业，而非刚刚创立的企业。在现阶段的中国，在国内主板上市必须经过漫长的等待审核过程。对于一家民营企业来说，从准备上市到上市成功，通常要3~5年，这样漫长的上市周期是一般企业所无法忍受的。因此，新创企业可以考虑的上市融资方式通常包括三个方面：非主板上市、买壳上市、境外上市。

（1）非主板上市。目前新创企业可以选择的非主板上市方式包括科创板、中小企业板、新三板。其中，科创板主要服务于符合国家战略、突破关键核心技术、市场认可度高的科技创新企业，重点支持新一代信息技术、高端装备、新材料、新能源、节能环保及生物医药等高新技术产业和战略性新兴产业。科创板企业具有较高的科技含量，研发投入和科研人员数量较高，对推动科技、资本和实体经济的良性循环具有重要作用。中小企业板主要针对发展成熟、盈利稳定、规模较主板小的企业。中小企业板上市的企业普遍具有收入增长快、盈利能力强的特点，股票流动性好，交易活跃。中小企业板的上市条件与主板市场完全一致，实行包括运行独立、监察独立、代码独立、指数独立等相对独立的管理。新三板（全国中小企业股份转让系统）主要为创新型、创业型、成长型且无法在上述板块中上市的中小微企业提供融资服务。新三板对企业的挂牌条件相对宽松，允许更多处于发展初期、具有潜力但尚未实现稳定盈利的中小企业进入资本市场融资。新三板提供了做市转让、协议转让和集合竞价转让等多种股份转让方式，为投资者提供了更多的交易策略选择。

（2）买壳上市。买壳上市是指非上市公司购买一家上市公司一定比例的股权来取得上市的地位，然后注入自己有关业务及资产，实现间接上市的目的。一般而言，买壳上市是民营企业在直接上市无望下的无奈选择。这一方式的弊端也很大，买壳上市的成本总体上逐年上升。同时，买壳上市的成功率并不高。只有小部分的壳公司在买壳上市后两年内还能保持净利润增长，甚至有部分的壳公司上市后的收益反而更加恶化。如果买壳上市失败，企业的前期投入不仅付诸流水，还背上了沉重的包袱。要想甩掉包袱，还要付出额外的成本。

（3）境外上市。中国企业的境外上市主要集中在我国香港地区、美国和新加坡等地。除经批准直接以 H 股形式（国内注册的公司在香港上市）上市外，相当多企业以离岸公司方式（在境外上市地或加勒比海群岛注册）实现境外上市。如网易、新浪、中华网、蒙牛等公司注册在开曼群岛，华晨控股等公司注册在百慕大。在新加坡上市的中国公司基本都在当地注册或小岛注册，在美国纳斯达克市场上市的则几乎均为小岛公司。选择境外上市往往是企业经过多方面的综合考虑的结果。虽然中国企业境外上市的费用比在国内上市要高 2 倍甚至 3 倍以上，但是能够在境外上市的企业，往往能建立较为良好的企业形象，同时，通过境外金融市场的政策法规的治理，企业能够建立完善的治理结构，从而有利于企业的长期发展。随着境外上市的逐渐流行，一些地方政府也积极主张当地公司到境外上市并出台了地方性的优惠政策。

股权性融资方式的不利之处主要体现在控制权方面。由于股份稀释，创业者或者原有的创业团队可能失去企业的控制权，因此，在一些企业重大战略决策方面，创业者可能不得不考虑投资方的意见。如果双方之间存在分歧，可能会导致企业决策缓慢。如果企业能够成功上市，在带来资金的同时，也会产生一些不利条件，例如，上市之后可能对企业的信息披露要求比较严格，而这可能是部分创业者不愿看到的。

7.2.3 众筹

众筹（crowd-funding），是众包（crowd-sourcing）的一种。它起源于美国，距今已有 10 余年历史。近年来，随着互联网经济的不断发展，众筹在国内外都得到了飞速的发展。海外知名的众筹平台有 Kickstarter、Indiegogo、RocketHub 等，国内较有影响力的众筹平台包括摩点网、京东众筹、淘宝众筹等。

众筹是指创业者或者新创企业负责人（筹资人）在特定的中介机构（众筹平台）上向公众（出资人）介绍项目情况，并向公众募集小额资金。出资人如果认可这一项目，会向平台提供相应的资金。在众筹项目的融资过程中，筹资人一般会设定一个筹资期限。如果在项目的目标期限内达到募资金额，资金就会由众筹平台划拨到筹资人账户。如果在目标期限内未达到募资金额，所筹资金就会被众筹平台退回至出资人。在这一过程中，筹资人、出资人、中介机构是三个关键性的构成要素。

（1）筹资人。筹资人是融资活动的融资方。在实际运行中，也有很多非商业化的项目使用众筹的方式来融资。在创业活动中，通常是由创业者来发起（有时由整个创业团队来共同发起）。对于项目发起人，很多众筹平台都有一定的条件限制，如国籍、年龄、银行账户、资质等。项目发起人要与中介机构签订合约，明确双方的权利和义务。如果在这些平台融资，创业者需要关注自身的条件是否满足平台需要。在项目发起前，创业者一般具有明确的筹资目标，在融资前测算项目本身的融资需求，并且选择合适的方式来展现项目的特点。这一过程实际上也是创业者进行市场推广的过程。可以把众筹项目的项目说明书看成一个简版的商业计划书。在商业计划书章节所探讨的撰写原则和重点也适用于这里。

（2）出资人。出资人是融资活动的资金提供方。众筹项目的特点，决定了他们来自数量庞大的互联网用户群体。一旦对项目进行投资，他们也就变成了项目的"天使投资人"。不过，在众筹项目里，出资人对于项目的运营过程不会太多介入。很多众筹项目并不提供资金方面的回报。出资人对于项目的支持往往是基于爱好，特别是一些创新的数码产品，或者是电影、音乐等文化项目。因此，从某种意义上来说，众筹项目也是俱乐部性质的。

（3）中介机构。众筹项目也可以看成平台经济的一种形式。筹资人将项目的说明发布在中介平台上，并在平台上和出资人互动。中介机构既是众筹平台的搭建者，又是项目发起人的监督者和辅导者，还是出资人的利益维护者。很多平台在众筹项目上线前会加强实名的审核，确保其真实性，在筹资结束后也会监督项目的实施。国内的知名众筹平台都是依托一个较大的互联网公司，这在一定程度上提升了平台的公信力。

按照众筹参与者的融资模式，目前市场上存在的众筹项目大致可以分为四种类型：社会捐赠型众筹（social donation crowdfunding）、奖励型众筹（reward crowdfunding）、P2P借贷型众筹（P2P lending crowdfunding）、股权型众筹（equity crowdfunding）。受限于众筹本身的目的、法律规范的要求，目前在国内，比较适用于创业者的众筹项目主要以奖励型众筹为主。

奖励型众筹多应用于电影、音乐、数码产品等领域。在这些领域的创业者可以在产品投入生产之前在众筹平台发布项目说明书。所募集的资金用于产品的生产。在项目说明书中，创业者一般要说明产品的特色、所需要的资金，特别是可能提供的回报。在奖励型众筹中，常见的回报通常包括产品本身、产品的购买折扣券、产品的使用优先权等。对于很多创新性的产品来说，在产品推向市场前就拿到产品非常有吸引力。当然，也有部分奖励型众筹会探索融入股权型众筹。当投资者的投入较高的时候，这种投入会转化为项目的股份。

相对传统的融资方式，众筹项目的优势非常明显：

众筹项目具有门槛比较低、单笔融资金额较小、投资规模小的特点。它为创业者，特别是微型企业的创业者提供了成本更低的、更快捷的资金来源。众筹项目的投资人一般没有特别多的资质要求，而且单笔投资的金额一般不会太大，这方便了很多投资人仅仅依靠个人自有资金就可以完成投资。通过众筹平台，创业者可以把来自众多投资人的资金汇聚在一起，积少成多，实现对于创业活动的有力支持。

众筹项目拉近了创业者与投资者、消费者的距离，有力地推进创业活动的良性发展。

众筹项目的发布实际上是创业者积极展现创业项目的过程。在众筹平台上，众多的浏览者不仅是潜在的投资者，同时也是潜在的消费者。通过阅读项目说明书，他们更清晰地了解项目的特色。相比而言，传统的创业项目很难找到这样的平台或者窗口来发布与创业有关的资讯。同时，很多众筹平台也提供了评论的窗口，这进一步促进了创业者和广大投资者、消费者直接的对话。这在传统创业项目中是难以想象的。

不过，众筹项目的缺点也不可忽视：

众筹项目的适用范围较为有限。目前国内外众筹平台上比较流行的是与文化、创新有关的小型产品。因为这些项目对于资金的需求相对较低，而且产品的产出也是非常直观的。但是对于其他类型的产品来说，很难通过众筹来获得资金。

众筹项目也存在一定的法律风险。一方面，如果项目发起人在众筹平台上详细地发布了项目的特点，很容易为他人所模仿；另一方面，投资人和发起人之间仍然存在明显的信息不对称，投资人很难去分辨项目的真实性和投资回报率。一旦出现纠纷，就很难形成有效的解决方案。

7.2.4 其他融资方式

除了债务性融资和股权性融资这两类非常传统和典型的融资方式以外，在金融市场上，还存在一些相对较为创新的融资方式，创业者也应当对它们较为熟悉，有时候，通过债务性融资和股权性融资无法实现目的的时候，灵活使用一些创新融资方式也能够达到较好的效果。

1. 政策融资

政策融资对于创业者具备较大的意义。新世纪以来，为了鼓励创业活动的发展，政府部门出台了一系列的政策法规支持创业活动，2002年6月，第九届全国人民代表大会常务委员会第二十八次会议通过了《中华人民共和国中小企业促进法》，提出国家对中小企业实行积极扶持、加强引导、完善服务、依法规范、保障权益的方针，为中小企业创立和发展创造有利的环境。为此，国家相关部门出台了一系列支持中小企业的政策措施，对于创业活动的资金支持是其中的重要环节。现阶段，新创企业，特别是高科技新创企业可以利用的国家级政策性资金主要指的是国家科技型中小企业技术创新基金。

这一基金是经国务院批准设立、用于支持科技型中小企业技术创新项目的政府专项基金。创新基金是一种引导性资金，通过吸引地方、企业、科技创业投资机构和金融机构对中小企业技术创新的投资，逐步建立起支持中小企业技术创新的新型投资机制。创新基金不以营利为目的，通过对中小企业技术创新项目的支持，增强其创新能力。创新基金的资金来源为中央财政拨款及其银行存款利息。

根据中小企业和项目的不同特点，创新基金分别以贷款贴息、无偿资助、资本金投入等不同的方式给予支持。

（1）贷款贴息。对已具有一定水平、规模和效益的创新项目，原则上采取贴息方式支持其使用银行贷款，以扩大生产规模。一般按贷款额年利息的50%~100%给予补贴，贴息总额一般不超过100万元，个别重大项目最高不超过200万元。

（2）无偿资助。主要用于中小企业技术创新中产品研究开发及中试阶段的必要补助、科研人员携带科技成果创办企业进行成果转化的补助。资助数额一般不超过100万元，个别重大项目最高不超过200万元，且企业须有等额以上的自有匹配资金。

（3）资本金投入。对少数起点高、具有较广创新内涵、较高创新水平并有后续创新潜力、预计投产后具有较大市场需求、有望形成新兴产业的项目，采取资本金投入方式。资本金投入以引导其他资本投入为主要目的，数额一般不超过企业注册资本的20%，原则上可以依法转让，或者采取合作经营的方式在规定期限内依法收回投资。

同时，各地政府在支持中小企业发展方面也推出了不少扶持政策。除了税收优惠政策外，主要有以下几种举措。

（1）中小企业发展专项资金。深圳市设立了"民营及中小企业发展专项资金"。这项资金由年度预算安排的产业发展专项资金中统筹，专门用于民营担保机构担保风险的补偿和民营及中小企业服务体系建设及管理支出。

（2）中小企业担保基金。上海市张江高科技园区设立了中小企业担保基金，根据其规定，该基金会的担保对象为上海市工商行政管理部门批准登记注册的高新技术企业。担保种类仅限于一年内（含一年）流动资金贷款。担保额度为单个企业提供的担保总额不超过企业有效资产的50%，总额控制在200万元内。单笔担保金额不超过企业资本金的25%。

除此之外，一些地方政府为了促进下岗失业人员创业所提供的小额贷款也属于这一类型的融资渠道，当然，这些小额贷款数量不多，一般都在数万元之内，它适用于一般的小本经营企业的启动资金，如果创业者需要一些重大的固定资产投资，显然不适合这一类型的融资。

"坚持投早、投小、投创新。"国家中小企业发展基金总经理曲大伟日前在接受《中国证券报》记者独家专访时表示，发挥财政资金的牵引和带动作用，用市场化手段引导社会资本共同扩大对中小企业的股权投资规模，支持中小企业创新发展。

成立时间不足一年半，国家中小企业发展基金已完成15只子基金的设立，总规模473亿元，中央财政资金通过两级放大，带动倍数接近8倍，未来基金总规模将达1000亿元，引领和带动更多的社会资本支持"专精特新"中小企业发展。

国家中小企业发展基金有三大显著特征。首先，这是一只按照《中华人民共和国中小企业促进法》相关规定设立的基金；其次，是贯彻落实党中央和国务院的决策部署，充分发挥中央财政资金的牵引作用和乘数效应，带动社会资本共同繁荣中小企业股权投资市场的重大举措；最后，国家中小企业发展基金也是国家中小企业服务体系的重要组成部分，是支持中小企业创新发展的国家队。

截至9月底，国家中小企业发展基金已设子基金累计投资项目561个，累计投资决策金额为196.6亿元，其中投向中小企业的资金占比逾85%。

在国家重点支持领域，如新一代信息技术、集成电路、高端装备、生物医药、新能源、新材料和节能环保领域，子基金投资累计达144亿元，占比接近80%，符合支持中小企业加大技术创新，服务国家战略的引导和期待。

资料来源：侯志红，杨皖玉，葛瑶. 国家中小企业发展基金总经理曲大伟：发挥国家基金引导作用促进中小企业创新发展[N]. 中国证券报，2021-10-28（A01）.

2. 融资租赁

融资租赁起源于美国，是一种集信贷、贸易、租赁于一体，以租赁物件的所有权与使用权相分离为特征的新型融资方式。出租人根据承租人选定的租赁设备和供应厂商，以为承租人提供资金融通为目的而购买该设备，承租人通过与出租人签订金融租赁合同，以支付租金为代价，获得该设备的长期使用权。相对而言，融资租赁方式对企业资信和担保的要求不高，所以较适合中小企业融资。

对于中小企业来说，融资租赁能起到的积极作用主要体现在程序简单便捷方面，这是相对于银行借贷而言的。融资租赁的信用审查的手续简便，融资和融物为一体，使企业能在最短的时间内获得设备使用权，进行生产经营，迅速抓住市场机会，这对于一些处于市场上升期的创业者来说尤其具备重要意义。由于企业只需支付较低的租金就可以实现融资目的，可减轻承租用户在项目采购时的流动资金压力。同时，融资租赁不体现在企业的资产负债表的负债项目中，通过这种表外融资方式，可以解放流动资金，扩大资金来源，突破当前预算规模的限制。

但是从另一个方面来看，融资租赁也具备很多的限制。融资租赁的针对性很强。从国内的情况来看，目前融资租赁应用较多的行业主要是医疗和公用事业类。当然，近年来随着国内金融市场的发展，针对中小企业的租赁服务也在逐步增加。同时，融资租赁对于企业的资产规模、经营状况等指标也会有一定要求，融资租赁公司对于前来申请的企业及其融资项目的风险也会进行严格的审核。融资租赁也需要特定的标的物，如具有一定抵押意义和可变现的设备、厂房等物品。此外，融资租赁往往也会要求融资企业提供一定数量的保证金，额度相当于总融资额度的20%左右。这些都对新创企业应用融资租赁方式造成了一定的障碍。

3. 商业信用融资

商业信用融资，是通过商业信用来获取资金的融资方式。企业在销售产品或者提供服务的过程中，可以充分利用商业信用，推迟支付款项或者预先提取款项，从而为企业的经营活动募集到一定的资金。商业信用融资是一种短期融资方式，多数情况下无须进行正式协商，也无须正式文书，因此在实际中得到了广泛的应用。在西方国家，企业间商业信用融资已经成为企业经常性资金来源的一部分。

商业信用融资可以分为以下几种形式。

（1）应付账款融资。这一种方式意味着对于融资企业而言，暂时不用把应付账款支付给对方，这样，可以避免短期内的资金流出，这些资金可以用来应付一些紧急的需要。当然，在使用应付账款融资的同时，意味着创业者放弃了现金交易的折扣，因为及时地支付款项，有可能带来一定的折扣。

（2）商业票据融资，也就是商业汇票的承兑、贴现、转贴现和再贴现等业务。对于一些财力和声誉良好的企业，其发行的商业票据可以直接从货币市场上筹集到短期货币资金。商业银行也愿意利用商业票据与信用良好企业间的天然联系，为企业提供更广泛的票据业务服务，发展以融资为基础的商业票据业务。利用票据融资，要比向银行贷款的成本低得多。当然，这也取决于新创企业的信用程度。

（3）预收账款融资。通过这一方式，企业可以向客户预收账款，而真正产品的交付则是在账款支付之后一定时间。这样，融资方可以将预收的资金用于其他用途。预收账款融资方式同样是一种短期资金来源，在实际中，应用范围较为狭小，一般仅限于市场紧缺商品、买方急需或必需商品，适用行业多为生产周期较长且投入较大的建筑业、重型制造业等。

商业信用融资的优点在于其便利性。对于大多数企业来说，商业信用是一种连续性的融资方式。企业不需要办理筹资手续，就可取得商业信用。与银行借贷相比，商业信用融资的限制条件也比较少。商业信用融资的缺点在于，与其他短期筹资方式相比，商业信用融资的使用期限较短，数额也受到交易规模的限制，如果企业放弃现金折扣，则商业信用融资的成本很高。而且，商业信用融资是建立在企业良好的财务信誉基础上的，如果企业信用状态不佳，或者市场的整体信用环境恶化，商业信用融资就会受到很大的限制。

4. 典当融资

典当融资是用户将相关资产或财产权利质押给典当行，并交付一定比例的费用，取得临时性贷款的一种融资方式。对于急需流动资金的企业来说，典当是一种比较合适的手段。

典当融资具有其他融资方式无法相比的优势。第一，典当融资方式非常方便快捷，融资手续简便快捷，受限制条件较少，能够迅速及时地解决企业的资金需求；第二，典当融资非常灵活，不仅典当物、典当期灵活，而且典当费也可以灵活制定；第三，典当融资是采用实物质押或抵押，因此不涉及信用问题。这几点都十分适应中小企业的资金需求特点。

典当融资的不利之处在于融资成本较高，除贷款利息外，典当贷款还需要缴纳较高的综合费用，包括保管费、保险费、典当交易的成本支出等，它的融资成本往往高于银行贷款。如果企业不能按期赎回并交付利息费用，典当行可以拍卖典当物。此外典当贷款的规模也相对较小。

5. 内源融资

内源融资是源于企业内部的融资，其主要来源是企业的盈余、股东增资和职工集资。显然，相对于前面几种融资方式，内源融资既无须定期偿还，也不改变企业原有的控制权结构，所以企业不必对外付出任何代价，不会减少企业的现金流量，是一种低成本、高效益的融资方式。由于内源融资是企业内部挖潜，是对企业原有闲置资产的利用，也有利于企业进一步整合资源以实现更快发展。而且，由于内源融资一般不涉及企业与外部的关系，国家法律规定限制较少，一般不需要办理复杂的审批手续，中小企业可以随心所欲地根据自身的需要灵活进行，从而大大提高了融资效率。

在创业之初，由于受社会信用、创业风险和自身经营状况的影响，创业者得到银行信贷等外部融资的难度很大，数量也十分有限，依靠自身积累的内源融资不得不成为创业者融资时的首要选择。事实上，内源融资和其他融资方式间也存在一定的关系，内源融资规模越大，才可能吸引越多的投资者投资——如果创业者自身都不愿意把资金注入新创企业，外部投资者又怎么能信任创业者并且为之注资呢？

虽然内源融资具有较大的自主性，但是其缺点也非常明显，这主要体现在资金规模的有限性方面。作为新创企业，企业的自身积累能力和现有资源都非常有限，这就导致融资规模受到较大影响。因此，在融资的时候，创业者虽然首先会采用内源融资方式，但是由于实力的限制，企业往往很快就要寻找新的融资方式。

7.3 风险投资

7.3.1 风险投资的基本概念

世界上第一家独立的风险投资公司——美国研究与发展公司（ARD）于1946年在美国成立。该公司旨在通过开展风险投资，扶持新兴企业发展。该公司于1957年对数据设备公司（DEC）进行了7万美元的投资，此后14年，DEC成长迅速，该笔投资最终价值3.55亿美元，涨幅高达5000多倍。从这一案例中足见风险投资的巨大诱惑性。伴随着半个多世纪以来美国创业活动的蓬勃发展，风险投资这一独特的专为创业服务的金融工具获得了飞速的发展。在美国，有80%以上的高科技中小企业在其发展过程中得到过风险投资的支持，从硅谷的发展过程也可以看到风险投资对于创业活动的重要推动作用，微软、英特尔、苹果、SUN等公司都是风险投资的经典之作。

我国风险投资业自20世纪80年代中期起步。1985年，国家发布了《关于科学技术体制改革的决定》，明确了支持风险投资。次年，在国家科委推动下，成立了第一家风险投资公司——中国新技术创业投资公司。1998年，民建中央在九届政协一次会议上提交的《关于尽快发展我国的风险投资事业的提案》被列为政协的"一号提案"，风险投资引起了高层领导、理论界和实务界的重视，成为当年经济领域的最大热点。20世纪90年代中后期，随着互联网浪潮的到来，我国的风险投资产业也得到了飞速发展，虽然互联网泡沫的破灭对风险投资的发展造成了一定的影响，但是随着2003年前后新一波创业浪潮的兴起，风险投资产业再度风起云涌。

风险投资（venture capital）是由战略性投资者投入到新兴的、迅速发展的、有巨大竞争潜力的企业中的一种权益资本，从世界范围来看，风险投资往往偏好技术型的高成长性创业企业，在提供权益资本的同时，风险投资还提供经营管理咨询服务，最大可能地支持企业成长。在被投资企业发展成熟后，风险投资可以通过股权转让获取中长期资本增值收益。

风险投资的基本特征可以分为以下几个方面。

1. 权益性投资

这是风险投资的首要特征。作为权益性投资，风险投资并不过分强调投资对象当前的盈亏状况，也不要求投资对象支付资金利息。风险投资更看重投资对象的发展前景和投资增值状况，以便在未来通过上市或出售取得高额回报。权益性投资的特点决定了风险投资其他方面的特征。

2. 高度风险性

风险投资主要的投资对象是刚刚起步或尚未起步的高科技创业企业。这些企业往往各方面的资源都比较匮乏，客户认可程度很低，管理团队企业经营经验也较少，因此投资的失败率非常高。过去有很多学者将 venture capital 翻译成创业投资，以体现其对于创业活动的针对性。但是，随着众多学者对于 venture capital 的运作方式和特征的深入了解，风险性成为其重要的属性。因此，近年来，venture capital 一般都翻译成风险投资。

3. 超额回报率

与高度的投资风险相伴随的是其超额的回报，例如，梅菲尔德基金为科学数据系统公司（Scientific Data Systems）所投资的 350 万美元最终获得了近 10 亿美元的收益。软银亚洲注入盛大和百度的风险资金最终获得了 10 亿美元的回报。风险投资在注入资金之后，往往与创业者签订一系列的投资条款，以方便于在企业成长之后回收投资。从国外的经验看，上市是实现投资成功的一个标志，此时，风险投资可以在证券市场上出售自己的股份，实现风险投资的高额回报。

4. 投资长期性

风险投资往往是在企业初创时就投入资金，在承担投资风险的基础上为企业提供长期股权资本和增值服务，培育企业快速发展，一般要等到数年后通过上市、并购或其他股权转让方式撤出投资。因此，风险投资的流动性较小，由于其长期性，在实际投资的时候，一种常见的投资方式是分期投资。风险投资给企业注入的资金要分几个阶段来进行，每一阶段实现预期的目标之后，才注入资金，如果预期目标未实现，风险投资要督促企业调整经营，如果企业绩效太差，风险投资可以直接撤资，这样也在很大程度上降低了投资的风险。

5. 投资者积极参与

在投资过程中，风险投资要积极地参与到企业的战略决策中。由于风险投资属于权益性投资，持有企业的股份，因此风险投资往往拥有企业的部分控制权，部分风险投资在投资的时候还会要求在董事会中的席位以及一些特定的否决权。为降低投资风险，风险投资在向企业注入资金的同时，必然介入该企业的经营管理，参与战略决策，在必要时甚至解雇企业的管理者，以实现企业的更好发展。这种战略投资者的角色所带来的企业投资增值服务是风险投资的独特特色。由于风险投资的积极参与和战略支持，新创企业也能够更快地发展，更早地实现创业目标。

6. 投资专业化

这是由前面几个特征所共同决定的。由于风险投资的高度风险性和长期性，为了降低投资失败率，风险投资往往更愿意向自身熟悉的产业投资，也就是说，风险投资者一般对所投资的产业具备很高的专业水准，这样风险投资在决定投资的时候，可以作出恰如其分的评价，不至于被一些虚假的商业计划书所蒙骗。在投资之后介入企业运作的时候，风险投资也可以提供专业化的增值服务，对于企业的战略支持也具备针对性。因此，实践中的很多风险投资都有其主要的投资产业和投资方向，很少有风险投资能够介入多行业的投资活动中。

从类型上看，风险投资可以分为三个基本类型。

1. 风险投资基金

这是最主要的一种风险投资。投资者通过设立风险投资基金筹集风险资金，筹集资金的方式通常是非公开方式，募集对象上只是少数特定的投资者。风险投资基金本身采用有限合伙制形式，投资人成为公司的有限合伙人，这样，基金发起人、管理人必须以自有资金投入基金管理公司，基金运作的成功与否与他们的自身利益紧密相关。

由于金额较大，私募基金的募集往往是一个持续的过程，而非一步到位。通常首期募集可能只有10%，以后的资金根据项目的滚动情况来酌情增加。因此，私募基金往往更强调价值投资理念，偏向于发现具有长期投资价值的企业，一旦发现就要重仓投入、长期持有，并且不会频繁交易。风险投资的周期可能达到10年，前5年是一个播种、培育的过程，而后5年就要逐渐开始选择合适的时机，准备退出。上市是此类风险投资最为青睐的退出方式。

根据私募基金内部的统计，看100个项目，最终成功投资的只有3个，在分布上是少数的VC（10%，20%）赚到大部分的钱（80%，90%），即所谓的"二八定律"。因此，风险投资的失败率非常高，风险投资者在投资前必须经过大量的筛选和调查，在投资之后风险投资者也会更为谨慎地参与到企业的控制和管理中。

2. 产业投资公司

这类投资公司往往是一些非金融性实业公司下属的独立的风险投资机构，它们的全部资金均来源于母公司。它们代表母公司的利益进行投资。由于特定的产业背景，这类投资人通常主要将资金投向一些特定的行业。

产业投资公司的投资目标通常包括两个方面：一是从投资活动中取得丰厚的回报，二是选中的企业要能够为整个集团带来价值。因此，产业投资公司不仅看重投资回报率，还看重所选企业的企业是否能为整个集团所用。由于其很强的产业背景，产业投资公司在投资退出方式方面也与众不同，除了上市和出售以外，产业投资公司所投资的项目如果对于母公司有较强的战略意义，可以将投资企业出售给母公司，这在其他类型的风险基金中非常少见。

3. 天使投资人

天使投资人最初是指具有一定公益捐款性质的投资行为，后来被运用到风险投资领域。目前，天使投资人指的是用自有资金投资初创公司的富裕的个人投资者，这些投资人通常是创业者的朋友、亲戚或商业伙伴，由于他们对该企业家的能力和创意深信不疑，因而愿意在业务远未开展起来之前就向创业团队投入大笔资金。

投资专家有个比喻，好比对一个学生投资，风险投资着眼于大学生，产业投资商青睐中学生，而天使投资人则培育萌芽阶段的小学生。与产业投资公司以及私募基金比起来，天使投资人的实力要小得多。一笔典型的天使投资往往只是几十万元，可能还不到风险投资基金随后可能投入资金的零头，但是这对于刚刚创立的企业来说却是雪中送炭，意义尤为重大。

通常，刚刚创立的企业对资金的渴望更为迫切，而这一类型的企业即使是一般的风险投资基金也会有顾虑。而且，近年来，随着机构投资者的大批进入，风险投资基金的规模越来越大。为了降低投资成本，它们逐渐提高了每笔投资的投资规模，这就在一定程度上限制了风险投资基金对于早期企业的投资，它们越来越转向企业的扩张期或者晚期的投资。对于急需资金的创业团队或者早期创业企业来说，风险投资很难眷顾它们。此时，一些个体投资人如同双肩插上翅膀的天使，飞来飞去为这些企业"接生"。

与其他形式的风险投资相比，天使投资更为灵活，它们使用的是自有资本，因此代理成本和管理成本都要小得多。同时，在投资时，天使投资人往往依靠自身对创业者的了解和信任进行投资决策，无须和其他人商议，尽职调查的程度和规模也比风险投资小得多。这使天使投资的投资速度相对较快，投资成本也较风险投资低得多。

在美国，天使投资人经常是成功的企业家，大企业的CEO，富有的个人如明星、医生、律师，或其他自由职业者。他们大多受过高等教育，普遍具有较高的个人素质和良好的社会关系。从我国天使投资人的构成上看，除职业投资者外，还包括外资公司的代表、高管人员、海外华侨和海归人士，以及国内成功的民营企业家和先富起来的一部分人。

7.3.2 风险投资过程

通常，为了保证投资的成功，风险投资在筛选创业项目、资金注入和增值管理方面会遵循一些固定的流程。为了赢得风险投资，创业者也必须对这一流程足够熟悉，才能在融资过程中把握风险投资的关注点，成功赢得资金。风险投资过程如图7-1所示。

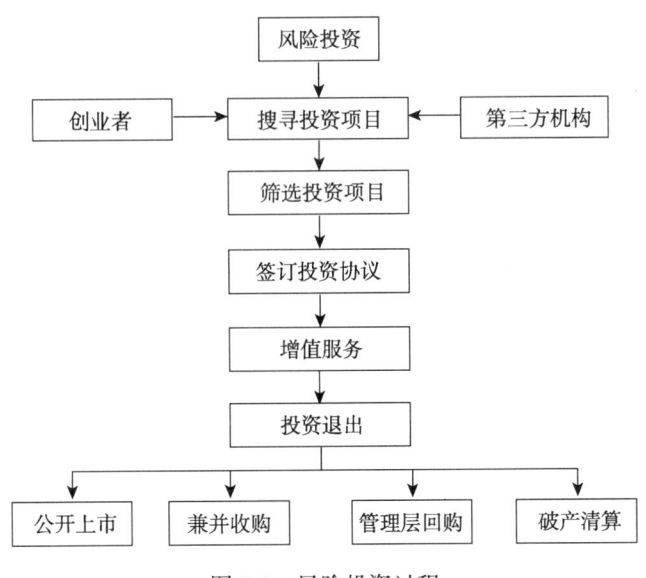

图7-1 风险投资过程

1. 搜寻投资项目

搜寻投资项目是风险投资操作的第一步。一般来说，风险投资所分析的项目的来源可以分为创业者自荐、风险投资者主动搜寻和第三方推荐这三种形式。从创业者自荐角度来看，如果项目准备不充分，同时对风险投资的特点缺乏足够的了解，创业者主动投递商业计划书这一方式往往收效甚微。风险投资者对创业项目的主动搜寻也可能遗漏很多有价值的项目，一些风险投资者一天要审查数百份的商业计划书，如果商业计划书写得不够专业，或者仅仅是形式上不够完美，风险投资者稍微看看之后就丢弃了，这样很可能遗漏了事实上一些很有价值的项目。

在这种情况下，一些专门为风险投资和创业者服务的第三方中介机构就比较必要了。通常，创业者在向风险投资递交商业计划书之前，可以先把商业计划书给这些中介机构审查一遍，它们从专业的角度思考商业计划书的可行性，使创业者能够先行修改，而后再通过中介机构递交给专门的风险投资者。这样，一方面可以使创业者的商业计划书更为专业，条理更清晰，更具备投资价值；另一方面也可以使有意向的风险投资者能够接触到一些价值点更为醒目的项目，避免被过多的商业计划书困扰。因此，第三方中介机构的存在实际上为创业者与风险投资搭建了一座沟通的桥梁。

2. 筛选投资项目

根据创业者或者第三方机构提交的商业计划书，风险投资者要对项目进行仔细的审查，以避免投资失误。通常，风险投资者在评价某个商业计划书的时候往往更为关注人、市场、产品这三个主要因素。

人的因素包括核心创业者以及创业团队成员的素质和能力。风险投资者需要从各个角度考察创业团队能否胜任企业发展的需要，是否具有良好的战略规划和执行能力，是否能够实现预期的发展目标，团队成员之间是否能够相辅相成、形成良好的向心力。

市场分析部分主要考察创业者所定位的目标市场是否具备良好的成长性，是否具备广阔的发展前景。风险投资者可以应用自身的专业知识对创业者的市场分析进行评价，考察创业者的市场分析是否过于夸张或者目标市场是否清晰。

产品方面，风险投资者需要考察创业者所提供的产品是否具备竞争力，能否吸引到潜在的客户。同时，如果创业者所提供的是高科技产品的话，风险投资者也会从专业的角度对产品技术水平进行评价。

事实上，风险投资者的项目筛选过程非常复杂，风险投资者通常需要进行初步审查、当面访谈、深入审查等几个步骤。风险投资首先要对商业计划书进行初步的审查，只有商业计划书撰写得较为专业的创业者才有可能被风险投资者约见，进行面谈。在面谈中，专业的投资者可以关注到很多细节方面的特征。如果风险投资者表示出进一步的兴趣，就需要花很多时间对项目进行尽职调查。其次，风险投资者可能深入企业（如果企业已经创立），访问企业基层员工，进行行业调查等。最后，风险投资者根据所掌握的各种情报对投资项目的管理、产品与技术、市场、财务等方面进行综合的分析评价，做出是否投资的决定。

3. 签订投资协议

一旦风险投资者最终决定投资，风险投资者和创业者就需要正式坐下来商谈合作事宜，确定投资条件。风险投资者所关心的是诸如资金能否获得一定的回报，企业的后续经营能否在风险投资的控制之下，一旦企业经营不良能否有顺畅的投资退出方式等问题；创业者关心的是能否募集足够的资金用于企业经营，资金何时能够到位，创业者是否会失去太多的企业控制权等方面问题。因此，一份权、责、利清晰的投资协议是非常必要的。这份投资协议包括投资数额、时间、资金注入方式、红利和利息方式、企业经营范围、经营计划、投资退出渠道、投资附加条件等内容。投资协议里面也列出条款来约束管理团队的可能的机会主义行为，以控制投资风险。双方达成一致后，签订协议，投资方按协议投入资金。

4. 增值服务

风险投资注资之后，为新创企业所提供的增值服务非常重要。增值服务是风险投资与传统的产业投资最大的不同。国内外许多风险投资案例表明，增值服务是风险投资过程的关键环节。增值服务做得越好，企业成长得越快，企业价值越能提高，风险投资的收益也就越高。这些增值服务包括对于新创企业的管理监控、战略支持、管理咨询等方面，这些手段能够充分减少投资风险，确保企业良性成长。

增值服务的过程发生于整个企业的成长阶段，风险投资需要帮助企业解决发展中所出现的各种问题。通过参与企业管理过程，风险投资能够为企业提供促使其快速成长的各种资源要素。因此，在投资中，风险资本家与企业家实际上是在共同合作、共同创业。这些增值服务实际上是为了保证风险投资最终的高额回报。

5. 投资退出

根据被投资企业的发展阶段和经营状况，通常风险投资最终的退出方式包括四种类型。

（1）公开上市。新创企业实现公开上市能够实现新创企业的价值最大化，企业也可以源源不断地获得资金，风险投资往往较为偏爱这一方式。

（2）兼并收购。风险投资将拥有的股权转让给其他企业。在美国和欧洲的风险投资产业中，通过把公司出售给第三方实现退出的项目数量是通过上市实现退出的三倍，当然，考虑到管理层可能失去企业的控制权，管理层并不太欢迎这一方式。

（3）管理层回购。管理层回购一般发生在企业有足够的现金或者能从银行那里获得贷款的情况下。一般来说，股权回购方案在风险投资协议签署时就定下来了，它可以使创业者及其他股东拥有 100% 的公司股权，但同时也可能增加了他们的债务负担，因此，往往在实践中采用的并不多。

（4）破产清算。如果企业经营不善，出现较大的亏损，与其这样勉强维持下去，还不如对它进行清算，当然，这种情况下，风险投资的损失也是非常惨重的。

细数创投圈三大陷阱

在中国互联网高速发展的同时，整个行业也充满了逐利和浮躁心态，雇水军、刷数据、融资造假、投资跳票……越来越多的潜在问题浮出水面，创业者和投资人相爱相杀。

TS 协议

投资人和创业公司之间就像恋人，在投资界不止一位投资人曾如此描述两者之间的关系。是如愿"步入婚姻"还是中途"一拍两散"，一些潜在矛盾从谈判初期就已经存在。

在投资人和创业者达成投资意向之后，一般就会签订 TS（term sheet）协议，即投资意向书。其中包含投资交易双方互相制约的主要条件，如投多少钱、占多少股份、估值、董事会设置、排他权、员工期权、交割条件和期限等。

如果说签订股权收购协议（SPA）意味着拿了结婚证，那么签订 TS 协议就相当于订婚，TS 协议往往要求保密和排他性，即要对 TS 协议内容保密，并在排他期内不得和其他投资者洽谈，但因为大多条款不具备法律效力，使 TS 协议成为矛盾的高发地带。

很多投资机构的 TS 协议极为冗长，长达 10 页，单创业者理解和选择的时间成本就很高，而且近些年很多投资基金在给了 TS 协议之后却没有投资的情况越来越多，对于时间即意味着机会的创业公司而言无疑是一种风险。

谈估值

众多创业公司在短短一年多时间内估值超过 10 亿美元已经不是什么新鲜事，过高估值和创业泡沫的破灭将整个投资速度放缓。投资人一边担忧"错失机会"，一边又顾虑"价格太高"，而创业者既担心"融不到钱"，又害怕"融资速度偏离创业计划"。

"中国的泡沫已经非常严重，这和资本也有密切关系。"七海资本创始合伙人熊明华介绍说。其所创办的投资机构在过去几年投资了大约 20 家公司，其中 15 家在美国，另外 5 家在中国。

在投资机器人公司的时候，他们曾考察了硅谷、北京、上海的几家公司，几家公司的产品模式基本一模一样，硅谷的公司已经在 30 多家酒店投入 100 多个机器人。从技术角度而言，北京的公司至少落后两年，估值是硅谷的两倍。而上海的公司产品都还未做出来，也没有用户，估值和硅谷的相当。

以太资本投资总监李嗣建议，创业公司在进入二级市场前，创业者不必太在意早期估值，常规 A 轮融资在 500 万美元左右，此时创业者一般会出让 10%～20% 的股份，15% 是比较普遍的情况，高于 25% 则会影响未来的融资。

对赌协议

创业和投资有太多不确定性，对赌协议成为投资圈减少投资风险、保护自身利益常用的手段，比较常见的对赌协议包括业绩对赌和上市对赌，一般会要求公司在一定期限内销售额、利润、日活跃情况达到既定标准，或者在一定期限内挂牌或上市。

对赌失败、创业者出局的案例并不少见。国内一些投资机构的对赌协议会非常细致严格，甚至要求创业公司在一年内必须达到预期业绩，否则用房子抵押。

尽管创投圈竞争在不断加剧，但相应的契约机制并不健全。一些投资机构单纯指望对赌来化解风险。"国内人民币基金比美元基金更心浮气躁一些，想挣快钱，对赌要求也更高。"北京金诚同达律师事务所合伙人李宁表示。李宁专注私募股权投融资领域、金融领域的争议。

"年轻的创业者应该警惕那些'秃鹫'一样的投资者，对于创业者而言，这是最大的陷阱。你可能不明白，作为创业者永远不可能在这场游戏中获胜。在对赌的协议中，创业者面对投资者就像是面对赌场中的庄家，赢的概率早就被算好了。"真格基金创始合伙人王强曾表示。

资料来源：邱智丽. 细数创投圈三大陷阱[J]. 中国中小企业，2017（3）：34-35.

风险投资是一种动态的投资过程，必须能随时适应金融、商业环境的变化要求并进行调整。为了达到投资目的，在风险投资过程中，通常可以看到以下几个投资策略的应用。

1. 分期投资

风险投资项目一般采用分期投资的方法，在第一次投资完成以后，投资者将分期对风险公司进行审核，以决定是否继续投资。创业者为了从风险投资者获得生存发展所必需的后续投资，也必须提高公司的运营效率，改善公司的经营管理。因此，分期投资能够发挥可中断分期投资策略对创业者的激励作用。例如，在20世纪70年代，风险投资对刚刚创立的苹果电脑公司的投资就分为三期，第一期发生于1978年1月，以每股9美分的价格投入了51.8万美元；第二期发生于1978年的9月，以每股28美分的价格投入70.4万美元；第三期发生于1980年12月，以每股97美分的价格投入233.1万美元。这种分期投资的方式突出体现了风险投资对于风险的控制。

2. 可转换债券

这是风险投资中广泛应用的金融工具。可转换公司债券是一种被赋予了股票转换权的公司债券。它兼具股票和债券的特点，一方面，它提供了股票价格下跌时的下限保护；另一方面，它又给债券持有人提供了这样一种期权，当公司未来经营业绩良好、股价上升时，债权人能够通过行使转换权分享股价上升的利益，因此可转换债券往往适合不确定性市场环境和信息不对称情况下的投资行为。在风险投资过程中，运用可转换债券，风险投资不仅能获得固定利息以及在清算时拥有优先清偿权，还能分享企业成长带来的收益。风险投资同时还享有普通股一样的投票权或董事会席位，因此，这一金融工具得到了非常广泛的应用。

3. 否决权

在投资协议中，风险投资往往会要求一系列保护投资方利益的否决权。当然，否决权的使用是极为慎重的。如果企业发展良好，战略实施基本顺利，风险投资和创业团队的关系也比较顺畅，否决权的行使就很少见。在一些情况下，企业发展不顺利，而且管理者的战略决策与风险投资的意见相左，双方之间的信任在很大程度上受到削弱，此时，否决权的行使频率就会比较高。在许多风险投资合同中，否决权被看作"保护性条款"，风险投资可以对企业章程修改、公司并购重组、控制权出让、资产购置与出售、董事与经理人员和雇员的聘用、公司重大经营活动等方面拥有否决权。因此，在谈判协议内容时，此类否决权如何赋予，需要创业者与风险投资者深入地协商。

扩展阅读 7.3　旷视科技踩坑记

7.4　本章总结

本章主要介绍了新创企业可能的融资渠道。虽然从整体上看，国内的新创企业普遍存在融资困难的问题，但是，如果能够掌握金融市场的规律，熟悉相关融资的运作方式，创业者还是能够不断挖掘创新的融资渠道，促进创业活动的发展。本章还重点介绍了风险投资的运作流程和特征，有志于吸收风险投资的创业者尤其需要熟悉这一部分的内容，充分借助风险投资的资金资源和增值服务提升企业成长速度。

复习题

1. 债务性融资方式和权益性融资方式之间的主要差别是什么？
2. 讨论大学生在实施创业活动时可能寻找哪些融资渠道。
3. 试分析风险投资者与创业者之间的关系。

即测即练

自学自测　扫描此码

本章案例

八马茶业　茶企艰难上市之路

屡败屡战，八马茶业近十年谋求上市之路令人唏嘘。

日前，证监会官网披露，八马茶业再次发布IPO辅导备案公告，冲刺主板上市。此前，排队已逾1年的八马茶业主动撤回创业板上市申请。

"早起开门七件事，柴米油盐酱醋茶"。作为全球最大的茶叶产销国，我国始终未诞生如立顿那样的茶企巨头，除个别茶企在港股上市外，未曾有茶企在A股上市成功。业内人士认为，我国茶产业发展整体呈现出"多、小、乱、散"格局，生产、加工、流通等环节相对原始，欠缺标准化和规模化的特性使茶企难以做大做强。由于茶企多为小型家族企业，财务制度不健全、管理不够规范等缺陷，也让其很难符合资本市场要求。

资料显示，八马茶业于1997年成立，是一家全茶类全国连锁品牌企业，主要从事茶及相关产品的研发设计、标准输出及品牌零售业务，产品覆盖乌龙茶、黑茶、红茶、绿茶、白茶、黄茶、再加工茶等全品类茶叶以及茶具、茶食品等相关产品。

2019—2021年，八马茶业营收分别为10.23亿元、12.67亿元、17.44亿元，归母净利润分别为9188.16万元、1.16亿元、1.63亿元。2022年第一季度，八马茶业实现营收4.51亿元，归母净利润为4514.69万元。

八马茶业坎坷上市路

5月9日提交撤回创业板上市申请后，"倔强"的八马茶业选择再战主板IPO。证监会公开发行辅导公示显示，八马茶业上市辅导机构仍为中信证券，申请行业分类仍为零售业，辅导备案时间为5月20日。

自2013年5月完成首轮近1.5亿元私募股权融资算起，八马茶业在上市这条道路上走了9年，其间经历过谋求中小板上市未遂、新三板挂牌和创业板IPO申请。

2021年4月，八马茶业申请创业板IPO获深交所受理，拟募集资金6.83亿元，用于营销网络建设项目、福建八马物流配送中心建设项目、八马茶业信息化建设项目以及补充流动资金。

招股书申报稿显示，八马茶业主要从事茶及相关产品的研发设计、标准输出及品牌零售业务。生产模式方面，涉及自主生产与自主分装两种。其中，自主生产属于精制茶加工。

但根据深交所创业板发行上市的暂行规定，"酒、饮料和精制茶制造业"属于创业板推荐暂行规定"负面清单"，因此深交所在三轮问询中均关注了"八马茶业是否属于成长型创新创业企业、是否符合创业板定位"。

八马茶业在问询回复中表示，八马茶业所属行业为"零售业"，公司将传统茶叶零售与新技术、新业态、新产业、新模式进行了深度融合，属于成长型创新创业企业，符合创业板定位。

"在八马茶业的身上确实没有看出太多创业板公司的影子，在模式、产品和渠道等方面的创新能力都是不够的。"在中国食品产业分析师朱丹蓬看来，监管层对于八马茶业创业板定位的质疑是合理的。

此外，八马茶业关联交易多而复杂、研发投入较小等也是深交所问询的重点。在业内人士看来，这也成了八马茶业上市的重要阻碍。

已有多家茶企折戟IPO

目前，除了八马茶业，中国茶叶、澜沧古茶也在谋求上市。再往前，四川竹叶青等多家知名茶企闯关上市均告失败。

2020年7月，证监会官网发布中国茶叶、澜沧古茶招股书。其中，主营普洱茶的澜沧古茶上市推进较快，原本有希望成为A股茶叶第一股，但在2021年6月上会前夕，澜沧古茶却主动撤回了上市申请。澜沧古茶方面表示，撤回是由于疫情导致相关上会人员被封闭管理所致，计划推迟6个月后再次启动上市相关工作。近期，证监会国际部披露了澜沧古茶提交的境外上市申请材料。有消息称，澜沧古茶决定转战港股上市。

中国茶叶实际控制人为中粮集团，是3家企业中唯一具有央企背景的企业。中国茶叶定位于全品类、一体化运营的品牌消费品公司，主营各类茶叶及相关制品的研发、生产和销售。在2021年2月更新了招股书申报稿后，中国茶叶便没有了下文。

中国茶产业集中度低，"散小弱"的企业格局在中国茶叶招股书申报稿里有着生动体现。中国茶叶作为头部企业，2019年营收16.34亿元，但国内市场占有率不超过2%。

中国茶叶坦言，茶行业企业数量多而分散，以中小、私营企业为主，达到一定规模并拥有种植、加工、销售全产业链的品牌企业较少，市场竞争激烈，且茶叶鲜叶产量受气候变动影响较为明显，原材料产量、价格波动风险较大。

茶企为何上市难

虽然茶企积极谋求上市，但资本市场的态度却相当冷淡，原因何在？

"问题的症结恰恰在于产品缺乏标准化。由于没有形成标准的工业化产品，茶企缺乏打造品牌的基础，有品类无品牌或是品牌影响力弱导致资本市场信心不足。同时，茶企的传统做法也给资本市场带来很多问题，包括成本计算、监管等。"里斯战略定位咨询中国区主席张云表示。

朱丹蓬认为，目前来看，中国茶企整体运营并不规范，内部审计及原始材料等均需要不断调整以符合上市需求。

"茶是中国最有心智资源的品类，在全球市场有巨大的机会。茶企要做大做强，首先要在产品上创新，要突破传统的工艺，制作标准化的产品。从某种意义上说，中国的茶产业需要一场工业革命、标准化的革命。茶企应针对新一代年轻群体，用创新的、标准化的、一致性的产品影响他们，建立起真正意义上的全国性的，乃至全球性的品牌。"张云说。

茶叶第一股花落谁家再掀波澜

从创业板撤回上市申请4个多月后，八马茶业9月22日披露新的招股书，拟在深市主板上市。

八马茶业本次IPO拟募资金约为10亿元，计划用于八马茶业营销网络建设项目、福建八马物流配送中心建设项目、八马茶业股份有限公司信息化建设项目、八马茶业武夷山生态工业园项目（一期）以及补充流动资金。

业内人士分析，八马茶业在现阶段的发展模式、经营规模等指标已满足主板的发行条件，向主板申请上市的政策面与公司基本面已匹配，这是其A股之路迈出的关键一步。

此外，早前终止A股IPO的澜沧古茶改道港股IPO，5月30日，港交所网站显示，澜沧古茶首次递交招股书，计划在主板挂牌上市。

茶企仍需高质量发展

在业内人士看来，茶叶是一个黏性极强、需求长期确定、市场规模仍在增长的消费赛道。公开资料显示，中国茶叶市场规模从2016年的2148亿元增长到2021年的3049亿元，复合年增长率为7.3%，预计2026年将达到4080亿元，2021—2026年的复合增长率为6%。其中，中国的普洱茶市场预计将从2021年的185亿元增长到2026年的311亿元，复合增长率为10.9%。

尽管茶产业体量巨大、市场广阔，但行业呈现高度分散、中小企业占主导的状态。以天福为例，作为港股茶叶上市公司，其市场占有率不足1%。这成为影响和制约茶企上市的一大关键因素。

规范化是当前茶企资本化的核心困境。"茶产业规范化不易，原茶的收购阶段为现金收购，管控难度很大，企业想要做假账非常容易。交易环节也一样，不容易进行规范化管理。另外，这些企业多为家族企业，管理机制、财务体系不够完善。很多公司的土地等资产还时常面临权属纠纷。"前述和泰资产人士分析。

标准化是茶企资本化的又一难题。茶业需要种植在高山和丘陵，无法实现机械化，严重依赖人工，生产效率偏低。中国茶园种植面积约占全球茶园总面积的四分之三，但产量不到一半。

"种植茶叶受天气影响大，无法摆脱'靠天吃饭'的限制。很多茶企是通过'二道贩子'进行采购，无法保证产品质量，尤其是农药残留等食品安全问题无法保障。这也导致我国茶业近年来出口量日益衰退。"前述和泰资产人士表示。

这是否意味着茶企将很难登陆资本市场？在记者采访的茶企人士与投资机构看来，中国茶业未来的机会或许会从三个方面体现出来：电商红利、年轻市场、产品创新。

"线下消费环境迫使茶庄起码要有品茶室，加上店铺租金、雇用茶艺师和装修等费用，直接推高了实体店的运营成本。而线上电商的运营成本远低于线下实体店，虽无法做到先尝后买，但以低价取胜，线上茶叶销售占比逐年增加。"一位茶企人士对记者说。

八马茶业、中国茶叶等茶企的招股书显示，目前茶企的核心销售渠道仍是线下加盟，线上化不高，电商红利仍然存在。

资料来源：郭成林. 八马茶业再战 IPO A 股"茶叶第一股"将花落谁家[N]. 上海证券报，2022-09-28（6）.

郑俊婷. 八马茶业再启 IPO 茶企缘何上市艰难[N]. 上海证券报，2022-05-28（6）.

康殷. 八马茶业转战深市主板 继续参与茶叶第一股争夺[N]. 证券时报，2022-09-24（A03）.

思考题：
1. 八马茶业为何上市困难？
2. 虽然茶企积极谋求上市，但资本市场的态度却相当冷淡，原因何在？
3. 八马茶业为什么执着于上市？如果不上市还有其他出路吗？

第 8 章

新创企业战略规划

对于创业型企业来说，管理者无须思考企业是否需要转型，而是应时刻思考怎么转、往哪个方向转。为什么呢？企业作为市场的一部分，要随市场环境而时刻变化。如果企业的模式、产品跟不上市场的变化，就将面临淘汰。达尔文的进化论大家都知道：一个物种如果不随环境的发展而变化，最后就会被淘汰。其中有两层含义，第一，说明了"改变"的重要性，第二，也指出不要等到有了痛感，发现很不适应了才做重大转型，而要随环境发展趋势不断转型。亡羊补牢，有时未为晚矣，有时则是穷途末路。

转型总是痛苦的。心理学上说惰性让人不愿改变，但既然转型不可避免，就不要逃避。如果你时刻绷着这根神经，痛苦就可能小些，因为你一直是在"小转"：无非是今天运行三条生产线，明天发现状况后立即减少或添加一条。但若是"大转"，就可能需要抛弃原有业务，运行新的模式。而此时承担的压力和风险往往是巨大的。

如果企业的经营者眼光长远，那么企业的发展方向就会持续优化，避免大的波折。对于创业者来说，最重要的是前瞻性，应该具有一定的洞察力，能预见未来三五年后的发展趋势。因为创业者不是船员，而是舵手，决定着企业这艘船的航向。然而，前瞻性的培养并无太多理论可言，更多的是一种直觉：其一部分是与生俱来的，但更多的则来自多年摸爬滚打的积淀。

扩展阅读 8.1 朱元璋的创业战略

资料来源：马晓云．企业转型非痛不可吗[J]．创业家，2013（6）：104-105．

【本章学习目的】

1. 掌握新创企业战略规划的必要性和特点。
2. 掌握新创企业战略选择的具体内容。
3. 掌握新创企业战略制定和战略控制的方法。

从战略研究的发展来看，战略研究的主要对象是一般的成熟企业，针对新创企业的战略研究则相对较少。即使在创业研究中，对于新创企业的战略研究也并没有真正从理论意义上建立一个专属于新创企业的战略选择的概念。在他们的研究中，新创企业的战略选择的存在必要性及其独特性很少深入探讨。我们认为，如果要深入讨论新创企业的战略选择，这一部分内容不可避而不谈。本书认为，从根本上说，由于资源、能力等因素的差异，新创企业的战略选择必然与成熟企业存在较大的差异，这是本章讨论的起点。

在讨论新创企业战略规划的必要性之后，本章将讨论新创企业战略选择的几个主要特征，以及新创企业的战略制定模式和战略控制过程，从而为读者勾画出一个系统的新创企业战略规划过程。

8.1 新创企业战略规划的概念分析

8.1.1 新创企业战略规划的必要性

对于成熟企业来说，战略选择是企业的整体规划，战略方向决定了企业的发展方向。然而，刚刚创立的企业是否同样需要这种规划？反过来设想，假设新创企业在决定发展方向时，没有进行任何形式的战略规划，即新创企业在决定下一步的市场经营策略或者产品开发力度时，仅仅是依据企业的预期获利作一个简单的判断，没有任何更深入的评估和权衡，这样可能带来什么样的后果？

显然，对资源匮乏的新创企业来说，缺省战略规划过程，可以节省一定的时间、金钱和精力，将资源投入具体的生产经营活动，从而在一定程度上提升资源利用的效率。另外，由于决策时间和其他成本的节省，企业有可能识别更多可能的市场成长机会，而且，由于无须系统的经营规划，企业甚至可以等待市场成熟之后再进行选择，此时，市场需求更为明确，企业的行动目标更为确定，经营活动也更为集中。

但是，缺乏合理必要的战略规划，却会给新创企业带来更大的问题。安索夫在其著作《企业经营策略》（*Corporate Strategy*）中对企业是否需要战略规划这一问题进行了分析。他认为，虽然不制定战略规划的企业可以节省战略制定的成本，并且更加容易调整经营方向，但是不制定战略所导致的成本更高。尽管这种分析主要针对的是一般的成熟企业，本书认为，部分成熟企业缺省战略所带来的问题在新创企业身上表现得极为突出。

首先，战略规划是企业的经营规划，也是公司经营的一种内在模式。这种特定的模式为企业的经营提供了一种存在的规则，有明确经营模式的企业可以依据这种规则有效应对市场环境的变化，及时制定行之有效的应对措施，战略行动具有时效性。安索夫认为，"对于一般的企业来说，缺乏这种战略规划，公司的研究及发展部门对于如何为公司的多元化营运提供一份贡献也将没有指导的准则，同样，负责对外收购的部门，也将缺乏工作重心"。相应地，新创企业缺乏战略规划所带来的问题是，一方面，在制定经营决策前，尽管创业者可能对市场环境的变化已有认识，但是如何根据这些变化制定相应的措施，企业将没有一个明确的规则予以指导，只能被动地守株待兔，或者只能等到时过境迁，再作出判断，因而在市场竞争中将失去先机；另一方面，在经营措施执行之后，企业无法依据一个明确的评价系统检讨上一阶段的经营措施是否得当，资源分配是否有效，因而也无法在下一阶段的企业经营中做出有明确方向的改进和调整。

其次，缺乏战略规划的新创企业针对企业经营所拟订的竞争方案，其方向往往更依赖于创业者的个人性格。如果创业者性格保守，很可能错过许多富有潜在价值的产品或者项目，而实际上这些产品或者项目很可能是企业应当尝试的。即使创业者本身具备很强的进取精神，也可能因为未能及时了解并且分析市场机会的成本和风险，而做出错误的决定。

因此，在缺乏战略规划的情况下，创业者很可能因此不敢有所作为，也很可能会作孤注一掷的冒险。如果创业领导者进行了更换，这种不稳定的经营策略甚至会表现得更加明显。一套良好的战略规划机制对于拥有优良素质创业团队的企业来说或许意义不甚重大，但是对于创业团队整体素质尚存不足的企业来说则是企业稳定经营的有力保障。

最后，从整体上说，战略规划是整个企业的行动方向，对于新创企业来说尤其如此，新创企业本身资源匮乏而且社会关系稀缺，打开市场能力较弱，因而更需要整个企业上下同心协力开拓某一特定市场，经营方向也应当较为一致。一个企业缺乏整体战略规划时，创业团队之间一旦出现不同的意见，例如，两位团队主要成员对下一步企业应当主要开展什么业务存在不同见解，企业很可能对于这种分歧束手无策，进而影响企业的发展。而合理有效的战略规划可以帮助创业团队权衡整合各个方面的不同情况，作出正确的判断。

因此，本书认为，战略规划对于新创企业来说是必要的。虽然放弃制定明确的成文战略可使新创企业节省一定量的时间和资源，但是会导致企业内部经营无规则、不稳定、不一致等后果。

企业很小的时候应该树立一个宏大的理想，这样才能不断往前走。但是企业刚起步的时候，却往往急于做大，任何机会都想抓住。此时如果忽略了专注和聚焦的原则，机会就会变成陷阱，最终哪个机会也抓不住。因此初创企业应当学会聚焦单一业务，进而实现战略目标。

神州数码刚起步的时候，我一直认为，有机会就要抓住，因此手机、服务、软件外包，各种业务机会都想抓住，可最后证明，一些机会可能成为陷阱。当时在联想体系里，我是最早研究手机的，即便分拆以后我也舍不得放下，因为我预感到手机是个非常大的市场。但企业在初创阶段有很多事情要做，时间和精力不够用，因此只能委派别人去做，别人做的时候，他的想法又会产生偏差，自己又没办法全身心指导，最终导致亏损。

今天来看，当时的这个方向绝对没错，如果我们那时聚焦，没有同时进行其他项目，相信我们今天一定会做得非常好。我们做掌上电脑是和多普达、HTC一起起步的，中文掌上电脑甚至比它们发布得还要早，但由于当时没有专注，错过了非常好的时机。

你应该力争花更多时间去处理不紧急但是很重要的事。但在公司管理中，我们每天所忙的事情经常和重要目标一点关系都没有，因为不断有一些新的东西来干扰你，让你去做很多无效的事情，所以我们要学会不断地去梳理这个关系。把想做的事情全部列出来，然后进行优化，看哪些工作和目标导向是相同的，然后就围绕这个目标开展工作，如果工作和目标没有关系，我们就不要干。宁可去睡觉，也不要去做那些跟目标导向没关系的事情，因为这会大量地消耗你的体力和精力，让你无法聚焦做重要的事情，因此与其浪费时间不如去休息。

对标战略管理的问题也一样，就是要把很多事情做简单。除了规划，还要回归，也就是说，制定完了重要战略，过半个月甚至一年后，都要回过头看一下，当时定的目标完成得怎么样。如果没达到目标，要分析为什么没达到；如果达到了，要看整个过程中是不是每个环节都达到了目标，最后达到目标是必然的还是偶然的，其中成功的因素是什么，不成功的因素又是什么？同时，还要总结达成目标的方法论。企业管理是一个实践性的课程，是不可重复的，任何教科书都没法告诉你怎么做，只有自己在实践中不断总结，提高成功概率。

时间的确定和价值有非常大的关系，和诉求点也有非常大的关系。确定目标以后，你还要分解到每年、每季度、每个月，然后把它们连贯统一起来，并且跟团队成员分享这个目标。做领导有一项很重要的工作，就是把握节奏，要和团队不断地对标，根据计划对标进度，还要开生活会进行价值观对比，我们这些人是否有最终走到一起的共同的价值观？毕竟，大家能走到一起，短期可以是利益驱动，但长期一定是价值观和文化的驱动。对标的好处在于，即使价值观不一致，也知道大家在考虑什么。只有对标，才能把时间管理和战略管理结合起来。

资料来源：田茗．郭为：初创企业怎样做战略选择[J]．创业家，2012（7）：102-105．

8.1.2 新创企业战略规划的特征

1. 新创企业战略规划的复杂性

从战略研究的发展来看，成熟企业的战略规划是极其复杂的过程。战略的具体选择从纵向上可以分为公司战略、竞争战略、职能战略等，在横向上则可以分为低成本、集中化、差异化等不同的战略。显然，新创企业可以选择的战略范围及其复杂度要大大小于前者。

Bhide（1994）从 *Inc.* 杂志 1989 年评选出的全美成长最快的 500 家私营企业中挑选出 100 家，对它们的创始人进行了访谈，结果发现，创业者在最初的商业计划上几乎没有耗费多少精力（这里的商业计划并非企业融资时提供给投资人的商业计划书，而是企业的经营计划），其比例如图 8-1 所示。

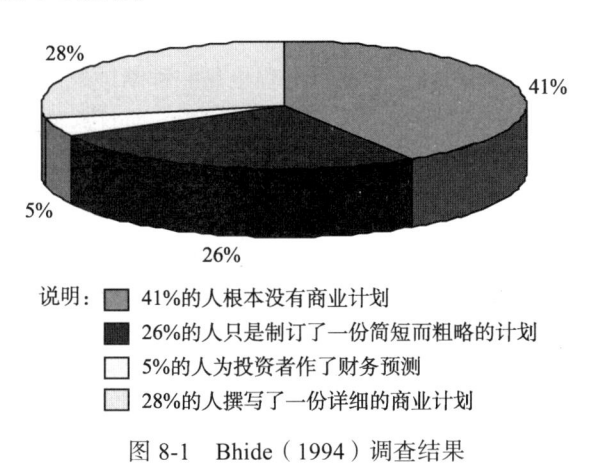

说明： 41%的人根本没有商业计划
26%的人只是制订了一份简短而粗略的计划
5%的人为投资者作了财务预测
28%的人撰写了一份详细的商业计划

图 8-1 Bhide（1994）调查结果

根据这一统计结果，Bhide 认为，采用全面分析的方法来做计划，不适合大多数新创企业，因为创业者往往缺乏足够的时间和资金去对潜在客户中有代表性的样本进行访谈，更不用说分析各种替代品、推断竞争对手的成本结构，或者预测未来的替代技术。对于新创企业，过多的分析甚至可能使有利的机会被错过。然而，Bhide 同时认为，所有企业都应该进行一些分析和计划，这是一种快速而且省钱的方法——一种介于贻误时机的过度计划和根本不做任何计划之间的方法。

Bhide 的结论支持了我们的设想：新创企业的战略规划是介于完全无规划和复杂规划（成熟企业的战略规划）之间的一种状态——新创企业需要经营规划（战略规划），但是由于时间和资源所限，又无法像成熟企业那样投入大量的资源，制定复杂的规划。因此，新创企业的战略规划拥有适度的复杂性，这种复杂性依赖于企业所能支配的资源以及企业的战略目标。

2. 新创企业战略规划的渐进性

战略涉及企业的长期发展方向问题，战略的选择和调整往往并非一步式的变革，而是表现出一种连续性。Johnson 和 Scholes（1998）认为，战略有一种"惯性"的趋势，一旦组织采用了某种特定的战略，那么它就以这个战略为基础进行发展，而不是根本性地改变方向。Romanelli 和 Tushman（1994）的研究表明，"全局性的"或者"转型式的"（transformational）变革确实发生过，但并不经常发生，更典型的变革是"渐进式"（incrementally）的变革，即战略是逐步形成的，或者组织是"零碎地"（piecemeal）变革，如图 8-2 所示。

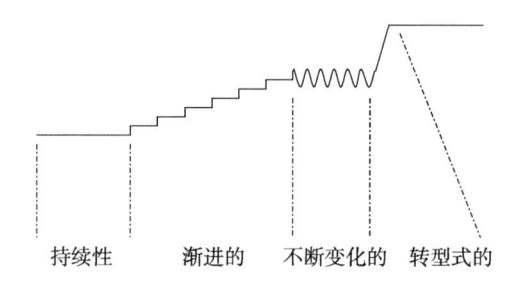

图 8-2　Johnson 和 Scholes（1998）战略调整

与此类似，新创企业战略的制定和执行过程也是一种渐进式的过程。如果新创企业经常大幅度地调整其战略，那么它将很难有效地完成任务，而且这种剧烈变动的战略规划还会带来企业资源的巨大浪费，对于资源相对匮乏的新创企业来说，这是一种致命的危机。因此，和成熟企业的战略规划过程一样，新创企业战略的制定和执行应当是一种在不断变化的环境中渐进的发展变革过程。当然，和成熟企业相类似，在组织内部发生危机，尤其是当企业的经营业绩下降很严重时，这种渐进式的战略规划过程可能要向转型式的战略变革转变，以应对这种非常局面。

3. 新创企业战略规划的独特性

尽管新创企业的发展确实需要切实可行的战略规划，但是这种战略可能难以套用已有的战略分析范式加以归纳，这是由创业活动的现实所决定的。

新创企业，特别是种子期和初创期的新创企业需要考虑的首要问题是企业的生存问题。Stinchcombe（1965）指出，年轻的企业有高度的失败倾向，因为创业者以及相关组织成员不能迅速地适应自己的角色，同时这些组织缺乏相关的经营记录，与外部的供应商以及购买者的联系也尚未建立，他把这种生存困境叫作新生者的不利条件（liability of newness）。新生者的不利条件在大量的研究中得到支持（Freeman et al., 1983; Singh et al., 1986; Carrol & Delacroix, 1982）。因此，对于新创企业来说，无论是战略规划还是组织制度建设，其出发点都是获得足够维持企业生存以及后续发展的资源，这一点和一般企业的战略规划差异比较大。因此，对于种子期和初创期的新创企业来说，考虑更多的是经营层面的竞争战略，而公司经营层面的战略则可能较少出现在创业者的视野中，尽管这种战略被广泛应用于一般企业的战略规划。

再者，对于成熟的企业来说，可行的战略选择可能包括横向一体化和上下游的纵向一体化，但是，对于新创企业来说，有限的资源和创业的初衷决定它们不可能放弃已选择的机会，转而选择其他发展方向，而是从现有的机会出发选择战略。因此，在创业研究中需要重点考察的是新创企业可行的战略选择，而非直接将成熟企业的战略选择套用在新创企业上。

因此，综上所述，我们所探讨的新创企业战略规划是企业经营活动的规划，这是一个从制定到执行再到反馈的整体过程，而企业在发展中客观上展现出来的市场竞争方案或者模式则是企业具体的战略选择（虽然这有可能并非创业者主观上有意识地以战略的名义予以选择的结果）。

扩展阅读 8.2　雷军：创业成功唯有拼命工作、克制贪婪

8.2　新创企业战略模式

8.2.1　新创企业战略构成分析

本书认为，新创企业的战略选择本质上是创业者选择什么样的市场/产品开发组合战略，这种组合战略是新创企业市场定位的具体体现：市场的定位依赖于市场环境的开发，即通过有力的市场开发措施发现有利的细分市场；同时还依赖于产品层面的不断开发，以更有效地服务于目标市场。基于这种判断，我们首先将新创企业的战略分为市场开发和产品开发两个方面（见图 8-3）。

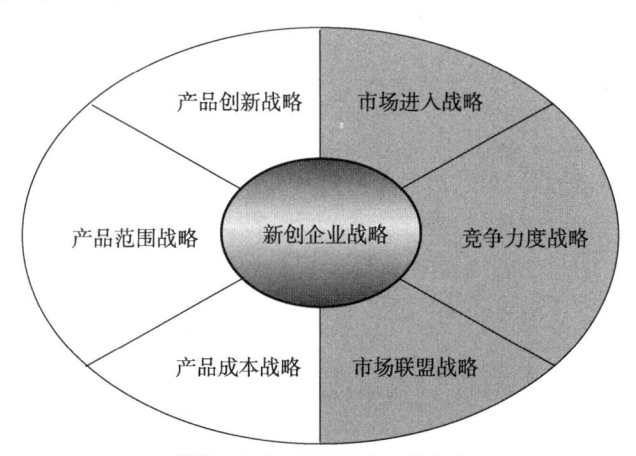

图 8-3　新创企业战略概念构成

说明：■为市场开发方面的战略
　　　□为产品开发方面的战略

市场/产品开发组合战略实际上强调了一种差异化（differentiation）的思想。在战略管理中，波特等人已经充分论证了差异化战略对于一般企业的重要性：将公司提供的产品或者服务差异化，形成全产业范围中具有独特性的东西，能够成为在产业中赢得超常收益的可行战略，因为它能够建立起对付五种竞争作用力的防御地位。对于新创企业，通过市场细分以及专业化，专注于某一特定产品，或是限于某地的商业运作，能够创造独特的竞争优势，而这种细分市场可能对大规模的企业缺乏吸引力。这样，新创企业可以避免和大企业直接竞争。而且，由于资源的缺乏，新创企业无法像大企业那样全面铺开市场，通过必要的市场定位选择合适的细分市场，可以使有限的资源得到更为充分的开发应用，创造出更大的价值。

市场/产品组合战略也见于Collins和Lazier（2000）的研究。Collins和Lazier提出了一个中小企业战略规划的示意性模型，他们认为，中小企业的战略是一种市场/产品组合战略，其主要解决的问题是：组织打算提供的产品是什么，组织打算如何在市场上进行竞争。但是，Collins和Lazier并没有对产品/市场组合战略的具体内容和特征进行更深入的探讨，而是仅仅停留在示意性分析框架上（见图8-4）。

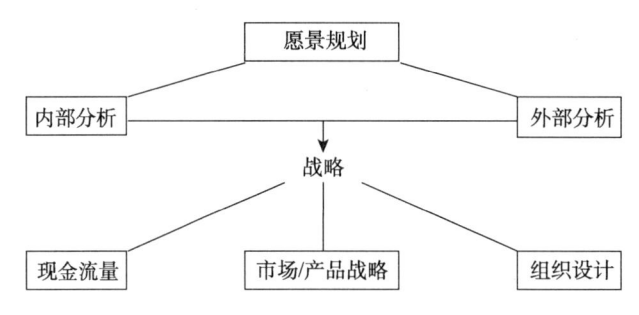

图8-4　Collins和Lazier的市场/产品组合战略

在市场开发和产品开发两个方面，本研究设置了六类竞争战略，下面我们将依次介绍这些战略选择。

1. 市场进入战略

创业者选择创建一个有血有肉的实际企业，首先要考虑的是进入市场的时机。其他的战略方案的选择和实施都只能等待真正进入市场之后再考虑。因此，我们首先关注新创企业的市场进入战略。应当注意的是，这里的市场进入战略并不仅指新企业创立之时的市场进入时机，在机会后期开发的过程中，创业者一旦发现一个更富有吸引力的细分市场，也可以采用尽快进入该市场的策略来实现快速成长。

管理学或者产业组织理论都指出，进入市场的时机是企业成功的重要因素。虽然早期进入者可能会有较大的失败风险，但是他们往往能够比后进入者享受更高的收益。在创业研究领域，一些研究同样发现创业者选择适宜的市场进入战略能够获得较好的成功（Shepherd et al., 2000; Tushman & Anderson, 1986; Henderson & Clark, 1990; Levesque & Shepherd, 2002）。特别是对于新兴产业来说，早期进入者面临的往往是一个竞争不太激烈的市场，而且市场规模往往处于上升期，创业者很容易就能获得大量的市场份额。尽管随之而来的后进入者可能会加剧这种竞争，但是先进入者常常能够率先拥有商誉和顾客忠诚度上的优势，这种优势对于后进入者来说往往是一种壁垒。依赖于这种进入壁垒，创业者能够获得较好的创业绩效。然而，一些实证研究也发现，先进入者面临更多的经营风险，因为新的产品、新的产业并没有现成的经验教训可以参考，先期的巨额投资一旦无法回收，对新创企业的打击将是致命的，而后进入者却能够对技术、市场、竞争状况了解得更多，因此常常能够降低经营风险。

基于这一现实，市场进入战略的实施依赖于创业者的综合判断，在恰当的条件下，实施市场进入战略能够获得超额利润。当然，市场进入战略的实施效果不仅依赖于进入的时机，也依赖于产品或商业模式容易被模仿的程度，以及竞争者的竞争实力等因素。

2. 积极竞争战略

竞争的实施力度是创业者在推行战略时需要考虑的重要因素。大量的研究都发现，创业者积极实施市场竞争是创业成功的一个重要因素。Biggadike（1976）发现，成功的创业者是那些积极谋求市场份额的人，相对于在位者，他们能够更加积极地进行投资和营销活动，迅速占领市场份额，并且最后能够提供更好的财务和市场业绩。MacMilan 和 Day（1987）发现，积极的市场竞争战略以及及时的投资决策，能够使企业迅速获得大部分的市场份额。Romanelli（1989）认为，虽然积极的竞争策略并非最有效的提升新组织绩效的措施，但是总的来说，在大多数的市场环境下实施这一策略的企业能够提高它们存活的概率。然而，显而易见的是，这种积极的竞争策略伴随的是资源的大量耗费，由于资源的匮乏，新创企业在竞争力度上的选择往往非常谨慎，毕竟，与其他企业，尤其是拥有更为雄厚资本的大企业直接争夺市场，对新创企业来说具备高度风险。

在很多情况下，积极竞争战略反映在企业的营销活动方面。不同的营销力度反映了新创企业对于市场竞争的态度，是选择争强好胜的营销公关等经营措施，还是仅仅追求保守的经营目标就足够了，这种差异造成了企业市场竞争力的差异。在国内外的许多成熟企业的发展中都可以看到积极营销行为的效果。但是对于新创企业来说，营销策略的实施效果也非常明显。如果企业是新兴市场的早期进入者，积极的营销活动可以树立企业在该行业的品牌形象，同时也拉动了该行业的迅速成长。如果企业是市场的追随者，成功的营销战略能够使企业迎头赶上已经拥有一定份额的在位者。但是，营销活动在资源方面的耗费也是不可忽视的，企业内部的大量流动资金会被营销活动所占用，企业经营的其他方面就会捉襟见肘、发展乏力。因此，创业者需要综合各方面因素，全面思考竞争的力度。

在去越南孵化网红之前，黎叔在腾讯待了 12 年，已是一名互联网界老兵。2017 年从腾讯离职后，他曾在国内一家电竞方向的 MCN 工作。最开始一年的营收也能做到 4000 万元，但伴随着赛道越来越火，很多客户也有电竞俱乐部的合作需求，他便与当时的一位电竞冠军一起，成立了一家电竞俱乐部。然而，电竞俱乐部是个"吃钱黑洞"，他最终赶在 500 万投资款项亏空的临界点，及时止损，卖掉了俱乐部。

第二次创业，他选择来到越南。一是他曾在越南工作过；二是越南和中国文化有同源性。更重要的是，相较于国内竞争激烈的 MCN 市场，他认为越南网红带货是一片蓝海。

在此基础上，他公司的一切决定，也都围绕"在越南直播带货"这一核心目的倒推展开。

第一批签下六个网红后，黎叔迅速开始投入创作。首先，是给每个号打造不同的人设。当时，根据经验，团队选择了开箱、搞笑、剧情等几个方向，整体是做到每个人都有自己的特点。一周发七条内容。起初的内容是根据国内的一些爆款做改编，保留大致的情节逻辑，经过越南本地团队的讨论，对服化道等内容做一些本地化优化，然后发布。

2019 年 11 月，第一条视频发布。大概一周，团队就迎来了首个百万播放量的视频。黎叔至今还记得那条视频的内容，类似于发生在两三个合租女生之间比较搞笑的短剧：一个女生一边吃棒棒糖，一边打扫马桶，结果不小心棒棒糖掉进了马桶里，于是女生赶紧捡起来准备扔进垃圾桶，正好另一个女生经过，直接抢走塞进嘴里……就是这样一条简单的内容，不仅爆了，还引发了越南人的模仿翻拍。

随着编剧、摄影团队的逐渐上手，2019 年 12 月—2020 年 1 月，团队开始尝试本地化创新，比国内更早地探索了连续剧形式的微短剧。一部剧 16 集，一集一分钟。捕捉到这一形式，是观察到越南人爱在 YouTube 上追短剧，平台上也充斥着大量的"小作坊式"短剧。于是，黎叔想在 TikTok 上继续"复制爆款"。

当时，团队拿了一个韩剧的剧本，把故事梗概、大体的剧情冲突保留，将其中的细节替换掉，然后精简，整个故事浓缩在十几集内。播出后的反响格外好，在播连续剧的一个月里，粉丝数暴涨。距离发布第一条内容三个月后，团队就收获了第一个 200 万粉丝账号。到了 2020 年 7 月，公司进入稳定发展期，红人稳定，团队成员逐渐上手，公司红人也进入了 TikTok 前二十的队列。

资料来源：谭丽平. 我在越南培养网红[J]. 中国企业家，2022，6.

3. 市场联盟战略

这是指创业者与企业外部实体建立的横向工作联盟关系。市场联盟关系是市场中各单位实体之间的一种重要的关系。建立市场联盟主要是来自战略方面的考虑，显然，只有当企业通过联盟关系可以获取更多的收益之时，企业才愿意建立联盟关系，当这种收益结构发生变化时，联盟关系也随之调整（Bucklin & Sengupta，1993）。借助联盟，企业可以获取多元化的资源，包括具体的资源如特定的技能和财务资源（Hamel & Prahalad，1989），以及一些更具吸引力的资源如市场合法性和控制力（Weiwei & Hunter，1985；Baum & Oliver，1991），因而提升企业的战略位置。

对于新创企业来说，由于资源的匮乏，获得联盟的意义尤为重大，实施积极的市场联盟战略的企业可以通过与外部机构的联盟，扩展资源获取渠道，获得充足的发展前景。因此，市场联盟战略对新创企业有重要的意义。

然而，显而易见的是，大型企业在建立联盟方面握有更多的优势，其他企业或机构也愿意和大型企业建立联盟。作为刚刚创立的企业，因为实力的差距，往往难以和大型企业、有实力的外部机构直接建立对等互利的联盟关系。因此，实践中的创业者在考虑发展市场联盟的时候，通常更依赖于创业者或者团队成员的个人联系，通过个人层面的联系带动企业层面的战略联盟的建立。从这一角度来看,创业者的网络关系在战略联盟中扮演了重要角色。

4. 产品创新战略

这一战略指的是新创企业研究和开发新产品的程度。产品创新对于创业的重要性在以往大量的研究中得以强调(Kuratko et al., 2001;Chandler & Hanks, 1994;Eisenhardt & Schoonhoven, 1990;Zahra & Bogner, 1998;Danneels & Kleinschmidt, 2001)。这一战略反映了创业者是否积极主动地进行研发工作,来应对竞争。

产品创新对于高科技创业企业来说尤为重要,高科技创业企业的最重要特征在于核心技术创新水平(Madique & Patck, 1982;Boeker, 1989)。很多高科技创业者都是基于实验室中开发出来的项目独立创业,产品本身拥有很强的技术先进性,创业团队在产品研发上拥有得天独厚的优势,因此,企业也很愿意投入大量的资金用于研发,来维持这种技术优势,并且不断调整产品的市场化适用程度,以期获得更大的技术商业化价值。

Eisenhardt 和 Schoonhoven(1990)认为,不同的新创企业在产品创新战略的实施力度上存在差异:一些企业采用高强度的产品技术创新战略来应对竞争,其他企业则实施较低强度的产品创新战略,这样可以保证企业把资源用于为消费者提供价格和其他补偿性优势。不同力度的产品技术创新需要不同的资源支持。高度创新的企业需要更多的资源以及更充分的时间来显示效果,这种消耗可能得到突破性的产品,但是风险也比较大,可能无法保证最终回报;与此对比,简单技术消耗更少的资源,能够更快地问世,也能为企业提供竞争优势,但是这种竞争优势很容易为竞争者所模仿。因此,在考虑产品创新战略时,企业也必须反复考虑,制定最符合企业实际情况的创新战略,获得最好的实施效果。

事实上,这种绝对意义上的高强度产品创新战略更可能出现在大的企业内部,对于新创企业来说,资源的稀缺性使它们的高强度产品创新战略(如果该企业采用的是高强度的产品创新战略的话)只能是一种相对意义上的高强度,即比其他竞争性战略方案投入相对更多资源。

5. 产品范围战略

这一战略指的是新创企业针对已选择的市场提供的产品范围,这包括企业产品的消费者类型、服务的地理范围等。一些研究中称之为市场的宽度(marketing breadth)。

产品范围战略实质是企业选择创业机会之后,对自身的产品种类范围的开发,这一战略并非企业直接拓展不同的细分市场,后者常常是指成熟企业的多元化经营策略。本书中的产品范围战略仍然没有脱离既定的市场/产品开发组合战略,其实质是在选定的市场/产品组合之下所做的选择,强调的是企业的产品层面的开发和经营活动,通过提供大范围的产品,赢得足够的消费群体和现金流。这就是说,产品范围战略是在创业者选择的特定细分市场之下,因此,所选择的产品范围,并没有超出细分市场的范围。

大力实施产品范围战略,为潜在的顾客群提供大范围的产品,对于新创企业的发展来说特别重要(McDougall & Robinson, 1990;McDougall et al., 1994)。广泛的产品范围战略对于新创企业的意义在于使企业服务对象更为广泛。如果企业服务的对象单一,一旦市场发生变化，企业将失去大部分的市场份额，因此，产品范围战略首先是一种风险规避战略。产品范围战略致力于开发更多类别的产品，也为消费者提供了更多的选择，这种战略事实上是培育了一群潜在的消费者。同时，产品范围战略对于竞争者来说也是一种壁垒，因为在这种广泛的产品线上与创业者进行竞争无疑需要更多的资源和能力。

6. 产品成本战略

产品成本战略主要考察企业是否致力于建立成本领先优势。通常，成本领先原则要求企业积极地建立起达到有效规模的生产设施，全力以赴地降低成本，抓紧成本与管理费用的控制，以及最大限度地减少研究开发、服务、推销、广告等方面的成本费用。为了达到这些目标，企业必须对成本控制给予高度重视。

波特认为，处于低成本地位的企业可以获得高于产业平均水平的收益。这种收益来自三个方面：首先，企业的低成本优势可以使公司在与竞争对手的争斗中受到保护，因为它的低成本意味着，当别的企业在竞争过程中失去利润时，这个企业仍然可以获得利润；其次，低成本也构成对强大供给方威胁的防卫，因为低成本在对付卖方产品涨价中具有较高的灵活性；最后，低成本通常使企业与替代品竞争时所处的地位比产业中其他竞争者有利。

但是，波特同时也认为，赢得成本优势通常要求企业具备较高的相对市场份额或其他优势，如良好的原材料供应等，实行低成本战略的同时可能要求很高的购买先进设备的前期投资、激进的定价和初始亏损的承受，以攫取市场份额。当然，一旦赢得了成本领先地位，所获取的较高的利润又可以对新设备、现代化设施进行再投资，以维护成本上的领先地位。

从成本领先优势的特征可以看出，具备较大规模的成熟企业更具备实施低成本战略的可能，因为它们拥有实施成本领先战略的资源和能力。因此，低成本战略的研究对象主要集中于成熟企业。在国外的新创企业战略选择研究中，也很少有研究涉及低成本战略。

但是，对于中国的创业活动来说，实施成本领先战略具有较强的意义。通常认为，中国企业经营的优势主要是小规模、灵活性和劳动密集型的低成本技术优势，这种优势在跨国竞争时表现得更为明显。国内的创业活动中，我们也常常能看到企业主要经营策略是模仿国外新技术和新产品，同时利用国内低成本优势拓展业务。因此，对于国内创业实践来说，积极的产品成本战略是一种有效的竞争策略。

值得注意的是，这里的成本领先并不等同于低价格。在很多研究中，它们往往可以相互转换，但实际上这两者是不能直接画等号的。成本是公司的输入指标，而价格则是一个输出指标。企业在追求成本领先时，所关注的更多是企业内部经营效率的提高，而这并不一定要选择比竞争者低的价格。

2015年，俞浩从清华硕士毕业后，赶上了无人机最火的时候。当所有人都以为热爱航天的俞浩会选择无人机行业时，他却选择了智能家电这一赛道。

当时他给自己的创业方向定了两个标准：第一，做的产品要千家万户能用，像自来水一样普及。无人机虽然很酷，但它并不是一个千家万户都会使用的产品。第二，要有一定的技术壁垒，而且这个技术壁垒随着时间的推移，能变成又长又宽的雪道，让公司在其他领域也可以进行技术的延展和拓宽。

恰巧那时戴森刚刚进入中国,而它所有的产品都是以高速马达为核心的。经过研究,俞浩发现,当马达的转速从2万转提高到10万转时,它的吸力提升是转速提升倍数的平方,即可以提升25倍。而数十倍的效果提升可以改变很多事情,这是绝佳的创业机会。

所以当时俞浩就选择把高速马达作为技术突破口。不过这并非易事,它涉及电磁的重新设计,需要加入算法控制,还涉及空气动力学等方面的技术,即便研发出来,生产制造也是难题,因为吸力在提升的同时,震动和噪声也在提升,必须将加工精度做到以往的几十分之一,否则用户体验不佳。

然而,在俞浩看来,高速马达技术与航空航天技术有一定的共通性。他在苏州搭建了一支复合团队,来自清华的核心团队负责几个技术点的核心攻关,一部分来自行业的人员负责技术的实际落地。2017年,团队攻坚成功,高速马达突破10万转,追觅科技正式成立。

俞浩原本想着自己研发出来找个代工厂生产就好了,但在问询一圈后发现没有工厂愿意接单,因此,追觅只能被迫自己生产。俞浩还记得当时建立第一条电机生产线时,刚好赶上南方大雨,积水漫过小腿,他们从办公室走到工厂车间,把一个个产品调试出来。

恰巧当时智能家居在国内非常火,而很多产品都会用到高速马达,很快追觅就获得顺为资本以及小米等机构的投资,并加入小米生态链。

其实,在2018年12月追觅推出首款产品无线吸尘器V9之前,小米生态链另一家企业就推出过吸尘器产品,但最终追觅依然取得6天售罄18888台、销售额突破1500万元的成绩。

在俞浩看来,这归功于两个方面:第一,追觅深度掌握核心技术。当行业最高参数在12.5万转时,追觅研发出15万转高速的数字马达,曾刷新量产高速数字马达转速纪录。第二,追觅拥有自己的供应链。

截至目前,追觅已经储备20万转的技术,量产推出16万转的产品。继吸尘器之后,小米开始越来越多地与追觅展开合作,如清洁领域的除螨仪、扫地机、吸尘器等,随后追觅又将品类拓展到吹风机。

2021年7月,追觅智能无线洗地机H11 Max正式发布。至此,追觅科技正式切入湿清洁领域新赛道,也完成了以扫地机器人、无线吸尘器、洗地机、高速吹风机为核心的四大品类布局。

资料来源:赵东山. 追觅:"扫"出个天下[J]. 中国企业家,2022,6.

8.2.2　新创企业战略模式

战略模式(strategic model)是企业选择了具体的战略方案之后,在经营实践中所展现出来的整体模式。根据本书的概念设计,新创企业在各个具体的战略选择上的实施力度组合,就构成了新创企业的战略模式。因此,从战略模式的定义上看,新创企业战略模式的具体形式依赖于战略概念的构成以及每个维度上的相应实施力度。为了直观地说明新创企业的战略模式,本书提出一个战略模式分析模型,用于说明战略模式的具体形式,如图8-5所示。

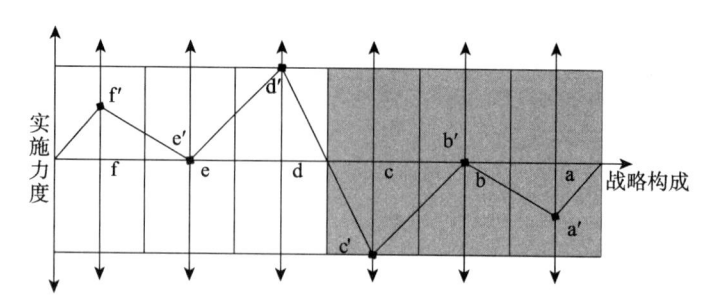

说明：abcdef六个方向分别代表市场进入战略、积极竞争战略、
市场联盟战略、产品创新战略、产品范围战略、产品成本战略。
■ 为市场开发方面的战略
□ 为产品开发方面的战略

图 8-5　新创企业战略模式

这一模式图中设置了纵横两个坐标系：横向表明战略构成，其中，右边阴影部分为市场开发方面的新创企业战略选择，左边无阴影部分则为产品开发方面的新创企业战略选择，市场开发和产品开发之下的每一个具体的战略选择都在战略构成坐标上面得到体现——横向上的每一支箭头分别对应着一种具体战略。纵向表明战略实施力度，向上的箭头方向代表企业在此维度上选择较高的实施力度，而向下的箭头方向则表明企业的战略力度较低。坐标轴上的具体位置代表企业的具体战略模式。如果企业在特定的战略选择上较为激进，那么它在这一战略对应的分支箭头之上的位置就处于上方；相反，如果企业的战略较为保守，力度相当微小，企业所处的位置就在该分支的下方位置。每一支战略箭头的中间位置表示该战略方向上的适中实施力度。

我们可以应用该模式来考察现实中的创业活动，特别是不同企业的战略选择差异。假定一个企业进入市场的时间较晚，竞争力度适中，并没有致力于建立市场联盟，实施高强度的产品创新方案，产品范围适中，而且产品具备较强的成本优势，那么该企业的整体战略模式就如图中的 a′、b′、c′、d′、e′、f′六点连线所示。可以看出，运用这种分析工具，可以从横向上简单而直观地比较企业之间战略模式的差异，也可以从纵向上比较同一企业在不同时期战略模式所发生的变化。因此，该模式具备较强的实用价值。

8.2.3　新创企业战略制定方案

从前面的章节可以看到，创业过程实质上是创业机会的识别和开发过程。创业之初，创业者需要识别具有潜在价值的创业机会，在选定创业机会之后，创业者将创立一个实体企业来开发这一创业机会。虽然创业者仍然需要不断反复评估创业机会的市场价值，但是此时，创业机会的开发和价值的实现是企业的经营重点。

如何有效地开发创业机会以实现创业机会的市场价值，这就需要创业者选择正确的创业机会开发方案措施。从整体上看，这种方案措施涉及组织的资源整合、经营企划、人事配置等管理活动，其实质是企业的战略问题。只有以明确的战略为指引，才能从整体上系统地组织企业资源，有针对性地选择正确的创业机会开发方案，进而实现企业成长。

因此，新创企业的战略制定方案从根本上说即是创业机会的开发模式。这一判断的潜在逻辑是，对于特定的创业机会来说，它的开发必然首先需要从自身的特征出发，根据创业机会的特征，选择不同的开发模式。换言之，创业者需要根据创业机会的特征，选择不同的战略方向。

基于第 3 章中创业机会核心特征的分析，我们提出了机会导向的战略制定方案，即产品/市场优势强弱不同的创业机会，需要不同的成长规划。这一模式如图 8-6 所示。

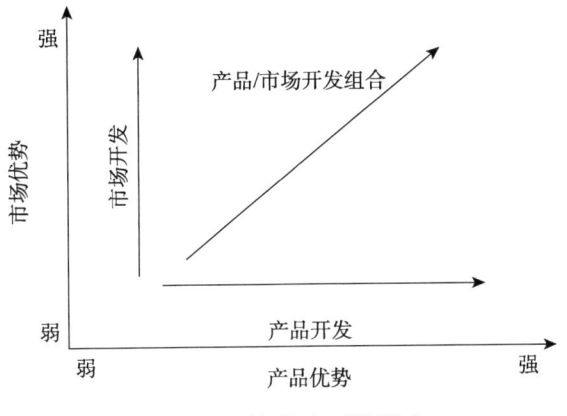

图 8-6　创业机会开发模式

从图中可以看出，市场优势较强、产品优势稍弱的创业机会对应的成长规划以市场开发为主，积极迅速的市场经营开发可以实现最有效的创业成长；产品优势较强、市场优势稍弱的创业机会，则以产品开发为主，产品的不断更新或者服务的不断提升可以有力地提高企业的效益。同时，产品/市场优势皆弱的创业机会不应当也没有必要予以开发，而产品/市场优势皆强的创业机会其成长规划应当是以产品市场开发的组合策略为主。与现有的研究相比，这一模式的特点主要体现在两个方面。

第一，这一模式并没有推翻现有的战略研究。在现有的研究中，影响战略的因素通常是企业的市场环境，本研究没有否定这种市场环境对于新创企业战略选择的影响作用。在机会导向的战略制定方案中，创业机会市场层面的特征同样是一个非常重要的因素。创业者也必须对市场环境的发展状况有清醒的认识，才能准确制定战略规划。

第二，和现有研究的显著不同之处是，在这一模式中，创业机会的产品层面特征同样是影响新创企业战略方向和力度的一个重要因素。这正是创业研究不同于一般企业管理研究的独特之处。由于创业者选择创业通常是基于潜在创业机会的识别和评价，这一机会在实际中往往需要通过具体的产品（或者服务）来体现。创业者必然要考虑机会的产品特征以作出具体的经营决策。因此，机会导向的战略制定方案是从创业的角度研究战略问题，充分体现了创业活动的独特性。

机会导向的战略制定方案意味着，从创业机会的市场层面特征来看，在创业机会市场层面占据优势时，企业外部市场成长性很强，市场是一个蓬勃发展的新兴市场，市场竞争状况可能也尚未充分激烈。此时，创业者应当抓紧时机，尽快打开市场，因为这种市场层面的优势可能转瞬即逝，创业者选择比其他企业更早进入市场显然是更为有利的。同时，针对新兴市场，通过积极的竞争措施，企业也能够迅速扩大企业的知名度，以满足蓬勃发展的潜在需求。在这一竞争尚未激化的新兴市场上，强有力的联盟战略能够使企业迅速打开市场，因为在市场竞争程度过于激烈的情况下，显然企业难以和其他企业结成联盟。

同时，在创业机会产品层面占据优势时，产品本身具备吸引顾客的独特之处，或者具备较强的技术创新优势，这意味着创业者应当选择更集中于产品开发的经营策略，赢得潜在顾客。因为此时，创业机会的市场价值更多的是通过产品层面的价值体现出来。通过充分发挥产品的独特功能和作用、扩大产品适用范围、压缩产品成本，或者进一步在技术创新上倾注力量，产品可以获得更大的市场接受度。

新创企业战略制定方案如图 8-7 所示。

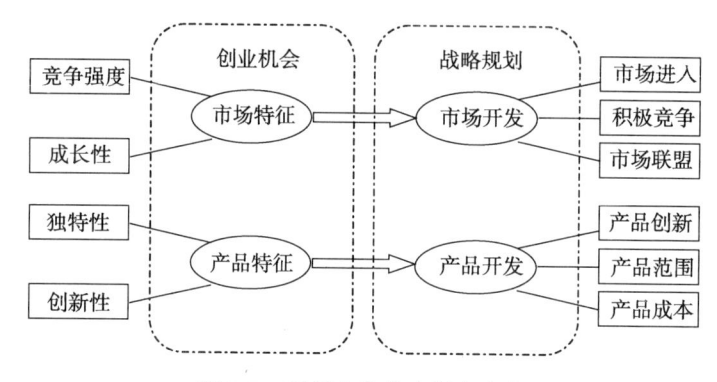

图 8-7 新创企业战略制定方案

在研究创业机会特征与战略之间的关系时，本书主要借鉴了战略研究中的一个重要模型——产品—市场组合矩阵，该模型最早由安索夫（Ansoff）提出。产品—市场组合矩阵涉及两个重要概念："产品—市场范畴"（product-market scope）以及增长向量（growth vector）。

产品—市场范畴之中的产品指的是个体产品的物理性质以及性能特征等，市场的特征指的是市场集中度、市场发展状况等。产品—市场范畴的概念具体地说明了一家公司在产品及市场定位上所占有的某些类别；增长向量则是一家公司以其目前的产品及市场组合为出发点，指明该公司今后移动的方向，也就是说，企业在寻求新的成长机会时，可以集中眼光于一定的产品—市场领域，因此可以运用某些共同的统计资料和共同的经济预测，作为公司行动的具体指导，促进公司的成长。根据这种分析，安索夫提出了产品—市场组合矩阵用于分析企业，如图 8-8 所示。根据产品—市场特征所选择的成长方向，有四种产品—市场组合，同时对应着四种增长方向（增长向量）。

市场渗透	产品开发
市场开发	多元化

图 8-8 安索夫的"产品—市场"组合矩阵

- ➢ 市场渗透，是以目前的产品市场组合为基础，力求市场占有率的最大。
- ➢ 市场开发，是替公司现有的各项产品开拓新的任务。
- ➢ 产品开发，其意义在于创造新的产品，以替代公司现有的各项产品。

> 多元化，这一方向为公司开发新的产品并同时开发新的任务。

产品—市场矩阵分析方法迫使分析人员构建市场战略，也就是在决定战略行动之前充分考虑所有可能的变化。该模型的另一个优点是，在选定一个特定类型的市场或者产品战略之后，这一模型能够在几个竞争性选择方案中间进行平衡。例如，在选定一个市场之后，这一模型允许在几种产品选择方案中进行对照比较。与此相似，在选定了特定的产品战略之后，这一模型允许在几个都能实现选定战略的市场战略中进行对照比较。

8.3 战略控制和调整

8.3.1 新创企业战略控制原则

创业者在制定战略之后，需要在战略实施过程中，检查企业为达到战略目标所进行的各项活动的进展情况，评价战略实施之后给企业所带来的绩效改善情况。如果战略实施效果与预期存在偏差，需要找出偏差的影响因素，进而在实践中纠正偏差，从而使战略对于企业的促进作用发挥得更为充分。

在成熟企业的战略规划中，战略控制是非常重要的环节。对于创业者来说，由于战略对于企业成长的作用更为明显，而且战略失败的负面效果更惨烈，因此，创业者尤其需要在战略控制环节倾注精力。

为了达到良好的控制效果，在实施战略控制的时候，应当把握几个重要原则。

1. 可行性

创业者制定了战略之后，在实施中，常常会发现，原来设想得非常完美的战略可行性太差，这样，战略方案就不得不搁浅，即使勉强推行，实施效果也非常差。战略不具备可行性的原因是多方面的，最直接的一条就是企业可能没有足够的财力、人力或者其他资源来实施所设计的战略。例如，我们之前所提到的积极竞争战略，如果企业的现金流不够充裕，积极竞争战略就不大可行。另外，战略的可行性还跟企业内部的软环境有关。一些企业内部的文化可能与所实施的战略格格不入，这种情况下，创业者首先应当在一定程度上改造企业内部环境，在此基础上再行实施战略。

2. 可接受性

战略规划和实施涉及企业内外部众多的利益相关者。如果新的战略对于一些利益相关者的触动比较大，他们可能成为战略推进的阻碍。因此，在战略制定和实施中，应当考虑与企业利害攸关的人员是否能够有效支持创业者所规划的战略。对于新创企业来说，如果创业团队成员对战略规划没有共识，甚至主要成员对于战略有抵触，战略实施起来就会遇到较大的问题。因此，在战略控制中，必须对战略的可接受性有所考虑。虽然最终战略的实施总是会有所取舍，但是做好事先的准备以及事后的控制是必不可少的。

3. 战略弹性

企业的战略规划并非是一成不变的规则。本章所提出的各条结论也仅供创业者参考。

因为，在战略实施中，完全可能出现各种各样难以预测的情况。此时战略控制所扮演的角色尤为重要，创业者需要评估战略环境以及经营目标，进行适时的调整和修正。战略控制必须具备弹性，不能僵硬地应对战略实施过程中的问题。这一点也与新创企业船小好掉头的特点相吻合。为了达到这种弹性，创业者在控制战略的时候要更为仔细，与团队成员的讨论也必须更为充分，以得到更为良好的战略实施效果。

4. 整体性

在战略控制中，战略目标的实现必须是一个系统化的整体，这就是说，通过战略工具，企业能够实现短期利益和长期利益、局部利益和整体利益的协调一致。很多战略在实施过程中，虽然短期之内看起来效果非常显著，但是从长期的观点来看，对于企业的竞争优势反而是一种破坏。例如，在竞争势态非常激烈的行业内部，很多企业都热衷于打价格战，这一种战略可能在短期内是有效的，但是从长期看却是对企业能力的损害。因此，在战略控制中，应当整体把握战略实施效果，如果出现一些不一致的情况，应当进行调节，不能一味地追求短期效应而放弃长期效应，也不能因为长期效应而无视短期效应。

8.3.2 新创企业战略控制过程

新创企业的战略控制不一定要像成熟企业那样严格地区分为事前控制或者事后控制等方式。而且，由于创业者的战略往往是市场上直接竞争的战略，这些战略的直接效果能够很快显示出来，创业者尤其需要随时把握战略的实施进度，发现问题马上解决。因此，作为创业型企业，创业者应当把随时控制作为主要的控制前提，随时随地针对问题进行处理，当然，在控制中也需要切合一定的步骤规则。

1. 确立战略目标

创业者在制定战略的时候，应当对战略实施之后所能达到的效果和目标进行预先的设想。为了达到较好的战略效果，这些预期的目标应当是多层次的，而不仅仅是某一个市场盈利指标。创业者的战略目标中应当既包括长期战略目标，又包括短期的盈利目标；既包括整个企业层面的发展目标，也包括业务经营层面的实施效果。同时，应当注意的是，企业的战略目标应具体而精确，不能够含糊。这是因为，战略目标是提交给整个创业团队乃至企业上下共同学习参考的，稍有含糊，都会在实际操作中造成不当的理解，从而影响战略的推进。

2. 确定评价标准

在确定评价标准的时候，不仅要依照在上一步骤中所设定的多层次的目标，还应当参考具体战略执行过程中企业上下的运作状况。例如，在战略执行过程中一些关键事件是否实现（企业是否实现了第一件产品的销售、相关人员配置是否到位、资金有没有浪费）。对于前者来说，评价标准是精确的，而后者则是一些相对主观的评价标准。通过这种主客观指标的结合，能够更加综合地看待战略的实施效果。

3. 评价以及分析

根据所建立的目标以及评价标准，创业者需要察看企业的经营状况以及各个层次的员工的经营状况。如果战略实施状况未达到事先所设想的目标，创业者需要仔细分析其原因，找出相关原因。当然，如果战略实施状况超出了预先所设想的目标，创业者也应当进行审视，寻找原因，以方便在将来的战略规划中把这一因素纳入其中。评价标准和企业经营状况的对比应当是实时的，而不能等到战略实施了一定时间之后再根据反馈上来的结果进行评价。新创企业的灵活性优势应当在战略控制和调整中得到充分发挥。

4. 实施纠正措施

根据分析结果，创业者需要采取必要的纠正措施来改进企业战略规划。纠正措施应该根据问题产生的根源确定，不能头痛医头脚痛医脚。创业者需要与创业团队成员或者外部咨询顾问讨论，共同努力找到问题的根源所在。因为有时候创业者自己难以发现企业的问题，而其他人处于旁观者角度反而能够客观清醒地分析问题的根源。通过纠正和调整措施，创业者可以进一步完善战略规划过程，使企业的组织规范越来越完善。因此，战略调整过程也是企业不断完善管理制度、实现良性规范发展的过程。

扩展阅读 8.3 大搜车历险记

这一过程如图 8-9 所示。

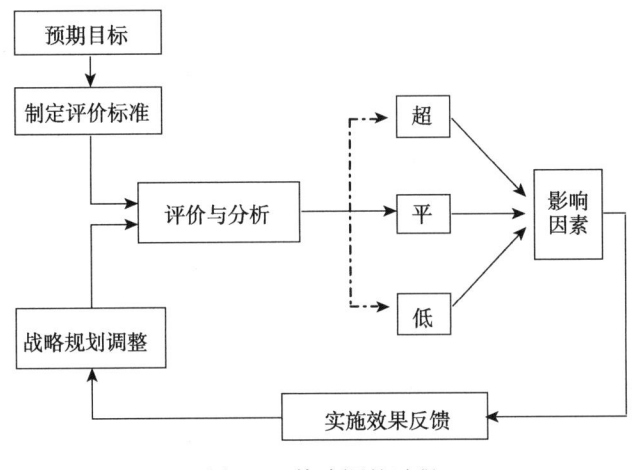

图 8-9 战略调整过程

8.4 本章总结

本章对新创企业战略规划过程进行了论述。我们认为，新创企业战略规划是创业成长的必要经营规划，缺乏战略规划，新创企业尽管可以节省一定量的时间和资源，却会造成企业内部经营无规则、不稳定、不一致等后果。基于现有研究和国内创业实践，本章进一步讨论了新创企业的战略构成以及战略制定、调整、控制的过程。创业者必须把战略放置于企业成长管理的第一位，通过战略的规划和实施，推动企业成长。

复习题

1. 新创企业战略方案有什么特点？这些特点与创业活动的哪些特征是相匹配的？
2. 成熟企业和新创企业的战略制定过程有什么异同点？
3. 新创企业的战略规划是否会随着企业的发展发生变化？

即测即练

自学自测　扫描此码

本章案例

蔚来的战略

经历了过去一年销量落后于大盘的局面后，蔚来进入产品换代阶段，新一代产品能否将销量提升一个台阶，决定了蔚来能走多远。

蔚来联合创始人、总裁秦力洪在 8 月底的成都车展上分享蔚来当下所处的阶段：过去一年，在终端市场增长快速的情况下，蔚来没有赶上红利。今年蔚来交付三款新车，布局大众化品牌，就好像在赛车道上，一开始大家都跑直道，蔚来成立时间较早，率先进入弯道，产品换代就是第一个大弯道。在弯道中速度会调整，出了弯道后速度会重新上去，现在蔚来快驶出弯道了。

但要完成全年目标，蔚来还不能松劲。今年 1—8 月，蔚来累计交付新车 71556 辆，距离今年 15 万辆以上的销量目标还有不小差距，这意味着 9—12 月，蔚来月均销量需接近 2 万辆。

在 9 月 7 日举办的二季度财报电话会议上，蔚来创始人、董事长、CEO 李斌表达了完成全年交付目标的信心，但也表示，四季度供应链的压力会比较大。

从财务数字看，受原材料价格上涨等因素影响，毛利率下降，蔚来二季度亏损幅度超过预期。蔚来二季度营收 102.9 亿元，同比增长 21.8%，环比增长 3.9%，创单季新高。但是，归属于蔚来普通股股东的净亏损为 27.450 亿元，同比扩大 316.4%，环比扩大 50.4%。

除了新车交付，蔚来海外业务的重要性也在提升。8 月，李斌去了位于美国加州的蔚来北美总部，接下来他准备去欧洲。继挪威之后，蔚来今年将在德国、荷兰、瑞典、丹麦正式落地。早在 2016 年，蔚来就成立了北美总部，但一直没有进入美国市场。李斌在电话会议上表示，美国是一个竞争非常激烈的市场，法规体系与中国、欧洲区别很大。对于美国市场，蔚来将"长期思考，耐心准备"。

今年二季度，受上海疫情、芯片价格和原材料价格上涨影响，造车新势力的亏损有所扩大。但跟小鹏汽车、理想汽车相比，蔚来这一季度亏损扩大的幅度更为明显。蔚来净亏损 27.45 亿元，同比增加 316.4%；小鹏二季度净亏损 27.09 亿元，同比增加 126.1%；理想净亏损 6.41 亿元，同比扩大 172.2%。

其背后是汽车毛利率的持续下降。去年全年，蔚来的汽车毛利率是 20.1%，但今年一季度蔚来汽车毛利率为 18.1%，二季度下降至 16.7%。

因为原材料成本上涨，蔚来在今年 5 月 10 日宣布对车型进行涨价。此前考虑到这一点，蔚来已经降低了今年汽车毛利率的目标，设在 18%～20% 之间，但从二季度的表现来看，实现这一目标压力不小。

蔚来财务副总裁曲玉表示，对于部分车型进行提价的积极影响会反映在三季度的财报中，大部分在三季度交付的 ES7，是利润率高的版本，预计三季度的车辆利润率会有小幅提升。但从短期来看，电池成本方面还面对很多不确定性，对于毛利率会有负面影响。

另外，蔚来今年交付的新车型更多，这也意味着营销等费用的增长，第二季度蔚来的销售成本为 89.52 亿元，同比增长 30.2%。不过，李斌表示将会加大在研发方面的投入，销售、一般及行政费用所占比例正在持续下降。二季度蔚来研发投入达到 21.5 亿元，同比增长 143.2%，环比增长 22.0%，几乎是去年全年研发投入的一半，比小鹏和理想二季度的 12.65 亿元和 15.3 亿元也高出不少。

李斌在电话会议中表示，在包括芯片等核心技术领域，蔚来的目标是建立全栈自研能力。此次英伟达被限制对华出口芯片，短期内还没有涉及汽车芯片，蔚来的芯片目前算力已经能支持自动驾驶训练的需求，和英伟达仍然在合作。李斌表示，相信核心能力有助于应对产业政策变化风险，也可以提升毛利率及技术竞争力。

除芯片等核心技术能力之外，蔚来还在手机、自研电池等方面进行投入。李斌曾在一次访谈中谈到做手机的出发点，是"想给蔚来车主一款车机互联体验最好的手机"。

对于电池业务，李斌在一季度财报电话会议中表示，已组建超过 400 人的电池团队，深入参与电池材料、电芯与整包设计、电池管理系统、制造工艺等研发工作。

一位电池公司高管对此表示，车企早晚会尝试自己做电池，目前电池行业集中度过高，头部企业较强势，车企缺乏话语权。但他也表示，当前车企自研电池主要是策略性的，大规模生产并没有优势。

此前李斌曾表示，计划在 2023 年四季度达到盈亏平衡，希望在 2024 年实现全年盈利。目前，在蔚、小、理三家中，曾实现过季度盈利的只有理想汽车。

科尔尼管理咨询大中华区董事桂灵峰向《中国企业家》表示，一方面，蔚来的明星走量车型还没完全实现交付；另一方面，运营投入有增无减，毛利进一步承压似乎是不可避免的结果。再加上整体行业都面临的供应链成本上升问题，包括蔚来在内的新势力对其上游的话语权和质量与成本的管控力，相较传统车企有一定差距，这也会叠加影响到最终的毛利水平。"蔚来从来也不是一家仅依靠产品力的企业，也许更能决定其新平台产品销量的因素，是他们用户运营模式的红利能否持续。"桂灵峰说。

何小鹏曾在今年 7 月的一次公开演讲中指出，2022 年小鹏汽车面临的一个挑战是，如何在数量跟质量上寻求更好的长线平衡点，如何拥有有利润、有经营效果的质量。这也是当下造车新势力都面临的问题。

今年以来，蔚来一直处在产品换代期，用户对新车型的期待影响了老车型的销量。今年前 8 个月，蔚来销量仅有 71556 辆，小鹏和理想则分别为 90085 辆和 75396 辆。但在 8 月，小鹏、理想销量下滑，与小鹏 G3、理想 L9 开启预售有关。目前看来，蔚来车型相对较多，让其在产品换代期的销量表现有一定保障，而此前只有一款在售车型的理想汽车则在 8 月销量"腰斩"。

李斌在电话会议上表示，目前疫情对生产和交付的整体影响可控，蔚来汽车维持年初给出的交付目标。这意味着接下来四个月，蔚来销量要达到近 8 万辆。目前蔚来共有 6 款车型，产品数量在造车新势力中最多，其产品结构也正在从"866"（ES8、ES6 和 EC6 三辆 SUV）过渡至新车型"775"（SUV ES7、轿车 ET7 和 ET5）。其中，ET7 是蔚来推出的首款轿车，于今年 3 月 28 日交付，二季度销量达 6749 辆，超过 ES8 和 EC6。

在需求端，新能源车型不断推出，"775"面临的竞争环境比"866"残酷得多。易观分析汽车出行行业研究总监刘影向《中国企业家》指出，ET7 对标宝马 5 系或者奔驰 E 级，区别于传统豪车，在用户体验上具有优势；ET5 从价格和定位来看，对标特斯拉 Model 3、小鹏 P7 等，30 万～40 万元级别中高端市场的竞争非常激烈；ES7 处于 50 万元级别 SUV 赛道，将面临理想 L9 的竞争。

看起来，蔚来对新车销量很有信心。秦力洪在成都车展上提到，ET5 销量未来会超过宝马 3 系燃油车，后者月销量基本在 1.2 万辆左右，他认为 ET5 在一年后的月销量也能达到这一规模。李斌则在此次电话会议上表示，ET5 在 12 月将交付过万，"从 10 月开始，（ET5 销量）每个月都会打破纪录"，"无论 ET7、ES7，订单都非常充足，尤其 ES7 表现超预期"。

另一个挑战在于供应链。过去一年多，蔚来屡次遭遇供应链问题，供应链的稳定性成为影响蔚来速度的主要变量之一。今年 7 月，原本 ET7 销量有望继续增长，但受到一体化压铸良率问题影响，少生产了几千辆。一体化压铸最早由特斯拉于 2019 年提出，蔚来新车型采用了这一技术。李斌在电话会议上表示，目前已经派工程师帮助供应商，并加紧引入新供应商，解决这一瓶颈问题，从而更好地完成全年目标。为了保证 ET5 的交付，在未来几个月里，合肥新桥 NeoPark 的新工厂将全部用于生产 ET5。该工厂年产能规划为 30 万辆，一个月满产能达到 2.5 万辆。

另外，为了覆盖更多细分市场，蔚来将推出第二品牌阿尔卑斯，定位 20 万～30 万元。也有传闻称蔚来将推出第三品牌，定位 10 万～20 万元，组成类似丰田集团内"雷克萨斯、丰田、铃木"的阶梯式品牌矩阵。10 万～20 万元是汽车市场的主流消费价格区间。根据中汽数据，2021 年新能源乘用车 10 万～20 万元区间的占比仅为 31%。进入 2022 年，10 万～20 万元区间有望出现多款爆款车型，其市场潜力或将得到加速释放。

今年 1—8 月，造车新势力的累积销量排名是哪吒（93185 辆）、小鹏（90085 辆）、零跑（76563 辆）、理想（75396 辆）和蔚来（71556 辆），可以看出，大众化车型依然是消费主流，也是蔚来不能放弃的市场。

蔚来尚未正面回应第三品牌的传闻，李斌只是在电话会议上表示，过去两三年团队认识到，加快油转电的速度确实需要更多产品，过去一年里中国各级别市场电动车增长迅速，蔚来经过验证后会将商业模式和技术上的创新带给更多用户。

资料来源：王玄璇. 净亏损 27 亿，蔚来如何驶出弯道[J]. 中国企业家, 2022-9-28.

思考题：

1. 蔚来的战略具有哪些特征？
2. 对于蔚来来说，未来的主要战略挑战是什么？

第 9 章

新创企业市场营销规划

近年来,一大批新锐品牌迅速崛起,如三只松鼠、完美日记、三顿半、元气森林和花西子等。这些品牌不依赖广告宣传,也不采用传统渠道,而是充分利用互联网平台,联合关键意见领袖(KOL)和关键意见消费者(KOC),聚焦用户需求,通过生成大量优质内容和用户进行频繁沟通,并给用户提供优质的线上、线下整体体验。在互动中,这些品牌和用户建立紧密的关联进而促成产品销售。

很多用户不但购买产品,而且成为粉丝,形成了活跃的用户社群,并自发进行传播,给这些品牌带来了高速增长。在分销上,这些品牌依托高效的物流体系,在用户网上下单后直接将产品迅捷地送达。与此同时,在海外市场上也涌现出一批采用这种市场营销手段的企业,如美国男性个人护理品牌 Dollar Shave Club、眼镜品牌 Warby Parker、床垫品牌 Casper Sleep、服装品牌 Bonobos 和休闲鞋品牌 Allbirds 等。这些品牌都依托互联网构建了自身高效迅捷的商业和营销模式。如果把工业化时代的营销称为"旧营销"(其主要特点是"以企业为中心""以生产为基础",并"以产品为驱动",在触达用户上,旧营销可以概括为"广告为王"和"渠道为王"),那么,上述企业代表的则是数字化时代的营销,一种和"旧营销"完全不同的"新营销",其基本逻辑是"以用户为中心""以技术为基础",并"以体验为驱动"。现在,以"关系为王",直达用户的新营销时代已经到来!

关于"新营销",有很多定义。不少人认为,新营销关乎场景、IP、社群、爆品、内容和裂变等。这其实仍然是旧营销的范畴。那么,什么是"新营销"?"新"代表新技术,也就是说"新营销"是数字化、互联网和人工智能等高技术驱动的营销。简单而言,新营销就是深度数字化营销。

从技术角度来看,"新营销"会最终迈向"智能营销"。在人工智能技术的推动下,新媒体一定会演进成为智能化媒体,而新营销也自然进入智能营销的阶段。到了那时,新媒体这个概念将不再存在,而人类社会也进入"万物皆媒体"和"世界皆媒体"的境界。可见,世界终将媒体化,而元宇宙就是媒体化世界的终极表现形式。在元宇宙的世界里,参与者沉浸在完全数智化的世界中,时刻从"五感"接受各种形态的信息流而不断塑造或重塑认知、记忆、感受和观念。

资料来源:尹一丁. 新营销时代的新媒体战略[J]. 清华管理评论, 2022(5): 6-14.

【本章学习目的】

1. 掌握创业营销的基本特征。

2. 掌握创业营销的流程和步骤。
3. 掌握创业营销推行中的关键成功要素。

很多创业者在企业开张之后遇到的第一个问题就是如何获得客户，这个问题直接关系到企业能否生存下来。无论是高科技创业企业，还是相对而言科技含量不高的中小企业创业项目，赢得客户是创业者迫在眉睫的问题。通常认为，新创企业所面临的环境更为动荡不安，风险也远远超过成熟企业。很多学者都承认，在这一环境中，传统的营销法则难以奏效。这样，为了开拓市场，创业者就需要拓展现有的营销法则，寻找更适用于创业领域的营销方案。鉴于这一认知，本章主要探讨创业领域的营销问题和解决方案。

9.1 创业营销相关概念分析

9.1.1 创业营销的概念内涵

创业营销首先是营销的一种，创业营销的讨论，并没有超越营销这一个大的概念范畴。美国营销学会把营销定义为"对于创意、产品和服务设定概念、定价、推销、分销来创造交易以满足个体或组织的目标"（Bennett，1995）。这一定义构成了大多数传统的市场营销活动的基础，成为很多学者和专业人士讨论的起点。然而，近年来，这些传统的营销方法已经遭受很多批评。

例如，一些学者认为，现有的营销模式过度依赖于已有的经验法则、公式化的思维方式、缺少营销费用的审核、重心放于营销策略组合的使用上、集中于消费者的表面需求、更倾向于模仿而不是创新、为现有的市场服务而不是试图创造新的市场、对于短期的低风险的收益更看重、营销方式静态而被动等方面。营销人员发现，他们在一个越来越动荡的环境中经营，传统意义上的营销概念和方法被认为可操作性不强（Webster，1997），而且很难与商业实践联系起来。因此，近年来的研究都指出了营销思路在新的方向上拓展的必要性（Day & Montgomery，1999）。这就引发了创业营销的讨论。

在本书中，创业营销是处于变化、复杂、混乱、矛盾、资源匮乏的情形之下的营销概念，在这一种情况下，创业者必须积极地识别和开发市场机会，并且通过创新的方法开发并维系潜在客户。

应该注意到，在学术领域，创业营销一词的使用并不是专门针对创业者的营销活动。即使是大企业，在面临动荡复杂的市场环境时，也会发现传统的营销模式需要进行蜕变，这种情况下，大企业内部的经营战略（不单是营销战略）都必须转换为创业导向的战略，在这一视角之下，创业导向的营销通常也被称为创业营销。在本书中，创业营销仅仅指的是新创企业的营销活动。这些刚刚创立的企业通常资源比较匮乏，在从事营销活动时，企业必须依赖创造性的营销手段，并且营销活动的推进在很大程度上依赖于个人的网络关系。创业初期的营销战略也见于Kotler（2001）的讨论，他认为，在早期的企业发展阶段，创业营销是一种基础性的游击战式的营销。

同传统的营销模式相比，创业营销拥有一些独特的属性。

1. 机会导向

机会导向意味着创业者在实施营销活动的时候，将会积极地探索新方法来赢得客户。这些方法并不拘泥于固定的思维模式，更具灵活性。由于创业者所拥有的资源较成熟企业更为匮乏，创业者在一定程度上不能受制于企业的资源，而要着眼于企业的未来发展机会，进行营销方案企划。机会导向的营销模式也意味着创业者在制定营销战略时需要首先分析创业机会的状况，根据创业机会的成长性特征制定营销战略。

2. 注重关系

新创企业往往拥有较少的市场认可度，也没有成功的营销经验。因此，一些通行的营销法则和营销方案对新创企业的适用性可能较弱。在实际营销时，创业者往往更依赖网络关系来实施营销，这种网络关系可能是创业团队成员个体拥有的亲戚朋友，也可能是企业层面的战略联盟。因此，创业者在搭建营销队伍的时候，不仅需要拥有行业经验的专业人士，也需要拥有良好社会关系的市场开拓人才，这些人才能够使企业的营销活动事半功倍。

3. 灵活多变

相对而言，传统营销的环境更为稳定，创业营销的实施环境更为动荡。如果创业者进入的是一个新兴的市场，这一市场的成长性也带有较大的不确定性。因此，在实施创业营销的时候，创业者应当时刻注意调整营销策略。正如战略一章所强调的，战略控制必须成为战略规划过程的重要环节，在营销过程中，创业者应当随时根据营销环境进行调整。在实践中，创业营销灵活多变的特征也应当成为创业者积极发挥的优势，促进企业成长。

4. 营销对企业经营的反馈

在成熟企业内部，营销活动是一套固有的模式，营销人员需要根据企业的经营状况和产品特征设置合理的营销方案，也就是说，营销方案是服务于其他要素的。对于创业营销来说，尽管营销活动仍要根据创业活动的特点来制定，但是营销活动对于企业经营的反馈作用更为强烈。营销不仅是企业推广产品的手段，更是企业反思经营问题、重新设定企业战略、调整企业经营方向的手段。因此，营销战略的实施和控制不仅是对营销方案进行调整，更要对企业的整体战略规划和经营活动进行调整。成功的营销过程能够有效帮助企业构建竞争优势，促进创业发展。

9.1.2 创业营销过程

一般来说，创业营销的过程要比传统营销简单，这是由其资源禀赋以及企业特征所决定的。成熟企业往往拥有一个专职的营销部门来实施营销工作，同时拥有充分的资源予以支持。创业营销所能够使用的资源则要少得多，很多新创企业中，很少有专门的营销部门。由于这个原因，创业营销过程要相对简单，目标也更为直接。这一过程如图9-1所示。

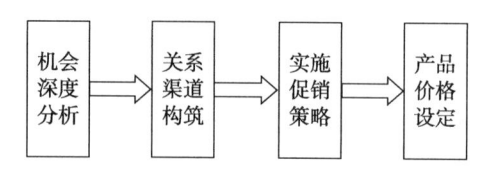

机会深度分析 → 关系渠道构筑 → 实施促销策略 → 产品价格设定

图 9-1　创业营销过程

1. 深度分析

在第 8 章，我们已经强调，新创企业的战略制定方案是机会导向的。这也正是新创企业战略与一般成熟企业战略的最大差别。在营销模式和营销过程上，这一点同样得以体现。机会的深度分析是对创业机会特征的深度分析，特别是对创业机会核心特征的分析。在企业创立之后，创业机会能否得到有效开发，实现预期价值，取决于创业机会的特征能否被正确认识。创业机会特征中综合考虑了企业的内外环境，因此，机会导向的创业营销模式也是一种兼顾内外情况的营销模式。这一分析是创业营销的起点，也是创业营销能否实现预期目标的关键。

2. 渠道构筑

许多创业者都承认人脉关系在创业中的重要作用。良好的关系能够为企业带来充裕的信息、资金、原材料、产品等要素，并且形成一个良性循环流动的关系网络。从某种意义上而言，这一关系渠道对于创业者的意义不仅是营销方面的，更是整个企业的战略层面的。

3. 促销策略

构筑关系渠道只是具体营销活动的开始，促销策略则是创业者所实施的具体营销策略。为了把产品推向市场，创业者需要拿出实实在在的销售方案。不论是做广告还是其他捆绑销售等方式，这些方案的选取需要配合机会的深度分析和关系渠道的特征。对于成熟企业，促销策略较为复杂，需要将多样化的策略整合在一起，来实现预期的目标。而对于创业者来说，促销策略则会简单一些。

4. 价格设定

产品价格设定是创业营销的最后一个环节，也是产品与终端消费者直接面对面的时刻。价格是影响营销效果的有效手段。同时，价格的有效性依赖于企业创业机会的开发、竞争优势的构建，以及营销规划其他环节的实施状况。单纯依靠价格策略虽然在短期内会取得一定的效果，但是从长期看不仅不利于企业的竞争优势构建，也不利于产业的良性发展。我们把价格放在最后一个阶段，亦是希望创业者不要把价格作为营销的核心。

9.1.3　网络直播——一类特殊的创业营销

根据智研咨询发布的《2022—2028 年中国网络直播行业竞争战略分析及市场需求预测报告》，2018 年以来，我国网络直播用户规模呈逐年增长趋势。截至 2021 年 12 月，我国网络直播用户规模达 70337 万人，较 2020 年 12 月增长 8652 万人，同比增长 14.03%，占网民总数的 68.2%。网络直播的兴起已经引起了很多社会人士的关注。作为新兴的传播形式，网络直播也成为创业营销的热点领域。创业者能够利用网络直播方式开展营销活动的形式主要有两种。

一是借助网络平台进行直播推广。过去很多企业会采用线下的方式发布产品，产品发布的地点往往选在一些知名的会议中心，有大量的人在现场参与产品发布，这会迅速提升产品的知名度和影响力。随着数字经济的不断发展，新产品发布会越来越多地采取网络直播推广的方式。这样的方式可以吸引到更多的人在线参与。特别是当发布会的主角是一些有影响力的主播或是明星时。网络直播推广的方式的另一个好处就是推广成本会大大下降，其成本主要集中在主播身上，有些创业者也会亲自上场，这样成本就更有优势。另外，网络直播推广的方式，还能够促进观众和主播的交流，让观众的参与感更强。这也更符合互联网时代产品开发的要求。

二是利用网络直播直接销售。如果创业项目本身就属于电子商务类型业务，如在淘宝上进行销售活动，那么创业者可以直接利用这些电商平台进行直播销售。这些平台通常具有大量的流量，创业者可以根据产品的特点，利用平台的直播功能进行销售。不过近年来，大多数电商平台的直播竞争也非常激烈，快速赢得客户的难度也越来越大。尽管如此，网络直播销售为资源匮乏的创业者提供了一条和消费者直接接触的途径。此外，很多创业项目不属于电商领域，但是仍然可以选择通过网络进行直播销售。国内的抖音、快手等平台都提供了相关的服务。同样，创业者可以邀请一些知名的主播来带货，也可以亲自上阵。这种网络直播带货的方式近年来非常流行，很多地方甚至出现了政府部门负责人直播带货销售当地特色产品的现象。

很显然，相对于过去的创业营销，网络直播推广和销售的优点是非常明显的。作为服务于创业活动的一种特定的营销方式（网络直播当然不限于仅服务创业活动），有效实施网络直播的前提仍然是对机会的深度分析。创业者仍需要把这几个问题放在最前列：我们的用户在哪里？用户的偏好是什么？我们的产品有什么独特性？产品是否足以满足用户的特定需要？因此，网络直播是一种手段，它本质上服务于创业机会。网络直播方式的选择和实施是机会导向的。不能把网络直播当成创业的重点，这样也许在短时期内会走红，但是一般无法持续。

和其他传统类型的营销活动相比，网络直播对于直播中的语言要求更高。在传统的电视销售或者纸面媒体广告中，尽管营销语言非常重要，但在这样的营销活动中，语言是单向的。而在网络直播中，语言一方面具有生动活泼的显性特征，有时候甚至要表现得"俗一点"；另一方面又具备灵活多变的双向功能，主播要积极呼应受众的需求，随时调整所传递信息的内容和形式。在这一过程中，主播的肢体语言也非常重要。主播的表情、仪态、动作等方面的特征，结合所输出的语言，所产生的感染力会更强。当然，尽管我们在这里强调了语言的重要性，但仍需要指出的是，语言是依托于具体的创业项目的。我们不鼓励那些创业设计有问题、依靠直播的"忽悠"俘获用户的做法。

网络直播的形式与传统营销有很大的差别。但在具体的实施过程中，其关键步骤仍然与经典营销模型是一致的。因此，如果创业者对于网络直播抱有兴趣，仍可以参考在本章后续内容中所提到的营销手段来推进网络直播。

网络直播的弊端也是显而易见的。在很多情况下，企业会通过一个有影响力的主播来进行网络推广。在这种情况下，主播与消费者之间会形成较强的黏性。换言之，消费者是因为主播的存在才发生购买行为。企业对于销售的过程和结果的掌控力会趋于下降。在这种情况下，主播往往会向企业索取更多的营销费用。对于创业者来说，这种支出有时候超出了可以承受的范围。

近年来，随着网络直播的蓬勃发展，越来越多的企业开始使用这一方式来进行产品推广。这使网络直播产生激烈的竞争。直播模式也逐渐固定化、趋同化，此种情况会使用户在接收电商网络直播信息时产生审美疲劳，很多明星的直播带货也难以获得有效的销售。竞争的另一个后果是催生了大量的水军公司，它们在推高流量、炒作话题方面效果非常明显，但是有效的流量转化率却并不理想，这也进一步削弱了网络直播的效果。

扩展阅读 9.1　馒头的直播生意

9.2　营销定位

创业营销的要旨在于首先进行合理的定位，从而使资源匮乏的企业能够支撑市场营销过程的推进，企业也不会受到现有成熟企业的倾轧。这一定位主要针对创业机会的核心特征。从第 3 章的分析来看，创业机会的核心特征主要有两个方面：市场层面的特征以及产品层面的特征。

9.2.1　市场层面分析——市场细分

在市场层面，创业者需要分析企业如何进一步定位企业的细分市场，基于更为细分的市场是创业营销模式与传统意义上的营销模式之间的主要差别来源之一。后者被科特勒称为大众化营销（mass marketing）。

在大众化营销中，卖方忙着为所有的购买者大量生产、大量分配和大量促销单一性质的产品。在过去几十年间，大众化营销为大量企业的产品推广和营销扮演了重要角色，福特汽车就是一个大众化营销的典型例子，在20世纪初，为了满足市场对汽车的大量需求，福特的发展战略非常明确，只生产一种车型——T型车，这一车型也只有一种颜色，那就是黑色。这样做的好处是福特能以最低成本生产，用最低价格向消费者提供汽车。这种简单、坚固、实用的小汽车推出后，几乎改变了美国人的生活方式，广大中产阶级大大增加了对汽车的需求，而福特成为美国最大的汽车制造商，到 1914 年的时候，福特汽车占有了美国一半的市场份额。

在新的竞争形势下，特别是进入新世纪以来，随着全球化的发展和市场竞争日趋激烈，越来越多的企业选择建立在市场细分基础上的目标市场营销。科特勒认为，许多公司正在放弃大众化营销，并且转化为微观营销（micromarketing）。由于新创企业所面临的环境复杂性以及企业的资源匮乏特性，这一营销机制也构成了创业营销的基本出发点。

创业者首先需要定位产品的目标市场。只有找准了目标市场，创业者的后续营销方案才是有效的。通常，在营销学中，目标市场指的是在一个市场内部具有相同购买能力、购买态度和购买习惯的消费人群所构成的市场。为了确定目标市场，创业者需要对市场进行细分，从广阔的行业市场中寻找最适合的消费者群体，根据消费者群体的特点采取独特的产品或市场营销战略，以求获得最佳收益。事实上，很少有一个产品能够同时满足所有客户的需要，创业者必须知道哪些客户对自己是最有价值的，他们的具体需求是什么，进而采用与之相适应的营销方案。

细分市场需要使用一系列的标准，具有代表性的市场细分变量有地理因素、人口统计因素、心理因素、行为因素等四类。

1. 地理因素

按照消费者的地理位置来细分市场是一种传统的市场细分方法，也是创业者在细分市场时首先考虑的细分方法。处于相邻地理位置的消费者，很容易受到相邻的地理环境所带来的社会文化、风俗习惯等因素的影响，这样其需求就表现出一定的一致性。当然，在实践中，同处某一地理位置这一特征所带来的消费者的需求差异还是较为粗略的，同一地区的消费者仍然能够体现出千差万别的购买行为。因此，创业者应当继续聚焦其视角，寻找更进一步细分的可能。

2. 人口统计因素

人口统计因素是创业者细分市场的第二个考虑方面。这类型细分指标很容易理解，因为消费者的欲望、偏好和使用率经常与人口统计因素有密切联系，而且，人口统计指标也很容易直观地观测到，这也为营销人员划分市场提供了便利。在人口统计因素中，性别、年龄、收入、教育程度、职业等因素是最常用的市场细分因素。创业者应当有效地利用这些因素，明确细分市场。很多情况下，从人口统计因素细分市场仍可能不够细致深入，如不同年龄段的消费者依然存在较大的差异性。因此，为了进一步考察细分市场，创业者仍需要进一步聚焦。

3. 心理因素

相对于人口统计因素，心理因素关注消费者的主观特质。与外在的特征相比，心理因素更有可能对消费者的购买行为产生影响，许多产品和服务都是通过心理细分来进行定位。例如，有些食品专为那些注重身体健康、要降低脂肪摄入量的人们设计。因此，心理因素的细分是建立在不同个体的价值观念和生活方式基础之上的，从心理因素角度考虑市场细分，就是针对消费者心理需求所考虑的细分市场。

在心理细分方面最著名的细分系统是价值观和生活方式系统（values & lifestyle system，VALS），它是由美国斯坦福咨询研究所（Stanford Research Institute Consulting Business Intelligence，SRIC-BI）建立的。这个系统的主要理论框架是：个人的生活方式受"自我导向"和"个人资源"两方面因素的制约。"自我导向"是指人们自我社会形象形成的活动和态度，它有三种形式：原则导向，这种人的行为总是根据原则办事；地位导向，这种人喜欢在有价值的社会背景下寻找一个安全的地位；行动导向，这种人试图用确定的方法去影响环境。"个人资源"则包括心理方面的、体力方面的、人口统计方面的物质观和个人能力。

4. 行为因素

从行为因素角度细分市场是根据购买者在购买商品时的直接行为特征对消费者进行细分。这一细分方式最为直接有效。行为因素主要从购买时机和购买动机两个方面进行考察。

消费者的购买时机对于创业者营销策略的推进有直接作用。对消费者购买时机的考察意味着创业者可以找到一个更好的产品作为切入点，在这一切入点上，创业者可以实现更大可能的销售。例如，很多企业都愿意在一些节假日推出各种各样的促销活动，这些促销活动的存在基础就是对消费者购买时机的考察和分析。

购买动机是消费者在决定购买产品时的直接动机和诱因。一方面，创业者可以识别这些动机因素，在设计产品以及相应的营销策略的时候，充分考虑这些因素，促进销售行为的发生；另一方面，购买动机分析也提供了消费者拒绝购买产品的障碍因素，这些因素的识别有利于创业者有针对性地消除购买障碍。

因此，地理位置、统计特征、心理因素、购买因素这几个层级就依次构成了从大到小、从抽象到具体的细分顺序。创业者在构建细分市场的时候，基本上可以根据这一顺序找到有效的细分市场。

在创业机会识别一章，我们根据企业所面对的市场将创业机会分为三个类型：面向现有市场的创业机会、面向空白市场的创业机会、面向全新市场的创业机会。事实上，无论对于哪一类型的创业机会，深度的细分都是必不可少的。

近年来，在消费升级和互联网产业快速发展的双重驱动下，小家电市场持续升温，成为家电市场为数不多的增长亮点。而随着新时代消费主力的改变，"80后""90后"甚至更年轻一代的用户对于家电需求也发生了本质变化：实用性强、外形美观、提升生活品质和幸福感的小家电成为大众追求的潮流。

由飞鱼集团孵化的小家电品牌——德尔玛，成长于互联网时代，无缝承接了飞鱼集团在互联网运营上的丰富经验和强大实力，并把这些融入自己的品牌基因中。除此之外，该品牌也顺应时代发展潮流，在革新家具电器、研发新产品的道路上锐意进取，已成为集家电研发、设计、生产和销售于一体的新锐国产家电品牌。

其凭借出色的研产销实力，在国际设计界、互联网行业、家电行业等领域屡获殊荣，相继获得"德国 iF 设计奖""德国红点奖""亚洲 K-design 设计奖"等国际知名设计大奖；还连续获评中国家电行业协会评选的"AWE 艾普兰产品奖""家电网购受欢迎产品"；尤其值得一提的是，今年6月19日，胡润研究院发布《2020胡润中国猎豹企业》，德尔玛成为唯一荣登榜单的佛山企业。这预示着德尔玛的发展进程不断加快，正向着中国高成长性企业不断迈进。

德尔玛之所以能获得如此骄人成绩，在于精准地把握了用户需求。自成立以来，其一直致力于大数据分析。一方面，针对"80后""90后"年轻消费者的生活习惯、个性需求等进行调研后获取精准用户画像，全方位了解用户的消费需求。最终得出结论：当代用户的家电消费更注重产品品质、个性化消费体验，偏爱有特色的产品，追求高效优质的服务。

另一方面，不断拓宽小家电行业的边界并注入活力，开启互联网运营、重新定义产品开发，整合供应链运作，细分消费场景，打造"爆款"，满足消费者的需求，不断完善用户体验，收获了大批忠实粉丝。

目前，德尔玛主要有加湿器和吸尘器两大主营品类，同时也在大力开拓除螨仪、果汁机、挂烫机等多样化电器品类。德尔玛用创新、创意的设计思路，从细微处入手，打造精品小家电，让家电真正改善人们生活，满足消费者提升生活品质的美好愿望。这也贴合了德尔玛的产品理念：设计不该是高高在上的奢侈品，而是享受生活的必需品。

资料来源：德尔玛：乘风破浪 争做国产小家电C位[N]. 中国日报，2020-8-21.

9.2.2 产品层面分析——层次设定

在营销规划中，对于产品层面的特征的分析主要是从满足需求的角度去认识产品——创业者的产品究竟能够满足目标客户的什么需求。当然，随着产品的开发，消费者对于产品的需求也在不断拓展。例如，对于手机这一产品，传统意义上的功能只是用来接打电话，但是随着手机产品的不断开发，不同的人群会需要不同类型的手机——追求时尚的人群会追求手机外形的独特个性，追求实用的人群会要求手机的更多功能。手机的各项功能中，不同的人群的侧重点也会不同，有人更注重手机的拍照功能，有人更注重手机的录音功能，如是等等。因此，企业在分析产品层面特征的时候，就应当从消费者的需要出发，考虑最合适的产品定位，或者集中研发某一类型产品，或者尽可能将消费者对该产品的各种需要都融入产品的设计中，使所生产出来的产品更具有市场竞争力。

通常，在营销学中，产品的含义分为五个层次（见图9-2）。

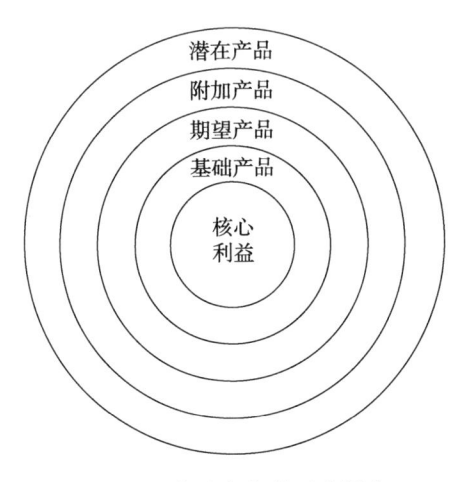

图9-2 产品含义的五个层次

1. 核心利益层

产品的核心利益是产品的最基本效用或基本功能。客户愿意购买产品，其最基本的出发点是基于核心利益的考虑。如前面所说到的手机，它的最核心利益是为客户提供通信功能。脱离这一核心利益，即使在其他方面设计得再周到、功能再齐全，也会因为缺乏必要的基础，沦为一种不切实际的噱头。

2. 基础产品层

产品的基础形态往往是指产品外观形态及其主要特征，一般表现为产品的质量、式样、特色、包装及品牌等。产品形态往往是产品吸引客户的重要因素，对于大多数人来说，他们会更愿意选择形态美观悦目的产品。因此，创业者如果希望吸引消费者购买自己的产品，就必须在产品的形态上动脑筋，满足客户对于产品除基本需要之外的延伸需要。

3. 期望产品层

产品期望价值，往往是客户在购买产品时所希望获得的一些属性特征。例如，购买手机的客户可能希望手机能够更轻薄，功能能够更强大些。因此，从产品基础形态到产品期望价值的跃迁，实际上是创业者从客户需求的角度考虑产品设计问题，考虑视角是"客户想要得到什么"，而不是"我们能提供什么"。

4. 附加产品层

产品附加利益，主要是指在产品的销售及使用过程中企业提供给消费者的一些附加的服务或承诺，如免费送货、免费安装、免费维修，以及承诺退换等。它们是消费者在购买和使用产品时所产生的一些附加需求。这些附加利益需要创业者从服务创新的角度进行思考，增强企业对消费者的服务意识。

5. 潜在产品层

潜在产品层面是对产品未来所能提供的附加价值的展望。这一层面更多地体现在对企业未来产品战略的设计和规划上。创业者需要未雨绸缪，对企业未来提供的产品进行准备，为企业未来的发展打好基础。

在创业机会识别一章，根据企业提供的产品，我们将创业机会分为三个类型：提供现有产品的创业机会、提供改进产品的创业机会、提供全新产品的创业机会。无论企业提供的是哪一类型的产品，都需要对产品的层次进行分析，找出企业可能的差异化方向，进而构建企业的竞争优势。

扩展阅读 9.2 当虚拟照进现实：即将到来的营销革命

9.3 渠道构建

9.3.1 创业营销中的渠道机构

创业营销对于创业者或者创业团队的网络关系依赖性非常大，创业者需要依赖这些关系搭建有效的营销渠道。一个良好运作的营销渠道可以帮助创业者收集行业市场中的竞争者、合作者、客户的相关信息，实现企业与客户之间有效的价值传递——企业把产品传递给客户，客户把资金回馈给企业，从而完成产品的销售。为了构建有效的营销渠道，对于营销渠道构成的认识是必要的基础。

营销渠道主要由各级中间商构成。虽然很多情况下，创业者往往会依靠自身的力量构建销售网络，但是应该认识到，销售网络的建立和维持需要耗费巨大的资源。如果创业者所拥有的资源不够丰富的话，那么对于现有的中间商的求助能够起到事半功倍的作用。

第一，中间商的存在能够在一定程度上缓解创业者的经营压力。很多客户在购买产品时，往往会要求得到灵活的付款方式、较为满意的售后服务等，显然，由于资源和实力问题，由创业者提供这些服务较有难度。而有实力的中间商能够在很大程度上代替创业者完成这些服务，从而缓解了创业者经营压力，并且能够吸引到更多的客户。

第二，中间商的存在可以有效地帮助创业者的产品进入市场。创业者自身往往拥有较低的市场认可度，靠新创企业自身进行产品推广活动，需要太多的资源和人力，而且创业团队中是否存在这样一个市场推广经验丰富的管理者也是问题。有经验的中间商能够在很大程度上帮助企业的产品顺利进入市场，同时，企业还可以通过中间商搜集相关信息，为下一步的产品开发奠定基础。

根据营销渠道的特征，中介机构通常可以分为经销中间商、代理中间商和辅助机构三大类。

1. 经销中间商

在产品流通过程中，经销中间商通常先获得产品的所有权，然后再转手出售产品。这是一类非常常见的中间商，我们通常所说的批发商、零售商等都属于这一类型。因为经销中间商已经将产品所有权握在手上，这就相当于新创企业的风险被转嫁到了经销商的手上，因此其风险相对较大。作为刚刚创立的企业，往往很难找到能够充分信任创业者的经销中间商来构建营销渠道。反过来，如果创业者能够找到有实力的经销中间商，为了开发市场，尽快回笼资金，经销中间商往往愿意帮助创业者进行产品推介活动。

2. 代理中间商

代理中间商和经销中间商一样，其功能同样是帮助创业者寻找顾客和销售产品。和经销中间商不同的是代理中间商并不取得产品所有权，也无须垫付商品资金，他们只是收取售出每一个产品的提成。通常代理中间商可以暂时将产品掌握在手上，然后出售给客户，随即将款项返还给创业者，或者先接受订单，转交给创业者，然后将产品给客户，客户把款项直接或者通过代理中间商给予生产者。代理中间商的风险比经销中间商要小得多，他们可能在市场推广方面动力并不足，因此市场推广工作必须由创业者自己来做。

3. 辅助机构

除了经销中间商和代理中间商，营销辅助机构也是营销渠道中的重要组成部分。虽然他们不参与产品的销售，但是这类机构的存在是产品销售行为顺利完成的必要保证。商品配送中心就是这类辅助机构的代表之一。例如，在电子商务盛行的今天，商品配送成为电子商务能够有效发展的重要保证,很多企业承诺,一旦客户在网上订购了某件商品,那么客户就会在一定时间内拿到商品。如果配送中心不能够及时完成送货,客户对于企业的认可程度就会大幅下降,企业的市场推广工作就会因为这一渠道环节的失误而功亏一篑。因此,辅助机构的有效运转对于企业保持市场竞争优势非常重要,创业者在考虑营销渠道构建的时候,必须非常重视辅助机构。

一个完整的营销渠道,还包括售后服务机构、仓储机构、银行和广告代理商等,但是对于一个创业型企业的营销渠道来说,应当首先抓住的就是经销中间高、代理中间商、辅助机构这三类主要的渠道机构。

7月3日,都市丽人联合中国纺织品商业协会内衣委员会、京东服饰、前瞻产业研究院首发《中国女性内衣白皮书》,介绍了女性内衣行业近年来的发展情况,深入洞察女性消费者的盲点和痛点,提出了女性内衣消费新趋势——中国女性内衣专业品牌引导势在必行。

内衣品牌接下来的市场份额争夺与全渠道营销将同步进行。未来品牌成长的机会和空间,仍然需要依靠线下。同时,直接触达消费者的数字化转型成为内衣品牌的战略转型重心。

截至2022年4月,都市丽人有4000多家线下门店,成为全国内衣行业领先品牌。都市丽人基于自身优势,结合新消费品牌的模式优势,串联线上线下渠道,全渠道链路打通。

线上,都市丽人在京东、天猫、唯品会、抖音、小程序等设立官方旗舰店,并为消费者提供专业的尺码咨询及产品服务,丰富全渠道场景。重视体验、重视场景、重视品牌,这也是内衣新玩家打造线下门店时的新变化之一。时尚的购物中心也成为内衣品牌的布局要点。为此,都市丽人牵手京东,以京东云为技术底座的数字化服务体系,借助京东丰富的数字化和零售管理经验,助力实现数字化升级,重塑都市丽人企业竞争优势,建立品牌创新与增长引擎。通过数字化转型,都市丽人由一家传统的贴身衣物品牌公司,逐渐转变为一家以消费者运营为中心、数据驱动业务发展的贴身衣物企业。

作为全国销量领先的专业内衣品牌,都市丽人仍将保持初心,继续贯彻以消费者需求和产品为纲的策略,回归到实用、功能、舒适、健康和高性价比的产品,实现"成为世界级贴身衣物的领导品牌"愿景。

资料来源:姜虹. 都市丽人全渠道营销引导行业新风口[N]. 中华工商时报,2022-07-06(004).

9.3.2　渠道构建过程

渠道构建是创业者投入营销工作的实质性的第一步。从构建渠道开始,创业者需要真实面对营销中所遇到的问题,不断地进行反馈和思考,寻找最适合的营销策略方案。

在确定渠道结构之前,创业者首先必须明确影响渠道的主要因素,这样才能够有针对性地制定合适的渠道结构。首先,创业者要考虑一些外部的政策、文化环境等因素的影响,例如,当地政府对于一些特殊的渠道建设有没有一些特别的规定、当地的社会文化是不是支持一些新兴的营销模式等。除了企业外部环境，创业者也需要对自身的状况进行思考。通常，企业规模较小而且企业产品尚没有一定的市场认可度的话，企业往往难以获得有实力的中间商的支持。反过来，缺乏一定的营销整合能力和渠道建设能力的新创企业又往往更需要寻找一个能够提供良好服务的中间商，这就使其在建设渠道时必须兼顾企业发展的目标以及可能接触到的渠道中间商。

除了上述因素，在建设渠道时，最为直接的影响因素是企业的目标市场和产品特征。

市场因素对于渠道的构建至关重要。例如，从目标市场的地理因素来看，如果目标市场的地理范围较大，或者非常分散，渠道的长度和宽度可以大一些，创业者可以选择更多的中间机构，渠道层级也可以丰富一些；如果目标市场的地理位置非常集中，那么渠道则需要简化一些，甚至不需要外部渠道机构，创业者可以利用自己企业员工进行销售。同时，从目标客户的心理因素和行为特征来看，如果消费者对于产品服务更为敏感，则更需要注重渠道的功能建设。

从产品特征来看，如果产品所提供的功能和价值很普遍，跟现有的产品没有太大的差别，那么渠道的长度与宽度可以适当放大；而越是独特的产品，则越需要更短和更窄的渠道，企业甚至可能自己组织人员进行销售。例如，很多创新性产品进入市场都需要进行广泛而深入的宣传促销活动，而且需要公司随时掌握市场的变化情况。因此，在实际销售工作中，短渠道被视为产品进入市场最好的渠道结构。产品的一些基本特征也与渠道建设密切相关，例如，产品的保质期限是渠道构建的一个重要因素，如果产品保质期限非常短，那么营销渠道就要简化，不宜过长；反之，则可以适当放长。再如，笨重的产品往往意味着高的运输和仓储成本，因此，这类产品往往采用较短的渠道结构。

通常，渠道的构建需要遵循以下几个步骤。

1. 设置渠道目标

创业者在设计和创建营销渠道时，首先必须明确渠道的目标。当然，营销渠道设置的根本目的是成功销售产品。同时，渠道设置的首要目的是实现企业的整体战略目标。因为企业的战略目标会随着市场环境的变化而变化，所以，创业者在设置渠道的时候也应当时刻关注市场环境的变化以及战略方案的调整。企业渠道设置的目标还要包括与企业其他经营目标（如财务、生产等管理职能）的协调，避免产生不必要的矛盾。

2. 明确渠道的任务

在渠道的目标设置完成之后，渠道设计者还必须将达到目标所需执行的各项任务明确列出来，这些任务一般包括促销、销售、与客户沟通、运输、储存等方面。通过明确任务，可以使创业者对营销渠道的设想更为细化，渠道的每一个构成元素的功能和定位都能够详细地展现，这样，在渠道建设中，创业者可以拥有充分的依据。

渠道任务的设计应当与企业的目标密切相关，通过实施不同的渠道任务，能够实现不同的企业目标。例如，更多的营销中介机构可以帮助企业充分降低营销风险，那么为了达到降低风险的目标，创业者有必要寻找更多的营销中介，以最大限度地适应渠道目标。

3. 确立渠道结构方案

在确立了渠道任务后，设计者就需要将这些任务合理地分配到不同的营销中介机构中，使其能够最大限度地发挥作用。渠道结构方案包括三个方面的内容：渠道的层级设置，渠道的宽度设置以及中介机构类型选择。

渠道的层级设置是指渠道的纵向长度设置。如果创业者直接派出企业的销售人员进行销售，这就意味着渠道层级为零，如果创业者寻找经销商进行销售，这些销售层级就有可能达到一定数目以上，如地区批发商、再下一级的批发商、基层零售商等。在很多情况下，针对不同地区的市场，渠道层级也会不同，在一些地区，市场广大而渠道层级较多；在一些规模小的市场，层级就要简化一些。因此，在实践中，渠道层级的选择应当适当灵活。

渠道的宽度设置是对渠道横向上的设计。在一些情况下，如果企业的产品独特性特别强，创业者为了保证产品不至于在同一个区域内部形成恶性竞争，就会考虑建设区域独家分销的模式；如果产品本身较为普遍化，那么在横向上不妨寻找较多的经销机构。另外，渠道横向上的设计也跟企业的成长阶段有关，例如，刚刚创立的企业出于能力、资源等方面的考虑，可能选择独家分销，而随着企业成长壮大，会选择更密集的广泛性分销，以增加它们的市场覆盖面和销量。

同时，企业应该对能够承担其渠道工作的中介机构的类型进行调研。如果中间商的能力不能令公司感到放心，那么企业应当选择自己建设渠道或者直接派出人员销售。同时，创业者也要考虑利用中间商的成本，一般来说，具备较强能力的中间商往往合作成本较高，创业者需要综合考虑能力和成本的因素，以选择最适当的中间商。

三只松鼠最初是从线上起家的。2012年，三只松鼠第一次参与"双11"，就以销售额766万元问鼎天猫类目榜首。十年过去，三只松鼠已经遍布多个线上渠道，成绩依旧亮眼。在2021年的"双11"，三只松鼠实现了坚果零食销量"十连冠"。

然而，这背后是高昂的平台服务费和推广费。财报显示，三只松鼠销售费用率一直居高不下。2019—2020年，三只松鼠的平台服务费与推广费在持续增长，分别为6.60亿元和9.61亿元，同比增长了67.94%和45.61%。

从线上发家的三只松鼠，如今正奋力奔向线下渠道。在2021天津秋季糖酒会上，三只松鼠高调宣布将聚焦线下分销渠道，并提出"未来5年分销再造一个百亿"的目标。三只松鼠将开设直营店，并逐渐开放加盟，推出联盟小店。

发力线下一直是"松鼠老爹"的心愿，两年前，三只松鼠创始人章燎原喊出五年万店的口号。按照他当时的说法，到2020年，三只松鼠将开出1000家线下门店，然而，截至2021年6月底，三只松鼠的线下零售店数量仅有1104家。转眼间又是一个新的"五年计划"，三只松鼠这次可以达成目标了吗？

事实上，抢占线下分销市场注定会是一场硬仗。洽洽食品、盐津铺子、百草味早已布局多年。洽洽食品在2021年7月提出坚果品牌升级战略，其创始人陈先保直言："要all in，尽快将洽洽的每日坚果做到行业第一。"

而要补上线下渠道这块短板，还要付出真金白银，这在一定程度上将拖累财报数据。对于三只松鼠来说，营收和利润是不可兼得的鱼和熊掌。2016—2020年，三只松鼠实现营收分别为44.23亿元、55.54亿元、70.01亿元、101.73亿元和97.94亿元，归属净利润分别为2.37亿元、3.02亿元、3.04亿元、2.39亿元和3.01亿元。5年间，营收规模翻倍，但净利润总体增幅不大，整体呈现出增收不增利的态势。2021年虽然净利润情况有所好转，但是营收却下降了。三只松鼠2021年三季报显示，公司前三季度实现营业收入70.70亿元，同比下降2.23%，实现归属净利润4.42亿元，同比增长67.35%。

在黑猫投诉上，三只松鼠有大量涉及食品安全质量的投诉。业内人士分析指出，这与其C2M生产模式有关。在这种模式下，三只松鼠只需整合手里代工厂资源，由联盟工厂根据产品标准进行生产加工，再进行贴牌。中国食品产业分析师朱丹蓬认为，三只松鼠近年频频陷入舆论风波的根源正在于"贴牌+代工"的生产模式，其代工厂多是质量监控等方面配置较低的小企业，产品问题频现。他进一步分析称，三只松鼠的经营思维是用轻资产运营模式来规避重资产的经营风险，降低成本出发点无可非议，但代工厂模式对于食品安全方面的管理容易失控，企业无法盯住生产环节。

为此，三只松鼠2020年8月正式启动联盟工厂项目。联盟工厂可以解读为"自建工厂"与"代工厂"两者间的折中选择。但实际上相关细节并未公布。在这种创新方式下，三只松鼠是否能兼顾轻资产运营和产品质量把关，还尚待观望。

资料来源：黄晓韵，赵兵辉. 三只松鼠何时走出寒冬？[N]. 南方日报，2022-1-7(B04).

9.4 促销策略

9.4.1 促销策略影响因素

为了能够将产品成功销售出去，创业者需要采用必要的促销策略。为了达到有效的实施效果，需要对促销策略的选择进行详细的分析。通常，在规划促销策略时，需要考虑以下一些因素。

1. 整体营销环境

这是创业者在制定促销策略时首先需要考虑的方面。创业者所制定的促销方案可不可行，取决于整体的营销环境是不是支持这些促销方案。例如，有没有相关的法律法规对这种营销手段进行限制。这方面的一个例子是关于直销牌照的发放。在营销实践中，直销和传销之间的界限并不明显，基于我国现阶段对于传销活动的限制，一些企业如果想采用直销方式来销售产品，势必要受到法律条文的制约。事实上，直到现在，获得直销牌照的企业寥寥无几。因此，企业需要根据营销环境所提供的机会和约束制定促销方案。

2. 目标市场状况

促销策略的选择与目标市场的特征密不可分，因为目标市场的特征，无论是地理位置、社会文化还是消费者的心理因素和行为特征，都决定了可能的促销策略的接受程度和实施效果。根据对目标市场的定位以及深度分析，创业者可以考虑什么样的促销手段适用于特定的目标市场。如果企业面对的是地域分布辽阔而分散的目标市场，大面积的广告就比较重要。如果目标市场非常狭小，客户非常集中，这种情况下，有效而且节省成本的促销手段就是人员推销方式。如果目标市场的客户比较习惯从某一种渠道获知商品信息，那么在制定促销策略时，就要有力地借助这些现成的媒介。

3. 产品类型

产品因素也是影响促销策略的重要因素。促销方案的最根本作用对象是创业者所要出售的产品。因此，针对不同类型的产品，创业者需要有所选择地配置适宜的促销方案。例如，技术含量较高、功能较为独特的产品，应当在促销方案上下更多的功夫，创业者应当尝试更为直接的人员推销，这样可以通过人员的演示来展示产品的独特性，从而提升消费者的认可度。对于一般性的产品，或者和现有企业的产品差距不大的产品，创业者应当在提升产品知名度和附加价值上下功夫，充分利用广告、营业推广等方式，提升产品的客户认可度。

9.4.2 促销策略选择

创业者可行的产品促销策略一般分为三个类型，即广告、营业推广、人员推销。当然，在促销活动中，人员促销和非人员促销往往是同时存在、相互补充的。

1. 广告

这里的广告，指的是企业在促销过程中所推广的商业广告。其商业性质有别于其他一些公益性质的广告。

同其他的一些促销策略相比，广告有其自身特点。第一，由于广告的中介媒体传播面广，所推介的产品信息能够被很快地传播到较大范围内。因此，通过广告，创业者能够得到较好的信息传播效果。第二，由于广告的实施和传播需要中介媒体，媒体本身的声誉和影响力会对广告的效果产生非常重大的影响。很多企业都热衷于在央视做广告，甚至还有一些企业不惜一掷千金竞标黄金时段广告标王，都是冲着央视的权威性和影响力去的。同时，由于广告这一促销形式中营销人员并不与消费者直接面对面沟通，广告的内容和形式至关重要，为了达到良好的宣传效果，创业者更应当在广告的精雕细琢上下功夫。

在选择广告媒体时，应当首先遵循企业的战略目标，尤其是营销目标。这些目标为广告的运作和实施提供了一个限定的框架，在这一框架之下，创业者应当广泛地比较各类广告媒体所能够达到的效果，选择那些最有利于实现目标的广告媒体。在具体实施广告时，创业者也可以考虑几种不同的广告方式的组合，以最有效地展示企业所提供的产品。例如，创业者可以考虑电视广告和平面广告以及网络广告的组合，以整合的形式来形成产品的良好宣传。当然，这些广告方式的组合不能够彼此干扰而导致广告效果削弱。选择广告媒体时还应当充分考虑广告这一促销方式的成本，作为刚刚创立的企业，经济实力往往尚不够雄厚，支付不起高昂的广告费用。此时，创业者尤其要警惕，千万不要为了支持广告的投入而耗费宝贵的企业资源。从很多实际案例中都可以看到，创业者由于热衷打广告反而陷入现金流危机困境。因此，选择广告媒体尤其需要注重广告的成本效益分析。

2. 营业推广

这是企业在某一特定时机或者某一特定地点采用特定手段对消费者实行强烈的刺激，以促进产品的销售额迅速增长的促销方式。当然，营业推广不能作为一种经常的促销策略，如果经常使用的话，消费者也会产生一定的厌烦，使营业推广的效果适得其反。但是在特定情况下，营业推广的效果非常明显。在实际操作中，营业推广往往与其他促销方式相结合，将营业推广这种即时性效果与其他促销方式的长期性效果相结合，可以达到更好的促销效果。

在营销实践中，营业推广的手段是多种多样的，其中对消费者推广的主要手段包括以下几种。赠送样品：企业将一部分产品赠予客户，供他们免费使用，通过赠送样品，可以在消费者中建立起一定的认可度，这种方式对刚刚导入市场的新产品最为有效。发放折扣券：企业向一些消费者发放某种优惠券，凭券可按一定折扣购买某种商品，通过发放折扣券的方式，可以在一定程度上激发消费者的购买欲望。有奖销售：在销售产品的同时发放一些奖项，获得奖项的消费者可以获取一些实物形态或者货币形态的奖励，如果奖励的形式非常诱人，所能达成的促销效果也非常明显。

除了上述方式以外，企业也可以针对渠道中间商进行营业推广活动。同针对消费者的营业推广一样，企业也可以举办或参加各种形式的商品交易会或博览会，来向中间商推销产品。这类交易会或博览会往往由同一行业内的企业共同参加，因此能够形成对促销有利的现场环境效应，对中间商有很大的吸引力。当然，为了能够在这些交易会上脱颖而出，创业者也必须选择一些独特的促销手段来提升营业推广效果。同时，这一类型的交易会也并不是绝对排斥消费者参加的。

3. 人员推销

这是企业派销售人员直接同目标市场的顾客建立联系、传递信息、促进商品和服务销售的活动。在创业早期，创业者往往缺乏足够的资源来建立营销网络，因此，新创企业往往需要通过人员来进行销售。相对于其他营销方式，人员推销最主要的特点在于其成本的优势，一些广告媒体动辄成千上万，营业推广活动费用也非常之高，而人工成本相对来说低廉多了。除此之外，人员推销还有一些不同的特征——人员推销是面对面的销售方式，这样便于增强沟通、消除对立情绪、培养与顾客间的友好关系，当然，如果没有选择适宜的销售人员或者推销方式不当，也很容易造成对立情绪，影响产品销售。对于一些复杂的产品，销售人员能当场示范，介绍使用方法，这样容易使顾客信服，从而能有效地打消顾客的某些疑虑，使他们接受企业的产品。

在人员推销过程中，销售人员应当积极发挥人员推销的优势，准确把握销售活动的进程，推进产品推介。很多情况下，为了形成有效的销售活动，销售人员必须对目标市场和客户信息进行调研，搜集他们的有关资料，如他们的需求类型、经济实力、购买方式等，以便在面对面的销售中更有针对性。如果有时间和资金的准备，创业者可以在销售之前准备小范围的试点工作，检验预先设想的销售方案是否可行。在面对面的销售过程中，最大的障碍在于销售人员如何有效地清除客户的层层顾虑，使他们信任自己。销售人员只有善于排除这样的障碍，才能顺利地完成销售任务，这就需要销售人员对沟通、谈判、交流等技巧的良好掌握。

在企业选择营业推广手段时，首先应根据企业的整体战略目标和销售计划来确定营业推广的目标——获得利润、赢得市场份额，或者是更好地与现有企业竞争。在此基础上，选择适当的营业推广手段来实现既定目标。这往往是各种促销手段的组合，以产生积极的整体效应。在营业推广过程中，企业应进一步制订具体的实施和控制方案，随时根据市场环境的变化，不断调整对营业推广的全过程的控制，在阶段性营业推广活动结束后，还应及时总结，对实施的效果进行评估，并注意同其他促销策略之间的配合情况。

近期，消费者洞察与市场研究机构 J. D. Power（君迪）发布的一项研究显示，试乘试驾已经成为影响消费者购车决策的重要环节——2022 年约有 21% 的消费者会在试乘试驾环节决定购车，这一比例去年还只有 15%——这也从侧面说明，品牌营销，特别是数字化营销的重要性越来越高。研究发现，试乘试驾之所以能够更深地影响购车决策，是因为随着品牌营销的增强，试乘试驾的作用不再是以前的"了解车"，而是"验证车"。以试乘试驾这一流程的变化为切入点，《21 世纪经济报道》专访了 J. D. Power 中国区数字化零售咨询事业部总经理谢娟，她详细解读了当前试乘试驾这一看似微小的销售环节所发生的变化，也对车企及品牌的数字化营销提出了新的见解。

显然，在品牌林立的今天，车企数字化营销的能力和效率十分关键，如何精准地触达目标人群、如何吸引他们从线上走到线下，又如何让他们在线下不失所望，是车企和品牌需要打通的营销链路。不过，谢娟也强调，数字化营销贵在精准，因此数字化营销不仅是"广撒网"的全触点覆盖，而且应当注重每个触点当中基于对消费者需求的理解，转化为有品质有价值的内容，如果品牌对消费者无感，对销售的转化没有任何帮助，其实投资性价比是比较低的。

现在人们对于汽车消费会趋于谨慎和理性。在消费预期变动的情况下，各级政府也会出台一些刺激政策，但是从消费者的角度，他们会更多地考虑产品质量和实用性。

这就给厂商带来了一个很大的挑战，在这种"后疫情时代"，营销方式、营销能力空前重要。比如，现在很常见的线上营销能力，就被提到了前所未有的高度，很多品牌在咨询，数字化营销（如渠道投放、触点布局、内容设计、用户运营、品牌跨界等需求）方面到底怎么做？

数字化营销的目的还是希望成交，但现在数字化营销更多地埋了一些触点之后，企业的营销价值止步于获取一些流量或者获得了消费者的认知和关注。数字化营销的第一点是，不要为了数字化而数字化。厂商和品牌要知道，该在哪些渠道，以什么样的内容，怎么有趣地呈现。我们不主张单纯以覆盖消费者的全生命周期的触点为目的的投放。数字化营销的第二点是，如何做好转化。从消费者看到信息，到他们有兴趣去跟品牌联系，再到他们联系之后去店里体验，这个链路上的关键环节要怎么做好？这往往是数字化营销忽略的地方。如果转化做不好，数字化营销最多就是吸引了一些流量，但是流量不能转化的话，对汽车厂商来讲营销的价值没有得到充分的释放。

资料来源：彭苏平. 数字化营销应当坚持"价值投资"[N]. 21世纪经济报，2022-7-12(012).

9.5 营销定价

9.5.1 营销定价目标

我们把定价放在营销规划的最后一步，是为了防止创业者在营销中一味地追求价格竞争方式。但是，这并不意味着定价并不重要。合理的价格设定可以充分推进新产品的市场导入工作。在定价阶段，创业者需要综合各方面因素，为企业的产品寻找有效的价格。创业者首先需要考虑的是企业的定价目标。定价的目标服从企业的整体战略目标，在企业的战略目标之下，不同的企业，其定价目标也存在种种差异。

1. 以获取利润为定价目标

利润是企业能够持续发展的源泉。如果企业不能成功获取利润，那么企业连生存都将困难，更不用谈后续的成长。因此，获取利润是创业者能够走上正常发展道路的第一步。为了实现获取利润的目标，创业者在制定价格的时候，价格会高于企业的产品成本，这样一旦企业实现销售，就能够获取利润。当然，根据创业者实力的区别以及产品的独特性，创业者的利润目标可以很高以充分赚取利润，也可以很低以实现薄利多销。同时，在制定利润目标的时候，创业者也应当考虑到这一利润目标是短期的还是长期的，两者常常需要创业者进行取舍和权衡。例如，在刚刚开发、竞争状态尚不激烈的市场上，如果创业者制定的短期利润目标较高，有可能吸引较多的后续竞争者跟入市场，这样导致长期利润反而较低。因此，创业者需要把握短期利润和长期利润之间的平衡。

2. 以占领市场为定价目标

在一些情况下，创业者的经营目标是尽快地占领主要的市场份额。市场份额通常是反映企业市场地位的重要指标，也是企业的市场形象和盈利能力的象征。通过市场份额的占据，可以建立起较好的客户忠诚度，从而对潜在的进入者形成进入壁垒。强调市场占有率的创业者所提供的产品在不可模仿性方面往往存在一定的缺陷，一旦产品受到欢迎，产品的模仿者会很快出现。如果创业者没有迅速占领市场的话，一旦效仿者进入，很容易形成激烈的竞争局面。在定价阶段，为了更多地占领市场，创业者往往会采用较低的价格来进入。

3. 以扩大销售为定价目标

和占领市场的目标不同，创业者并非追求很大的市场份额，而是更追求产品销量的上升，特别是对一些高投入的产品来说，只有迅速扩大销售才可能形成规模效应，使产品成本下降。当然，销量的上升也意味着产品的市场认可程度较高，对于竞争对手也是一个有力的制胜工具。为了追求扩大销售，创业者也常常会采用较低价格的竞争形式，此时，即使利润水平不高，企业仍具有较强的赢利能力。在以扩大销售为目标的定价模式中，创业者需要注意慎打价格战。为了扩大销售，可以采用适度低价同时与其他竞争策略相结合的方式，切忌将价格竞争作为唯一的扩大销量手段。

4. 以应对竞争为定价目标

过去，很多学者认为，创业者不应当积极主动地采取竞争策略与在位者进行针锋相对的竞争，创业者更应当寻找适合他们的小的缝隙市场，这些市场上没有大的在位企业，竞争势态也非常缓和，有利于创业者打开市场。但是20世纪90年代以来，也有很多学者认为，创业者可以采用积极的竞争手段来进攻在位者，竞争攻势反而能够带动企业成长。在这种情况下，创业者就要根据竞争需要来制定产品的价格，将价格作为一种有效的竞争手段，以在竞争中获胜。

共享充电宝曾多次因为"涨价"登上热搜，如今在国家市场监督管理总局（以下简称"市场监管总局"）介入后，"降价"也引来了围观。近日，《中国经营报》记者采访了解到，这次共享充电宝降价主要还是针对过高价格的部分进行了调整。目前，低价共享充电宝价格还是没有调整，也没有回到过去"每小时1元"的时代。

记者走访广州市的一些美食商铺、药店时发现，怪兽、街电、小电等部分共享充电宝的价格还是每小时3元左右，租价下调不明显，很多商户表示目前还未听说有降过价。不过高租价的共享充电宝下调显著。

记者了解到，此前，共享充电宝纷纷涨价的原因包括：市场竞争加剧，企业提高营收和进一步回流现金的内在需求，共享充电宝已到资本收割阶段以及商户联合定价等。如今，部分共享充电宝价格回落是否也会给企业经营造成压力？张毅认为，共享充电宝价格回落意味着"野蛮收割时代"的结束，短期来看，确实会对运营平台的利润有一定的影响，但对于行业而言，在政府指导下规范市场，杜绝价格乱象，最终有助于优化产业链，形成行业新格局，长期来看是利好的。街电公关人士向记者坦言，"有可能会有一点点影响，但目前来看影响其实不是很大"。但其还表示，共享充电宝的单价是低了，但反过来有可能在降价过程中使用的人增多了，使用数量多了可能也会让收入持平。此外，为了应对降价压力，品牌方面也会适当与商家、代理商协商降低入驻费。此外，陈礼腾也认为，目前共享充电宝价格属于小幅回落，且为区域性而非整体下降，因此对于企业来说影响比较有限，但共享充电宝企业还是需要寻求更多元化的增长方式以扩大盈利，提高风险抵抗能力。"共享充电宝是一个不错的流量入口，但是如何更好地转化变现还需要不断探索。"陈礼腾表示。

几年前，共享充电宝行业形成街电、小电、来电、怪兽"三电一兽"的稳定格局。而在过去两年间，随着街电与搜电合并、小电和怪兽充电冲刺上市，共享充电宝市场不断迎来变局。陈礼腾对记者说道，头部品牌合并集中了，更强者入局，共享充电宝行业的竞争压力也更大了。值得注意的是，随着共享充电宝行业头部品牌的市场更加集中，市场反垄断成为大势所趋，共享充电宝头部企业对市场控制力增强，会给目前的市场格局带来哪些冲击，以及如何保证市场后续价格稳定，引来外界的普遍关注。

资料来源：陈佳岚. 共享充电宝迎"降价潮"：均价回落到3元/小时[N]. 中国经营报，2021-09-20(C01).

9.5.2 企业定价方法

实际工作中，企业的定价方法很多，这里我们主要结合上面所介绍的定价目标介绍一些实践中常见的定价方法。

1. 成本定价法

这是一种最实用的定价方法。在实际操作中，创业者需要对企业内部的成本有精确的核算，在此基础上，加上预期的利润，就形成了产品的销售价格。因此，成本定价法适用于产品成本容易核算的企业。如果企业提供的是服务，或者是一些生产过程难以直接量化的产品，那么产品成本法就不容易操作。另外，为了有效实施成本定价法，需要对产品的利润目标进行仔细的分析。在前文中已经分析了企业的不同利润目标，创业者需要根据自身的利润目标来确定适当的产品价格。当然，创业者的利润合不合适，也需要与一些既定的标准进行比较。例如，创业者需要对该行业的平均利润水平有所了解，这样，事先的调研必不可少。如果创业者进入的是一个全新的市场，毫无现成依据可言，创业者可以适当借鉴一下金融市场上的基准利率，如定期存款利率。在基础的利润率之上，创业者再根据不同的利润目标制定价格。

2. 竞争定价法

如果创业者进入的是现成的市场，他们所提供的产品并非全新产品，在市场上已经有同行竞争者，此时创业者的价格因素中就不得不考虑竞争者的因素。事实上，根据竞争者的价格制定自身的价格在行业竞争中非常常见。在有许多同行相互竞争的情况下，每个企业都经营着类似的产品，如果价格比竞争者高，就可能失去大量市场份额。一般来说，同行业的价格水平往往在人们观念中被认为是合理价格，如果创业者的价格与这一价格差距太大，消费者往往会认为企业的产品价格不合理，进而对企业的形象产生怀疑，这对于刚刚创立的企业是非常不利的。因此，许多企业倾向与竞争者价格保持一致。尤其是在少数实力雄厚的企业控制市场的情况下，作为新进入市场的创业者，由于其资源和能力有限，更不愿与生产经营同类产品的大企业发生直接竞争，他们往往采取价格尾随的策略，根据大企业的价格来确定自己的实际价格。当然，如果创业者的产品具备特殊技术，对消费者有着特别的吸引力，此时创业者也可采用高于竞争者价格的方法出售产品。

3. 心理定价法

这一定价方式通常作为前面两种方法的补充，但是在一些场景中会较为有效。心理定价策略是根据消费者购买商品的心理动机来制定价格的价格策略。例如，我们常常可以看到很多商家在促销产品的时候价格的尾数标注为9、99或者999，这种定价方法可以使消费者发生错觉，产生购买的欲望。另外一个非常常见的例子是房地产市场的价格，一些新楼盘在开盘之后，价格往往比同区域的平均价格要高上一大截，这一定价方式是利用了消费者惧怕价格越来越高的恐慌心理，常常能够奏效。创业者在尝试采用心理定价策略的时候，应当在消费者心理调查方面花更多的精力，才能得到较好的效果。

4. 混合定价法

在创业实践中，制定价格时往往采取多种定价方式组合的方式。例如，如果企业出售的是一系列的产品，它们可能对于高端的产品采取更高的价格，对于一般的产品采用较低的价格。如果企业的目标市场是一些不同的区域，创业者也可能针对不同的区域制定不同的价格，在一些消费水平较高、购买力强劲的地区，价格定得高些，而在一些消费水平不高、经济水平较落后的地区，价格则相对较低。在导入新产品的时候，创业者也有可能在最开始的时候把价格定得很高，随着后续的竞争者进入，就开始持续降低价格，拉开与竞争者的距离，这样，创业者初始制定的高价格也为后续的降价提供了空间。

综上所述，创业者的定价措施应当是灵活多变的，不能够拘泥于某一种特定的方式。同时应当注意的是，创业者应当注重定价措施与其他营销措施的结合，用定价措施来辅助创业者的其他战略赢得市场，推动企业发展，而不是单纯依赖价格来打造竞争优势。

扩展阅读 9.3 共享经济"涨声"中续命

9.6 本章总结

本章首先介绍了适用于创业领域的营销概念。创业活动的环境和创业者持有的资源状况决定了创业营销不同于成熟企业的营销。在创业中，创业者应当结合自身实际情况制定适宜的营销规划方案。然后对创业营销的整个流程进行了介绍，这些流程包括机会深度分析、渠道建设、促销方案选择、产品定价四个步骤，在这一流程中，营销方案的灵活应用可以帮助创业者有力地打开市场，获得利润。

复习题

1. 创业营销与成熟企业营销活动的最大区别体现在哪一方面？
2. 寻找一个新创企业，考察它的营销活动，分析其特点。
3. 列举一些创新营销方式的例子，讨论它们是否适用于创业营销。

即测即练

自学自测　扫描此码

本章案例

买的不是盲盒是体验

提到这两年的现象级产品,"盲盒"必有其名。在2019年的天猫"双11",5.5万个labubu盲盒,9秒就被抢光,销售额突破8212万元。这股力量也把盲盒玩具最大的生产商——泡泡玛特成功推上了市,据悉,其将按计划于2020年5月底递交赴港上市招股书。

早在20世纪80年代,日本就推出了一个和今天的盲盒玩法基本一样的扭蛋机。但当时扭蛋机中的玩具基本上都是和二次元、动漫相关。尽管消费者忠诚度很高、消费能力和复购率都很强,但它整个产业在社会中都只能算小众。

可如今,盲盒的百度指数和密室逃脱、KTV都处在同一个数量级。也就是说,盲盒虽然对中国人是个新事物,但它在整个社会的讨论程度,一点都不比旧事物低。那么,盲盒为什么就能从一个小众爱好,到现在引发整个社会的关注?在众多盲盒生产商中,为什么偏偏只有泡泡玛特冲出重围了呢?

泡泡玛特进入市场时,就将自己定义为"潮流玩具品牌",而非传统意义的玩具商家。泡泡玛特表示:潮流玩具是融入了艺术、设计、潮流、绘画、雕塑等多元素理念的偏成人类型玩具。具体的区别主要表现在两方面:一是受众不同,玩具受众主要为儿童、青年,而潮流玩具的受众是更广泛的成年人;二是文化不同,每件潮流玩具的诞生都有设计者的心血和灵感。因此潮流玩具更像是艺术的载体、情感的陪伴,是能够产生情感共鸣、找寻自我的艺术品。

在2016年泡泡玛特拿下Molly独家版权之前,潮流玩具是一个非量产、高售价、未被商业化的品类。如潮流玩具品牌"蘑菇怪兽"旗下设计师的限量作品,售价往往在1000元以上,一个59元的盲盒相比"塑料小人(手办)"就要便宜很多。泡泡玛特正式将这类艺术家作品转化成为量产、低售价的大众化潮玩产品,并以设计精良的形象、较低的定价门槛和引发赌徒心态的盲盒玩法,共同激发了消费者对潮玩的狂热。在这一过程中,潮流玩具也从最初的设计师作品演变为融合多元文化元素的广义"潮玩"。除了让"潮玩"的性价比更高之外,泡泡玛特利用"饥饿营销"推出系列款中的隐藏款,通过这样的设定提升了限定款的附加值,保证了"潮玩"的收藏价值。有些限定款在二级市场进行交易时,价格竟然高达2350元,比原价59元足足涨了59倍。

如果说"潮玩"市场的独特定位为泡泡玛特找到了方向,那么在这批人中抓住女性用户,则是为产品找到了强有力的消费群体。尽管在对潮流玩具受众的定义上,泡泡玛特并没有对性别做严格的区隔,但有官方统计,其用户75%都是女性,年龄上也非常年轻化,30岁以下的占比为60%。就拿Molly来说,嘟嘟嘴、黄头发、可爱的造型和精致的包装,自然很招年轻女孩喜欢。

不过仅靠可爱是不够的,毕竟在潮流玩具品类中,和泡泡玛特一样可爱的商品也有很多,那泡泡玛特是靠什么持续吸引女性消费者的呢?其中不得不提的便是IP联动。从2014年开始,泡泡玛特陆续与Molly、Labubu、PUCKY等众多国内外知名IP合作,拥有IP加持的"潮玩"往往存在更高的溢价,也更受消费者喜爱,同时能够不断为品牌提供持续的热度。25岁的受访者萱萱正是因为2019年迪士尼坐坐公主系列,才开始爱上抽盲盒,从此"看见了就要抽一个"。

据泡泡玛特透露，目前的 IP 产出主要包括两部分：一是设计师、艺术家的自主创作。即设计师将亲身经历、设计灵感与希望传递给粉丝的精神内核结合，从而产生不同系列盲盒。如 Kenneth 马戏团系列，该系列的设计创意来自设计师 Yoyo 的绘本《马戏团朋友》，将人生的现实通过产品传达给了受众。二是通过合作帮助其他知名 IP 进行"潮玩"化创作，如 Hello Kitty、小黄人系列曾引起了一阵热潮。受访者小王最喜欢的"娃"是潘神和毕奇系列，她表示，因为中意这个形象，所以对它的周边都会过多地关注。此外，泡泡玛特还与众多品牌进行跨界合作。如与京港地铁推出出行系列套盒；在疫情期间，以 Molly 形象创作为疫情奋斗的英雄；还推出旁氏联名洗面奶等。通过 IP 联动、跨界合作，盲盒拓宽了品牌的认知边界和消费人群，把潮流玩具这种男性喜欢的东西，带入了女性的圈子。

通过联动著名的 IP，泡泡玛特也许可以做到一时的出圈，但是怎么样才能让圈子一直维持较高的讨论度呢？——把自己打造成为社交货币。利用消费未知心态，盲盒让人上瘾，而且盲盒行为还特别具有"围观"和"经验交流"的性质。有些玩家在拆盲盒时甚至会制造"仪式感"，受访者大熙表示，自己会在店里买完之后带回家，洗手、许愿，然后拆开。在一些视频网站上，也有不少拆盲盒的视频。盲盒爱好者还会在社交平台组建交流圈，彼此分享买了什么盲盒，拆到了什么样的造型。更有资深玩家在网上发布经验帖，教玩家如何根据盲盒尺寸、重量、摇晃的手感等来判断盒子里的造型。除了这些自发的交流以外，泡泡玛特官方也会助推用户交流。比如，其推出的 App——芭趣，有点像玩具版的小红书，用户可以在上面交换闲置娃娃，也可以分享故事、认识朋友，同时，泡泡玛特还通过小游戏、小程序等方式增加粉丝的购物趣味性和分享性。在微博，消费者还称呼泡泡玛特官方微博为"官妈"，官妈会时常抛出当下粉丝最感兴趣的话题，比如，春天来临，"官妈"会邀请粉丝晒出带娃野餐的照片，在评论区进行比拼。在新品面世前，发起猜娃娃形象送礼品活动。线下，泡泡玛特还在热门商圈打造了风格多样的直营店，并通过不定时举办商场主题展、设计师签售会、线下快闪店等线下互动形式，为消费者带来更多沉浸式"潮玩"新体验。

在进入市场时，泡泡玛特正是抓住最有价值的一批受众群体，他们是以泛"90 后"为主的年青一代，这群用户了解、热衷于"潮玩"文化，愿意为自己喜欢的东西买单。同时他们可能会面临一定的社会压力，缺乏安全感，在消费时更注重产品的体验感、注重产品能够带来的意义和价值。不过，其实多数"潮玩"并没有故事，也没有价值观。以 Molly 为例，它最大的特点就是没有表情，你不知道它是高兴还是不高兴，将它的灵魂掏空，把你的灵魂再装进去，然后就成为你的专属 Molly 了，100 个人心中有 100 个 Molly。每个人从盲盒里找到的情感需求都不尽相同，只要消费者能在获得"潮玩"的同时能感受更加积极的影响和精神陪伴就足够了。

或许把自己打造成社交货币，才是泡泡玛特最大的优势，毕竟流行来来去去，没人能保证明天消费者会喜欢什么，但是通过自己喜欢的东西，认识到志同道合的朋友，这可能是在互联网时代消费者真正关心的事情。

目前泡泡玛特的线下直营门店已经突破 140 家，拥有超 800 台机器人门店，覆盖了全国 63 个城市，并入驻欧美、东南亚和澳洲等 22 个地区和国家，不断扩展全球布局。

在 2020 年，泡泡玛特也做了一些尝试和改变：首先，产品的包装。根据粉丝的反馈，泡泡玛特将盲盒的新包装改为撕开即可，同时把不具备收藏价值的配重币替换为能吸附异味的活性炭包。既减少了消费者拆盒时因较黏的包装带来的阻碍，优化了拆盒体验，又利用了环保材质，避免资源的浪费。其次，泡泡玛特也在渠道上积极探索直播等新兴带货方式。疫情期间，泡泡玛特在女王节直播活动累计观看人次达 338.4 万，直播不仅为观看者送上惊喜礼物，还把其中的隐藏款"潮玩"送给前线医务工作者。

不过，线下渠道仍拥有其他方式不可比拟的沉浸式体验，未来在线上线下齐发力，将为消费者带来更加便利、有趣的消费体验。同时，泡泡玛特也希望未来能够通过完善的IP孵化，培养出更多有着不同风格的中国本土优秀"潮玩"设计师，成为潮流行业引领者，推动中国"潮玩"的崛起，让更多人了解"潮玩"文化，不断推动"潮玩"大众化发展，传递美好。只要成年人的童心不减，"潮玩"就会一直向前。

资料来源：徐梦迪. 小众变大众，泡泡玛特是如何让盲盒出圈的[J]. 销售与市场(管理版)，2020(7)：91-93.

思考题：

1. 泡泡玛特如何实现客户价值？
2. 泡泡玛特的经营模式中有哪些应改进和调整的地方？

第10章

新创企业人力资源管理

5月25日,飞书在线上举办春季未来无限大会,正式发布了飞书People系列产品。飞书People集成打通了飞书人事、飞书招聘、飞书绩效与飞书OKR等多个人事管理产品,以"人才"为业务流程核心,实现了从简历投递开始,包含招聘、评价、激励、培养的全周期管理。

近年来,飞书已成为越来越多先进企业的第一选择。过去半年,飞书相继和传音、银泰、正邦、泡泡玛特、民生保险、虎头局等多个行业的先进企业达成合作。而在高效简洁的组织协同外,人才的挖掘与管理也越来越成为这些先进企业的重要刚需。

从人才进入企业开始,飞书People便承载了科学选材的重任。飞书招聘的三合一工作台,将候选人的简历、面试评价、过往面试等信息集纳到同一页面中,能够帮助面试官基于更全面的信息对人才进行判断。

此外,飞书招聘还与飞书Office有着良好的适配与打通,通过日历即可预订面试官时间,点击飞书招聘推送即可进入视频面试,面试官也可以边面试边评价,并随时一键拉取候选人跟进群,追踪候选人面试进度,不用在多个系统中来回跳转。

优质的产品也在重塑企业的行为。以使用飞书招聘的笑果文化为例,已有近半招聘通过线上完成,笑果也因此高效延揽了全国各地的喜剧人才。而在深度使用飞书招聘的字节跳动,这个数字更是达到了90%以上。

一位试用了飞书招聘的HR介绍:"飞书招聘为每位HR每天节省了一个半小时,我们现在把整理和统计的工作都交给了飞书招聘,自己就有了更多的时间来思考和优化招聘策略。"

资料来源:刘悦.飞书发布People系列产品为组织打开人才管理的全景视角.光明网.2022年5月.

【本章学习目的】

1. 掌握新创企业人力资源管理的基本特点。
2. 掌握新创企业高层管理团队的管理方案。
3. 掌握新创企业一般员工的管理流程。

人力资源管理是创业者在企业成长过程中面临的重大挑战。如何招募合适的员工,把员工培养成企业需要的人才,这些问题的解决不单单是加强员工管理这么简单,需要从企业的发展和竞争优势提升的角度思考新创企业的人力资源管理问题。另外,关于新创企业人力资源管理问题的探讨也是对现有人力资源管理研究的一个非常有益的丰富，Baron（2003）认为，新创企业为检验人力资源管理的一些创新原则和理论提供了一个非常有价值的背景，人力资源管理研究能够从更加关注新企业和小企业方面大大获益。基于这两个方面，本章主要讨论新创企业中的人力资源管理问题。

10.1 新创企业人力资源管理的独特内涵

在创业研究中，一直以来，学者所关注的主要是创业者以及创业团队的角色。虽然他们对于创业活动的作用是不可替代的，但如果仅仅是将目光锁定在这类人群身上，就忽略了企业内部其他的雇员对于创业活动的重要性。随着新创企业的成长，员工人数也在上升。然而，很少有研究关注新创企业如何招募、培训、考核、激励这些员工。虽然在成熟企业的人力资源管理研究中，这些问题的讨论已经非常丰富，但是新创企业的很多情况与大企业非常不同，一些传统的人力资源管理方案可能并不适用于新创企业。这就需要我们首先对于新创企业人力资源管理的独特环境有所认识。

10.1.1 新创企业人力资源管理的独特环境

1. 企业外部市场环境具备较大的不确定性

新创企业的产品可能尚未推出，或者刚刚走向市场，潜在的需求能否被开发出来还没有明确的答案，因此企业战略方向不明确，战略失误的风险非常大。即使企业能够在最初的创业活动中获得较好的收益，但是，如果成熟的大企业跟进创业者开拓的市场，创业者可能面临巨大的竞争压力，从而使企业面临失败。企业这种高度不确定性的市场环境对于新创企业的战略规划和实施过程要求非常高，一旦企业的战略定位失误，或者战略方案力度不够，就会造成企业过早死亡的后果。因此，新创企业的成长过程往往要求管理层具备较高的战略规划能力，员工也能够良好地实施战略，这些要求需要在制度上有相应的措施予以保障。

2. 企业所拥有的资源相当匮乏

新创企业的资源禀赋和成熟企业差距较远。依赖所拥有的人力和物力，成熟的企业可以方便地开展人力资源工作，制定完善的人力资源管理系统。然而，在新创企业内部，这些资源的匮乏却使人力资源工作困难重重。例如，创业者可能都清楚薪资对于员工的激励作用，但是，如果企业内部的资金不够充裕，即使创业者希望能够提升员工的薪水也无力实现。这一现实也在很大程度上制约了新创企业对有竞争力的员工的吸纳。因此，如何尽可能地获取资源来维持或发展企业内部各项管理职能工作，进而实现企业战略目标，是新创企业发展中的重要问题。

3. 企业的发展需要管理团队的共同努力

在创业中，单一的创业者很少见，大部分高速成长的企业通常依靠一个团队，因此，在创业中,创业者往往愿意吸纳不同教育背景或者不同实践经验的团队成员来共同创业。与管理团队相关的另一个问题是,由于企业的高速成长,新创企业往往在成长阶段需要吸收新的管理团队成员参与到企业经营中,例如,在高科技创业企业的发展中,初始的管理团队往往都带有工程背景,随着企业的发展,管理团队很快就发现现有的管理者在市场开发方面的不足,因此他们往往需要寻找合适的市场经营人才来加入企业。基于这一现实,对于高层管理团队的管理成为新创企业人力资源管理的重要组成。

4. 企业的组织制度不尽完善

作为创立不久的企业,新创企业的组织制度往往不尽完善。很多新创企业可能内部没有人力资源部门,人力资源工作由创业者来完成。在企业内部管理方面,创业开始时,为了节省人工成本,很可能一些工作岗位都是由一人承担,岗位之间的职责要求没有清晰的界限。同时,关于如何招募员工、如何制定合理的薪酬制度来激励员工等问题,企业内部也尚未形成规范的制度来解决。但是,随着企业的成长,特别是企业获得了一定的发展空间之后,这种不规范的组织制度很快会受到挑战。创业者可能开始怀疑基层员工能否领会并且执行企业战略,或者,创业者感受到企业发展的压力,需要寻找外部合适的人才来加入企业。在这些情况下,创业者不得不求助于人力资源管理方面的经营原则。因此,新创企业组织制度的规范常常是从人力资源制度建设开始的。掌握人力资源的理念对于新创企业组织制度建设至关重要。

扩展阅读 10.1 为什么给的待遇很丰厚,我的"90后"员工还是要走?

10.1.2 新创企业人力资源管理的构成

根据 Cardona 和 Stevens(2004)的整理工作,在现有的创业研究和人力资源研究中,已经有了一定的研究成果,但是还有很多未知领域等待开拓,这些已经研究的和尚未研究的内容如表 10-1 所示。

表 10-1 现有的新创企业和小企业的人力资源研究成果

	我们所已知的	我们所未知的
人力资源管理制度	所有的企业都拥有人力资源管理的一些形式,虽然常常并不正规; 大多数企业没有专业性的人力资源管理负责人。超过100个雇员的企业往往会设置正式的人力资源管理部门; 早期的人力资源管理选择在很大程度上影响了企业的后期绩效	中小企业如何留住并且不断开发能够增值的员工; 在中小企业内部,人力资源的实践如何整合在一起; 随着企业的发展成长,人力资源管理的实践和制度如何演化
员工招聘(招募、选聘、雇佣)	员工招聘非常重要,但是同时也存在很多问题; 战略扮演着重要角色; 中小企业在招聘员工方面缺乏必要基础; 匹配度是一个重要的选择指标; 对匹配度的考察是针对整体匹配度,而不是特定工作的需要	在吸引员工方面,模仿战略或者独特性战略在什么情况下更有效; 在多种员工招聘方式中,绩效、成本、员工关系之间的权衡是如何进行的

续表

	我们所已知的	我们所未知的
薪酬（复合型工资、水平、结构、提升）	中小企业中的薪酬与大企业不同，特别是在中小企业的工资组合中，风险性收益更多； 在企业的生命周期内复合型工资将会改变和调整； 中小企业更集中于使用整体性的奖金； 中小企业通常提供能力提升方面的激励	员工拥有的股权是否降低风险承担意识和创新性； 对于中小企业的员工，外在和内在的奖励之间的关系； 在企业的生命周期内这一关系将如何改变； 员工对于薪资以及其他方面的满意程度能够持续多久
培训以及发展	对员工培训以不断地改变其角色和期望特别重要； 培训和离职的成本是必须考虑的方面； 非结构化的培训、不正式的工作介绍，以及社会化教育是中小企业内部培训的重要构成部分	中小企业内部的员工如何有效地调整多元化的工作角色，特别是在组织不确定性的情况下； 中小企业的管理者如何帮助员工进行有效的角色转换； 正式和非正式的培训之间如何平衡
绩效评估	在中小企业中正式的评估方式很少采用； 员工的问题处理起来带有较大的随意性	员工的绩效不足如何处理； 如何理解中小企业内部的公平和公正，它们如何影响雇员或者组织的绩效
组织变革	中小企业的组织变革非常剧烈； 和大企业相比，中小企业会经历经济上很困难的时期； 组织实践的改变对中小企业有很多不稳定的影响；增加了组织失败的可能性，降低了财务绩效	人力资源管理系统如何随着组织的变化而改变； 在人力资源管理系统成长和发展的过程中，关键的转变点是什么； 这些改变是否遵循正式规范的生命周期模型
劳资关系	中小企业内部存在的工会对于企业的绩效可能存在正面的影响，这些工会的存在推动了更好的培训和发展规划； 在中小企业中，工会的存在同时也带动了人力资源实践的不同创新制度发展	对员工联合的害怕会不会使管理者更关注友善的人力资源管理制度； 已有的员工制度以及其执行情况能否降低对员工联合的害怕

根据这些研究资料以及新创企业人力资源独特性分析，我们把新创企业人力资源管理分为针对高层管理团队的管理以及针对一般员工的管理两个层面（见图10-1）。

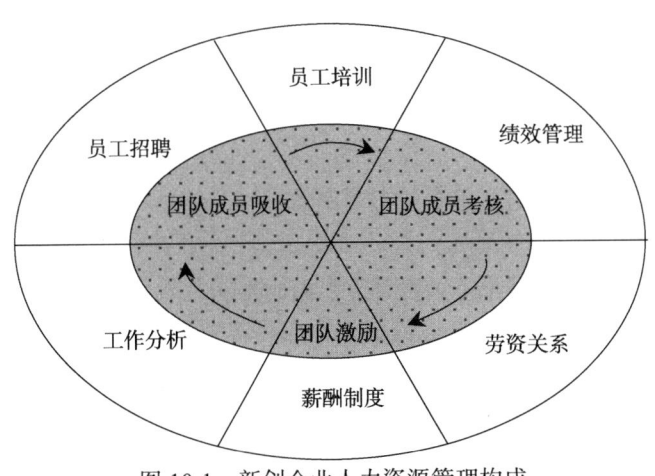

图 10-1 新创企业人力资源管理构成

针对高层管理团队的管理工作包含团队激励、团队成员考核、团队成员吸收三个方面，这是新创企业高层管理团队工作的三个重要环节。

在创业成长的过程中，为了有效激励团队成员积极投入工作，企业首先必须能够设计一种有效的激励机制。在创业活动已经推进了一定的阶段之后，创业团队成员也将会对薪酬激励提出更多的要求。因此，在成长阶段，高层管理团队的有效激励必不可少。

团队成员考核也是非常重要的环节。在创业开始的时候，也许成员之间都是凭着创业的热情在做事，但是随着创业成长，一些团队成员会产生懈怠，企业步入正常发展阶段后，团队成员的工作状态可能积极性不复从前，这时就需要借助一定的策略来考核管理团队的工作。

在高层管理团队管理中，还需要注意团队成员的补充。随着企业的发展壮大，原来的团队成员可能难以应对越来越复杂的管理事务；在企业成长过程中，也可能会出现管理团队成员由于各种原因退出的情况。此时就需要吸收新的高层管理团队成员。因此，如何吸收新的成员也是创业者必须慎重考虑的管理事务。

针对一般员工的管理工作参考了通行的人力资源管理框架，这一框架中通常包括以下几个方面。

工作分析。这是人力资源工作的起点和基础，只有做好了工作分析，才能据此完成企业人力资源规划、绩效评估、职业生涯设计、薪酬设计管理、招聘、甄选、录用等工作。

员工招聘。为了寻找合适的雇员，企业必须做好甄别工作，从应聘者中挑选出具备必要知识和技能以及工作经历等特征的人。

薪酬制度是对员工的激励工作，这一制度是企业能否吸引到那些极具创造力的人才的关键问题。

培训是企业人力资源管理的重要职能之一，为了使员工能够满足企业发展的需要，要对招募的员工进行培训。

绩效管理是企业对员工在工作过程中展现的工作数量、质量、能力、态度和效益等方面进行综合评价，以判断员工与其岗位的要求是否相称。

劳资关系是人力资源管理的最后一个环节，员工若对调整不适应或不理解，就会产生对组织的抱怨情绪。如果不能妥善处理这些抱怨，很可能造成人心浮动，影响公司正常运营。

在西方国家，关于劳资关系的讨论，更多是集中于工会与资方之间的关系管理。显然，在我国，这一管理模块并不适用于大多数企业，尤其是民营企业。因此，本章不再介绍这一概念。

从人力资源的过程来看，无论是针对高层管理团队的管理环节，还是针对一般员工的管理环节，这几个不同的环节都是一个相辅相成、环环相扣的循环式的过程，也就是说，人力资源管理工作的起点和终点并非截然分开的，创业者需要用过程的观点来分析和推进人力资源管理工作。

10.1.3　新创企业人力资源管理的特点

作为新创企业发展中的重要管理职能，人力资源管理工作具有一些很重要的特点。

1. 人力资源管理的战略意义

从现代企业管理实践的发展来看，人力资源在组织制度建设中的职能和作用至关重要，因此，管理学家和管理实践者将人力资源管理、市场管理、财务管理和生产管理视为企业的四大运营职能。对于新创企业来说，人力资源管理尤为重要。创业活动的首要元素是人，只有人员配置得当，创业活动才有源源不断的推动力量，因此，针对人力资本的管理活动是创业活动中的重要管理活动。人力资源管理的意义应该提升到企业发展的战略意义的高度。由此，在新创企业内部，人力资源开发与管理部门的地位应当得到提升，甚至可以放置于组织战略的高度，并能够在一定程度上参与或影响组织的决策。

2. 人力资源管理主体的多元化

在成熟企业的人力资源管理中，人力资源部门是人力资源管理的主体。在新创企业中，人力资源部门可能尚未建立起来，此时创业者可能要担负起人力资源管理工作。为了使人力资源管理工作推进得更为顺利，创业者可能需要搜寻外部的咨询顾问共同参与到人力资源规划中。为了保证人力资源能够在各个层面都得到较好的执行，高层管理团队成员、企业的一般员工都应当积极地参与到人力资源管理工作中，这样充分避免了可能的企业内部人员与人力资源管理工作的对立，有助于建立起真正适用于企业实际情况的人力资源制度。

3. 人力资源管理过程的循序渐进性

对于新创企业来说，人力资源管理工作可以说是建立起系统规范的组织制度的开端。在创业的初期，由于创业生存的压力非常大，即使组织结构不尽完善，企业仍能够排除困难，团结企业上下，去完成企业发展的目标。随着企业的发展，特别是需要吸收新员工来完成新的管理任务的时候，创业者就发现了人力资源管理制度建设的必要性，但是这种人力资源管理工作几乎是从零基础开始的。因此，在建设人力资源系统的时候，不可奢求一口气就能搭建起系统的管理制度，必须通过循序渐进的过程来完成。

4. 人力资源管理内容的广泛性

这是与一般企业人力资源工作的发展趋势相适应的。随着时代的发展和管理实践的发展，人力资源开发与管理的范围日趋扩大。现代组织的人力资源范畴包括相当广泛的内容。除去传统的人事管理内容，企业内部与"人"有关的内容都被纳入其中。在创业领域，人力资源管理工作内容同样非常广泛，创业者更要借助人力资源管理工作的契机，建设起一整套系统的企业组织制度和管理机制。因此，从某种意义上说，人力资源管理工作涉及新创企业成长阶段企业内部管理工作的方方面面。

一石激起千层浪。一则神州优车以非常粗暴方式裁员的视频在网络上引起了舆论热议，刷新了公众对裁员的认知。视频一出，一时间将神州优车推上了风口浪尖。事实上，近期因裁员不当成为众矢之的的公司并不在少数，譬如此前的华为、网易等。在经济低迷时期，如何正当、有艺术地裁员成为各家公司一个大难题。

粗暴裁员引争议

2019年12月30日，一段神州优车HR在工位宣布裁员的视频在网上流传。视频上面，

HR 宣读解除劳动关系通知书后，要求该员工签字，并宣布单方面同员工解除劳动关系。

视频中 HR 与被辞退员工交涉期间，该名员工试图向两名 HR 了解公司客观发生了什么变化，表示自己有权知道公司发生了什么事情。而对于该员工的问题，神州优车 HR 表示："我们不是在跟你协商，是单方面解除劳动关系，你如果有什么意见，直接去找仲裁委，我们已经跟仲裁委汇报过情况了，或者你可以通过别的法律途径跟公司沟通。"

目前，神州优车的相关负责人已经对此事做出了回应，称已按法律法规给出裁员补偿方案，但 HR 工作还需讲究方式方法："我们人力资源部的小姐姐深度自责，已在闭门自省中。"

这个视频中争议最大的地方就在于神州优车 HR 的态度实在是过于粗暴，引起公愤，网友也是一片"讨伐"之声。除此之外，那句"我们已经跟仲裁委汇报过情况了"，其实还透露出一个信号，那就是这次神州优车可能是大批量裁员。

这一猜测也从神州优车定期报告中得到了佐证。《每日财报》注意到，神州优车员工数量正在快速减少。2019 年上半年，公司员工总数从期初的 9553 人净减少到 5767 人，半年降幅高达 40%，10 名员工里就有至少 4 名被裁。

资料来源：何嫱. 神州优车粗暴裁员背后：半年员工数量减少四成、大举收购重陷亏损. 每日财报网，2020 年 1 月.

10.2 高层管理团队管理

10.2.1 影响高层管理团队管理的因素分析

针对一般员工的系统化人力资源管理制度建设，可能要等企业发展到一定阶段后才确实有必要。而关于高层管理团队的管理制度则是在创业之初就需要确定下来的。通常，在制定高层管理团队的管理方案时，需要考虑以下因素。

1. 创业机会

创业机会回答了创业的基本初衷和基本盈利方式，对于高层管理团队管理制度的制定有整体意义上的指导作用。Shane 和 Venkataramen（2000）指出，创业的核心问题不是新企业创造——这个观点与之前的创业研究差距比较大，而是创业机会。根据这一观点，创业活动的核心内容包括三个问题：创造商品和服务的机会为什么、什么时候以及如何存在；某些个体（而不是其他个体）为什么、什么时候以及如何发现并开发这些机会；创业者在开发创业机会时为什么、什么时候以及如何会有不同方式的行为。总之，创业活动需要围绕机会的存在、发现和开发利用展开。显然，Shane 和 Venkataramen 所提到的第二个问题与高层管理制度密切相关。不同的创业机会特征对于创业个体的素质和能力提出了不同的要求，这是对于高层管理团队的整体性要求。

2. 企业战略

战略决定了新创企业高层管理制度的设计方向。从第 8 章的论述中可以看到，新创企业战略规划的本质是创业者选择什么样的市场/产品开发组合战略，这种组合战略是新创企业市场定位的具体体现，决定了企业应当向哪个方向发展。如果企业的战略重点是市场开发，显然高层管理团队中负责市场部分的人员将会在薪酬方案上占据更大的优势，在分配企业股权时也能够拥有更多谈判力；相应地，如果企业的主要战略方向是积极的产品技术研发，企业内部的技术部门负责人将会成为人力资源管理中的重视对象。

3. 资源禀赋

企业所拥有的资源是新创企业实施高层管理工作的必要保证。资源是企业所拥有或者所支配的能够实现公司战略目标的各种要素以及要素组合。在创业活动中同样需要各种必要的生产要素和支撑条件，尤其是各种财务资源，这是企业能够持续经营的基本保证。例如，在制定薪酬规划时，企业能够支配多少资源，对于薪酬方案的构建至关重要。当然，对于新创企业来说，财务资源，特别是现金资源极其匮乏，这就导致在新创企业的整体薪酬方案中现金部分比例非常小，而与企业未来业绩相关的薪酬方案则占据更大的比重。只有企业成长到一定阶段，获取足够多的财务资源之后，才可能逐步建立起接近于成熟企业的较为系统性的薪酬制度。

4. 风险投资

风险投资是创业成长中一类较为独特的影响因素，它们总是积极地参与到企业经营中，提供增值服务。在提供财务资源和管理建议的同时，风险投资能够获得一定的企业股份，并且有可能成为目标企业的董事会成员之一，进而高度参与企业决策，包括高层管理团队成员的选择，或者其他人力资源管理方面的决策。同时，风险投资在企业吸收外部管理者方面往往扮演着重要角色，风险投资一般拥有更多的信息，人脉关系更多，因此往往能够对企业成长中的问题更清醒，也能够找到适宜的人选加入企业。通过选择外部风险投资信任的个体来加入新创企业，风险投资也能够降低投资的不确定性和信息不对称性。

10.2.2 高层管理团队的管理方案

1. 高层管理团队的薪酬设计

新创企业创立通常需要依托于创业团队，他们拥有彼此互补的技能，可以比较灵活地合作，以实现创业成长的目标。在创业初期，对于创业团队金钱方面的激励相当少见，股权的分配往往是一种重要的方式，股权的意义不仅在于财富价值本身，同时代表着对企业的控制力。显然，股权的分配方式将会决定团队工作的效率和水平，一旦分配不公，将为团队成员之间带来潜在的矛盾。

Balkin 和 Swift（2006）认为，创业团队成员之间的股权分配存在两个原则：相等原则（the rule of equality）以及公平原则（the rule of equity）。相等原则意味着在创立者团队中平均分配股权。在企业的初创阶段，创业团队成员同时可能需要扮演各种不同的角色，完成几种不同的管理职能，这种情况下清晰地区分团队成员的贡献大小难度较大。因此，相等原则可以在一定程度上维持团队成员的和谐，不至于引起矛盾。与此相对应，公平原则意味着按照每一位团队成员的投入比例来分配股权，这一原则往往适用于团队成员的投入价值很容易识别的情况。这些投入价值包括创业团队的知识、技能或者在企业经营中的投入程度。当团队成员的投入价值显著不相等时，对团队成员所拥有的股权进行相应的调整是非常必要的。例如，在高科技创业活动中，拥有核心技术的工程师所拥有的股权相对于其他创业伙伴往往会更高一些。

除了直接授予股份，股票期权也是实践中经常采用的薪酬制度，这是授予管理者在未来的某个时间范围，可以以某一价格购买一定数量公司股票的权利，同时，管理者可以在规定的时间范围内，自行决定何时出售股票。期权的实施旨在通过一种利益激励与风险约束机制，促使经营者不断提高经营绩效。同时，股票期权本身具有很大的不确定性，这恰好与管理者的人力资本的专属性、难以计量性等特征相吻合。

对于高层管理团队成员，还有一种常常采用的薪酬制度：年薪制。这一方式在发达国家早已广泛应用，这几年在我国也非常流行。年薪制一般作为高层管理人员使用的薪资方式，能够达到有效的激励效果。当然，年薪制的缺点在于，高层管理人员年薪最高多少、最低多少为合理，无客观标准。特别是新创企业，在资源匮乏的情况下，拿出多少作为年薪能够保证对高层管理团队的激励，这一点也难以找到现成的答案。

2. 新管理者的吸收

随着企业的成长，企业的商业模式或者战略方向经常会发生调整，这可能是因为技术研发的力度或能力不够，或者未能有效进行市场开发。此时，管理层往往会发现现有的管理能力难以实现预期目标，因此他们希望能够吸收新的管理者，制定并实施新的战略，促进企业成长。通常，对于高层管理团队成员的吸收，往往不能直接在招募市场上进行招聘，因为企业对于高层管理者的要求很高，不能够出现招募失误。这样，在高层管理团队吸收方面主要是通过朋友或行业内部人员的推荐，当然，没有合适人选的时候也可以委托猎头公司进行选择。

这些新进入企业的管理者可能来自大型的企业，熟悉管理复杂的事务。因此，对于创业者来说，一个重要的问题就是如何提供适宜的激励手段来吸引新进入者。企业可能需要复合的薪酬方案，使新进入者的整体薪酬水平能够等同或者超过之前他们所获取的薪资，并且与他们所能实现的企业绩效密切相关。这些报酬可能包括个人的现金奖金，与组织短期业绩相关的报酬如利润分享，与组织长期业绩相关的报酬如股票期权或影子股票（phantom share），这种复合的报酬体系为新吸收的管理者提供了共同分享企业收益和风险的可能。

在新管理者的吸收方面，另一个重要的问题是是否对新进入的管理者直接赋予股权。让新管理者直接拥有企业的部分股权能够让他们直接拥有企业所有权，这一方式对新进入者的激励效果最为显著。事实上，部分企业的原创业团队往往不愿与新进入者分享股权，股权的分享会引起创业团队手中的股权稀释，降低他们对企业的控制力，这可能会导致原有管理团队成员与新进入者之间的矛盾。尽管如此，为了有效激励新管理者，同时弥补高度成长的新创企业职位保障的不确定性，新管理者往往更期望能够获取这种激励。

3. 现有团队成员的考察与调整

在创业初始，创业团队的组建总是通过创业者的深思熟虑，然而，随着企业的创立以及成长，创业者事先设想的发展模式与实际总是或多或少存在一定出入。同时，创业团队的凝聚力也会受到挑战。一方面，创业团队成员的能力和素质可能不足以担任原来设定的岗位和任务，此时，需要考虑团队成员的重新调整；另一方面，团队成员甚至可能出现完全分歧的价值观和发展目标，这一情况下，所出现的分歧可能难以调和，此时，创业团队成员的分家也是在所难免的。

管理团队的调整需要立足对团队现有工作状况的考察。创业者首先要对管理团队的运行状态有清晰的认识。新创企业内部的管理事务是环环相扣的，每一个环节的问题都可能造成企业经营工作的停滞。因此，创业者应当积极关注当前的企业经营状态，找到问题的原因。由于对高层管理团队成员往往不能够采用类似基层员工的管理方式，在实践中，创业者应当用更灵活的方式考察高层管理团队的工作状况。例如，创业者应当定期召开企业战略方向的讨论会议，通过不断的沟通交流，掌握每个人对于其未来发展方向的设想，如果存在分歧就要着手进行处理。在业务推进中，创业者也应当时刻关注企业内部的管理事务和外部的市场拓展进展，考察团队成员的工作效率，以全面掌控高层管理团队的经营状况。

基于团队工作状况的考察，创业者应当及时发现可能存在的问题，分析问题源头。如果是由团队凝聚力下降所导致的成员不够投入，创业者应当重新定位企业发展目标，通过沟通交流以及必要的激励机制使创业目标重新成为团队成员的共同目标，增强成员间的凝聚力。如果团队成员之间的分歧实在无法重新整合在一起，创业者也应当当机立断，迅速将分歧处理干净，以免影响企业的良性成长。创业者最忌充当和事佬去掩盖问题而不是解决问题。

扩展阅读 10.2　快手组织架构再调整　电商和本地生活业务提速

10.3　一般员工管理

10.3.1　新创企业人力资源管理框架

这里的人力资源管理框架指的是针对一般员工的管理框架。新创企业的价值创造主体是创业团队和企业员工，虽然一般员工主要的工作是执行管理团队的意志，推进企业的发展，但是他们的执行力和主动性是企业战略推进不可或缺的因素。因此，针对一般员工的人力资源管理同样非常重要。对于新创企业来说，资源更为匮乏，环境变化剧烈，在人力资源管理方面更应当审慎，不能浪费资源。

新创企业人力资源管理以战略为核心。人力资源管理的各个环节就是要满足对实现企业战略至关重要的战略性核心人才的需求，同时，为了更好地使企业的战略在企业内部形成共识，人力部门需要通过有效的管理方案使人力资本对于企业战略的支持作用发挥到最大。因此，人力资源管理是战略导向的。新创企业应当用战略来指导人力资源管理的每一个具体操作过程,以此提高人力资源在公司中的战略价值,保证公司的人力资源政策与公司的发展战略匹配。同时,创业者也需要对人力资源进行系统规划,借助人力资源制度的建立和完善,推动新创企业组织结构的建设,从而推动企业正规化发展。

因此,新创企业的人力资源管理本质上是一种战略性人力资源管理。创业者需要围绕企业的发展战略,明确人力资源管理的使命、定位、指导思想,做好人力资源战略规划,在此基础上,完善员工的调配、培训发展和薪酬激励机制。

新创企业一般员工管理框架如图10-2所示。

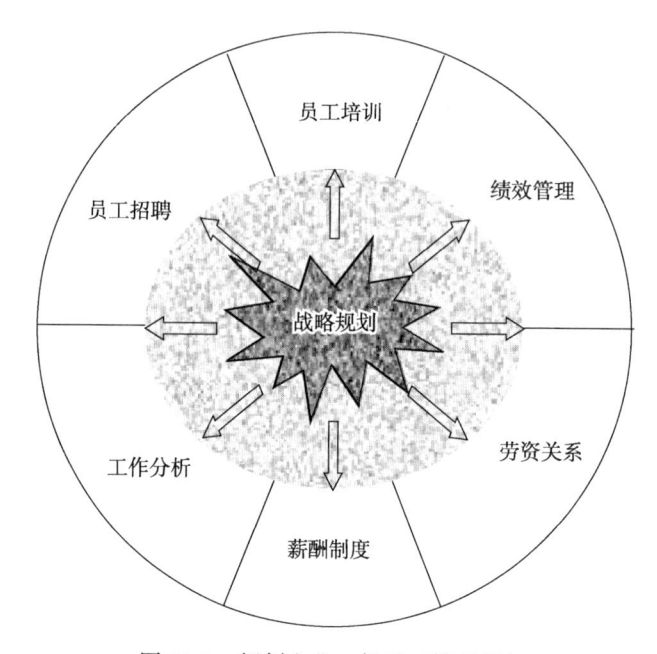

图 10-2 新创企业一般员工管理框架

战略性人力资源管理的出现是与战略管理理论,尤其是第四代、第五代战略管理理论的兴起密切相关的。传统的人力资源管理虽然比人事管理在管理的广度和深度方面都有很大突破和深入,但比较而言仍与组织战略目标结合不够紧密,还没有真正从战略的角度重视人力资源开发与管理对于组织目标实现的战略性作用。随着人力资源管理实践的发展,在传统人力资源管理中,也开始出现"以人为中心""人本主义观""人是企业最宝贵的财富""企业的首要目标是满足自己职工(内部用户)发展需要"等新的提法与概念,反映了管理价值观的深刻变化。

20世纪90年代,伴随着战略性人力资源管理的兴起,国外一些大企业开始制定人力资源管理战略(HRMS)。许多学者对HRMS进行了研究,舒勒和沃克(Schuler & Walker)认为,人力资源管理战略是规划活动的集合,它通过人力资源部门和直线管理部门的努力来实现企业的战略目标,并以此来提高企业目前和未来的绩效及维持企业持续竞争优势。列文和米切尔(Lewin & Mitchell)指出,人力资源管理战略与企业战略配合,可以帮助企业增加利用市场的机会,提升企业内部的组织优势,帮助企业实现其战略目标。在战略性人力资源管理阶段,人力资源管理被提高到企业战略高度来考虑,并制定远期人力资源规划、近期人力资源规划以及人力资源战略，以配合和保障企业总体战略目标的实现。

人力资源管理的发展演变过程如图 10-3 所示。

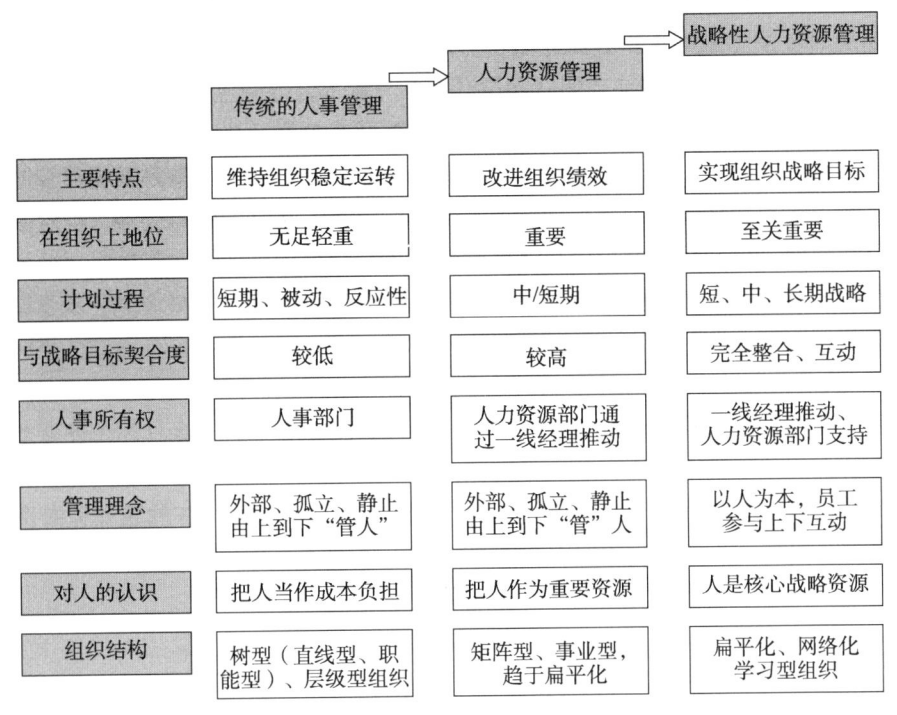

	传统的人事管理	人力资源管理	战略性人力资源管理
主要特点	维持组织稳定运转	改进组织绩效	实现组织战略目标
在组织上地位	无足轻重	重要	至关重要
计划过程	短期、被动、反应性	中/短期	短、中、长期战略
与战略目标契合度	较低	较高	完全整合、互动
人事所有权	人事部门	人力资源部门通过一线经理推动	一线经理推动、人力资源部门支持
管理理念	外部、孤立、静止由上到下"管人"	外部、孤立、静止由上到下"管"人	以人为本，员工参与上下互动
对人的认识	把人当作成本负担	把人作为重要资源	人是核心战略资源
组织结构	树型（直线型、职能型）、层级型组织	矩阵型、事业型，趋于扁平化	扁平化、网络化学习型组织

图 10-3　人力资源管理的发展演变过程

资料来源：许庆瑞，郑刚. 战略性人力资源管理：人力资源管理的新趋势[J]. 大连理工大学学报（社会科学版），2001（4）：49-53.

10.3.2　新创企业人力资源管理流程

1. 工作分析

工作分析是人力资源工作的起点，它通过对企业内部的工作岗位进行全面的评价，使创业者对于企业内部的工作流程可以全面地把握。在此基础上，无论是后续的人力资源工作，还是企业的其他战略行动，都将有所依据。

在创业之初，为了在市场中生存下来，企业员工也比较少，此时工作分析并没有太大的必要。到了企业初步获得发展、需要进一步吸收新的员工、企业内部需要为之建立规范的管理制度的时候，工作分析就必不可少了。此时，工作分析也为企业规范化管理提供了一个良好的开端。

一般来说，工作分析是一个较为烦琐的过程，一些企业甚至可能寻找外部的咨询公司来进行工作分析。当然，为了节省资金资源，创业者也可以自己组织相应人员进行工作分析。通常，工作分析需要遵照以下步骤进行。

首先是收集与工作分析相关的资料。相关的工作分析资料包括现有的公司章程、组织结构、生产状况、工作流程、办事细则等。很多时候,新创企业已有的资料往往非常粗糙,或者根本谈不上有什么成型的书面材料。因此,创业者可以借助这一机会,帮助工作分析人员进行有效的职位调查,对组织的各个职位进行全方位的了解。在收集资料过程中,需要注意的是,创业者必须对于企业内部重要的工作岗位,如高科技企业内部的技术研发岗位,或者市场开拓部门的岗位,倾注更多的精力,这些岗位对于企业战略的支持作用更为显著,创业者应当对相应的岗位分析做得更精细些。

除了一些现成的书面材料,很多信息还依靠工作分析人员与岗位上的现有人员之间的沟通来收集。例如,分析人员可以对在岗人员进行访谈,或者请他们进行调查问卷填写,以获得与岗位相关的数据资料。这些资料对于后续的工作分析和人力资源规划极为有用。

其次是整理和分析相关信息。基于所收集的资料和信息,分析人员需要对于各个岗位的特征和员工素质要求做出全面说明,特别是对那些战略意义更强的岗位。在分析时,分析人员应当时刻注意提炼这一岗位与企业的战略发展之间的关系,以及基于这一关系所得到的员工素质要求。对于成熟企业来说,这些员工素质包括知识、能力、性格等方面,在工作分析中,对每个岗位的分析要细化到每一个具体的方面。当然,对于新创企业来说,岗位分析可能不需要这么细致。但是,在工作分析中,至少要对工作的流程和岗位基本要求进行详细的刻画,为企业后续的发展搭建一个基本平台。

信息整理结果也应当及时反馈给在职人员以及主管人员进行核对,一方面减少可能出现的偏差,另一方面也有助于获得员工对工作分析结果的理解和接受。

最后是撰写工作说明书。这是将相关信息整理归纳之后得到的正式岗位分析结果。岗位分析书中需要先对企业内部的岗位划分状况进行分析,指出岗位划分的依据,这一依据通常是企业的工作流程。在分解的岗位之下,工作说明书需要指出具体岗位的任职资格、工作范围、工作条件、权限及任职者所应具备的知识技能。正式的工作说明书将直接用于员工的招募聘用、培训、绩效考核等工作,因此,工作说明书应当撰写规范,以便于在未来的工作中参考。

工程项目主管岗位分析范例

职位名称:工程项目主管

所属部门:工程项目部

直属上级:工程项目部经理

一、工作内容

1. 编制审核各项工程的预结算书。

2. 参与工程项目投资前的论证工作,进行经济评价及效益分析,编制工程项目的投资预算。

3. 参与公司工程施工单位的谈判并协助法律事务部签订工程委托合同。

4. 组织工程招标工作并编制标书。

5. 收集市场信息,分析供求关系,提出工程材料的定价建议。

6. 依据预算和工程竣工验收证书,审查工程质量、工期和取费标准,办理工程结算。

7. 参与工程中期及竣工后的检查及验收工作。
8. 建立工作台账，履行公司规定的工作转递手续，填写有关报表。
9. 完成直属上级交办的其他工作。

二、权限与责任

权限：
1. 对公司年度投资计划有建议权。
2. 对工程项目的施工有监督权，包括对工程进度的控制权和施工质量的监督权。
3. 对公司工程项目的预、结算有审核权。
4. 对工程委托合同的标的有审核权。

责任：
1. 对公司工程项目的预、结算的准确度负全部责任，预算误差率不得超过8%，结算误差率不得超过5%。
2. 对工程的质量负监督责任。
3. 对工程的承包招标负组织实施责任。
4. 所受指导：接受上属单位和上级的行政领导及业务指导。
5. 所予指导：无。

三、任职资格

1. 年龄区间：25～35岁。
2. 性别：男性。
3. 教育背景：

所需最低学历：大专以上。

专业：工民建相关专业。

4. 培训：

培训科目：工程预、结算，工程项目管理。

培训时限：三个月。

5. 经验：三年以上工程项目主管经验。
6. 技能：具有独立从事工程项目预算管理的实际能力，说服能力与谈判能力较强。
7. 体能：精力充沛。
8. 晋升趋势：暂无。

四、工作环境

1. 工作场所：办公室或施工现场。
2. 环境状况：舒适及有粉尘、噪声的环境交替存在。
3. 职业危害程度：轻微。

2. 员工招聘

根据岗位分析结果，创业者对企业内部哪些岗位需要增添新的员工、哪些工作流程需要增设岗位都有了确定的认识。为了解决填补空缺岗位，企业就需要招募合适的员工。对于大企业来说，员工招募工作较为麻烦，人事部门往往要制定人力资源规划，确定人力资源的供给与需求状况，找出其中的缺口。这一过程较为正式，也需要较多的时间和成本。对于新创企业来说，却要相对灵活得多。创业者可以根据工作分析部分的调查，找出下一步需要的员工，然后就可以进行员工招募工作。实际上，员工招募和雇用的同时也是企业展示人力资源竞争优势的机会，这对于创业型企业来说尤为重要，能够招募到优秀的员工也意味着企业在市场上具备良好的组织形象和优良的成长性。

在员工招募方面，存在的一个讨论是：企业应当从企业招募还是从外部招募来填补空缺。如果创业者希望从内部招募员工来填补所需要的岗位，创业者需要搜寻企业内部有没有合格的人选来填补这一空缺。创业者可以通过自己的调查和了解之后，安排某一员工到这一岗位上，也可以发布企业内部的公告，由员工自愿申请。内部招募员工的优点在于招募成本的降低，同时，招募到的人选已经熟悉企业内部的组织文化和交流方式，可以减少工作磨合时间。当然，这一方式也有利于激励其他员工。但是从内部招募存在很多缺点，通常认为，内部招募来的员工往往会形成近亲繁殖，缺乏创新元素，而且，如果有几个人同时争夺一个岗位的话也会造成企业的内耗。

事实上，在创业成长的过程中，在很多情况下，创业者会发现企业所要完成的工作越来越多，所需要的人也越来越多，这样从内部进行招募往往难以满足企业发展需要，外部招募就成为一种必要的员工招募手段。通常，创业者可以选择的外部招募渠道包括广告招聘、人才招聘会、校园招聘、就业服务机构招聘、网络招聘、他人推荐和自荐。

广告招聘。显然，对于新创企业来说，在纸媒体或者电视媒体上打广告进行员工招募成本太高。因此，创业者需要寻找一些成本更为低廉的方式来进行广告招聘，例如，很多新创企业在一些浏览量较大的网站上面发布招募信息，这一方式基本上没什么成本，广告的覆盖面也很大。当然，在这种招募方式中，需要企业将自身的独特性和优势展现出来，否则，作为创立不久的中小企业，对于广告浏览者的吸引力可能并不大。

人才招聘会。由于每年毕业的大学生以及其他适龄就业人数众多，因此招聘会成了企业和求职者见面并且达成签约意向的重要场所。特别是一些针对性非常强的招聘会，进行招募的企业和求职者目的都非常明确，求职者可以获得大量的招聘信息，企业也可以吸引到很多较为适合的人才，签约的成功率较高。

校园招聘。校园招聘是企业到校园进行招聘，其招聘对象是学校的应届毕业生。但是一般来说，校园招聘对于一些较有名气的大企业更具备可行性。

就业服务机构招聘。很多创业者也通过一些就业服务机构或者中介公司来寻找可能的雇员，但是由于信息不对称性，招聘效果往往不尽如人意。

他人推荐。这是由创业者的亲戚朋友推荐他们所认识的合适人选加入企业的员工招聘方式。为了使自己推荐的人选更适合企业的岗位，推荐人往往会选择他比较放心的人，这样，相当于推荐人已经为创业者筛选过一轮，因此企业往往能够招募到合适的人选。

3. 员工培训

企业招募员工之后，为了使员工能够适应岗位的要求，常常需要通过一定的方式来培养员工的工作能力。在成熟的大企业中，员工培训是人力资源部门的重要工作内容，通常这些部门需要制订周密可行的计划，组织较有规模的正规培训，从企业内部或者外部找到一些培训讲师对员工进行有针对性的培训，培训完毕之后还要对培训效果进行评估。显然，这一类型的培训对于新创企业来说不具有很强的实用性。一方面，新创企业的成长速度很快，市场环境也更为复杂，有很多复杂的管理事务急需人手来处理，如果招募的员工必须经过一定的时间才能够上岗，将会影响企业的工作进程；另一方面，这种规范的培训制度所需成本也较高，新创企业往往不愿意负担。因此，在新创企业中，员工的培训往往是通过灵活机动的方式来实施。

在新创企业吸收了新的员工之后，创业者或者人事主管往往会让新员工在一些老员工的带领之下进入工作岗位，通过老员工的指引，新员工可以较快掌握工作中所需要的技巧，同时也可以较快融入企业的文化氛围中去，这一种培训方式有时候也被称为非制度化的培训（non-systematic training）。在这种培训方式中，创业者不再为新员工提供正式的培训课程，而是通过日常工作中对于新员工的指导、组织、协调、激励等方式使员工能够逐渐调整直至满足岗位需要。因此，创业者或者带领新员工的老员工的工作作风和价值理念对于新员工的影响非常强大，它能够使新入职的员工在潜移默化中逐渐接受企业文化和工作方式。这类培训的成本会远远低于一般正式的培训讲座。当然，这类培训的缺点在于不够规范，有时候会流于随意，这样不利于培养员工严格的工作作风，而在一些标准化操作岗位上这完全是必要的。随着企业的成长壮大，应当及时引入规范化的培训。人力资源部门不应当只采用一种培训方式。

腾讯学院新员工培训项目组（以下简称"项目组"），依据"公司—BG—部门"三级无缝衔接开展培训，并分为社招、校招、实习生、国际化4条培养通道。

（1）公司级新员工培训四通道

社招：以融入为主

社招新员工本身拥有一定的工作经验，最希望了解公司的企业文化、行事及思维方式。因而，腾讯学院在为社招新员工设计培训方案时，重点是帮助其更好地了解和融入腾讯。例如，设置企业文化、公司应知应会的制度等相关课程，合计包括6门面授课和6门网课。

校招：注重角色转化

应届生除了需要了解公司之外，还要从校园人转化为职场人。所以腾讯学院为其安排了更多和职场相关的课程，如职业素养以及业务技能相关课程，进而为其能力进行补充，合计包括13门面授课和2门网课。

实习生：确保应知应会

腾讯的实习生群体中有一定的留用比例，虽然不是每位实习生都会成为正式员工，但也应该了解应知应会的内容。腾讯学院提供了3门网课，帮助实习生在实习期间了解公司，避免发生违规行为。实习生被留用后，则成为正式员工，随后参加校招新员工培训。

国际化新员工：解决文化差异

国际化新员工一般存在语言障碍和文化差异。针对这一问题，腾讯学院重点推出了英文版腾讯企业文化、跨文化差异等课程，帮助国际化新员工了解企业。而新员工参加了公司级的新员工培训（new employee orientation，NEO）之后，也会回到所在事业群以及部门，参加对应业务的新员工培训。

（2）BG 和部门级新员工培训

承接公司级的培训内容，BG 层面的新员工培训主要聚焦于学习对应业务的应知应会内容，通过线上和面授的形式，将 BG 业务介绍、岗位技能、规章制度等内容提供给新员工学习。例如，线上推送业务相关的工具百宝箱、优质的网课资源、业务大咖的成长经验给新员工；面授方面，部分 BG 面向毕业生会采取以战代训的方式，让毕业生在实际项目中学习成长。公司层面的新员工培训，主要根据马斯洛需求层次理论设计——

第一步，从坚定新员工的信心出发，让新员工感受到互联网和腾讯是正确的选择，因而设置互联网行业相关课程，涉及行业介绍和公司战略布局、业务介绍等；

第二步，帮助新员工融入团队，获得归属感，为此设置了企业文化以及制度相关课程；

第三步，让新员工了解腾讯的思维方式和行事方式等，从而在工作中更好地发挥自身价值，收获认可并满足自我实现的需求，例如，设置了产品研讨会、新人实验站训战结合的课程。

资料来源：腾讯新员工培训3步曲. 睿选优课，2021年9月.

4. 绩效管理

在创业初期，对于员工的绩效管理可能并非很严格，创业者或者高层管理团队成员可能会根据自身的主观感受，对员工的绩效状况进行考评。在一些高新技术企业中，工作任务通常是以项目形式出现，这样对于员工的考核通常是基于项目的进展，考察员工在项目中发挥了怎样的作用。

随着企业的进一步发展，企业的管理事务不断复杂化，员工的管理也必须走上正轨。如何正确评价员工成为员工考核、激励的重要依据，也是影响企业内在凝聚力的重要因素。为了建立良好的绩效管理制度，需要注意几项原则：第一，绩效管理应当在整个企业战略视角下进行设定，应当考虑绩效管理是否为整个企业的战略服务；第二，要结合企业发展的实际阶段来设计绩效管理方案，对于新创企业来说，如果企业内部一直没有成型的人力资源管理制度，那么就不能指望一次性解决日后绩效管理的全部问题。创业者应当思考，在现阶段的发展中，企业需要什么程度的绩效考核，是否有必要进行复杂、太过正式的绩效考核。如果有可能的话，有必要对员工有所区分地进行绩效管理。例如，技术研发人员和市场开拓人员完全可以给予不同的绩效考核评价指标。

在绩效管理中，创业者或者人力资源部门的主管首先应当让员工清楚了解企业的战略，在此基础上，对员工的工作岗位所要从事的任务进行周到的布置。只有在员工对本岗位的任务充分了解的基础上，针对岗位的绩效管理才是有效的，此时，工作说明书就派上了用场。同时，由于企业成长环境的变化，布置给员工的任务也应当存在一定的弹性，赋予员工一定的灵活性，有利于实际工作的开展。

在员工充分理解和认同企业的战略目标以及岗位工作任务的基础上，管理人员需要对企业的经营目标进行分解，结合员工的工作岗位特点，确定员工的阶段性绩效目标。这里的绩效目标可以是年度的工作目标，也可以是企业预期完成的项目或者其他工作指标。一般来说，对于员工的绩效目标，不宜设置过高，以免打击员工的积极性和进取心，但是也不宜过低，否则就会让员工感觉失去挑战性，进而对工作失去兴趣。

在绩效目标的设定中，应当强调员工的参与度，充分吸收一线员工的意见。一方面，可以降低管理者人力资源管理工作的压力；另一方面，员工的绩效目标由员工参与制定，也可以使绩效管理方案更具备可行性，避免员工出现抵触情绪。同时，引导员工主动地挑战自我设定的目标，可以促进绩效的提升。为了达到更好的激励效果，企业应将员工职业生涯发展计划与考核目标相结合，帮助员工找到兴趣与能力所在，给员工足够的学习机会以及发展空间，以最大限度地挖掘员工潜力。这样，在培养人才的同时，企业目标也随之实现。

在绩效的考核中，管理人员应当实施积极的考核方式。管理人员不应当到了规定必须提交考核结果的期限才在办公室中为每个员工进行打分，而应当参与到员工的日常工作中，亲身感受工作流程中的各个细节。这样，现场的指导与交流，可以加强员工对方案的把握程度，促进任务更好地完成。之前设定的绩效目标也可以根据实际情况进行及时调整。在工作过程中考核员工，往往所得到的结果也更为客观。虽然很多人可能更喜欢用工作结果来考核，但是过程和结果至少应当是并重的。因此，有效的绩效考核应当是管理人员积极参与过程中所得到的结果。

字节不用 KPI，用 OKR

雷一冰说，管理员工，我们不用 KPI，用 OKR。字节跳动可能是中国比较出名的 OKR 使用者之一，那什么是 OKR？OKR，就是 objectives & key results，一种 Intel 率先使用、Google 发扬光大的目标管理系统。

随着各个大厂纷纷加入 OKR 的阵营，OKR 目标管理法迅速在绩效界蹿红。但是我们发现，10 个公司推 OKR，9 个都做回了 KPI。真的是推行容易落地难。

下面我们看一下字节跳动是如何让 OKR 实现成功落地的。

1. 扁平化管理，OKR 全员公开可见

字节跳动有个非常有特色的管理理念，叫作"基于上下文，而不是基于控制"（context, not control）。即事情该怎么做，是希望员工能在完整的信息基础上作判断，鼓励员工主动思考，而非强调流程、上下级与命令。

公开透明是 OKR 的重要原则之一。在字节跳动，大家的 OKR 是公开的，即使是入职第一天的员工，也可以直接看到张一鸣的 OKR。因此，在字节跳动，OKR 不仅是个自上而下拆解的结果，除了与上司有关，还与本部门同事、跨部门同事有关，是高效沟通与协同的基础。

2. 重视工具，用工具有效推进 OKR 落地

OKR 本身是为了应对变化而生，对于变化的及时记录和传递非常重要。如果以信息孤岛的方式进行 OKR 的实施，不能及时让参与者周知变化做出响应，那这个 OKR 就白定了。

作为一家追求极致效率的公司，字节跳动是如何推动信息高效传递的呢？

工具，尤其是先进工具。谢欣曾表示："每件工具只要改进 5%，就能对公司效率产生巨大影响，并且一旦用上好的工具，你就回不去了。"

据说字节跳动从成立伊始，就在不停寻找好用的协作工具，几经"折腾"之后，仍没有找到满足协作效率要求的工具，于是自己"上阵"研发了飞书。

目前，整个字节跳动 11 万多名员工都是通过飞书套件来进行协作，通过飞书 OKR 来完成目标管理。

飞书 OKR 也明显体现出了对于信息流转的关注，例如，你可以针对 OKR 内容进行划词评论，@对应同事，并与飞书套件中的 IM 进行整合打通，什么时候该制定、什么时候该回顾，都能在飞书中得到及时提醒。

3. 及时跟进，将 OKR 与日常工作深度结合

很多企业都尝试过使用 OKR，但是发现没有用。其中一个主要原因是大家写 OKR 只是走个形式，期初随便写写，中间完全不跟进，期末总结的时候，发现一些事儿做丢了，一些事儿跑偏了，能跟进的也就一两件，还都不尽如人意。

OKR 在执行中最关键的就是要和日常工作结合起来，要定期追踪。在字节跳动，OKR 与例会是紧密结合的。

一场 OKR 例会的要点：

会议讨论内容：部门周会以部门 leader 的 OKR 作为讨论主体，来判断整个部门的工作进度。

目标完成情况：包括目标的达成情况、遇到的问题/风险、需要的支持等。

关键结果进度：包括关键结果达成的情况/问题/风险。

下一步行动：及时列出 to-do 并设定具体负责人及截止日期。

由此我们看出，OKR 的成功落地与很多因素相关。企业需要根据行业特点、发展阶段、员工特质等不断地实践、改进，以符合自身的发展。

资料来源：字节跳动，到底是怎么管理 11 万员工绩效的？MeetHR 公众号，2022 年 6 月。

5. 薪酬制度

薪酬制度本质上是通过一定的物质手段对员工进行激励，以更好地提升员工的工作积极性，进而提升企业绩效。当然，从心理学的角度来看，个人激励的方法很多，但是薪酬是最重要的方法之一。

在薪酬制度建设中，需要注意几个重要的原则。首先是薪酬制度的公平性，这是企业既定的薪酬方案能够达到预期激励效果的前提。不论企业给员工何种形式的薪酬，至少得让员工感觉得到的与付出的相匹配。这种感受往往来自薪酬制度的横向比较。如果员工感到其他人虽然未付出同样的劳动却得到一样甚至更高的报酬，那么员工的工作积极性将会受到很大打击，员工对于企业的认可程度也会大打折扣。

与公平性相应的是薪酬制度的公开性和透明性。公开和透明并不是要求创业者把企业内部大小人等的薪资全部公开让所有的人都看到，这种方法往往导致企业内部无论是薪水高的还是薪水低的都非常不快。薪酬制度的公开性和透明性是指薪资制度的实施过程是公开透明的，员工为何拿到这些钱，每一部分钱是依据什么而来的，这一切应当是企业内部每个人都知道的。这样，员工对于自己能够获得的收入心中有数，也不会产生意想不到的感觉。

薪酬制度方面还需要保持竞争力，这一点对于新创企业来说尤为重要。新创企业本身具备发展的较大不确定性，在吸引人才方面天然存在劣势，而新创企业对于人才又是最渴求的，为了吸引并且留住优秀的员工，必须能够提供具备竞争力的薪资。薪酬缺乏市场竞争力，新加入企业的员工无心在企业长期工作，一旦掌握一定行业经验之后就很快离职，企业又不得不招聘新员工以满足企业经营需求。这样虽然省了一点薪资，却带来了企业经营成本的上升。

在制定薪酬制度时，需要与之前的绩效考核紧密结合，这样才能对员工起到更有效的激励作用。从实践中的薪酬制度发展来看，与绩效考核密切结合的薪酬制度近年来发展十分迅速。单一的薪酬形式已经越来越少，与个人绩效和团队绩效紧密挂钩的灵活多样的薪酬体系已经成为企业薪酬制度的重要构成。这种薪酬制度的关键在于绩效管理部分的科学性和合理性。

通常，在人力资源管理中，可以将薪酬分为两类：一类是外在激励性因素，如工资、津贴、奖金、社会保险、福利项目等；另一类是内在激励性因素，如员工的个人成长、挑战性工作、工作环境、培训等。如果外在激励性因素达不到员工期望，会使员工感到不安全，出现士气下降、人员流失，甚至招聘不到人员等现象。内在激励性因素则是用于满足员工的个人发展和社会价值实现的需求，这一类因素具备独特性，每个人的需求都不尽相同。因此，薪酬制度的设定需要从员工的需求角度出发，有针对性地了解员工的需求，适时满足其合理的要求。

在设置薪酬制度时，也需要注意对不同岗位人员采取不同的薪酬和激励方式。不同岗位对于员工的要求不同，所需要的激励方式也不同。例如，对于市场部门的员工，薪酬制度可以采用一定的固定工资再加上较高的业绩奖金，这样可以充分激励员工拓展市场，提升业绩。对于技术研发人员，业绩奖金的比例则应该适度放低，因为技术研发的效果不如营销那么明显，出成果的时间也更长。对于部分拥有核心技术，并且对企业的发展至关重要的技术人员，甚至可以考虑让他们以技术入股，用股份的长期激

扩展阅读 10.3　人力资源管理的新形式——共享员工

励鼓励技术人员进行研发工作，真正提升企业竞争优势。对于一般的行政事务人员则可以采用高工资低奖金方式，因为他们通常没有工作业绩压力，更多的是行政事务，如果奖金过高，会引起其他岗位员工的不满。

在薪酬制度实施中，应当注意与员工积极沟通，及时发现薪酬制度的不足并予以改进，对员工满意的薪酬措施也可以予以加强或者在一定程度上推广。

10.4　本章总结

本章介绍了新创企业人力资源管理的框架和一般过程。新创企业人力资源管理是企业

建立规范组织结构的开端。如果人力资源管理工作进展顺利，那么新创企业可以借力使力，完成向成熟企业的蜕变。因此，创业者需要更为关注人力资源管理工作。新创企业人力资源管理工作分为高层管理团队和一般员工两个层面的管理工作，这两个层面不可偏颇，都需要投入充分的精力和资源，才能保持企业的整体凝聚力和战斗力。

复习题

1. 新创企业人力资源管理是如何支持企业的战略规划的？
2. 新创企业吸收新的高层管理者的途径包括哪些方面？
3. 对于新创企业内部一般员工的管理，最关键的原则是什么？

即测即练

自学自测　扫描此码

本章案例

多家自动驾驶研发高管变动

自动驾驶风口已过，核心团队稳定成了大问题

特斯拉 AI 人工智能与 Autopilot 负责人 Andrej Karpathy 在不久前宣布辞职，这让外界将视线集中在了自动驾驶行业频现的高管离职问题之上。

作为近年来特斯拉自动驾驶业务离职高管中级别最高的一员，Andrej Karpathy 公开表示："自己可能回到以往能够长期保持热情的领域，比如，AI 技术工作、开源和教育等方向。"他的离开被外界视为特斯拉在自动驾驶领域的发展速度放缓，无法满足其在技术发展方面的心理预期。

马斯克曾在 2016 年表示，特斯拉将在 2017 年底前实现从洛杉矶自动开到纽约，但直至今日也只实现了与其相关的部分辅助驾驶功能。在美国国家公路交通安全管理局发布的配备 ADAS 汽车事故报告中，特斯拉发生的设计辅助驾驶系统的事故数量占比近七成，这也让 Andrej Karpathy 感到失望。

华为、蔚来、理想等自动驾驶高管纷纷离职

无独有偶，作为全球最大的新能源市场，同时也是自动驾驶初创企业数量最为庞大的行业之一，国内自动驾驶企业与车企中负责自动驾驶业务的高管也出现了离职潮。

最近离职的一位重量级国内自动驾驶研发负责人是华为自动驾驶系统 CTO、车 BU 首席科学家陈亦伦博士。据悉，陈亦伦本科与硕士毕业于清华大学电子工程系，博士毕业于美国密西根大学电子工程系，在加入华为四年后，选择加入清华大学智能产业研究院任智能机器人方向首席专家。

在华为任职期间，陈亦伦负责华为高阶自动驾驶技术解决方案的制定与实施，主导完成了华为第一代自动驾驶系统的全栈研发。这套被华为用来赋能传统车企的解决方案，已经出现在了极狐阿尔法 S 与阿维塔 11 之上。在华为内部，陈亦伦也被视为智能汽车产品与底层技术研发团队的灵魂人物。

陈亦伦曾表示："未来将从产品驱动更多地转向为科技驱动，更多地关注科技本身能够达到的深度和高度。把在 AI 机器人领域发现重大价值的技术创新课题作为主要目标。"

尽管华为今年在造车领域与合作伙伴做得风生水起，但其过分依赖激光雷达的自动驾驶解决方案，存在着成本高的致命问题。在将制造成本降至用户与市场能够接受的水平之前，华为的自动驾驶解决方案只能搭载于中高端车型之上，无法实现科学家普惠所有消费者的理想。在理想与现实的冲突之下，陈亦伦选择了更具理想主义色彩的 AI 领域也就不足为奇了。

造车新势力蔚来和理想也有自动驾驶研发高管离职，其中最为人所熟知的莫过于蔚来汽车副总裁章健勇与理想汽车 CTO 王凯。

蔚来早期曾在自动驾驶领域迷信硅谷，将重注压在了北美研发团队身上，来自苹果的 Jamie Carlson 出任全球自动驾驶副总裁。李斌希望曾经是特斯拉 Autopilot 创始工程师的 Jamie Carlson 能够带领蔚来跑赢智能汽车的上半场，没想到三年后 Jamie Carlson 在蔚来陷入资金链危机时径直回到了苹果。最终，来自本土的章健勇带领自动驾驶研发团队完成了 NIO Pilot 的量产。

章健勇是从软件开发经理一直做到自动驾驶副总裁，但被传由于在内部的田忌赛马中抢不到资源，不得不黯然离场。也有声音表示，由于蔚来自动驾驶进度与预期相去甚远，章健勇在随后的团队调整中选择离开。

王凯曾任伟世通全球首席架构师及自动驾驶总监，他在 2020 年 9 月加入理想汽车后被寄予重望，但半年后的组织架构调整，让王凯的权限发生了改变，此前他负责的座舱软件与电子电气业务被划至马东辉名下，郎咸朋又直接负责了智能驾驶系统的研发工作，原地彷徨的王凯一时间找不到自己的位置，只好在今年春天选择离开。

互联网大厂阿里和京东同样有高管离职。阿里巴巴前副总裁、达摩院自动驾驶实验室原负责人王刚也在今年初选择离职，进入清洁机器人领域创业。

京东物流原自动驾驶首席科学家孔旗也在去年底离职，他曾在京东物流打造出全球首款可在公开道路安全行驶且无须安全员监管的自动配送车。

选择与孔旗在同一时期离职的还有轻舟智航合伙人、商务副总裁郝景山，新石器前任 CTO 王伟宝也在相近时段离职加入集度汽车负责智能驾驶研发业务。

在这波离职潮中，声势最大的要数小马智行的卡车部门自动驾驶技术总负责人潘震皓，离职后创立擎天智卡，之后被老东家诉诸公堂，并被索赔 6000 万元，这是国内自动驾驶企业离职高管所涉及的索赔额度最高的诉讼。

商业变现速度慢，有人"等不及了"选择另起炉灶

自动驾驶商业变现不是一件简单的事，尤其是商业化周期之长超出了许多投资者与创业者的预期。以曾经在自动驾驶赛道上最引人注目的图森未来作为样板，其在赴美上市前曾在国内融资十轮，是投资人最为看好的对象。但是在赴美上市后，尽管股价曾经高达 79.84 美元，但如今却跌至 7.83 美元，市值仅为 17.58 亿美元，与巅峰时期早已不可同日而语。

那些与图森未来在同一时期下场的自动驾驶创业公司，也曾经将 L4 或 L5 级别的自动驾驶作为目标，但几年之后他们发现，在技术之外的法规、伦理等因素成为制约乘用车采用这一级别解决方案的掣肘。

当面向投资人的故事讲了一遍又一遍，创业者不得不降低姿态，要么开始为车企提供 L2 或 L2+级别自动驾驶量产解决方案以换取现金流，要么转身进入商用车自动驾驶赛道，或是在封闭场景下为矿山、港口、环卫等主体提供解决方案。

既然 IPO 一事遥遥无期，又或者像图森未来一样，IPO 成功之后也不见得能够迅速变现，于是有人选择离开创业公司回归稳定的行业巨无霸之中，或是另起炉灶为自己与团队谋取更多资源。

华为前自动驾驶负责人陈奇在去年离职后，加入极氪任职自动驾驶副总裁，被外界认为其深度参与造车有关想法在华为难以实现，索性进入背靠吉利的极氪一展所长，而且身为资本市场追逐对象的极氪极有可能在未来成功 IPO。

有接近陈奇的人士认为，在极氪既能学有所用，又有极大概率实现财务自由，何乐而不为？

阿里巴巴前副总裁、达摩院自动驾驶实验室原负责人王刚离职后进入清洁机器人领域创业。由于王刚出色的背景，目前已经顺利获得了融资。尽管王刚被阿里的前同事评价为"不差钱"，但是无法亲自下场造车，只能为合作伙伴提供解决方案，王刚难免会有一些不甘心。

潘震皓离职后，在北京注册了"北京擎天智卡科技有限公司"，并将小马智卡原规划控制负责人孙又晗发展为擎天智卡的发起人。

尽管小马智行的核心股东五源资本果断投资了擎天智卡，潘震皓与孙又晗还是在今年八月被小马智行以侵犯商业机密为由诉诸公堂，并被索赔 6000 万元。

诉讼背后，只是自动驾驶人才频繁出走的一个缩影，目前，自动驾驶风口已过，融资越发困难，稳定团队更是不易。

相比几年前自动驾驶领域受到资本市场追捧的盛况，今天的自动驾驶创业公司已经很难完成大额融资，这就很难保证最初的节奏能够顺利实现，高管团队的个人利益也在短期内化为乌有。

加上受到法规、伦理等诸多限制，高级别自动驾驶在国内的量产与商业化前路漫漫，如此一来，无论是自动驾驶创业公司还是车企自动驾驶研发团队的高管难免人心思变。如果在当下保证发展方向不变，继而保证核心团队的稳定，对于任何一家企业而言都是巨大的挑战。

资料来源：钛 AUTO. 自动驾驶研发高管爆发离职潮. 钛媒体. 2022 年 9 月. https://www.tmtpost.com/ 6252788.html.

思考题：

1. 蔚来的人力资源管理有什么特色？
2. 高管派系反映出人力资源管理工作存在哪方面的问题？试分析解决方案。
3. 结合蔚来案例和其他资料，谈谈创业者的人力资源管理工作重点和难点。

第4篇

公司创业

第 11 章　公司创业

第 11 章

公司创业

2017 年 7 月 14 日,马云徒手抓帝王蟹的照片刷屏朋友圈,在吃瓜群众的注目礼中,"盒马鲜生"这个不为人知的阿里"亲儿子"通过了非正式验收,继天猫、菜鸟、蚂蚁金服之后,成为阿里"动物园"的新成员。

媒体也给出了相当高的评价,将盒马鲜生视为阿里对线下超市完全重构的新零售业态,文字间不乏溢美之词。事实上,彼时的盒马鲜生已经在国内开出了 13 家门店,在聚光灯外默默跑了近两年的时间,主要做了两件事,一是对商业模式的打磨,二是对零售业态的重构,可以说是"下蹲后起跳"的典型案例。

按照华泰证券 2016 年底的研报,盒马上海金桥店全年营业额约为 2.5 亿元,坪效约为 5.6 万元,远高于同业平均水平的 1.5 万元。尽管盒马鲜生的单店开店成本在几千万元上下,但一份亮眼的成绩单足以说服阿里的高层继续下注。

同时,前期的高投入并非没有缘由。与传统的零售业态不同,盒马搭建了从供应链、仓储到配送的完整物流体系,店内挂着金属链条的网格麻绳都是全链路数字化系统的一部分,可以做到用户下单后 10 分钟内分拣打包,20 分钟完成 3 公里以内的配送。

后来发生的事情大家都很熟悉,盒马鲜生成为新晋网红后,京东、永辉超市、美团等玩家顺势出击,生鲜新零售的战局瞬间复杂了许多,盒马鲜生也曝出了精细度、内部布局和管理上的若干问题,但这并不妨碍盒马鲜生成为阿里新的增长极。

扩展阅读 11.1 阿里京东"交火"生鲜

资料来源:阑夕. 盒马到躺平,阿里的另类扩张逻辑. 创业邦,2019 年 12 月.

【本章学习目的】

1. 了解公司创业的概念内涵及其与个体创业的异同点。
2. 了解公司创业的过程及其管理要点。
3. 了解公司创业战略的特点以及管理过程。

公司创业是相对于个体创业而存在的,后者是本书绝大部分篇幅所讨论的内容——个体创业者从零起点开始,整合资源,开发创业机会。显然,公司创业的实施主体和实施过程与个体创业存在较大的差异。近年来,伴随创业活动的发展以及竞争环境的动荡变化,公司创业成为公司的重要发展方针和组织变革手段。特别是随着数字经济的迅速发展,很多大型企业也都在寻求数字化转型路径。这种战略上的调整，从某种意义上来看，也可以用公司创业的观点予以解读。本章主要在概念上简要介绍公司创业活动，使读者能够掌握公司创业的基本原理和过程，并且与个体创业活动的特征相映照，加深对创业的理解。

11.1 公司创业概述

11.1.1 公司创业的概念内涵

公司创业（corporate entrepreneurship）是指现有的公司为了应对市场环境的变化，开发新的产品或者业务，实现提高公司竞争力和盈利能力，甚至进入国际市场等目标，以研发、生产、营销等过程的创新而开展的组织活动。公司创业本身属于创业领域，因此创业活动的三个属性同样在公司创业活动中得到体现。

（1）创新。公司创业同样需要有创新作为推动力。创新反映了公司支持和发展新创意、新技术以及形成新产品、新服务，开发新行业、新市场的倾向。在很多情况下，这里的创新并不是专门指现有市场上的全新产品或者完全未出现过的新市场，后者是在个体创业领域经常出现的。公司创业领域的创新，一般只需与公司之前所经营的业务存在较大不同，无论这一业务是不是市场上的全新业务。由于公司内部旧有经营方式的惯性和惰性，使公司在引进新的业务时，需要公司创造一种新的战略氛围，充分发挥公司创业精神，来支持新的业务。当然，对于公司创业来说，旧有业务是新业务开拓的基础和保障，新业务则是旧有业务的延伸和发展。

（2）风险。公司创业同样具备很强的风险性。20世纪的数次并购浪潮中，无数的大企业由于进入了不熟悉的领域，在耗费了大量的企业资源后，仍然不能在市场上占有一席之地，最后不得不黯然退出。因此，决心实施公司创业战略的领导人，同样需要具备一定的冒险精神。在公司创业领域，为了把所承担的风险充分降低，研究人员也开发出了很多的分析工具，用于分析市场的风险，公司在选择创业时应当进行多方位的战略分析，以降低风险。

（3）价值创造。在公司创业领域，同样能够创造很多的价值，对于公司来说，最大的价值在于所创建的新业务。公司愿意创业的最主要的原因是公司现有的业务已经停滞，或者领导者已经在一定程度上预测到公司业务即将出现停滞。这种情况下，如果依然抱着旧业务不放，企业将不再具备很好的发展前景。成功的公司创业战略往往能够为企业带来新的利润增长点，使企业获得长足的发展。另外，由于公司已经成立很久，内部往往会形成一定的官僚习气，企业上下缺乏进取的精神。新业务的建立也有助于在公司内部重建创业的精神，荡涤掉陈腐官僚的旧文化。

除了上述三个创业的属性之外，公司创业概念还拥有一些不同于个体创业的属性，包括：

战略更新。在公司创业领域，为了进入新领域、发展新业务，旧有的战略模式势必要发生调整。在个体创业领域,创业者之前往往没有相关管理经验,企业一开始也没有明确的战略模式,因此,对于个体创业来说,战略往往是在企业发展的过程中慢慢形成的。而对于公司创业来说,长期的发展已经使公司拥有一套非常成型的战略规划、制定、执行、控制的模式。如果公司决心进行创业活动,新业务的发展在很大程度上需要摆脱旧有战略模式的影响。领导者需要重新整合资源,考虑公司的发展方向以及具体的竞争战略,同时,根据新的战略要求,公司内部需要进行调整以支持新战略。公司创业领域的战略创新往往被称为创业导向的战略(entrepreneurship oriented strategy)。

主动竞争。在公司创业领域,执行公司创业战略的公司往往表现得更为积极主动地开展竞争行动。公司进入新的领域,势必对这一领域现有的企业造成威胁,如果公司是一个在原有领域具有较大规模和竞争力的公司,那么新领域内的企业就会产生更大的威胁感。因此,一旦公司选择进入新领域,往往会造成很激烈的竞争,而且这一竞争通常是由实施公司创业活动的公司所主动引发的。为了成功进入新领域,公司不能依赖传统的竞争方式,需要根据新的市场机会特征,主动出击、塑造环境、影响趋势,甚至创造需求进而掌握竞争主动权。

公司创业概念的五个维度如图 11-1 所示。

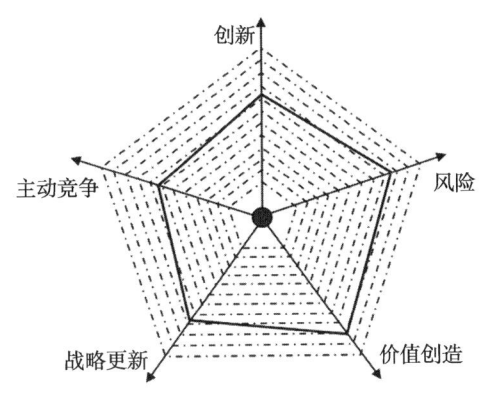

图 11-1 公司创业概念的五个维度

用美团打车,用滴滴叫外卖。你以为是在开玩笑吗?不,这句看似调侃的话,正逐步成为现实。

从 4 月 1 日开始,网约车龙头滴滴将在 9 座城市推出外卖配送服务。而目前外卖领域的翘楚美团,正加快在网约车领域布局,美团打车继在南京试点成功后,正登陆上海和杭州。

互联网平台从来不缺"战争",滴滴备战外卖,美团杀入打车业务,这一次,双方都清楚地认识到,一场互联网的战争硝烟已起。互联网巨头为了狙击对手,不惜大举进军全新领域,是否颠覆现有市场格局还未可知。

但对企业来说,不断开拓新的业务和尝试新的服务是必不可少的。"餐饮+出行"一直被认为是非常有利的结合,这一点可以从打车应用开发商 Uber 的实践看出。早在 2014 年,Uber 就在美国推出了外卖业务,至今已至少覆盖全球近 29 个国家,并且其外卖业务增长速度甚至超过了打车业务,外卖流水占据全球近 10%的市场份额。因此,美团和滴滴抛出进军全新领域的战略决策，是迟早的事。另外，滴滴和美团的战略决策也不能单纯从业务角度去思考，二者竞争的背后掩藏着更大的野心——对平台、生态圈和用户的争夺。基于平台打造的生态圈将最终成为吸引用户的重要手段。

抛开美团和滴滴与生俱来的商业利益驱动，单纯从基于平台打造生态圈来看，作为国企的中国邮政也不乏独有的优势。近些年，农产品滞销问题时有发生，中国邮政多次紧急驰援，借助邮乐网、"邮乐小店"平台，助销安徽砀山梨、广西杜果、新疆哈密瓜……今年3月，四川省米易县的西红柿滞销，中国邮政便借助邮乐网平台，帮助农户向全国各地运输西红柿38.4万件，销量达960吨。河北省承德市围场满族蒙古族自治县滞销的土豆在"邮乐小店"上线不到一周时间，销售2.5万件，总重量达102吨。当西红柿和土豆都被贴上"爱心"标记，从邮乐网或"邮乐小店"销往全国各地，中国邮政也在打造基于互联网平台的全新生态圈，集"爱心"活动、"爱心"产品和"爱心"用户于一身。在打造平台生态圈的过程中，中国邮政按照中央精准扶贫的战略部署，勇担国企责任，重点结合各级政府关注的农产品进城难题，将贫困地区的特色农产品组织起来，通过邮乐网线上预售、"邮乐小店"拼团等方式销售出去。在陕西，中国邮政为商洛地区投入3000万元开展扶贫对口帮扶；邮乐网更是开通了832个贫困县馆，帮助当地农产品拓宽销路，覆盖22个省（区、市），引入商家1500余家，商品数量超过25万。中国邮政在全国还建了46万个邮乐购农村电商服务站代售农产品，2017年全年累计交易额达700多亿元，其中销售农产品达100多亿元。

用美团打车，用滴滴叫外卖，当然，还可以用邮政传递助农扶贫的爱心，这就是中国邮政专有的平台和生态圈。

资料来源：杜芳. 用美团打车，用滴滴叫外卖[J]. 中国邮政报，2018.3.31(0001).

11.1.2　公司创业的由来

公司作为动态的经济实体，总是处在不断变化的过程当中。从生命周期的角度来看，公司的产生和发展一般要经历以下几个阶段（见图11-2）。

第一个阶段是公司的成立阶段，即公司孕育期或者种子期。如果公司是由新创企业转化而来的，那么在这一阶段，企业的管理者——创业者的主要管理任务就是识别创业机会，寻找可行的市场突破点，并且组织相关创业伙伴，创办实体企业。这一阶段公司的主要活动是创立正式商业计划、寻找资本和组建有效的创业团队。

第二个阶段是公司的初创阶段，即公司幼年期。管理者需要积极开拓市场，把实验室中设计出的产品推向市场，以迅速回笼资金。这一阶段企业的死亡率是最高的，因为企业开始面临残酷的市场竞争，不论企业之前对于市场的潜在价值的判断多么乐观，创业者很快就会发现真实的市场环境远远要比想象的恶劣，要在市场上推销自己的产品非常困难。只有少部分企业能够渡过生存的挑战，进入下一阶段。

第三个阶段是公司的成长阶段，即公司的青春期。这一阶段，公司摆脱了初创阶段的生存压力，产品初步获得市场认可，公司经营基本走上正轨，公司的市场份额和销售利润都在迅速上升。成立阶段、初创阶段以及成长阶段这三个阶段属于本书所讨论的主要内容，也就是新创企业的创立和成长管理部分内容。

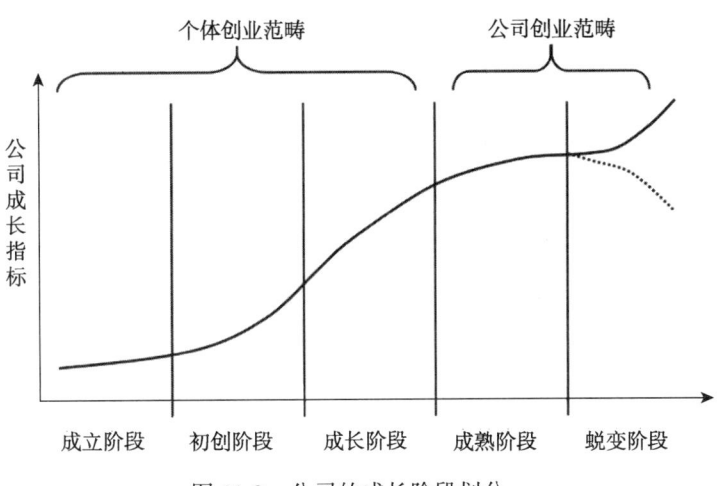

图 11-2　公司的成长阶段划分

第四个阶段是公司的成熟阶段，是本章内容所重点讨论的对象。在成熟阶段，公司的行业市场和组织能力都已发展成熟，日常经营趋于稳定，公司拥有一些非常成熟的产品，这些产品能够为公司创造稳定的现金流。但是，也会有部分管理者意识到，在公司稳定经营的同时可能已经开始流露出危机的痕迹，产品可能面临未来的更新换代压力，组织结构可能开始陷入官僚化的困境。此时公司可能需要寻找新的发展起点。这就涉及公司是否要重新创业的问题。

第五个阶段是公司的蜕变阶段。公司可能通过创业活动走向新的发展平台，也有可能因为失败的战略导致企业死亡，总体上，这一阶段的发展走向取决于公司在成熟阶段的战略定位和具体行动方案。

从公司发展过程的分析中可以看出，公司创业是公司走向成熟阶段后最为重要的组织变革手段。在成熟阶段，公司的计划、战略、领导方法和操作方式相对之前的创业阶段已经趋于成熟和规范，并且能够在一定程度上应对企业的日常经营事务，然而公司所处的环境条件始终不断变化、充满危机。公司成熟的管理模式也可能因为无法适应新的环境而遭到淘汰，此时公司必须及时做出变革，才能应对可能出现的危机，保持公司发展的活力。公司创业是公司发展的新动力，也是公司跨越自身重新成长的新起点。

因此，公司创业体现了公司在成熟阶段正在进行的改变和创新的整体框架。它往往超越了公司的战略、结构、文化、控制系统、奖励和人力资源实践，并且尝试重新定义企业。实施公司创业，就必须生产更好的产品、提供更好的服务、领导顾客而不再追随顾客，并且不断对关于价格和绩效的传统假设进行反思。此外，为保障公司创业的顺利实施，公司在组织上就要求允许自由，并向公司创业者提供所需的资本，不断激发其创造性，同时更能容忍其失败。总之，要想成功推进公司创业，必须在程序上改变公司传统的管理模式，而这往往是比较艰难的。

11.1.3 公司创业与个体创业

在公司创业概念的理解上，首先应该避免一些对公司创业的错误理解，如认为公司创业只是管理的流行时尚，它会随着咨询师或流行商业书作家的兴趣转移而转向新的工具、概念或观点，从而变得过时。其实，创业是一个伴随企业成长的管理概念，在公司的运营中处于核心地位。没有创业，公司可持续的竞争优势就不可能存在。公司应该重视对员工创业潜力的开发和利用，这样才能立于不败之地。同时，无论是把公司推向创业之路的高级执行者，还是公司内希望完成创业使命的支持者，都应该正确理解公司创业的过程特征。创业活动是艰苦的，它需要承担风险，并且也很可能会失败，心理、情感和财务上的成本都是非常大的。正视而不回避，理性分析而不盲目追捧，这才是对于公司创业的正确认识态度。

公司创业与新创企业一样属于创业的范畴。无论是公司创业还是新创企业，其本质都是通过对资源的独特整合，利用机会创造价值的过程。因此，两者之间也就存在较多的相似点。例如，两者都涉及机会的审视和确定；两者都需要有一个产品、服务或过程形式的独特商业概念以及能够成功融资的机会窗口；两者都受到为团队工作的个人支持者的推动，从而使概念走向成熟；两者都需要创业者有能力平衡愿景与管理技巧、激情与实用主义以及进取与耐心之间的关系；两者都涉及概念在形成阶段非常脆弱的问题，都需要时间适应；两者都会遭遇创业的抵触和障碍，都需要毅力和形成创新解决方案的能力；两者都需要承担风险，并且需要风险管理战略；两者都需要创业者开发创新战略，以平衡资源；两者都有很强的不确定性，但都有收获战略成果的需求等。

尽管公司创业与新创企业存在较多的相似之处，但它们毕竟是创业范畴中两个不同的概念。两者在面临的环境和运行方式等方面都存在一定的区别。这些区别主要体现在以下几个方面。

1. 创业活动的来源

对于新创企业，创业活动的来源就是创业者对机会的发现与把握。而对于公司创业，创业则可以来自公司的上层、下层或是独立的单位。例如，公司的高级管理层可以为公司制定大胆崭新的战略方向，从公司上层开始直接开展创业；或是公司的员工通过改进销售方式、提高服务质量、扩张生产线等方式从公司下层启动创业。当然，公司也可以为创新而设立明确的独立部门或单位，使其成为创业的重要来源。

2. 创业者的创业心态

对于新创企业，在企业刚刚创建的时候，创业者只能拿着微薄的工资，并且还要与公司的绩效相关联。一旦创业失败，创业者就将会失去工作和生计。因此，个体创业者很少享有安全感。而公司创业者则不存在类似的问题。他们通常已经拥有一份可靠且吸引人的薪水，并拥有极好的健康和残疾保障、养老金及相关的福利。因此，公司创业者在开始创业活动时能享有相对较大的安全感。

3. 创业资源的获取

在资源获取方面，新创企业面对的主要挑战是如何更多地获取多元化的资源，只有获取必要的资源，才有必要讨论进一步的资源整合问题，可以说，新创企业是在严重的资源限制下运作的。在公司创业中，资源方面的限制要大大减轻。当然，虽然发展成熟的公司内部已经存在大量有可能被应用于公司创业中的资源，如资金、已建立的客户基础、市场研究能力、市场知识数据库、分销渠道、供应商的关系、技术或研发的职员、生产设备等，但是还需要公司创业者运用策略说服资源所有者进行资源共享，从而有效地利用、管理和分配资源。此时，创业者主要的任务就是如何以创造性的方式组合这些资源。

4. 外部因素的影响

新创企业应对外部挑战的能力非常脆弱，创业过程中任何一个严重的失误，如现金缺乏、增加不合适的新产品、聘用员工不当、扩张过速等，都有可能迅速导致创业的失败。而对于公司创业，公司的财务能力、发展良好的基础建设以及已经成型的生产线和服务能力，能够极大减少公司创业的脆弱性，并使公司有更多的时间和资源应对负面的影响。

5. 内部因素的影响

如果说外部因素的影响是新创企业的最大挑战，那么相对而言，公司内部环境的影响则是公司创业中最为突出的问题。在公司创业过程中，公司创业者无法享受个体创业者所拥有的独立性。公司创业计划的实施往往要受到公司各个管理层次上的影响，创业者需要经过大量的批准程序才能推动新概念或创意的启动。可以说，创业者对创新概念的运作受到了较大的限制。相比而言，个体创业者则具备更多的弹性，他们可以相对简单地改变过程，从而能更快地推进创业计划的实施。

6. 风险和报酬因素

对于新创企业来说，由于创业的环境比较开放，不确定性较大，创业者通常要承担较大的风险。而在公司创业中，创业活动的大多数风险通常是由公司来承担的。公司创业者承担的则主要是职业方面的风险，如创业可能会危及未来工资的增长、职业进步和事业的成败。与此同时，在创业所带来的回报方面，个体创业者要比公司创业者拥有的更多。个体创业活动中所创造的产品或实施的新服务方法都是属于创业者的，创业的潜在回报是无限的；而对于公司创业，创业的成果以及发展的新概念都是属于组织的，创业者可以得到的回报有明显的限制。

7. 创业活动的形式

对于新创企业，其创业形式往往比较单一。创业者识别创业机会，并且组织创业伙伴，筹集启动资金，从零起点开始创办企业。对于公司创业，其创业形式则可以是多样的，包括以下几种。

（1）项目小组。为了进入新业务领域，很多公司往往先是筹备一个新项目小组来实施新领域的开拓，项目的资金投入全部由公司承担。这一种方式的优点在于项目小组的形式较为灵活，不需要复杂的筹备方式。项目组成员可以来自公司内部现有的职能部门，也可以从外面聘请一些临时人员。一旦新业务进展顺利，公司可以基于项目组建立更正式的职能部门或者子公司来推进业务的成长。如果由于市场风险或者其他因素导致新业务停滞不前，那么项目小组的解散也非常容易，没有太多的其他成本。

由于其灵活性，项目小组的形式更加有利于调集管理资源，协调各部门的力量，集中开发新业务。在公司创业的战略之下，项目小组需要按照公司整体战略的部署，以任务为导向，以项目小组的形式开展新业务。为了完成新业务的拓展工作，项目小组本身应当有一整套现实可行、明确界定的目标，细致周到的计划，具体的人员配置，以及相应的项目进展控制方案。

（2）内部创业。内部创业（Intrapreneurship）模式是由一些有创业意向的企业员工发起，在企业的支持下承担一些新的业务或工作项目，基于这一新业务或者项目进行创业活动，并与企业分享成果的创业模式。从公司发展的角度来看，为了满足公司创业的需要，公司应当让员工深刻领会公司未来的发展目标，在公司的新业务发展目标之下，鼓励员工进行符合公司战略发展的创新和创业活动，并承诺给予政策和资源上的支持。随着内部创业活动的不断发展，一些新项目的成长性逐渐显现出来。在此基础上，公司可以进一步从制度层面对新项目予以支持，甚至有可能把整体企业的资源转移到该项目上来。这样，通过鼓励内部创业，可以实现企业成功的业务发展甚至公司转型。

在公司内部创业中，公司可以为实施内部创业的员工提供资金、设备、人才、营销等各方面的资源利用便利。如果企业内部所提供的创业环境较为宽松，即使是创业失败，创业者需要承担的责任也小得多，从而大大减轻了他们的心理负担，成功的概率也大了许多。因此，建立企业的内部创业机制，可以为有创造力的员工提供一种成就感的激励，同时，也有助于建立鼓励创新的机制，形成创业的氛围和向上的公司文化。

（3）合资创业。在合资创业（joint venture）中，公司采用与其他企业合资的方式进入新领域。具体合资的形式可能是公司直接并购一个新领域的公司，或者采用与其他公司合资创立一个新企业的方式。与前面两种形式不同，这一形式下，公司进入新领域的方式是积极吸收公司外部现有的一些资源，而不是依靠企业原有的资源，因此，公司在搭建新业务平台方面节省了很多成本。尽管如此，由于公司要面对成立合资公司之后可能存在的经营管理风险，公司领导人尤其要慎重。而且，由于企业文化的不同，合资企业和公司总部也会存在种种需要调和的地方，这都在很大程度上挑战公司领导人的决策能力和危机管理能力。

在跨国化经营中，合资是非常重要的一种形式，欧美一些企业在进入中国市场的时候通常是采用与中国的企业合资的方式，这样，国外的公司可以利用国内企业现有的生产、营销等渠道，很容易实现国外品牌在国内市场的拓展。一些地方政府也特别鼓励当地企业与国外公司建立合资企业，以加快本地企业的技术能力和竞争力。尽管如此，从各个跨国公司在国内发展的情况来看，多多少少都遇到了一些问题。这些新的合资公司的发展是不是在跨国公司的战略目标之下，公司总部能不能有效控制合资公司管理者的行为，都存在不同程度的疑问。如当年炒得沸沸扬扬的达能和娃哈哈之争，就充分反映了这种跨国合资经营带来的文化、理念、管理规则方面的差异所引发的问题。

11.2 公司创业过程

11.2.1 公司创业过程阶段划分

公司创业过程是公司开发新的机会、实施创业活动、获得创业利润的整个过程。由于实施主体、实施条件与实施环境的不同，这一过程与个体创业过程也呈现出一定的差异。一般而言，公司创业过程可以分为5个阶段。

1. 创业目标和创业愿景的提出

个体创业活动的开端往往是创意的挖掘以及创业机会的识别，创业者是从零开始他的创业活动的。与个体创业不同，公司创业活动的平台是基于一个已经发展较为成熟、规模较大的公司。应当说，公司创业的推动力更多地来自组织发展的挑战，尤其是当公司的领导者感受到公司内部存在惰性、发展停滞的时候。因此，公司创业的原动力来自组织内部。为了使公司创业活动具备可行性和可操作性，公司的领导者应当为公司确定一个创业愿景。公司的创业愿景一般来自组织的顶层，而创业愿景所指导下的创业行为则是通过整个组织来实施的。因而，高层管理者应当对公司创业的愿景进行概念化，并向组织内的员工传达，使公司中的每位成员都感受到挑战，并且愿意为应对挑战贡献力量。

2. 创业机会识别

对于公司创业活动来说，创业机会可能与一般的个体创业在表现形式上有所不同。对于个体创业来说，创业机会往往是瞄准一个小的细分市场，并且提出一个对现有产品进行改良的方案，其视野一般较为狭窄——对于零起点的创业者来说，一开始就面向一个特别庞大的创业项目显然不够现实，只有立足实地，从一点一滴做起，才能够实实在在地推进创业活动。对于公司创业活动来说，由于公司已经拥有较多的资源和实力，因此，公司创业者能够从一开始就寻找一个更为庞大的市场来进入，可以寻找对公司产品进行全面更新换代的方案。尽管在创业机会方面存在这一差距，但是对于公司创业者来说，同样需要提高创业者对各种机会的感知能力，通过更多的渠道搜寻资料，跟更多的人沟通交流，寻找和开发还未被广泛开发的创新机会。当然，与个体创业一样，在公司创业活动中创业机会的识别不仅需要发现新市场、新产品，还需要对围绕新市场、新产品的相关支持要素进行分析，形成新的商业模式。

3. 提高公司员工的创新意识

在很多情况下，创业机会不仅来自公司高层管理者，也有可能是自下而上出现的，即由公司的一帮员工发现新的创业机会，进而由公司把这一机会发扬光大，使员工发现的创业机会成为整个公司的发展方向。即使创业机会是由公司的高层管理者所发现的，但是很多员工也会在某个时候在一项或多项与创业活动相关的创新任务中发挥作用。因此，提高公司员工的整体创新意识对于公司创业活动非常有必要。为了鼓励创新意识，公司应当对员工的各种创意进行有效的管理。如对各种情报收集活动进行投资，配备支持信息存储、报告和共享的基础设施等。总之，公司可以采取各种有效的方式，使公司的内部环境成为一个创意的摇篮，公司的高层管理者也可以通过各种形式来听取、传播员工的创意。

4. 整合创业活动所需的资源或团队

创业机会不能仅仅停留在创意阶段，为了把创业机会开发成为实质性的经营活动，公司管理者还需要整合相关的资源或人员来发展新的方向。任何一项新的创业机会的开发都需要耗费大量资源，特别是当这一新方向并非企业原来所熟悉的领域的时候，公司有可能需要投入大量的资源来熟悉新的目标市场环境，建设新的供应链渠道和销售渠道。考虑到发展的不确定性，创业者需要仔细规划，使资源的耗费和产生的效益能够在一定程度上相匹配。围绕创业活动的准备工作还包括人员方面的准备。人始终是推动创业活动发展的核心力量，为了把更多的人力资源整合到公司创业中，创业者应当建立一种与公司员工共同承担风险和收益的机制，借助更多的激励手段激发员工参与公司创业。员工在创业活动中可能会承担一定的风险，相对而言，如果成功也应该获得一定的奖励。

5. 开发新的领域，实施创业活动

在进行了必要的准备工作以后，创业者需要把创业活动推向实处。在这一阶段中，所涉及的管理活动包括新产品的开发、新的生产工艺的引进、新产品的市场推介工作等。这一过程的成功推进依赖于事先的良好规划，同时也依赖于良好的机遇以及所有创业人员的一致努力。当然，在这一阶段，无论事先所设想的创业机会、商业模式具备多大的吸引力，创业活动还是会遇到种种困难。因此，应当注意的是，在创业活动的具体实施过程中要正确认识创业过程的失败。创业本身就是在进行一种试验，尝试某种事物，因而遭遇失败也是常有的事。关键在于，创业者应该把失败当作是体验、学习和进步的过程，并能从容承受各种失败，开明地接受新的方法或修改原来的方法，这样创业才有可能取得最终的成功。

日前，在厦门市防汛防台风综合应急演练上，一辆黑漆造型、线条硬朗的大巴亮相，这并不是普通客车，而是一辆名叫"虎鲸号"的高科技车。"虎鲸号"集成了现场勘查、取证分析和综合指挥等多种功能，相当于一座移动的取证实验室。早在2018年，"虎鲸号"现场勘查取证专车就登上央视"大国重器"栏目。"虎鲸号"的创造者为美亚柏科，该公司深耕国内电子数据取证行业20余载，现已为市占率超过50%的行业龙头。

20世纪90年代，很多IT企业的核心业务还是卖组装电脑。从小醉心计算机、毕业于厦大电子工程系的滕达主动迎向风口，创办了一家以组装PC机和代理电脑、服务器的公司。

1999年，机缘巧合，滕达带领着他的小公司，进入国内电子取证行业的"无人区"，美亚柏科也由此诞生。"当时厦门一家本地执法单位，询问我们能不能做开源舆情检索与互联网取证的项目，我和原董事长刘祥南找来他的学生，以及厦大计算机系的老师，一起研发出客户需要的产品。"滕达说。

2000年后，互联网高速发展，加上社会对可信网络建设的需求，凭借前述项目，美亚柏科从一家区域型代理销售公司，成长为一家全国性的IT企业。2002年，美亚柏科开发出国内电子数据取证设备的"开山之作"——"计算机取证勘查箱"。此后，公司真正走上软硬件一体化创新的道路。

目前，美亚柏科已成为国内电子数据取证行业标准的主要输出者：拥有电子数据取证全链条解决方案能力，参与了电子数据取证 2 项国家级标准和 13 项行业标准的制定。截至 2021 年年末，美亚柏科共获得授权专利 428 项，其中发明专利 271 项，实用新型专利 71 项，外观设计专利 86 项，有效注册商标 89 项，软件著作权 814 项。

敲钟上市，是美亚柏科创立以来的第一个里程碑。2011 年 3 月，美亚柏科在创业板上市，成为国内电子数据取证第一股。上市十余年，美亚柏科的营收规模从上市前（2010 年）的 1.88 亿元，已发展至去年的 25.35 亿元，增幅超过 12 倍。

美亚柏科的裂变增长，离不开第二个里程碑事件——加入"国家队"。2019 年 7 月，美亚柏科战略引进国投集团的全资子公司国投智能，后者成为上市公司控股股东。彼时，美亚柏科处于稳健发展中，为什么选择稀释股权，主动引入国资？滕达表示，进入央企序列，相当于登上更大的平台，能够获取更好的创新机会，接触更好的资源。

加入国投后，美亚柏科多个合同单体订单突破 1 亿元，承接多个国家部委核心的大数据平台示范项目，获得了核心网络安全资质。对外，国投集团将美亚柏科作为内部资源向广东、浙江、广西、江西等省级战略伙伴推介，深度参与当地智慧城市、公共安全等业务合作。对内，公司与国投旗下企业开展了多项业务协同。

2022 年 3 月，美亚柏科入选了国资委"科改示范企业"名单。"科改示范行动"是国企改革的又一专项工程，旨在选取改革创新紧迫性较强的国有科技型企业，打造一批国有科技型企业改革样板和自主创新尖兵。

与此同时，控股股东继续增资投出"信心票"。当月，美亚柏科披露定增预案，国投智能拟对美亚柏科增资 6.78 亿元，以加强美亚柏科在乾坤大数据共性平台的产品研发，在网络空间安全产品技术、大数据智能化和新型智慧城市解决方案的市场投入。

下一阶段，美亚柏科表示，将以国投集团和国投智能"十四五"规划为指引，以服务国家网络强国战略为己任，将美亚柏科打造为国内一流的网络空间安全与社会治理领域国家队，初步建成世界一流的大数据企业。

资料来源：李曼宁. 加入"国家队"二次创业，美亚柏科拥抱 B 端发力新赛道[N]. 证券时报，2022-8.

11.2.2 公司创业活动的障碍

在公司创业领域，无论是理论探讨还是实践活动，都面临一系列新的、复杂的挑战。公司创业方面的理论研究发展一直较为缓慢，理论水平的有限使预测、解释和塑造利于公司发展创业环境的能力变得较为困难。另外，对于创业实践来说，其常常会与公司内主流的运作方式发生冲突，可能会对组织内部工作人员构成很大的威胁，从而遭到公司中许多人的抵制甚至扼杀。总的来说，公司创业过程充满种种障碍。

在公司创业过程的演进中，最大的障碍来自公司内部，因此有必要对其进行系统的分析。一般地，可以大致地把公司内部存在的创业障碍分为如下几类，即组织规范、组织结构、战略方向、内部管理制度和程序及内部人员。

组织规范指的是公司内部经多年发展所形成的一系列正规管理体系。这些体系是日益复杂的企业内部环境稳定有序运行的重要保证，但也在很大程度上阻碍了创业活动的推进。例如，员工奖励和测评体系通常鼓励员工采取安全、保守或者是能够得到短期回报的行动，这样就极大地阻碍了员工创业活动的开展。同时，公司的控制体系往往鼓励管理者对所有经营活动进行监督和管理，并且尽量在各个活动领域内建立可以计量的绩效测评指标，这在某种程度上体现了管理者对员工的判断力缺乏信任，也就很难能激发员工的创新思维和创新活动。

组织结构是组织中正式确定的使工作任务得以分解、组合和协调的框架体系，表现为组织内部的职能分工，即横向的部门联系和纵向的层次体系。公司的组织结构对公司创业进程也会产生影响。总体上说，当公司存在很多等级时，它寻找市场机会的能力、达到管理承诺的能力及重新分配资源、承担风险或有效实施市场转移的能力就会出现问题。此外，由上至下的管理和沟通渠道的限制性也在某种意义上阻碍了创业活动的开展。

企业战略方向指的是公司总体发展的明确目标。对于一项产品或流程的创新，如果没有明确的目标以及完成这类目标的战略，创业活动将难以开展。战略方向上的障碍主要表现在以下两方面：一是公司通常都有很严密的规划系统，制定各种市场营销战略、生产战略和公司财务战略，却往往忽视了创新项目；二是公司的高级管理层很少对创业行动作出制度化的承诺，公司创业者初期的创业想法通常是不成熟的，也最难得到公司财务上的支持，如果不能及时进行资源的转移，公司很可能会丧失一次开发新业务、增强新产品领域实力的机会。

企业内部管理制度和程序一般用于保障公司日常运作秩序的稳定。但这些往往都是比较保守的，而参与创业活动的人员是在不停地处理各种未知事物，他们的努力经常会受到一些既定制度和程序的影响，这主要表现在以下方面：一是详细的运作规则使审批创业项目的审批周期过于复杂，文件要求也过于详细，耗费创业者大量的时间和精力；二是已经存在的制度和程序对创业项目设定了不切实际的时间表和绩效标准，从而需要创业者在创业过程中作出一定的妥协以适应这种绩效标准。公司创业者进行创业活动，必须打破或转变这些政策和程序才能获得成功。

公司内部人员通常是公司内部创业最大的障碍。内部人员对创业活动造成的障碍主要表现在以下几个方面：一是创业活动必然要进行变革，但是人们往往都有抵制变革的倾向。他们通常注重可预测性和稳定性，因而对公司进行变革的必要性持有怀疑态度，甚至可能把变革当作是一种威胁，始终持有警惕、狭隘的态度，在变革计划中不发挥任何作用。二是公司的员工通常看重当前需要，而不是将来发展的态势，因而，要他们以长远的眼光看问题或认识到持续改进的必要性非常困难。三是虽然公司的员工都有巨大的创造潜力，但是大多数都不知道如何发展或引导自身的创造力，这就使创业活动的推进缺乏人员方面的支持。

除了这些在创业活动中会遇到的障碍以外，公司创业者本人也会遇到很多挑战。公司创业者是创业活动开展的主体。和个体创业一样，公司创业活动的成功组织需要人作为重要的推动要素，创业过程中的挑战也需要创业者发挥主观能动性来克服。这些挑战包括以下方面。

（1）时间和精力方面的约束。公司创业的推动和实施者往往是公司内部的高层管理人士。在公司的发展中，因为要面对激烈的竞争，同时要及时应对组织内部的惰性，公司创业者往往需要处理很多事务，不仅要掌握大量的市场信息以及影响他们工作方式的技术革新资讯，还要耗费精力来应对不断出现的危机。这样，时间和精力也就成为公司创业者开展创业活动的主要障碍之一。

（2）创业活动回报的约束。虽然公司创业活动的成功能够为公司和个人都带来巨大的回报，但是在公司创业活动进行的早期，这种回报往往是看不见的，而且未来是否能够成功也是未知的。事实上，很少有企业能够在公司创业的早期就积极鼓励公司内部的成员开展创新和创业活动的探索，更不用说把对创造性的想法和行动给予奖励的做法系统化地纳入公司的绩效体系中，这就在很大程度上降低了公司创业者的积极性。

（3）知识和素质方面的约束。创业活动的成功实施需要公司创业者拥有特殊而全面的知识结构和素质。虽然公司内部能够找到很多现成的专业人士，但是公司创业活动需要创业者本身拥有这些基本的素质，特别是战略、财务、营销等方面的知识。这是因为，公司创业活动往往不可能在一开始就动员公司内部众人一起参与，因此，成功的创业者自身就要具备这些不同方面的知识和素质，能够主动承担创业过程中的各项管理事务。当然，随着公司创业活动的逐步推进，以及创业过程的逐步明朗，公司创业者可以招募拥有必要知识能力的人员组成团队，共同开发创业机会。

（4）政治手段方面的约束。公司创业者可能还需要一定的政治手段。公司是一个复杂的组织，涉及很多利益相关者，在创业过程中往往存在某些政治因素，主要由为各自谋取利益的个人组成。公司创业者如果缺乏政治头脑，无法很好地处理各种类型的政治性因素，就很有可能妨碍公司创业进程。为了获得公司创业活动的必要资源，使公司创业活动成为企业内部大部分人所认可的组织行动，政治手段有时候也是必要的。

在对公司创业过程中的种种障碍进行了较为全面的分析后，我们也试图探讨一些能够用于克服这些障碍的策略，供有志于开拓公司创业事业的创业者参考。

1. 公司创业应当建立在对企业目前经营状况正确认识的基础上

公司创业并非公司管理者的一时头脑发热、心血来潮，而是切切实实为企业发展所需要的。虽然创业活动需要热情和付出，但更需要精心的策划和准备，绝不能不顾实际情况盲目创业。在公司创业中特别应当避免为追随别的企业而盲目实施创业活动。只有适应企业真实经营要求而实施的创业活动才有可能获得企业内部人员的认可，才有可能真正建立起支持公司战胜成熟期惰性，并且走向更高市场竞争优势的战略定位。

2. 公司创业应当取得公司内部管理人员以及一般员工的支持

应当使公司创业成为全体人员的共识。公司创业活动不同于个体创业活动，在创业活动的最初阶段，个体创业活动所涉及的人员还只是创业者本身，以及一些创业团队的成员。创业方案的实施只需要这些人员共同认可即可。但是公司创业活动需要公司内部人员共同参与，创业活动也更会触及公司内部其他人员的利益。因此，为了成功实施公司创业活动，更需要获得更多的人的支持。

3. 公司创业应当立足于资源充分整合的基础之上

公司创业的起点要比一般的个体创业要高，个体创业急需各类资源来支持创业活动。公司已经拥有较多的资源，然而，这些资源能否被有效利用还是未知数，因为公司已经成长到成熟阶段，拥有较多的惰性和官僚气息，实施公司创业活动势必要改变公司内部的现有局面，触动一部分公司内部人员的利益，很多人员甚至会反对公司创业，这就使公司创业面临很多现成的资源无法有效利用的问题。公司创业者需要积极设想更多的整合渠道，利用个人威信，甚至用一些政治手段，在适当的时机为公司创业积累更多的资源，降低创业项目启动的成本，减少创业项目的风险。

4. 公司创业活动应当尽可能地克服障碍

对于个体创业活动来说，威胁主要来自企业外部经营环境，而对公司创业来说，来自企业内部的障碍更多更强，公司创业者应当积极寻找障碍出现的原因，尽可能地从障碍的根源上解决，使问题的解决能够一劳永逸。当然，在克服各种障碍时，也应尽量避免将事情复杂化，创业者可以寻找各种障碍中更为主要的几类障碍，分析它们的原因，随后采取行动，解决最具威胁性的问题。

5. 公司创业应当与企业文化相适应

不要修正公司创业的进程而去适应企业文化，也不要为了实施公司创业而全面改变企业文化。企业文化是企业在长期的经营中积累起来的企业价值理念，是一个相对稳定的存在要素。公司创业活动则是企业在进入成熟期之后所要进行的组织变革活动，是一个相对短期的组织活动。因此，企业应当积极协调企业文化与公司创业之间的关系，如果企业文化与公司创业之间存在一定的矛盾，例如，追求稳定的企业文化可能会在一定程度上阻碍公司创业活动的推进，创业者可以通过实施创业活动这一契机，在一定程度上调整企业文化，如果企业文化与创业活动较为吻合，则可以通过创业活动把企业文化进一步发扬光大。

扩展阅读 11.2 比亚迪停产燃油车

11.3 公司创业战略

11.3.1 公司创业战略的概念

公司创业战略是与公司创业密切联系同时又存在差别的一个概念。公司创业是公司从某个业务经营单位开始，最后逐渐发展成为整个公司的创业活动。而公司创业战略则是在公司战略的层面之上形成的创业导向型（entrepreneurial oriented）战略。公司创业探讨的是整个公司的发展模式转变，而公司创业战略则是公司战略层面的改进和创新。事实上，公司创业战略可以分解为两个部分来理解，即公司创业与公司战略。公司创业战略是两者有机的整合体，又以战略为主体，可以算作是一种特殊的公司战略。伴随着企业经营环境的日益复杂，很多学者认为，公司创业战略是新的竞争环境下企业经营的有力工具。虽然公司并不一定会在整体上实施创业活动,但是,在战略方案中适当引入创业的概念,不失为一种具备竞争力的战略方案。

在基于公司创业和公司战略两个相对较独立的概念所整合出来的公司创业战略概念认知上,需要区分两个关键的问题,即公司战略的创业化以及公司创业的战略化。

公司战略的创业化,指的是公司层面的战略规划过程中应用创造性和创业性思维,使战略规划能够充分反映动荡多变的环境对于公司发展的挑战。与传统的战略相比,创业化的战略在灵活性和创造性上都得到较大的提高。同时,战略的创业化也有利于打破公司发展中的定向思维,并逐步建立起动态思维定势,从而促进公司持续不断地创新和发展。因此,公司战略的创业化是企业积极应对市场竞争的必然转型结果。这也正是本节所讨论的重点。

公司创业的战略化,指的是在公司创业活动的实施和推进中,将创业活动的推进关键点放到战略层面,也就是说,从战略的高度来思考公司创业活动的定位、发展趋势,以及实施重点,这就使公司创业的开展是基于对公司的经营环境以及公司的整体状态分析。同时,从战略高度来实施公司创业活动,也就是从企业高级管理层的层面探讨公司创业活动的可行性和执行性,借助战略对于公司整体发展的指导作用,能够在整个公司范围内推进公司创业活动。因此,公司创业的战略化是对公司创业活动的深化。

由公司战略的创业化以及公司创业的战略化这两条线索的交互作用所形成的公司创业战略概念如图11-3所示。

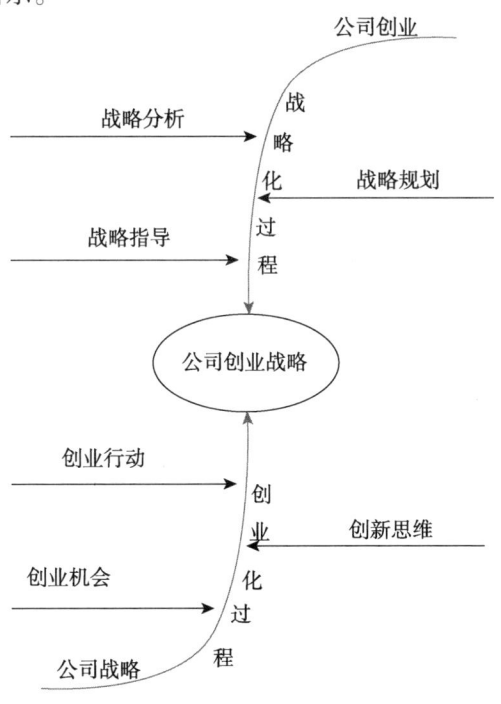

图 11-3 公司创业战略概念的发展

在公司创业战略的制定和执行过程中,为了保证公司创业战略的实施效果,需要战略制定者从更为集中的角度认识公司创业战略。这些不同的角度包括战略优势、战略定位、战略的灵活性与配合、战略杠杆等。

（1）战略优势。在不断变化的市场条件下，公司之间的竞争不可避免。公司要在竞争中战胜竞争对手，就必须依靠一定的竞争优势。通过战略规划，管理层能够许下承诺并采取行动，率先获取市场中的竞争优势并利用这些优势。然而，随着外部环境的变化，公司昔日的竞争优势很可能成为今日的劣势。对于公司来说，实施全新的公司创业战略是成功开发并利用竞争优势的关键。可以说，公司创业战略所带动的创新活动在保持公司竞争优势中处于核心地位。

（2）战略定位。对于公司创业战略来说，其战略定位主要是一个新的市场定位过程，战略实施者需要确认如何从已建立的市场中吸引顾客进入该市场。战略定位从某种意义上说是公司实施战略规划时面临的一个最基本的挑战。因为它不仅代表独立的价值体系，而且能够有力地指引公司形成独特的竞争优势。此外，战略定位中所采用的创业型思维不仅能用于确定公司的竞争优势，也是管理公司各项基本活动、促进公司成功转型的手段。

（3）战略的灵活性与配合。公司的发展除了需要适当的战略方向，战略方案还必须具备一定的灵活性。管理者需要不断思考，并对公司的战略、行动计划、资源分配、企业文化、结构和管理体系进行调整。而要实现组织内的战略灵活性，前提就是组织高层领导必须要有远见、创业精神和发展理念，愿意为转型付出代价，并能坚持到创业愿景实现。在此基础上，还需要一些其他因素的配合。如需要建立一套独特的动态核心竞争体系，需要用创造性的手段处理人力资本问题，需要有效地结合各种新技术，需要公司结构更为扁平化，强调学习和创新的企业文化等。

（4）战略杠杆。公司运用战略杠杆这一手段，可以用更少的投入获得更多的产出。特别是对于创业型公司，战略杠杆往往是很好的资源调节者。这一工具的良好应用，可以使战略管理者充分借助各种创造性的手段来调节各种资源，并且在很大程度上减轻目前公司所能控制或支配的资源的限制。公司可以进入以前没有涉及的其他领域，利用其他人没有意识到的战略手段，使用其他人或公司的资源来达到公司的战略意图，或者将各种资源进行互补，从而创造更高的价值。

"在雷军喊出二次创业的关键时期，无论是智能手机、AIoT还是智能汽车，都面临着无尽的挑战和机遇。他很清楚，对于11岁的小米来说，技术才是起决定作用的抓手。"

小米手机部总裁曾学忠告诉《中国企业家》："雷总（雷军）对（小米）手机部的要求，是成为小米整个集团的技术中台，一些创新业务都会在手机部去孵化、去驱动。"

在曾学忠看来，本质上手机的很多技术跟汽车、机器人也是相关的，如影像技术、充电技术、底层的软件、人工智能交互技术等，这些技术也都会在手机部加大投入。

雷军亲自兼任小米汽车CEO，小米内部手机和汽车技术团队有了大量的交流机会。"底层的软件，手机×AIoT内容层的流转，我们有大量的技术积累自然都会过去（汽车团队），2022年我们还会给汽车团队输入一些软件技术的人才。"曾学忠透露。

资料来源：赵东山. 雷军的技术野望[J]. 中国企业家，2022（3）：34-39.

11.3.2 公司创业战略管理过程

公司创业战略属于公司战略层面的管理概念，从战略的角度解读公司创业战略，有助于进一步深入认识公司创业战略对于公司成长的意义。根据现有的战略研究，本书首先制定了一个公司战略过程的基本模型，如图11-4所示。

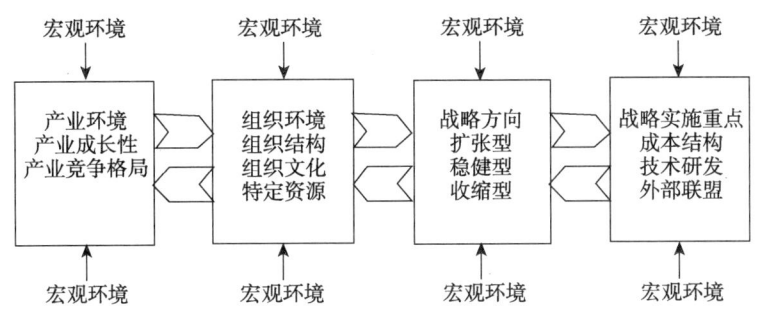

图 11-4 公司战略过程

公司创业战略属于公司战略的一种，因此，公司创业战略过程分析可以充分借鉴以上公司战略过程模型。为了体现公司战略的创业化倾向，本书在其规划过程中引入了创业机会要素。创业活动的主要特征就是对于创业机会的追逐。在创业领域，越来越多的研究人员开始认识到，创业机会是创业的核心，对创业过程的考察应当围绕创业机会（Busenitz et al.，2003）。Shane 和 Venkataramen（2000）指出，创业的核心问题不是新企业创造，而是创业机会。公司在战略过程中对于创业机会的追逐以及一系列相关的机会识别开发活动体现了战略的创业化内涵。根据公司战略过程模型，创业机会的介入存在 5 种情况，如图 11-5 所示。

情况 1：创业机会作为公司战略框架的起点。这一类型中，公司将创业活动作为公司的首要大事，并且在战略规划中首先考虑到了可能的创业机会，明确了公司的创业机会之后再考虑如何根据创业机会的大致方向来分析产业环境、组织内部环境，进而制定战略方向以及相应的战略实施重点。因此，这一类型的战略可以称为创业导向的公司战略（entrepreneurship oriented strategy）。

情况 2：在公司战略框架中，创业机会的介入是在产业环境分析之后，公司经由系统的产业环境分析，探知公司目前所处状况，决意寻找新的创业机会，此时，公司选择创业机会的目的可能是由于现有的产业环境并不太适合原有的业务方向。基于这一动力，公司试图开拓新的领域，并且借助对创业机会的考察，公司进一步考察现有的组织环境，进而定位公司的战略方向，设置战略规划的重点。

情况 3：在公司战略框架之中，公司对于创业机会的追逐是在产业环境和组织环境分析之后，因此，这是一类相对审慎的公司创业战略。公司是在对企业经营的整体内外环境充分分析、做好必要准备之后再考虑可行的创业机会，此时的创业机会可选择余地相对不大，如果公司领导者并非拥有积极进取的创业精神，公司的新业务方向将难以实现对原有业务经营框架的大幅突破。

情况 4：在公司战略框架之中，公司在制定了公司的大致发展方向和战略定位之后，再考虑追寻新的创业机会。在这一类型中，创业机会往往服从于公司的整体战略规划。因此，创业机会对于现有经营范畴的调整空间更小。在很多时候，公司在满足了整体经营方

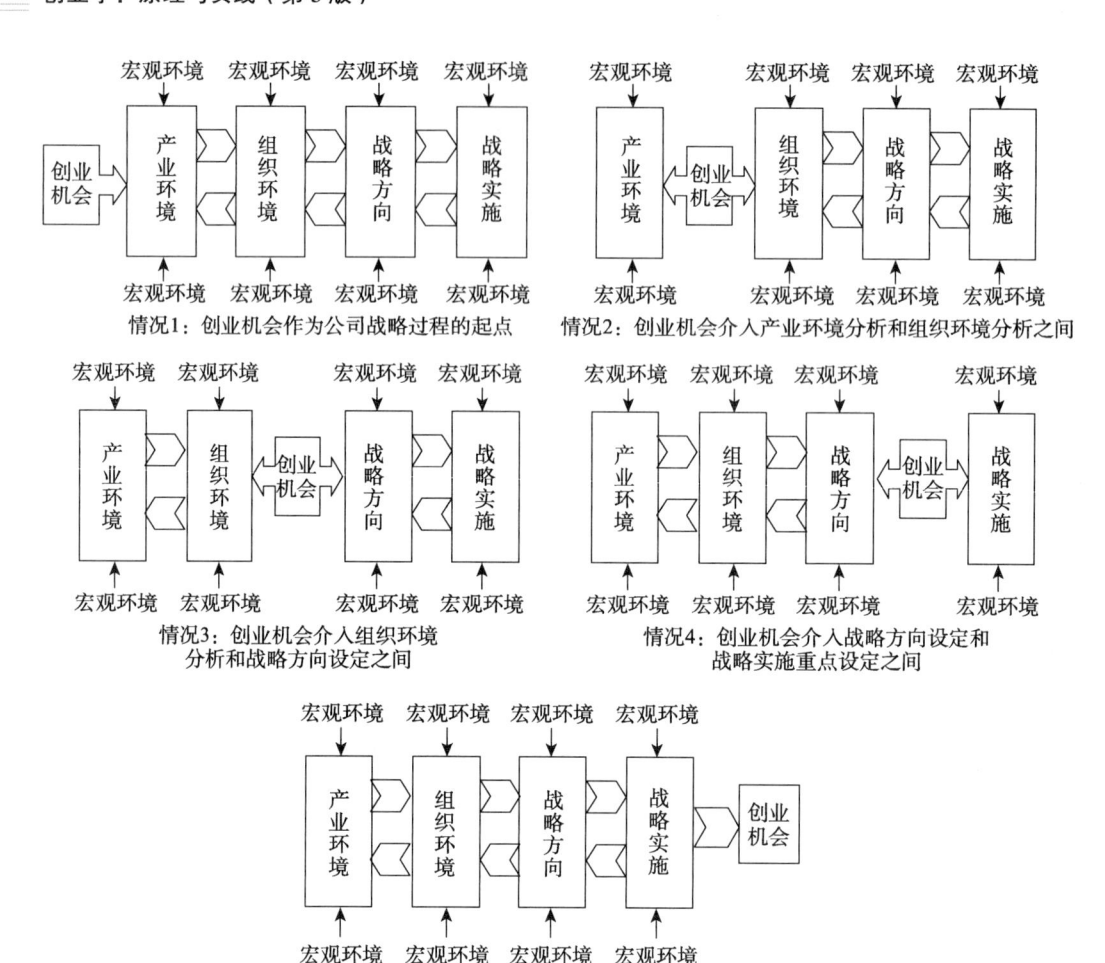

图 11-5 公司创业战略模式的 5 种类型

情况1：创业机会作为公司战略过程的起点

情况2：创业机会介入产业环境分析和组织环境分析之间

情况3：创业机会介入组织环境分析和战略方向设定之间

情况4：创业机会介入战略方向设定和战略实施重点设定之间

情况5：创业机会作为战略过程的终点

向的资源配置和经营规划之后才会考虑为创业机会的开拓提供支持，此时公司的创业行为的影响力也较为微弱，可能仅仅是某个部门内部对于全新创业机会的尝试。

情况 5：创业机会的追逐处于整个公司战略框架的终点，因此，这一模式实际上是最小幅度的公司战略的创业化。在这一情形之中，公司的战略模式和以往并无两样，公司对于全新创业机会的探寻只是作为对原有战略模式的一个补充，公司内部对于创业行动的支持力度也达到了最小。公司只有确实发现了创业机会的盈利性和发展前景之后才会考虑加强对创业机会的支持。

情况 1 到情况 5 反映了公司战略创业化幅度由高到低的过程。从以上分析来看，创业化幅度的设置有三重含义：首先，这一幅度的高低是公司实施创业活动积极主动性的直接反映，更为主动的公司领导者愿意在战略规划的早期就尝试识别并开发创业机会；其次，这一幅度的高低体现了公司对于追逐创业机会的支持力度，在战略过程中创业机会介入得越早，则表明公司越愿意把创业机会作为战略规划的重要考虑因素，从而为创业机会提供更多的人、财、物支持；最后，这一幅度同时也意味着创业机会对于公司的影响，在战略规划的早期步骤就介入的创业机会往往能够对公司的战略规划产生重要影响,并且引导公司未来的发展方向,反之,对创业机会的追逐则是作为公司整体战略规划的补充,其影响力也局限在某些部门或个体之中。

11.3.3 公司创业战略模式的应用

在实践中,公司创业战略模式的应用还需要注重以下四个方面的内容,这也正是本书针对公司创业实践所提出的政策建议。

1. 公司创业战略模式的选择

公司选择创业,从本质上看,是对企业发展状况和生存环境变化发展的反应。来自行业内部的竞争压力使公司领导人不得不思考公司的战略更新问题。在战略规划过程中,创业机会的引入能够在很大程度上为企业的经营带来创新性的思维方法,提升企业应对市场竞争的能力。尽管在本书的公司创业战略模式中,将创业机会的介入划分为几种类型,并且明确了创业化幅度高低的不同影响。但是,对于公司的发展来说,创业化幅度高低对于企业经营效果的影响显然是一种复杂的作用机制。高度创业化的公司可能获得发展的先机,但也可能承担更多的战略风险;低度创业化的公司战略则更为稳健,虽然并非全面突破性的战略更新,但是能够保证公司的稳健持续发展。因此,在公司创业战略的实践中,公司需要具备更为开放的视野,基于公司的经营背景和经营目的,探索适合于本公司实际情况的创业战略模式,使公司在平稳成长的基础上拓展新的业务领域。

在公司的实际创业活动中,无论公司选择的是项目小组、内部创业还是合资创业等方式,一旦公司决定从战略层面对所选择的创业行动进行规划和分析,并且试图通过规范化的分析工具来保证创业活动的可行性,就需要考虑公司的创业战略模式,这就意味着,公司需要考虑是积极主动投入大量资源实施战略层面的商机捕捉,还是仅仅在企业当前经营范畴之外略加补充。本书所提出的公司创业战略模式及相应的战略收益和战略风险分析,为公司的经营规划提供了一定的参考。公司应当首先对战略规划过程进行解构,进而从战略的收益和风险两个方面分析,寻找最佳的收益—风险结合点。

2. 公司创业战略的支持要素

公司对于创业机会的追逐,需要一系列的支持要素。如果公司内部缺乏这些要素,即使公司发现了一个成长性非常好的新领域,也无力推进该领域的开拓。在本书所提出的公司创业战略模式中,对这方面的内容尚未深入地涉及。实际上,对于公司创业战略的支持要素主要来自两个方面,其一是"物"的要素,也就是公司是否拥有足够的资源来支持新机会、新业务、新领域的开发。虽然公司对于创业机会的追逐总是立足于现有公司资源和能力之外的内容,但是公司仍然需要识别和评价当前所具备的条件是否能够用于未来的创业机会开发。如果公司将通过外部渠道来获取新的资源和能力,则要及时规划这些可能的资源汲取渠道,以更早地为未来的发展进行准备。

除了"物"的要素之外,和个体创业一样,公司创业战略的最主要支持要素来自"人"的要素,人的主观能动性和实践精神才是公司创业战略的主要推动力。很多大企业资源丰富，市场占有率非常高，却没有动力去执行创业型战略，这在很大程度上是由于缺乏更具进取精神的战略领导者。公司的战略领导者是公司战略规划的主体，他们是战略方案的制定者、战略实施的领导者和组织者，以及战略实施结果的控制者和评价者。在公司创业战略推行过程中，战略领导者的角色是无可代替的。在公司创业战略中，优秀的战略领导者不仅是一个能够带领公司取得更高的营业额、更高的客户满意度、更强的员工凝聚力和协同力、更高的员工保留率，从而推动组织绩效提升的领导者，同时更是一个能够带领公司探索新的市场机会、整合内外部资源、实现新领域突破的创业者。这一双重角色对战略领导者的能力提出了更高的要求。公司创业战略对于"人"的要素的要求还包括战略过程中所涉及的相关人员。为了识别并且开发创业机会，公司领导者需要整合相关的人员来发展新的方向，公司整体的战略目标和创业主张能否被有效贯彻实施，这些人员的支持同样不可或缺。公司战略领导者应当建立一种与公司员工共同承担风险和收益的机制，借助更多的激励手段激发员工参与公司创业。

3. 公司创业战略步骤的强化

公司创业战略意味着在战略范畴引入全新的创业机会、开拓新的业务领域。事实上，为了保证创业机会的可行性，并通过创业机会的开发积极地促进企业转型，在公司战略制定的过程中所引入的创业机会识别和开发步骤应当成为公司战略过程的重要构成，而不是简单的一个辅助意义上的补充。这就意味着，公司应当投入更多的人力和物力用于与创业机会相关的经营行动。事实上，比起从零开始的个体创业行动，公司创业行动的优势就在于可利用的信息和资源相对充裕得多。公司应当积极利用这一优势，以加强创业机会的可行性。在战略制定的过程中，对于创业机会的属性特征和发展前景的陈述也需要更加专注和详细，以更严格地评估创业机会的发展前景。在这种情况下，在个体创业中常见的商业计划书也有可能是必要的，借助商业计划书，公司战略领导者能够对创业机会的行动方案以及相关的实施程序进行清晰的描述，这就增加了其一致性和可信度。

同时，公司需要强化公司战略制定过程中的反馈路径，而这正是传统的战略模式中相对较缺乏的。不论创业机会是在哪一个阶段被引入公司战略过程，公司需要更为审慎地审视创业化战略的执行过程中所展示出来的实际效果，如果效果与之前的规划不符，则需要更进一步分析是由产业环境恶劣、组织能力不足、战略方向不清晰，抑或是创业机会存在缺陷所造成的战略问题，进而提出改进措施。由于其发展的重大不确定性和风险性，与传统战略模式中的战略反馈模式相比，在创业化的战略模式中，逆向的分析和思维过程的比重应当更大。

4. 公司创业战略过程的压缩

为了提升创业机会开发的成功概率，并且进一步提升公司经营效率，公司还可能需要缩短战略流程，减少从识别创业机会到实际开发执行全新经营方案的周期。当然，这并不意味着减少战略规划的步骤。缩短战略流程实际上是将创新意识贯穿于战略规划过程之中，这就使战略过程中的每一个步骤都能够积极围绕创业活动展开，并且尽可能减少不必要的时间等成本，提升经营活动的效率。与传统的各项管理活动相比，创业活动更需要战略方案的及时性。创业机会往往有时间窗口，或产业风口，一旦时机不再，即使事先规划得再完整，再选择这一创业机会就不再有利可图。因此，战略过程的压缩也是瞬息万变的市场经营环境和企业的发展压力对于公司经营活动的客观要求。

在高度简练的战略过程中，公司可以更为快速地检验创业机会的可行性，更灵活地调整公司战略方向，从而使成熟的企业也能够如同刚刚创立的企业一样保持充分的活力。这就意味着，不仅公司的战略领导者需要具备积极的创新精神，积极鼓励和引导创业化的战略行动，每一个参与到战略规划过程中的人员，甚至是战略执行中的人员，都必须拥有创新意识，都愿意投入充分的积极主动性以更迅速地推进战略过程。在基于创业化调整的公司战略进程中，各个层次的资源和要素能够更为及时地配置到位，市场信息能够迅速由基层市场部门向企业高级管理层反馈，公司的组织结构因而能够发生转变，这些都是借助公司创业战略所能够给予企业的正面影响。

扩展阅读 11.3　72 岁郭台铭，收到"最好生日礼物"

11.4　本章总结

本章介绍了创业领域另一个重要课题——公司创业。与个体创业不同，公司创业往往是基于一个现有的成熟企业。因此，公司创业与个体创业在表现形式上存在种种不同，尽管如此，在公司创业活动中，依然需要创业者积极开发机会、整合资源和团队，实施创新行动方案，从这个意义上说，公司创业和个体创业达到了较强的一致性。借助对公司创业概念的探讨，读者也可以反过来对本书的主要内容——个体创业活动有更为深入的认识。

复习题

1. 公司创业与个体创业有何异同？
2. 公司创业过程可以分为哪几个阶段？每个阶段中最主要的管理活动包括什么内容？
3. 公司创业战略与一般的战略有何区别？

即测即练

自学自测　扫描此码

本章案例

2005 年初，海尔集团创始人张瑞敏开始思考一个问题：接下来，海尔怎么办？张瑞敏思考这一问题的动因是，经过 20 年的筚路蓝缕，海尔集团已经从一家濒临破产的集体小厂，变成了 2004 年营收额突破 1000 亿元的家电"头雁"。

2005 年 9 月 21 日，张瑞敏在海尔全球经理人年会上首次提出"人单合一"概念，并阐述"人单合一"模式的目的是让每名海尔员工找到自己的市场和用户，并在为用户创造价值的同时实现自身价值。张瑞敏表示，"人"是员工，"单"表面上是"订单"，本质是用户资源，表面上是把员工和订单连在一起，但订单的本质是用户，包括用户的需求、用户的价值。

彼时，海尔正经历从国际化战略到全球化品牌战略阶段的转变。而要实现这一跨越，如果只提供产品输出而无管理体系支撑，显然其全球化之路将平添诸多风险。

2007 年 4 月 26 日，海尔拉开了"再造 1000 天，全力打造信息化时代的海尔"的大幕，以期通过组织再造、流程再造、人的再造从体系上建立一套新的商业运营架构。目标是力求通过从企业的信息化向信息化的企业转型，实现海尔由制造业向服务业的转型。

通过对核心业务流程的梳理和主要信息系统的重建，海尔的订单录入、订单评审、产销协同、采购、供应商管理、原料储存与拉料、产品排产与制造、物流发货、逆向物流、预算、费用、信用、合同等全部主体业务都集成到同一平台。

生产制造方面，随着用户需求变化，个性化定制成为未来市场趋势，而如何在个性化时代既节约成本又实现大规模制造，只有"两化融合"才可能兼顾两者效益的最优。

组织架构方面，为了实施人单合一管理模式，海尔进行了多次变革，从"正三角"转型为"倒三角"，并将企业划分成不同的"自主经营体。"所谓"自主经营体"，是以创造并满足用户需求为目标，以相互承诺的契约关系为纽带，以共创价值并共享价值为导向的自组织。在该组织架构下，自主经营体拥有用人权、分配权和决策权以及自己独立的核算报表。海尔员工都必须进入自主经营体，包括财务、人力等职能部门都要融合进入自主经营体。

到 2012 年底，海尔集团员工约 8 万人，共分为 23 个大的自主经营体，而小的自主经营体每个平均约有 36 人。

同样是在这一阶段，随着互联网的普及与海尔营收规模的不断增长，张瑞敏明确提出了信息化管理的重要性。他一再强调，如果海尔不用信息化，就无法管理现代企业，因为海尔已经融入全球化，全球化的设计、资金都需要网络畅通。

而随着人单合一模式的推进，海尔对"员工"的身份进行了重新认定，将员工分为"在册员工"和"在线员工"，前者是与海尔有正式劳动合同关系的员工，后者则是与海尔有契约关系的员工。这也标志着海尔不断打破自己的组织边界，朝着构建开放式网络组织迈出了坚实一步。

2012 年，张瑞敏提出海尔互联工厂向"工业互联网"的转变，海尔的人单合一模式也由此进入了 2.0 阶段。具体举措上，张瑞敏提出了"三化"：企业平台化、用户个性化和员工创客化。"三化"之间，企业平台化是人单合一模式的必要条件，如果不改变企业原来的组织结构，就不可能做到平台赋能；用户个性化是人单合一模式的目的，所有的组织颠覆和机制都是为了这个目的的，都是为了给用户提供个性化解决方案；员工创客化是人单合一模式的充分条件，没有员工最大的积极性，目标就不可能实现。

为了推动企业平台化，海尔将人单合一 1.0 阶段的自主经营体升级为"小微企业"。相较于前者，小微企业拥有更大的自主权，意味着海尔人事权、分配权和决策权向市场前端的进一步释放。

海尔借助企业平台化策略，将科层制彻底颠覆为创客平台，传统的管控模式进化为平台赋能模式。海尔构建的各大平台，包括卡奥斯、体验云平台、海创汇平台、HOPE 平台、大共享平台等，其中最重要的是卡奥斯。

"卡奥斯"是希腊神话中的混沌之神，希腊神祇众多，但创世之初神只有四位，且以"卡奥斯"地位最高，被称为万物之神。"卡奥斯"的意思是"混沌"，即世界一切的起源。

张瑞敏在 2012 年的一次内部讨论会上率先提出了"互联工厂"的概念，希望把供应商、设备都互联起来。海尔智能制造项目团队立即开始着手组织有关部门筹备新工厂的框架搭建工作，在建的沈阳海尔电冰箱有限公司工厂（以下简称"沈阳工厂"）作为"试点"。

在最初的方案中，很多设想都模糊如一团迷雾，也没有清晰的设定与流程，但所有人心里都很清楚：互联工厂绝非只是安装几个机械手臂的自动化流水线，其设计理念是实现信息在人与人、人与物、物与物之间自动传递。经历了多次反复探索，2013 年 12 月，海尔首座互联工厂——沈阳冰箱互联工厂正式建成，整体投资 6.7 亿元，年产能达到 150 万台，单线产能是传统产线的 2 倍，可定制化产品种类由 20+ 种提升到 500+ 种，订单交付周期由 15 天缩短至 7 天。

对海尔而言，沈阳冰箱互联工厂的建成，标志着企业开始实现从大规模制造向大规模定制的转型，完成了全流程、全要素和全价值链的颠覆和重塑。同时，首座互联工厂从侧面加快了智能制造战略的不断深化。

在沈阳冰箱互联工厂的基础上，2014 年至 2017 年，海尔依靠自己沉淀总结的"互联工厂模式"，陆续打造出郑州空调、佛山滚筒、青岛热水器、FPA 电机、胶州空调、中央空调等 6 家互联工厂。

从一个工序、一条产线，到一个车间、整个工厂，海尔的大规模制造向大规模定制转型之路越走越顺。而随着以智能制造为载体的互联工厂生态系统不断进化，海尔互联工厂"云"化、"柔"化不断进阶，一家凝结海尔 30 多年制造经验的工业互联网平台——卡奥斯悄然成型，2017 年 4 月正式成立。如果说互联工厂是实现大规模定制模式的空间载体，那么，卡奥斯则将传统制造中孤立存在的定制、研发、营销、采购、制造、物流、服务等七大板块，在互联工厂里实现各节点互联互通，使得用户的个性化需求可以在第一时间反馈到生产线，进而实现工厂与企业的零距离交互，满足用户最佳体验，完成从制造产品到创造用户价值的转变。

卡奥斯广受欢迎，关键在于海尔"互联工厂"模式打造生态系统的三大能力。

首先，互联工厂要能够实现用户全流程的实时互联。全球用户可以随时随地通过其移动终端，定制他所需的个性化产品，并全流程参与设计、制造；其次，要达到用户和工厂的零距离。用户的个性化订单，可以直接下达到海尔全球的供应链工厂以减少生产和订单处理的中间环节，把价值让渡给用户。最后，互联工厂要全流程透明可视。订单生产及配送情况，可以实时推送给用户，用户也可实时快速查询，通过产品识别和跟踪，从而实现用户从其订单到生产再到物流的全流程实时可视。

2019 年 12 月 26 日，海尔发布了第六个战略阶段的主题——生态品牌战略。相应地，海尔人单合一模式也正式进入 3.0 阶段。相较于 2.0 阶段，3.0 中共享平台升级为共赢进化，小微引爆升级为链群合约。

2019 年 11 月 25 日，全球领先的市场研究与咨询机构 Forrester 正式发布中国工业互联网平台报告，对中国在该领域的 7 家主要厂商，从产品提供、战略布局、市场表现 3 大维度 26 项指标进行了综合评估，而卡奥斯在 3 大维度总评中名列前茅，18 项指标达到高分：是当下"领导者"，也是未来工业生态的"探路者"。

资料来源：王永强. 时代的活火：海尔卡奥斯新生态的繁衍与实践[N]. 中国工业报，2024-8-12.
巩欣帅. 时代海尔的新思维——卡奥斯[J]. 走向世界，2020（8）：26-29.

思考题：

1. 讨论海尔的发展环境和发展特点。
2. 讨论海尔的公司创业战略的特点。
3. 在海尔未来的发展中，可能遇到的挑战是什么？

参 考 文 献

[1] Ardichvili A, Cardozob R, Ray S. A Theory of Entrepreneurial Opportunity Identification and Development[J]. Journal of Business Venturing, 2003(18): 105-123.

[2] Acs Z J, et al. 2004 Global entrepreneurship monitor[R]. London UK and Babson Park, MA: London Business School and Babson College, 2005.

[3] Aldrich H E, Martinez M E. Many are called but few are chosen: An evolutionary perspective for the study of entrepreneurship[J]. Entrepreneurship Theory and Practice, 2001, 25(4): 41-56.

[4] Carter S. The rewards of entrepreneurship: Exploring the incomes, wealth, and economic well-being of entrepreneurial households[J]. Entrepreneurship Theory and Practice, 2011, 26(1): 39-55.

[5] Cochran T C. The entrepreneur in economic change[J]. Explorations in Entrepreneurial History, 1965, 3(1): 25-38.

[6] Davidsson P B, Honig B. The role of social and human capital among nascent entrepreneurs[J]. Journal of Business Venturing, 2003, 18(3): 301-331.

[7] Edelman L, Yli-Renko H. The impact of environment and entrepreneurial perceptions on venture-creation efforts: Bridging the discovery and creation views of entrepreneurship[J]. Entrepreneurship Theory and Practice, 2010, 34(5): 833-856.

[8] Fogel G. An analysis of entrepreneurial environment and enterprise development in Hungary[J]. Journal of Small Business Management, 2001, 39(1): 103-109.

[9] Gartner W B. Aspects of organizational emergence[C]. Bull I, et al. (Eds.) Entrepreneurship: Perspectives on theory building[C]. Oxford: Pergamon, 1995.

[10] Gnyawali D R, Fogel, D S. Environments for Entrepreneurship Development: Key Dimension and Research Implications[J]. Entrepreneurship Theory and Practice, 1994, 2: 43-62.

[11] Goetz S, Freshwater D. State-level Determinants of Entrepreneurship and a Preliminary Measure of Entrepreneurial Climate[J]. Economic Development Quarterly, 2001, 15(1): 58-70.

[12] Griffin M A. Specifying Organizational Contexts:Systematic Links between Contexts and Processes in Organizational Behavior[J]. Journal of Organizational Behavior, 2007, 28: 859-863.

[13] Hansen N. Innovative Regional Milieux, Small firms, and Regional Development: Evidence from Mediterranean France[J]. The Annals of Regional Science, 1990: 107-123.

[14] Holt D T, Rutherford M W, Clohessy G R. Corporate Entrepreneurship: An Empirical Look at Individual Characteristics, Context, and Process[J]. Journal of Leadership & Organizational Studies, May, 2007, 13: 40-54.

[15] Karam C M, Kwantes C T. Contextualizing Cultural Orientation and Organizational Citizenship Behavior[J]. Journal of International Management, 2011, 17: 303-315.

[16] Levie J D, Erkko F. A Theoretical Grounding and Test of the GEM Model[J]. Small Business Economics, 2008, 31(3): 235-263.

[17] Morris M, Schindehutte M, Walton J, et al. The Ethical Context of Entrepreneurship: Proposing and Testing a Developmental Framework[J]. Journal of Business Ethics, 2002, 40: 331-361.

[18] Rousseau D M, Fried Y. Location, Location, Location: Contextualizing Organizational Research[J]. Journal of Organizational Behavior, 2001, 22: 1-13.

[19] Shapero A, Sokol L. The Social Dimension of Entrepreneurship[C]. in Kent C, Sexton D, and Vesper K H (eds.) The Encyclopedia of Entrepreneurship. Englewood Cliffs, NJ: Prentice-Hall, 1982.

[20] Spilling O R. The Entrepreneurial System:On Entrepreneurship in the Context of a Mega-event[J]. Journal of Business Research, 1996, 36: 91-103.

[21] Valliere D. Reconceptualizing Entrepreneurial Framework Conditions[J]. International Entrepreneurship and Management Journal, 2010, 6(1): 97-112.

[22] Welter F. Contextualizing Entrepreneurship-Conceptual Challenges and Ways Forward[J]. Entrepreneurship Theory And Practice, 2011, 1: 165-185.

[23] Zahra S. Contextualizing Theory Building in Entrepreneurship Research[J]. Journal of Business Venturing, 2007, 22(3): 443-452.

[24] 埃里克·莱斯. 精益创业：新创企业的成长思维[M]. 吴彤, 译. 北京：中信出版社, 2012.

[25] 安索夫. 企业经营策略[M]. 许是祥, 译. 台北：前程企业管理公司, 1981.

[26] 高建, 程源, 姜彦福, 等. 全球创业观察中国报告（2007）——创业转型与就业效应[M]. 北京：清华大学出版社, 2008.

[27] 高建, 姜彦福, 李习保, 等. 全球创业观察中国报告——基于2005年数据的分析[M]. 北京：清华大学出版社, 2006.

[28] 郝莹莹, 杜德斌. 从"硅谷"到"网谷"：硅谷创新产业集群的演进及其启示的研究[J]. 世界经济与政治论坛, 2005（3）：22-26.

[29] 斯蒂芬·斯皮内利, 罗伯特·亚当斯. 创业学[M]. 北京：机械工业出版社, 2022.

[30] 克莱顿·克里斯坦森. 创新者的窘境[M]. 北京：中信出版社, 2013.

[31] 李维安, 武立东. 公司治理教程[M]. 上海：上海人民出版社, 2002.

[32] 李钟文, 威廉·米勒, 玛格丽特·韩柯克, 等. 硅谷优势——创新与创业精神的栖息地[M]. 北京：人民出版社, 2002.

[33] 林嵩. 创业战略：概念、模式与绩效提升[M]. 北京：中国财政经济出版社, 2007.

[34] 林嵩, 等. 创业生态学原理及应用——2011北京市创业生态指数报告[M]. 北京：中国社会科学出版社, 2013.

[35] 林嵩, 等. 环渤海地区创业生态指数报告（2015）——企业创新与创业成长[M]. 北京：中国社会科学出版社, 2018.

[36] 林嵩, 等. 京津冀创业生态指数报告（2013）[M]. 北京：中国社会科学出版社, 2016.

[37] 马兰, 郭胜伟. 英国硅沼——剑桥科技园的发展与启示[J]. 科技进步与对策, 2004（4）：46-48.

[38] 迈克尔·波特. 竞争战略[M]. 陈小悦, 译. 北京：华夏出版社, 2003.

[39] 邱琼, 钟秀斌. 新创高新技术企业人力资源优势探析[J]. 中国软科学, 2001（9）：46-49.

[40] 孙爱英, 徐强, 周玉泉. 组织文化的演进及其对企业绩效的影响[J]. 运筹与管理, 2004（5）：155-159.

[41] 许庆瑞, 郑刚. 战略性人力资源管理：人力资源管理的新趋势[J]. 大连理工大学学报（社会科学版），2001（4）：49-53.

[42] 杨忠泰, 科技型小企业的创办模式及发展条件[J]. 科技进步与对策, 2003（4）：57-59.

[43] 叶瑛, 姜彦福. 论创业研究与战略管理研究的相互关系[J]. 中国软科学, 2004（12）：50-57.

[44] 伊查克·爱迪思. 企业生命周期[M]. 赵睿, 等译. 北京：中国社会出版社, 1997.

[45] 张健, 姜彦福, 林强. 创业理论研究与发展动态[J]. 经济学动态, 2003（5）：71-74.

教师服务

感谢您选用清华大学出版社的教材！为了更好地服务教学，我们为授课教师提供本书的教学辅助资源，以及本学科重点教材信息。请您扫码获取。

❯❯ 教辅获取

本书教辅资源，授课教师扫码获取

❯❯ 样书赠送

创业与创新类重点教材，教师扫码获取样书

清华大学出版社

E-mail: tupfuwu@163.com
电话：010-83470332 / 83470142
地址：北京市海淀区双清路学研大厦 B 座 509

网址：https://www.tup.com.cn/
传真：8610-83470107
邮编：100084